MICHAEL STEGEMANN
»Ich bin zu Ende mit allen Träumen«
FRANZ SCHUBERT

MICHAEL STEGEMANN

»*Ich bin zu Ende mit allen Träumen*«
FRANZ SCHUBERT

Piper
München Zürich

Für Nicole

ISBN 3-492-03819-0
© R. Piper GmbH & Co. KG, München 1996
Frontispiz: Porträt Franz Schubert,
Aquarell von Wilhelm August Rieder, Mai 1825
(Archiv für Kunst und Geschichte, Berlin)
Satz: Uwe Steffen, München
Druck und Bindung: Clausen & Bosse, Leck
Printed in Germany

Im Dorfe

Es bellen die Hunde, es rasseln die Ketten.
Die Menschen schnarchen in ihren Betten,
Träumen sich manches, was sie nicht haben,
Tun sich im Guten und Argen erlaben:
Und morgen früh ist alles zerflossen. –
Je nun, sie haben ihr Teil genossen,
Und hoffen, was sie noch übrig ließen,
Doch wieder zu finden auf ihren Kissen.

Bellt mich nur fort, ihr wachen Hunde,
Laßt mich nicht ruhn in der Schlummerstunde!
Ich bin zu Ende mit allen Träumen –
Was will ich unter den Schläfern säumen?

Wilhelm Müller, *Die Winterreise*

*I*m Dorfe.

Im Dorfe oder sonstwo – egal: das einzige, was zählt, ist das Träumen.

Wenn ich alles, was war – in mir und um mich herum –, wenn ich das alles mir noch einmal in Erinnerung rufe: Was anderes ist das als ein Traum?

Eine Kette von Tönen, Worten und Bildern, aufgereiht auf der Schnur der Tage, Wochen, Monate, Jahre.

Wenn eines Tages einer hinginge und trüge alles zusammen, was Greifbares von mir geblieben ist: Werke, Briefe, Dokumente – jeden noch so kleinen Fetzen Papier, der mich überdauert; den Rock, den ich trag', die Feder, mit der ich schreib', die Brille, durch die ich die Welt seh', den Stuhl und den Tisch, auf und an dem ich sitze; und läse dieselben Zeitungen, Journale und Bücher wie ich; und säße in denselben Bierhäusern und Beiseln und tränke den gleichen Wein; und reiste wie ich nach Atzenbrugg und Zséliz, nach Steyr, Gmunden und Graz; und suchte dort und in jedem Winkel von Wien nach Spuren, die ich hinterlassen haben könnte; und früge jeden, der mich gekannt hat; und bemühte sich, aus all dem ein Bild dessen zu entwerfen, der ich bin – der ich gewesen sein werde...

A Schmarr'n: Solang er nicht meine Träume kennt, weiß er nix – rein g a r nix von mir. Und d a hineinschaun l a ß ich mir nun einmal nicht – von ihm nicht und von keinem sonst!

Freilich: er könnt sich einen »Franz Schubert« zusamm'setzen aus all dem, was er z'sammgetragen haben würd – nur daß der halt gerad so lebendig wär wie eine von dera Gliederpuppen, die's im Wurschtelprater herzeigen, für zwei Kreuzer das Spiel.

Nicht suchen dürft er mich – er müßte mich finden: e r -

f i n d e n vielleicht sogar, so wie ich selber ja meine Träume find' und erfinde.

Aber vorsichtig! Sonst zerreißt sie, die Kette, und die Perlen – die kostbaren wie die wertlosen – kollern ein über die andre davon; verlier'n sich wie ein Häuflein Asche, in das der Wind fährt... Wer weiß: am End wär's nicht einmal schade darum. Was zählt, ist ja doch allein das Jetzt – das Ich, das Heute und das Hier; alles übrige laß ich gerne denen, die's kümmert.

Überhaupt: was für ein eitler Wahn, auf ein Fortdauern zu hoffen – auf Ewig- und Unsterblichkeit. Ganz abgeseh'n davon, daß dann ja alles weiterdauern müßte – nicht nur das wenige Gute, sondern auch das viele Schlimme.

Liebe? Fast nie.

Seltene Seligkeit, manchmal das Glück einer Freundschaft – meist aber Unglück und Krieg, Leid, Krankheit und Tod: der tägliche Alpdruck, aus dem man vergebens hofft zu erwachen.

Nein, dann lieber wachen in der Schlummerstunde der anderen.

Sich fortbellen lassen von den Hunden.

Weiter wandern, allein.

Wenn trotzdem einer mich begleiten will: mag er – ich hindere ihn nicht.

1797–1813

Geburts- und Sterbefälle in der Familie des Schullehrers Franz Schubert: »12) Franz Peter, geb. 31. Jänner 1797, nachmittags ½ 2 Uhr.«

—— ❦ ——

»Zu Ende des gegenwärtigen Schuljahres wird in dem k.k. Konvikte eine Stelle für einen Sopranisten erlediget. Wer für seinen Sohn oder Mündel diesen Platz zu erhalten wünscht, hat bei der Direktion des genannten Konvikts, wo am 1. Oktober früh um 9 Uhr die Prüfung vorgenommen werden wird, zu erweisen, daß der Kandidat in die erste lateinische Klasse eintreten könne, eine gute Singstimme besitze und im Singen gut unterrichtet sei. Vorläufig aber ist mit Zeugnissen der Fortgang des Kandidaten in den zwei letzten Semestern und dessen körperliche Gesundheit wie auch, daß er die Pocken bereits überstanden habe, bei der erwähnten Direktion auszuweisen.

Von der k.k. niederösterreichischen Landesregierung.

Jos. Schürer v. Waldheim, Sekretär.«

[Mittwoch, 3. August 1808]

—— ❦ ——

»Nachdem bei der am 30. v. M. vorgenommenen Konkursprüfung für die drei erledigten Hofsängerknaben-Stellen, vermöge der zurückfolgenden Zeugnisse des k.k. ersten Hofkapellmeisters Salieri und des Konviktsdirektors Lang, die beiden Sopranisten, Franz Schubert und Franz Müllner, dann der Altist Maxi-

milian Weiße, als die tauglichsten befunden wurden; so unterliegt
deren Aufnahme keinem Anstande.

Mosel. [Hofkonzipist beim Obersthofmeisteramte].«

*F*inale – und »Finis«! Bleibt nur mehr's erste Blattl, damit's
seine Ordnung hat:»Fantasie pro…«.»Pro« oder »per« – wie
heißt's noch…? Nu, egal – sag' mer:»pro… Forte- - -piano. Del
Signor Franz Schubert… manu propria. Den 8. April angefangen.
Den 1. Mai vollbracht…«

Und's Jahr noch:»Achtzehn-zehn…«

Herr Jessas im Himmel – hast d u mich erschreckt gerad: I hab
schon 'glaubt g'habt, 's wär der Vatter!

Ach, nix – bloß so a paar Gedanken halt, die ich in Noten 'bracht
hab. Aber daß du's keinem weitersagst, hörst'? Versprich's mir!
Ganz hoch und heilig mußt du's v e r s p r e c h e n !

Weil, wenn's der Vatter wüßt', wie oft i heimlich über'm Notenpapier hocken tu', obgleich er's mir doch immer wieder verboten
hat – das gäb a schönes Spektakel: daß i meine Studien vernachlässigen tät!

Dabei stimmt's gar net: Sitten und Studien steh i »gut«, Gesang,
Klavier und Violin »sehr gut«; »ein musikalisches Talent«, hat der
Hochwürd'ge Herr Konviktsdirektor Lang g'schrieben, und daß er
mich wegen meines Eifers und meiner »ausgezeichneten Verwendung in der Tonkunst« ganz sonderheitlich beloben tut; Seine Gnaden, der Herr Hofmusikgraf von Kuefstein, hätten dies in Sei'm
Kalkül für's letzte Semester ausdrücklich angeregt, hat er mir g'sagt,
der Herr Konviktsdirektor!

Ja, hier – schau nur: eine Fantasie à quattro is es; mit drei Sätz'n,
wie eine Sonat'n oder Sinfonie. Das erstemal überhaupt, daß i so a
großes Stück ganz und gar aufg'schrieben hab: Mehr als drei
Wochen hab i dran gewerkelt!

Naa, dem Salieri hab i's mich noch net zu zeigen 'traut – aber der
Wenzel Ruzicka hat's g'sehn, weil i's nämlich mit ihm durchgespielt
hab; und weißt', was er g'sagt hat, der Herr Ruzicka? Er könnt mich

fei gar nix mehr lernen, hat er g'sagt, weil ich's doch gerad'wegs vom
lieben Gott gelernt hätt, das Musikmachen!

— ❦ —

Spaun...? Haben'S a ganz klein's bisserl Zeit für mich...? Und
übrigens bitt' ich vielmals um Verzeihung, daß ich Sie gerad stör',
und auch noch beim Silentium in Ihrer Kamerate – aber ich hab Sie
halt schon überall im Konvikt gesucht.

Nu, erstens wollt ich mich nochmals sehr bedanken für Ihre
Einladung, letzthin – daß Sie so freundlich war'n, mich ins Theater
mitzunehmen und das Billett für mich zu zahlen.

Oh, und w i e herrlich es war! Ich mein, ich versteh ja nix davon –
ich bin ja überhaupt nie zuvor in einer Oper gewesen –, aber die
Schweizerfamilie vom Herrn Weigl scheint mir doch ein wahres
Meisterwerk zu sein, oder nicht? Und die Madame Milder, und
der Herr Hofopernsänger Vogl – nie, n i e hätt ich geglaubt, daß es
so was Schönes gibt! Ach, und wenn ich denk, ich könnte selber
mal so etwas schreiben, und die Milder und der Vogl täten's dann
singen...

Schon bald, meinen Sie? Ja, Spaun, glauben'S denn wirklich, daß
etwas aus mir werden wird?

No nein, bloß um das zu hören, bin ich eigentlich nicht gekommen; ich wollt Ihnen auch was Neues zeigen, was ich gemacht
hab: eine Ouvertüre a quattro.

Nur eine Übung, wissen'S – eine Vorübung für Größeres, was ich
noch in Gedanken mit mir herumtrag. Aber ganz schlecht ist's,
glaub ich, nicht geworden; und sogar mein Bruder Ferdinand hat es
so gelobt, daß ich's ihm vor lauter Freude gleich dediziert hab, das
Stückerl.

Ich hab vorher den Herrn Hoforganisten Ruzicka gefragt
g'habt, wie denn so eine Ouvertüre aussehn muß – und mir dann
genau gemerkt, was er gesagt hat: »Eine gute Ouvertüre erfordert
einen prächtigen und gravitätischen Anfang, dem ein längerer,
brillanter und wohl ausgearbeiteter Hauptteil folgt. Dabei gilt es,
den reinen vierstimmigen Satz zu beachten, einen harmonisch

guten Gesang, einen soliden Grundbaß – dann soll's schon etwas
werden.« Was meinen Sie, lieber Spaun: i s t ' s etwas geworden oder nicht?

Also wirklich – originell und melodiös, meinen Sie? Oder sagen'S
das nur aus Freundschaft…?

Wissen'S, ich muß oft an die Zeit zurückdenken, als wir noch aus
demselben Notenblatt'l gespielt haben, im Orchester – Sie am ersten Pulte bei der zweiten Violin sitzend und ich stehend dahinter:
die Sinfonien vom Haydn mit ihren herrlichen Adagios, die g-Moll-
Sinfonie vom Mozart, und vom Beethoven die in A-Dur, D-Dur und
c-Moll… das war doch eine gute Schule, die ich an diesen Werken
g'habt hab. Und selbst an solch fadem Zeug wie den Sinfonien vom
Krommer hab ich viel gelernt – nämlich, wie man's n i c h t machen
soll!

Und dann die Ouvertüren: Ich hab's nie verstanden, was alle an
den Ouvertüren vom Abbé Vogler finden, während doch die von
Méhul um so vieles besser und int'ressanter sind! Und *Figaro* und
die *Zauberflöte* – die schönsten Ouvertüren in der ganzen Welt, das
steht einmal fest! Da is das, was i c h mir z'samm'schreib, ein reiner
Dreck daneben, den man besser vertilgen sollte.

Aber wissen'S, Spaun, ich hab schon wieder etwas Neues im
Kopf: wieder eine Ouvertüre, aber diesmal nicht a quattro, sondern
für's ganze Orchester – für u n s e r Orchester!

Ich hab schon mit dem Ruzicka gesprochen deswegen. In d-Moll
soll's angehn – gerad wie die zum *Don Juan*; daher auch drei
Posaunen, die ich brauch.

Andante sostenuto oder *adagio*, ich weiß noch net.

Und dann nach D-Dur – *Allegro*, strahlend, fröhlich triumphie-
rend.

Nur, 's gibt halt wieder ein Problem: Ich hab ja doch kein Papier
mehr – alles, was Sie mir gegeben haben, ist schon verbraucht! Und
meine paar Kreuzer langen nicht einmal hin, um mir gewöhnliches
Papier zu kaufen und es selber zu rastrier'n.

Ich fleh Sie an, Spaun – wenn'S mir noch e i n m a l aushelfen
könnten…?!

Ich wüßt ja sonst nicht, wen ich fragen sollte; mein Vater macht mir immer noch ein' Krieg, daß ich mich so sehr der Musik verschrieben habe.

Ach, vergessen'S das Geschmier – eine Vorübung; aber die n e u e Ouvertüre, die soll was Rechtes werden, denk ich.

Wissen'S, lieber – liebster Spaun: Heimlich im stillen hoffe ich wohl selbst manchmal, noch etwas aus mir machen zu können. Aber wer vermag nach Beethoven und nach Mozart noch etwas zu machen...

———— ✺ ————

W enn ich, mit Ihrer gnädigen Erlaubnis, Sie vielleicht kurz einmal stören dürfte, werter Herr Ruzicka? Es ist nur – wo doch heut die Kataloge fürs dritte Grammatikaljahr verteilt werden und ich also am morgigen Sonnabend zu meinem Herrn Vater und meiner Frau Mutter auf den Himmelpfortgrund zurückgeh für die nächsten Wochen. Und weil ich nämlich etwas Neues komponiert hab, was gerade h e u t noch fertig 'worden ist, und was ich Ihnen halt zu gern gezeigt hätt, bevor ich geh. Wenn's also möglich wär, daß Sie a ganz klein's bisserl Ihrer Zeit für mich erübrigen könnten, lieber Herr Ruzicka...?

Also, eine *Fantasia* auf vier Hände ist es, in g-Moll – und Sie glauben gar nicht, wie es mir geholfen hat, noch mal genau die Fantasien vom Mozart anzuschaun (und seine vierhänd'ge Sonate in F), wie Sie es mir geraten ha'm! Obgleich ei'm ja vor dera göttlichen Musik ein solches Staunen und a solche Ehrfurcht ankommt, daß man meint, man sollt' das Selberschreiben besser eins für alle Male bleiben lassen, weil man ja doch nach s o ei'm nie und nimmer auch nur etwas halbwegs G'scheit's wird machen könn'...

Egal: ich hab mich's trotzdem net verdrießen lassen – und jetzt, wo's fertig is, da denk ich fast, daß mir's doch nicht gar so schlecht geraten ist.

Auch was die Form anbelangt, ist alles sehr viel klarer disponiert, diesmal: ein *Largo* mit ei'm *Allegro alla breve*, dann ein *Tempo di marcia* und noch amal das *Largo*.

Ob Sie vielleicht Lust hätten, die *Fantasia* einmal mit mir durch-
zuspiel'n und mir hernach zu sagen, was Sie von ihr denken...?

Nicht wahr, so geht es doch – so geht es? Auch auf den Baß – ha'm
Sie g'sehn? –, auf den Baß und auf den Kontrapunkt hab ich diesmal auch besser achtgegeben, so wie Sie's mir erklärt haben.

Was meinen Sie – ich sollt nicht I h n e n danken, sondern dem
lieben Gott? Von d e m hätt ich's gelernt?

Ach nein, lieber Meister Ruzicka, das stimmt doch aber wirklich
nicht: Wo hab ich denn die Art der Stimmbewegungen und -kreu-
zungen, den Satz, die Harmonien und all das gelernt, wenn nicht von
I h n e n! Wenn S i e mir nicht im Generalbaß-Studium alles so gut
erklärt hätten.

Wobei ich freilich weiß, daß das noch viel zuwenig ist und daß ja
überhaupt des Lernens und Studierens nie ein Ende sein darf. 's fragt
sich allerdings, wie lang es gehen wird, für mich – wie lange er mich
laßt, der Herr Vater...

Nun, weil er's halt durchaus nicht will, daß ich mich der Musik
verschreib. Ein Schullehrer soll ich werden, gerad wie er; ihm als
Gehülfe beistehn; die ABC'ler Schreiben, Lesen, Rechnen lehren.

Musik machen? Komponier'n? Zum Zeitvertreib, soviel ich mag;
aber zum Brotberufe? Nein!

Ich weiß schon: wenn ich morgen heimkomm und ihm meine
Fantasie werd zeigen wollen (oder sonst was, das ich komponiert
hab in der letzten Zeit) – er wird nur einen kurzen Blick drauf tun,
die Stirne runzeln und mich nach dem Kataloge fragen. Weil er
meint, der Vater, ich würde über die Musik die Studien gar zu leicht
nehmen.

Gar nicht: Soweit ich weiß, wird's vom Herrn Vorsix, vom Herrn
Tranz und vom Professor Rittmannsperger wieder Einser geben,
und der Herr Magister Walch war das Semester auch mit meinem
Fortgang sehr zufrieden – obgleich die Mathematik ja nicht zu meinen Stärken zählt; und der Herr Direktor Lang hat mir gesagt, daß
er mein *Prima-vista*-Spiel'n und -Geigen schwerer Stücke eigens im
Katalog anmerken will. Nein-nein, er könnt es schon zufrieden sein,
der Vater...

Aber's hilft ja alles nix – er ist nicht zu bekehren!

Manchmal, wissen'S – ich weiß ja, daß es Sünde is, aber manchmal denk ich bei mir, daß es mir besser ginge, wenn er nimmer da wär, denk ich.

So ist es eben.

Ich mein', in gewisser Hinsicht versteh ich ihn sogar, mein'n Vater: Mit dem Scheingeld, das wo mer jetzt haben (und das nicht einmal die Hälfte mehr vom alten Konventionsgeld wert is), wird sich der Wohlstand nicht mehr so leicht erhalten und befördern lassen; daß er sich da sorgt, mein Vater, ich könnt womöglich einen Hungerberuf ergreifen. Nur daß er's halt nicht sieht und sehen will, daß ich der allerunglücklichste Mensch von der Welt wär ohne meine Musik!

Was red ich… Ich hoff bloß, Sie verzeihn mir, lieber Herr Ruzicka, daß ich Ihnen nun mit derlei (für Sie so ganz uninteressanten) Dingen Ihre Zeit gestohlen hab – wo ich doch wirklich bloß wegen der *Fantasie* gekommen war. Aber Sie wissen ja: Wes' das Herz voll ist, des' lauft der Mund über…

Und übrigens, was die *Fantasie* betrifft, so hab ich schon ein neues Stückerl auf vier Händ' im Kopf – eine Sonate! Ich denke, nach den Ferien werd ich's Ihnen zeigen könn'.

Seh'n'S, unterkriegen laß ich mich fei nicht – von nix und niemandem!

— ❦ —

N ein! Dreimal, hundert-, tausendmal nein und nein und nein! Er wird keinen Schullehrer aus mir machen, der Herr Vater!

Genügt's ihm denn nicht, was der Herr Konviktsdirektor mir Semester für Semester ins Zeugnis schreibt? Gesang: sehr gut! Violin: sehr gut! Klavier: sehr gut! »Ein musikalisches Talent. Geigt und spielt schwere Stücke *prima vista*. Dem Franz Schubert ist die besondere Zufriedenheit über seine in allen Rubriken ausgezeichneten Fortschritte zu bezeigen.«

Oh, es genügt ihm sehr wohl, dem Herrn Vater – es ist ihm sogar zuviel!

Z u v i e l musikalisches Talent für einen Schulmeister, den er aus mir machen will!

Und wenn's gar um das Komponieren geht, ist es gleich g a n z zuviel!

Wie er immer schaut, wenn ich ihm meine Noten zeig: »Brav, Franzl – recht ordentlich, wie mir scheint...« – und würd mir's doch am liebsten verbieten, damit ich mir keine Grillen in den Kopf setz'!

Aber ich l a ß es mir nicht verbieten! Es wär ja, als ob man einem Fisch das Schwimmen verbieten wollte – dann lieber tot sein!

»Wen tragen sie denn da zu Grabe?« würd' man fragen.

»Einen Schullehrer...«

»Und wer ist der gramgebeugte Greis dort hinter dem Sarg?«

»Sein Vater...«

Ja, Herr Vater, ihr hättet euch eher drauf besinnen sollen, daß euer Franz nicht zum Lehrer taugt – nun ist's zu spät!

»So jung war er noch«, würd' man sagen, »und so schöne Musik hat er gemacht!«

»Aber ich dacht doch, es wär ein Schullehrer...?«

»Sein Vater hat ihn darein gezwungen. Hat es nicht leiden wollen, daß er sich dem Komponieren verschreibt...«

Wie die Reue an ihm nagen würde, wenn ich nicht mehr da wär! Verfluchen würd er sich dafür, daß er mich nicht hat Komponist werden lassen!

Aber nun, Herr Vater – nun läßt sich's nimmer gutmachen...

»Schlohweiß soll er über Nacht geworden sein, der Alte, als sein Sohn gestorben ist, und kein Wort mehr hat er seitdem gesprochen.«

»Ja-ja, so geht's: *Memento mori!* Gestern noch das blühende Leben, heut schon hinunter in die Gruft! Das einzige, was einem da bleibt, sind die Erinnerungen...«

Der Herr Tranz, der uns am Gymnasio in der Religionslehre unterweist, sagt wohl immer, man muß den Eltern allweil genauso gehorsam sein wie dem lieben Gott. Aber wer sonst als der liebe Gott hat mir denn die Gabe des Komponierens verliehen? Da wär's doch eine Sünde, Herr Vater, wenn ich was anderes tun wollte! »Ihr Väter, reizet eure Kinder nicht zum Zorne, damit sie nicht mutlos werden!« hat Paulus an die Kolosser geschrieben...

»Nun hat er's überstanden«, würden sicher auch welche sagen;
»dort oben hat er's allemal besser.«
    Seht ihr, Herr Vater: Und dann bliebe euch nichts als die Hoff-
nung auf ein Wiedersehen in einem besseren Jenseits. Bedenkt das
wohl, wenn ihr mich wirklich zwingen wollt, das Komponieren als
bloßen Zeitvertreib zu betrachten oder womöglich ganz aufzu-
geben!
    Nein, einen Schullehrer laß ich nie und nimmer aus mir machen,
Herr Vater! In allem will und werd ich euch gerne gehorsam sein,
nur darin nicht – sonst...
    Sonst wär ich lieber gleich tot.

— ༄ —

W ahrhaftig – das ist doch kein Leben!
        Wie im Gefängnis geht's zu: Hungern und Frieren bei Wasser
und Brot! Wie soll man denn satt werden von einer halben Kelle
Suppe, die so dünn ist, daß man auf den Grund des Tellers sehn
kann? Wenn man nach einem mittelmäßigen Mittagsmahle nach
achteinhalb Stunden erst ein armseliges Nachtmahl erwarten darf,
da möchte man doch manchmal wenigstens eine Semmel und ein
paar Äpfel essen!
    Singen wie die Engeln soll'n wir – ja, aber bitt' schön, Herr Di-
rektor: Wenn einem die Zähne aufeinanderschlagen, weil im ungeheizten Klavierzimmer immer so eine schauerliche Kälte herrscht?
Und wenn man so ein höllisches Zwicken und Zwacken im Bauch
spürt, weil einem der Hunger so zusetzt? Sie wissen doch, daß ein
leerer Bauch keine Ohren hat...
    Der Holzapfel hat's gut: hat allweil genug von zu Haus, um im
Wirtshause nachzuholen, was man ihm hier zuwenig gibt. Und sein
Vater zahlt ihn in Konventionsmünze, versteht sich – nicht in diesem neuen Papiergeld, wo man für seine Gulden nur ein'n Dreck
kriegt! »Wiener Währung« haben's die Scheine genannt, aber die
Händler sind ihnen gleich drauf gekommen, wie's richtig heißen
muß: »Weh! Weh!« Und alles nur wegen dera Franzosen und dem
Krieg...

Die paar Groschen, die ich vom Herrn Vater bekomme, sind in den ersten Tagen beim Teufel, was soll ich dann die übrige Zeit tun? Es reicht ja nicht einmal hin, daß ich mir genügend Notenpapier kaufen kann. Wenn mir der Spaun nicht wieder ausgeholfen hätt', wär ich bis zum Sonntag nie und nimmer mit dem neuen Quartett fertig geworden.

Ach, Spaun – Sie waren mir doch der liebste von allen hier im Konvikt! Seit Sie nicht mehr hier sind, war mir oft, als ob ich verzweifeln müßte.

Nur gut, daß Sie Ihren Schubert nicht vergessen haben – Sie glauben gar nicht, wie wert und wichtig mir Ihre Freundschaft ist! Sie wärmt mir die Seele wie... wie eine Tasse dampfend-heiße Schokolade, nach der mir im Moment der Sinn steht!

Erinnern'S Eahna noch, wie Sie der Herr Direktor damals zum Frühstück geladen hat, weil Sie sich als Dirigent unseres Orchesters gar so gut hervorgetan hatten?

Wie Sie uns anderen von der Schokolade und von all den anderen paradiesischen Freuden erzählten, an denen Sie teilhaben durften?

Und daß Sie mir – gerad und nur mir! – ein Stück Gebäck zugesteckt haben, das Sie vom Frühstückstisch des Herrn Direktor hatten mitnehmen dürfen?

Da seh'n Sie, liebster Spaun, wie ich alleweil an Sie denke – und nicht nur, wenn ich auf I h r e m Rastralpapier meine Quartette schreib...

— ⚒ —

Geburts- und Sterbefälle in der Familie des Schullehrers Franz Schubert: »*1812, den 28. Mai, am Frohnleichnamstage, nachmittags 4 Uhr, starb die innigstgeschätzte Ehegattin Elisabeth, geb. Vi[e]tz.*«

— ⚒ —

Donnerstag, 18. Juni 1812: Beginn des Kontrapunkt- und Kompositionsstudiums bei Antonio Salieri.

— ⚒ —

*E*ine verrückte Welt... Um und um treibt's einen – und ist doch, als ob man nicht von der Stelle käme. Man steht da und schaut und hört und liest, was überall geschieht.

Die furchtbare Macht der Seeräuber an den Küsten von China, durch die diesem kolossalischen Reiche Anarchie oder gar gänzliche Auflösung drohen.

Die Nachrichten eines nahen Kriegsausbruches zwischen Großbritannien und den Vereinigten Staaten von Nordamerika.

Die Ukasse des russischen Zaren, daß »der gegenwärtige Zustand der Sachen in Europa entschlossene und feste Maßregeln erheischt, unermüdete Wachsamkeit und ein starkes Kriegsheer«, um den Bonaparte zurückzuschlagen, der auf Moskau marschiert.

Und wenn schon – was geht's mich an. 's ist eh immer dasselbe, so wie's auch immer dieselben Worte sind: »Friede und Freundschaft«, »der Mut und die Tapferkeit«, »die Bestrebung und der Eifer«, »Kraft und Würde«, »die Liebe zu uns und zum Vaterlande«, »die Hoffnung des Throns und des Reichs«, »dringend und unverzüglich« – denn »unsere Sache ist gerecht, unser Sieg gewiß«.

Das alles liest und hört und sieht man, und noch vieles mehr – und ist doch, als ob es einen gar nix anging'.

Sich bloß nicht rühren.

Weder rühr'n noch rühren l a s s e n ...

Übermorgen sind's schon sieben Wochen, daß die Mutter g'storben ist – und ich schreib Tänze...

Ich schreib Tänze, jawohl: Meine Mutter is g'storben, und ich schreib Tänze!

So wie ich morgens aufsteh und mich abends schlafen leg, wie ich eß und trink, wie ich sehe, höre und lese, was geschieht – so schreib ich Tänze.

Die Welt und alles dreht sich, ich aber stehe still inmitten von all dem und rühr mich nicht – damit es m i c h nicht rührt. Und wenn es gar zu wild und verrückt wird, schließ ich einfach die Augen – so... und bin ganz fort. In meinen Tänzen, die mir wie Leuchtkäfer in den Ohren summen und vor den Augen hüpfen: D a s und n u r d a s zählt – alles andere sind Hirngespinste!

Eins, zwei, drei, *eins*, zwei, drei, *eins* – immer um und herum, aber
ohne sich selbst zu bewegen, von der Stelle zu kommen.

Da, wo ich d a n n bin, gibt's keine Zeit mehr – und also auch
kein'n Tod: net wahr, Mutter?

Bis man erwacht.

Was war das in der Zeitung, von den Meteorsteinen? Ah, hier –
ja:»Seit den ältesten Zeiten hat man in allen Weltteilen und Ländern
wahrgenommen, daß von Zeit zu Zeit aus der Luft, mit großer
Schnelligkeit und heftigem Getöse, brennende Körper zur Erde fielen und sich hier zertrümmerten. Die älteren Naturforscher – da sie
diese Erscheinung sich nicht erklären konnten – fanden für gut, sie
ganz zu leugnen: ganz in dem Geiste, welche die römische Inquisition beseelte, als sie Galilei nötigte, die Bewegung der Erde um die
Sonne abzuschwören.«

's stimmt schon: Leugnen hilft nix. Man muß die Welt schon
nehmen, wie sie ist – so gut oder bös es immer sein mag.

Daß Krieg ist überall, ist das eine; daß die Mutter g'storben ist,
ein anderes; daß i c h leb und Tänze schreib, ein drittes. Jedes davon
kann gut und gern ohne das andre sein, solang die Dinge nur in der
Ordnung bleiben: daß der Vater's nicht leidet, wenn ich mich zu sehr
dem Komponieren widme – ich's aber trotzdem tu. Daß mich der
Herr von Spaun riesweis' mit Notenpapier versorgt – ich's also
vollschmier mit allem, was mir Herz und Kopf einkommen lassen:
Lieder, Quartette, Fugen, Kirchen- und Klaviersachen, oder eben
Tänze – wie's gerade kommt.

Nur nicht nachlassen! Nicht zurück-, sondern vorangeschaut auf
das, was kommt – was kommen m u ß , wenn's nach der Ordnung
geht: Quartette? Dann eben Quartette!

Lieder? Lieder!

Und wenn eben Tänze, dann Tänze!

———— ❧ ————

So, aufgemerkt – jetzt gilt's, jetzt wird es ernst! Denn gestern, in
der Messe vom Peter Winter – gestern hat der Schubert-Franz
zum letztenmal gekräht: endgültig!

Schluß is mit der Singerei und allen andren Unernsthaftigkeiten –
aus, vorbei, finis, ex; oder auch *basta così*, wie der Herr von Salieri
sagen tät. Muß sich der Herr Singmeister Korner – so leid's mir tut –
fortan ein'n anderen suchen, den er mit Schlägen und Ohrrissen
regalieren kann!

Öhlinger, lach net so damisch – was weißt denn schon d u , dritter Alt, der'st bist und bleiben wirst!

Wie denn – ich wäre doch bis gestern selber einer g'wesen? O
sancta simplicitas: Als wenn das »Gestern« heut noch was bedeutete! Schweig stille, Kind, wenn Männer reden! Es is schon viel,
daß't bleiben darfst und lauschen, was ich und der Müllner zu besprechen ha'm – gelt, Franz? Wir zweie nämlich, deren Stimmen nun
mutieret haben, wir müssen uns ab heut um die ernsteren Behufe des
Daseins sorgen.

Ach, schöne, unbeschwerte Kinderzeit – wenn man dich e i n -
m a l noch zurückgewinnen könnte! Wahrhaftig, Öhlinger, fast
könnt ich dich beneiden – dich und den Huber, den Kinast, den
Fuchs und all die anderen –, wenn ich nicht gar so kreuzvergnügt
wär!

Aber ganz ohne G'spaß: Was die erwähnten ernsteren Behufe
des Daseins anbelangt – da: Sonate in B, für Pianoforte, Violino
und Violoncell, manu propria verfertigt von Franz Schubert, g e -
w e s ' n e r Hofsängerknabe allhier am Allerhöchst kaiserlich-königlichen Konvikte zu Wien – na, wie klingt das: ernst genug?

Gemach, gemach – 's ist gerade mal das Titelblatt! Immer hübsch
eins nach dem anderen; erst das *Allegro*. Ob's hernach ein g a n z e s
Trio wird – mit *Andante*, Menuetto und Finale –, wird sich finden.
Na, ihr werd's schon zu hören kriegen, wenn es fertig is.

Aber sagt den andern nix davon, hört ihr? Die einzigen, die's
außer euch wissen, sind der Spaun und der Holzapfel, die mir die
Geige und das Cello spielen soll'n. Vor allem kein Wort zum Wenzel
Ruzicka: Zu seinem Namensfest am 28. September soll's nämlich
fertig sein, die Sonat'n...

Es ist ja nur auch ein erster Schritt... eine Übung – ein Versuch,
aus dem Gewirr von Melodien und Tönen, die mir so im Kopf her-
umspazieren, ein klares Muster zu flechten. Solang man einen Text

hat – ein Gedicht, ein *Salve*, eine Messe oder was weiß ich –, so ein Text gibt einem ja doch vieles vor für die Musik; da muß man nur ein paarmal die Worte laut vor sich hin deklamieren, dann find't sich oft schon der »gerechte Grund«, wie's bei den Malern heißt, von selbst.

Aber eine Sonate, ein Quartett, ein Trio, eine Sinfonie – dafür braucht's was anderes. Da geht's ei'm wie mit einem rohen Klumpen Lehm, der sich wohl gefügig drücken, kneten und verformen läßt, doch dabei nix, rein gar nix zu erkennen gibt von dem, was aus ihm werden kann und soll. Und schon so manchem, der einen Kopf hat modellieren woll'n, ist die Nasenspitz'n abgebrochen oder – hoppla! – hinter's Ohr gerutscht!

No, wer weiß, wie lang i c h brauchen werd, bis ich mein erstes g r o ß e s Trio fertig hab...

——— ✧ ———

Voll... und dieses auch... und dieses, und dieses... Ein Bogen und drei halbe Seiten, sonst is tatsächlich alles voll! 's ganze Papier hab ich für die Triosonat'n auf 'braucht.

Na, hilft alles nix: Muß ich halt wieder meinen lieben Spaun angehn, daß er mir ein paar Bogen Rastralpapier zukommen läßt – zwei oder drei Dutzend gleich am besten. Weiß der Teufel, was wär, wenn ich d e n net zum Freunde hätt... Nur daß es ja doch eine Schande is, daß ich hier im Konvikte leb wie ein Hund und nicht einmal die paar Kreuzer übrig hab, die's für Papier braucht!

Dabei geh ich wirklich nicht wie ein Verschwender um damit: Jedes Blatt, jede Zeile – ja, selbst h a l b e Zeilen schreib ich aus, so daß ich mich schon manchmal selber nimmer auskenn, was wohin gehört. Andererseits, einschränken mag ich mich fei auch net mit dem, was ich aufschreib und was nicht; bei dem vielen, was mir so im Lauf des Tages einkommt: wie kann ich denn da immer gleich wissen, ob – und wenn ja: zu w a s es taugt?

Zum Beispiel hier, dieses *a quattro*: erstens – um ja nichts zu vergeuden – auf dem *verso* vom letzten Blatt der fert'gen Ouvertüre zum *Teufel als Hydraulikus* notiert, und zweitens hätt ich

s c h w ö r e n mögen, es würd' das schönste und beste *Andante* werden, das wo ich je gemacht hab bis dahin – bis mir dann, just vor dem dreißigsten Takt, mit einem Mal die Luft und Lust dran ausgegangen sind, gewissermaßen, weil sich »das schönste und beste A n d a n t e« plötzlich eben doch als ziemlich einerlei und fad erwiesen hat.
Zumindest so, wie's j e t z t da steht – *a quattro*; hingegen für Pianoforte…

No, also – für Pianoforte: *Andante* C-Dur für Klavier! Das »schönste und beste« sicher nicht, doch allemal so schön und gut, daß es mir leid drum g'wesen wär, wenn ich's net aufgeschrieben hätt – auch wenn es mich den l e t z t e n freien Bogen gekostet hat.
Wenn doch der Vater bloß ein Einseh'n hätt mit mir! Wenn er sich doch bloß überzeugen ließe, daß ich einzig zur Musik, zum Komponieren tauge!
Er hätte Sorge, daß ich über meine Noten meine übrigen Studien vernachlässigen könnte. Wenn's wirklich d a s nur wär, dann müßte der Semesterkatalog, den wo ich nächste Woche krieg, genügen, ihm die Sorgen auszutreiben: Nix als Einser sollt' es haben darin – außer, natürlich, wenn der Herr Walch mich *in mathematicis* d o c h hereingerissen hätt… was ich aber nicht glaub. Und bei den andern bin ich mir eh gewiß: Religion beim Tranz, Grammatik beim Rebel, Griechisch beim Lamb, Geographie und Geschichte beim Rittmannsberger – vier sichere Einser! Was also kann er m e h r verlang'n, der Vater?!
Und daß ich in Gesang, Violin und Klavier drei Extra-Einser sicher hab, hat mir der Herr Direktor Lang schon angedeutet – und gleich hernach gefragt, ob ich nicht wieder einmal was für unseren Konvikt schreiben wolle? Vielleicht ein kleines Quartetto?
Gern, hätt ich ihm sagen soll'n – wenn er mir's Rastralpapier zahlen täte!
Dann stünd ich freilich dumm da, jetzt: wo das Quartetto sich in ein Klavierstück umgewandelt hat; da müßt ich sehn, wo ich ein a n - d e r e s Quartetto hernehm'…

So... so, ja, müßt' es gehn. Und für das Menuett... fürs Menuett ist
kein Papier mehr da!

Das heißt, Moment: beim Stadler hab ich gestern noch was liegen sehn; vielleicht, daß d e r mir aushelfen könnt – gerad jetzt, wo
ich so schön im Zuge bin damit!

——— 🙟 ———

» *S* o ein Quartetto, meint ihr? Oh, das ist wirklich keine große
Sache – nicht der Rede wert. Wenn mir der Herr von Salieri
(der mich, wie ihr ja wißt, in der Kompositionswissenschaft unterweist) – also, wenn mir der Salieri heut sagen täte: ›*Caro Francesco*‹ –
so nennt er mich nämlich immer: seinen › l i e b e n Franz‹... – ›*caro
Francesco*, es wär wieder einmal an der Zeit, daß ich ein neues Quartett von Ihnen zu Gesicht bekäm', *un' quartetto nuovo di lei*...‹ – eine
Woche höchstens, und er hätt es auf dem Tisch!

Und bitt' schön: g r o ß z ü g i g gerechnet, eine Woche; für dies
hier hab ich gerad einmal vier Tage 'braucht. Da, schaut's her: ›Finis
primae partis. Den 30. September achtzehn-zwölf.‹ Das war am
Mittwoch, stimmt's?

Hier, den zweiten Satz – ›Numero secondo. *Andante*. ad Quartetto‹ –, den zweiten Satz hab ich Donnerstag gemacht.

Dann's *Menuetto*, das wo ich in der Nacht von Donnerstag auf
Freitag g'macht hab... eh, nein – das wär schon Numero vier; wo
steckt denn's Menuett?!

Ach, Teufel, ja – sicher, ich entsinn mich: Ich hab auf d'Nacht
kein Rastralpapier mehr g'habt und hab's auf einen alten Bogen hingeschmiert, wo schon was drauf stand. Nur fragt's mich net, wo d e r
jetzt hingeraten is! Aber so geht's halt: Bei den vielen Ideen, die mir
einfall'n, muß ich mich immer s o f o r t hinhock'n und's aufschreiben, damit ich keine verlier davon. Na, 's wird sich schon wieder ein-
finden, das *Menuetto*...

Und schließlich Numero vier: *Allegro con spirito* – fertig auf den
letzten Strich, seit gestern. Was – wenn ihr euch die Müh macht,
nachzurechnen – exakt vier Tage gibt für's ganze Quartett!

Also, wie gesagt – w i r k l i c h keine große Sache...«

Ja, sehn'S, lieber Spaun – so spiel ich mich halt manchmal auf, vor den Kleinen, die mich anstaun'n und bewundern; damit ich mich ein bißchen – n u r ein bißchen – fühlen kann, als wäre all das w i r k - l i c h bloß ein Kinderspiel.

Schlimm, so ein eitler Zug, net wahr?

Und weiß doch selber, wie unendlich weit und hart der Weg is, bis man e i n m a l was Vernünftiges zustande bringt – und daß ein fertiges Quartetto nur die Bahn schafft für das nächste, bessere!

―――― ✤ ――――

So-so, er will also wieder heiraten, der Herr Vater. Gerad einmal neun Monate ist die Mutter tot, und er stolziert schon wieder auf Freiersfüßen herum; spreizt sich wie ein Pfau, scharrt und macht seinen Hof, rollt die Augen, gurrt und girrt wie ein verliebter Tauber. Was für eine Komödie, in seinem Alter noch den Bräutigam zu spielen!

Und dabei könnt's seine Tochter sein, die Jungfer Anna Kleyenböck – ist nur ein oder zwei Jahr älter als der Ignaz...

Augen machen wird er, der Bruder, wenn ich ihm über drei Tag zu sei'm Geburtsfest das neue Quartett präsentier! Was hat er g'sagt, als wir letzte Woche das Quartett vom Mozart gespielt ha'm? »So etwas vermag heut keiner mehr zu schreiben!« Fragt sich, lieber Ignaz, fragt sich – ich hab's wenigstens versucht...

Nur daß der Herr Vater, wenn er mit sei'm Violoncello allein anhebt, spätestens im vierten Takt wieder aus dem Metrum gefall'n sein wird – zumal jetzt, wo er ganz was andres im Kopf hat. Gleich nach Ostern soll schon Hochzeit sein: Ja, mei – da gibt's halt viel zu bedenken für den Herrn Vater; da müssen die Kinder fein stille schweigen, um den Herrn Vater net zu pertubieren; da kann sich der Herr Vater nicht alleweil um u n s kümmern. »Ein neues Quartett? Brav, Franzl, brav...«

Und in Wahrheit scheißt er drauf, der Herr Vater! Gerad so wie auf alles, was ich tu.

Freilich, i h r e Schuld ist es ja nicht – aber m e i n e eben auch nicht!

Warum ich denn immer so ernst und verschlossen wär, hat sie mich neulich gefragt; hätt ich sagen soll'n, es sei wegen dem Vater seiner Hochzeit? S i e kann ja doch nix dafür...
Manchmal bin ich regelrecht froh, daß ich im Konvikt steck', wo's mich alle mitsammen in Frieden lassen.
Wenn ich wenigstens mit den Brüdern reden könnt darüber... aber mit dem Ferdinand g e h t ' s nicht, weil der's eh – egal, was er tut – mit dem Vater hält, der Carl w i l l ' s nicht und vergräbt sich ganz in seine Malerei, und der Ignaz... der wär wohl der einzige; nur seit die Mutter tot is, red't er n o c h weniger als früher; ganz in sein Schneckerlhaus zurückgezogen hat er sich...
Und ich ja doch auch – nur daß m e i n Schneckerlhaus halt die Musik ist.

––––– ❧ –––––

» O Grab, wo ist dein Sieg? Wo ist dein Pfeil, o Tod?« Wo ist deine Heimat, o Mensch? Wer unters Rad der Zeit gerät, ist ja doch verloren und verdorben, denk ich – mag er sich noch so fest anklammern: Es reißt ihn mit sich fort.
Selbst unsern Herrn Jesus Christus hat's hinabgerissen in die Nacht des Todes – zur Auferstehung?
Dieser eine: ja; aber all die anderen?
Nicht heut und nicht morgen jedenfalls; alles ist Schmerz und Kampf. Wohl dem, der's übersteht.
Eine Woche noch... Merkwürdig, wie einem das längst Gewesene oft so viel näher scheint als das, was bald schon kommen wird.
Ob's was werden wird mit dem Windhagischen Stiftungsplatz? Sonst heißt es »finis et fine« mit dem Studieren... na, man wird sehn; erst einmal bleibt ja alles beim alten.
Hoffentlich ha'm der Holzapfel, der Spaun und der Stadler dran gedacht, die lyrischen und epischen Dichter durchzustöbern, wie sie's versprochen haben; 's wär höchste Zeit, daß ich wieder ein paar vernünftige Vorwürfe zum Vertonen hätt – so wie das Schillersche *Elysium*...

Nu, das is doch freilich was anderes als diese ewigen Metastasio-Stanzen, bei denen ich kalt bleib wie ein Fisch!

Und sauber *a tre voci* gesetzt, bitt' schön – nach allen Regeln des Kontrapunkts: Selbst wenn er kein Wort vom Text versteht, der Herr Salieri – d a s wird er schon sehn. (Wobei ich mich frage, wie er's geschafft hat, nach bald vierzig Jahren hier in Wien noch immer kein Deutsch zu red'n...)
Ich hör ihn schon: »*Che cos'è – un testo tedesco? Oh, che barbaro!*«
Schillers Verse – barbarisch, ungenießbar und nicht der Mühe wert, daß man sich damit abgebe: bei allem Respekt, aber das is doch a Schmarrn! Und bloß weil der Herr Hofkapellmeister Salieri die Sprache unsrer großen Dichter nicht beherrscht. Das einzig Barbarische ist seine Ignoranz...
Dabei, 's geht doch nicht an, daß man Musik zu einem Text setzt, den man nicht durch und durch versteht und f ü h l t – selbst wenn's bloß darum zu tun wär, einen saub'ren dreistimmigen Satz zu schreiben. »Donnerstürme« und »Mordgebrüll« – das will b e a c h t e t sein!
Daß Melodie und Text zusammengehn, als wenn's ohne einander nicht sein könnten – d a s ist doch die Kunst, nicht wahr?
»*Più tardi, più tardi*« – als ob das richtige Gefühl eine Frage des Alters und der Reife wär!
»Hier umarmen sich getreue Gatten«, wie's beim Schiller heißt – die eine droben, eine andere bald hier unten... Eine Woche noch, und er heiratet die Anna Kleyenböck, der Vater: der Liebe »ewig Hochzeitsfest – sicher vor des Todes strengem Hiebe«...
Dabei is ja doch nix und niemand sicher davor – nicht einmal im *Elysium.*

———— ❧ ————

Geburts- und Sterbefälle in der Familie des Schullehrers Franz Schubert: »1813, den 25. April vermählte ich mich zum zweiten Male mit der wertgeschätzten Jungfrau Anna Kleyenböck, geb. 1. Juni 1783.«

———— ❧ ————

»... *W*ird gemeldet, die französische Armee habe während der Ruhe, die sie durch acht Tage bei Dresden genoß, beträchtliche Verstärkungen in allen Waffengattungen erhalten.« Erst Lützen, dann Bautzen und Hochkirchen, jetzt Dresden – und während der Kaiser selbst seine Armee nach Schlesien führt, rückt sein Marschall Victor gegen Berlin vor: Da wird's wohl gottlob bald ein Ende haben mit dem Krieg – wo's doch nix und niemand gibt, das sie aufhalten könnte, die Franzosen.

Soll einen das nun f r e u e n , weil der Napoleon doch schließlich der Herr Schwiegersohn von unser'm Kaiser Franz is – oder geht's am End nur so lang gut, bis es dem Napoleon womöglich einfällt, sich auch d i e s e Krone noch aufs Haupt zu setzen?

Nu, erst einmal wird der russisch-preußischen Allianz freilich nichts andres übrigbleiben, als Frieden zu schließen – fragt sich bloß, zu welchen Konditionen? Und fragt sich auch, was wird, wenn's k e i n e n Frieden gibt...

Der Ignaz sagt, der Metternich tät schon heimlich Truppen ausheben und zusamm'ziehn – g e g e n die Franzosen...

Unruhige Zeiten sind das: unruhige – und schlimme Zeiten: die Saaten im Umkreise vieler Meilen zum Pferdefutter verwendet oder verdorben, alle Mühlen zerstört, Handel und Gewerbe stehn stille, die Orte und Städte sind ganz oder zum Teil durch Flammen verheert, Mangel und Teuerung... und das alles kaum eine Stunde hinter der böhmischen Grenze.

Gut, hier in Wien spürt man nix davon – n o c h nix jedenfalls; aber mit'm Krieg geht's wie mit ei'm Feuer: 's braucht sich bloß der Wind zu drehen, und's springt über. Die Ruh ist trügerisch. Nach außen hin tun's alle, als ob sie's nix anging', aber insgeheim...

Wie der Salieri letztens geschaut hat, als ich ihn auf den Napoleon angesprochen hab: Ich solle mich, statt zu politisier'n, gefälligst lieber mit der Harmonie- und Generalbaßlehre befassen – das täte mir besser! »*Canoni, e non cannoni*«: Um Kanons soll ich mich kümmern, nicht um Kanonen!

Auch gut, von mir aus – Terzette und Kanons, solang er will, der Maestro Salieri; aber dann wird er leider die Kröte schlucken müssen, daß ich sie ihm auf d e u t s c h e Verse mache!

Und überhaupt: wenn's so fort geht mit dem Kriegsglück vom
Napoleon, dann wer'mer bald in ganz Europa nur mehr französisch
parlieren – was vielleicht, wenn man's recht bedenkt, gar net amal
das Schlechteste wär.
Was wohl »Quartetto« auf Französisch heißt...?

———— ✺ ————

» Q *uatuor composé par François Schubert écolier de Monsieur de
Salieri«*, etcetera, etcetera. Worauf sich der Vater allemal
mehr zugute hält, als ich es selber tu':
»Mein Sohn – Schüler des Herrn Hofkapellmeisters...«
»... des Hochwohlgebornen Herrn von Salieri, der mir unlängst
versicherte...«
»... den der Herr Hofkapellmeister in den Kompositionswissen-
schaften unterweist...«
»... der unter der gütigen Leitung des ersten k.k. Hofkapellmeisters Herrn von Salieri nebstbei der Tonsetzungskunst mit
glücklichem Erfolge obliegt...«
Wobei die Betonung freilich ganz entschieden auf dem »nebstbei« liegt: M e h r als das, und aller Stolz hätt nämlich g'schwind ein
Ende; und wär's auch gerad so wider die Natur, wie daß man einem
Baum die Äst und Zweige stutzt und schneidet, wenn er sich »mit
allzu glücklichem Erfolge« hoch in den Himmel hinauf reckt...
Um dann zu konstatier'n, daß so doch alles sehr viel besser und
schöner und geziemender sei, als wenn man ihn hätt unbeschnitten
weiter wachsen lassen.
Und wenn er daran stirbt, der Baum?
Ich weiß, ich weiß: Die Schuld des Gärtners ist es nie. Die Kunst
stirbt an der Freiheit, nicht am Zwang; wer unter'm Zwang nichts
Rechtes schafft, der wäre o h n e Zwang noch weniger imstand'
dazu.
Aber es ist ja gar nicht wahr! Laßt mich nur wachsen, wie ich
will – dann werdet ihr schon sehn, was wird, wenn ich das Komponieren nicht mehr bloß »nebstbei« betreibe: Sonaten, Sinfonien,
Opern...

Ein Strauß der seltensten und schönsten Blüten, gebunden aus der Fülle der Natur: Wo eine gepflückt war, sprießen zweie nach... tausenderlei Farben und Düfte, daß es einem ganz rauschig werden könnt davon.

Eine Flut der Klänge, die glitzernd aus der Tiefe des Herzens aufsteigt wie eine Fontäne, deren mächtiger Strahl im Sonnenglanz zu zahllosen funkelnden Tropfen zerstiebt – und in jedem von ihnen eine Welt.

Ein ganzes Leben, zusammengefaßt im Spiegel eines einzigen Taktes: bald sich erinnernd, bald ahnungsvoll von Dingen träumend, die noch keiner gesehn...

»Quatuor. Zur Namensfeier meines Vaters. Franz, Sohn.«
»Nebstbei« komponiert, versteht sich.

———— ❧ ————

Obwohl ihm einer der »Windhagischen Stiftungsplätze« zugeteilt wird, verläßt Schubert vorzeitig das Konvikt und wechselt zur Normal-Hauptschule, um sich dort zum Schullehrer-Gehilfen ausbilden zu lassen.

———— ❧ ————

1814

»Wer wagt es, Rittersmann oder Knapp…« Ich – i c h hab's gewagt: Mehr als ein halbes Jahr hab ich gerungen mit der Charybde – und hab schließlich doch gesiegt: *Der Taucher*. Ballade vom Friedrich Schiller, in Musik gesetzt vom Franz Schubert. Und in w a s für a Musik! Die reinste Oper is es geworden… und auch fast so lang – sieb'azwanzig Strophen, eine jede zu sechs Versen: 's dürft so ziemlich das längste Gedicht g'wesen sein, das wo ich bisher gemacht hab. Nur daß m i c h kein König und keine Prinzessin dahin brächten, mich ein z w e i t e s mal »auf Leben und Sterben« da hinunter zu stürzen!

Aber so is halt: Der Tyrann befiehlt – und keiner, der ihm trotzen würd. »Wer wagt es?« Alle ham's Angst, alle…

Wie gegen den Bonaparte: da is auch erst keiner gewesen, der sich ihm in den Weg gestellt hätte – und jetzt ziehn unser Kaiser, der russische Zar und der preußische König Seit an Seit in Paris ein, und der Napoleon kann froh sein, wenn er mit halbwegs heiler Haut davonkommt: Man muß es nur wagen!

Ein Glück, daß an der Normal-Hauptschul in der Annagass'n ein Pianoforte gestanden is – sonst wär's net so leicht gewesen…

In Musik gesetzt vom Franz Schubert, angehendem Schulgehülfen: Auch so ein Höllenschlund – und aus d e m is n i c h t so leicht wieder auftauchen.

»Laßt, Vater, genug sein das grausame Spiel!« Man könnt meinen, das hätt a Virtuos geschrieben, das Solo!

Werdet schon sehn, Herr Vater: Ich geh nicht unter – ich nicht! Wer's nur wagt, den Tyrannen zu trotzen…

Das Notturno vom Matiegka – wenn ich denk, wieviel Zeit ich darauf verwendet hab, auf dieses... dieses Geschmier! Und alles bloß, um dem Herrn Vater a Freud zu machen, weil er doch – weiß der Teufel, weshalb – einen Narrn gefressen g'habt hat an dem Stück!

Nur daß es halt kein' Part fürs Violoncell hat, nicht wahr? Und daß der Herr Vater eben das Violoncell streicht und nix anderes.

Was hab ich also gemacht? Hing'hockt hab ich mich und aus dem Trio ein Quartett gemacht – mit Violoncell, damit der Herr Vater a Freud hat, daß er's mitspielen kann!

Kaum draufgeschaut hat er, der Herr Vater, wie ich's ihm zu Ostern präsentiert hab. Das einzige, was ihn intressiert hat, war, wie's mit meiner Präparation an der Normal-Hauptschul vorangeht – was nun freilich unter tausend Dingen das einzige is, was mich gar nicht intressiert!

»Bitt schön, Herr Vater, das Quartett – ich hab's doch eigens für Sie gemacht, nach dem Matiegka sei'm Notturno, das Sie allweil so gern g'habt haben...«

Und die Brüder stehn dabei und kriegen's Maul nicht auf: Der Carl glotzt dumm wie ein Kalb, der Ferdinand freut sich wohl insgeheim, daß ich's wieder einmal gerichtet krieg, und der Ignaz verkriecht sich hinter sei'm Buckel...

»Lieber Sohn, wenn du wirklich gesinnt bist, eigens für mich etwas zu tun, wie du sagst, so wäre es mir das liebste, du würdest deine Leidenschaft weniger auf das Komponieren und mehr auf deine Schulpflichten verwenden.«

Das alte Lied – ich kann und mag's nimmer hören! Es ist, als ob wir zwei verschiedne Sprachen sprechen täten, der Vater und ich.

Nun, so mag's jedenfalls das letztemal gewesen sein, daß ich mich bemüht hab: Wenn er verlangt, daß ich um seine Liebe krieche wie ein Hund, der Vater, dann muß er sich ein' andren suchen! Den Gehorsam, den ich ihm schulde vor Gott und den Menschen, den soll er haben – doch weiter nix, und wenn er mich dafür n o c h einmal aus dem Haus wirft!

»Ich darf Euch versichern, Herr Vater, daß meine Schulpflichten in keiner Weise unter meiner Leidenschaft für die Musik zu leiden

haben und daß ich mich rühmen darf, sowohl in den theoretischen
wie in den praktischen Kenntnissen durchaus die Zufriedenheit meiner Lehrer verdient zu haben.«
Partie remise also, wie's heißt – bis zum nächsten Mal!
Das heißt, nein – am End war doch i c h es, der die Partie gewonnen hat: Weil, schließlich haben wir das Quartett doch einmal
versucht, und in der zweiten Variation vom Finale (die ich eigens als
Solo fürs Violoncell dazugeschrieben hab), da hat sich der Vater so
hoffnungslos vergriffen, daß wir haben aufhörn und von vorn beginnen müssen!
Als ob's nichts andres gäbe als ewig nur diesen Streit...
Bleib jeder nur, wo er ist, und laß den anderen in Frieden – wenn
schon keine Liebe möglich ist.

———— ✿ ————

> *Am Sonntag, dem 15. Mai 1814, beendet Schubert*
> *die erste Fassung seines dreiaktigen Singspiels* Des
> Teufels Lustschloß, *nach einem Text von August*
> *von Kotzebue; acht Tage später – am Montag, dem*
> *23. Mai – besucht er im Kärntnertortheater die Ur-*
> *aufführung der dritten, endgültigen Fassung von*
> *Beethovens* Fidelio.

W as für ein Werk – Gott im Himmel, was für eine herrliche, einzige Musik! Und wenn der Vater noch so toben wird – das war
es tausendmal wert, daß ich meine Bücher zum Antiquar getragen
hab, um ein Billettl zu erstehn.
Schon weil's ja doch die beste Schule für mein eignes Komponieren ist, s o etwas sehn und hörn zu können. Obwohl – ein bißchen
weh tut's auch...
Wenn ich denk: d a s hier, und daneben m e i n armseliges Singspiel – pfui Teufel! Da ist meine Szene aus dem dritten Akt, in der's
ja auch um die Gattenliebe geht, die allen Anfeindungen trotzt – da
scheint mir diese Szene doch, bei aller Dramatik, ein reichlich fades
Spiel...
Nun, sei's drum – w e n n schon; dafür bin ich ja hier: um zu lernen, wie man's besser macht. Werd ich halt doch, wie der Salieri 's

mir empfohlen hat, das *Teufels-Lustschloß* noch amal von vorne machen...

Und diese Stimmen! Der Vogl als Pizarro kann ei'm wirklich 's Blut gefrieren machen – und die Damoiselle Milder als Leonore: was für eine Erscheinung!»O namenlose Freude« – wenn ich mir vorstell, daß solche Sänger einmal auch etwas von m i r machten; daß ich selber da stünde, wo jetzt der Herr van Beethoven steht und dirigiert, und daß nicht Florestan und Leonore, sondern der Ritter Oswald und seine Luitgarde das Glück ihrer geretteten Liebe preisen täten...

(Was haben's denn zu tuscheln und zu lachen, die Leut – bloß, weil der Herr van Beethoven bisweilen ein wenig aus dem Takt gerät und der Kapellmeister Umlauf hinter seinem Rücken zuhelfen muß? Man weiß ja doch, daß er nimmer so gut hört. Dabei: welche Gestalt! Wie ein antiker Jupiter Tonans steht er da vorne am Pult und schleudert seine Blitze ins Orchester. So einen gibt's net zweimal in der Welt!)

Fragt sich, für wen. Für unsre Wiener kaum – die halten's lieber mit dera Italienern.

Ja, merkt's ihr denn nicht, ihr G'friser, daß dieser *Fidelio* allemal den ganzen Rossini aufwiegt? Pack!

Und da will ich – kleiner Notenfuchser, der ich bin – mit einem deutschen Singspiel reüssiern – wo einer wie der Beethoven sein Meisterwerk unter das Volk wirft wie die Perlen unter die Säue...

D a s heiß ich einen Schlußchor, meiner Treu! Und gerad das gleiche Bild beinah, wie's auch am Ende meiner Oper steht... Oder sagen wir: stehn s o l l t e. Na, hilft nix – werd ich halt auch mein Finale neu schreiben müssen – gleich wenn ich heimkomm...

––––– ⚫ –––––

Wenn ich nun aber doch einmal kein Italiener bin!? »Cantabile, Francesco – più cantabile! M o l t o più cantabile!!« Als ob sie nicht auch so singen täte, meine Musik – auch ohne die Italienisiererei, die der Salieri haben will von mir...

Jetzt, wo ich's ihm endlich ausgetrieben hab, daß er mich mit seinem Metastasio sekkiert, jetzt kommt er mir mit seinem »Cantabile«!

»Guarda, Francesco: Mozart...«

Nun ja, gut, sicher: Mozart – kein Italiener, und eben d o c h einer, zumal in seinen Sing-Sachen. Aber wer dürfte sich mit ihm vergleichen?! Außerdem: Wenn ich Opern schreiben wollte – italienische Opern –, dann könnt ich's vielleicht noch verstehn; aber für meine Lieder (wie die ganzen Gedichte vom Matthisson, die ich letzthin in Musik gesetzt hab) – für meine Lieder braucht's eben eher »Espressivo« als »Cantabile«, verehrter Maestro Salieri!

Er mag übrigens nicht meinen, daß ich's nicht könnte: Was ein guter Jäger ist, der hat noch jedes Wild erlegt. Das *Salve*, das ich ihm hab machen sollen, ist so italienisch geworden wie nur was, ohne daß ich mich groß hätt zwingen müssen. »Ecco, Francesco – che bello, questo *Salve*! Che cantabile! Bravo!«

Mach' mer ihm halt die Freude. Aber daß ich's kann, heißt noch lang nicht, daß ich's auch will.

Nehmen wir einmal an, ich würd ein *Salve Regina* nach m e i n e m Gusto machen... Sicher nicht für Tenor – eher für Sopran, denk ich; und auch eher in einer Kreuz- als einer B-Tonart, damit's nicht gar so scharf und grell klingt: E-Dur vielleicht, oder besser noch A-Dur – ja, A-Dur. Das *Alla breve* dagegen könnt bleiben... und das *Andante*-Tempo auch. Nur nicht diese große Geste am Anfang: kein *Forte*-, sondern ein *Piano*-Beginn: 's geht ja schließlich nicht um eine Opernouvertüre!

Ein ganzes Orchester braucht's auch nicht dafür – Streicher a quattro genügen. Wobei sogar noch zu überlegen wäre, ob so ein *Salve* überhaupt begleitet sein muß. Von den Kirchensachen, die wo mer alleweil im Hofsängerchor gemacht haben, war'n ja doch oft die A-cappella-Sätze die schönsten.

Wenn ich denk: eine Kirche, halbdunkel und kühl, nur einige brennende Kerzen, der süße Geruch von Weihrauch, die leisen Schritte des Mesners, ein wundertätiges Gnadenbild der Jungfrau Maria... und plötzlich – wie aus dem Nichts – von der Orgelempore herunter vier Stimmen, zwei Tenori und zwei Bassi, die ein *Salve Regina* intonieren...

——— ⌇ ———

»*A*men!« Freitag, den 22. Julius achtzehn-vierzehn – Franz Schubert, manu propria. Und noch zwei gute Monate Zeit bis zum Pfarrkirch-Jubiläum am fünfazwanzigsten September – allemal genug fürs Spartieren und Probieren!

Ob ich nicht Lust hätt, ein kurzes Stückerl zu schreiben für die Zentenariumsfeier, hat er mich Anfang Mai gefragt, der Herr Regenschori Holzer; ein *Te Deum* vielleicht – oder wenn mir das zu lang wär, ein kleines Offertorium oder ein *Salve*...? Es wär doch schön, wenn ich als eins der Lichtentaler Pfarrkinder – ich sei doch sogar hier in der Kirchn getauft worden, nicht wahr? –, also, er würde sich jedenfalls ganz eminent freuen, wenn ich ihm gelegentlich etwas bringen könnte.

»Wie's denn besetzt sein solle...?« Oh, da bräucht ich mir keinerlei Einschränkungen aufzuerlegen; für so ein großes Fest, wie's die hundertste Wiederkehr der ersten Messe sei, die in einer Pfarrkirch gefeiert worden ist, da dürft es schon zu Einigem reichen.

»Also nicht nur mit Orgel, sondern mit Streichern dabei?« Mit Streichern, natürlich!

»Womöglich gar mit doppelt Holz und Blech?!« Ja, freilich – mit Pauken und Trompeten, damit's recht feierlich klingt!

»Und auch Solisten zum Chor?« Einer, zweie, viere, sechse – soviel'st willst, Franzl! (Woraufhin ich sechse genommen hab, versteht sich.) Schreib nur, wie'st magst – für die Aufführung wer' mer dann schon Sorge tragen, das versprech ich dir!

»Amen!«, lieber Herr Holzer: daß es eine ausgewachsene *Missa solemnis* werden würde, hätten weder Sie noch ich gedacht, oder?

Zwei Monate Zeit – das müßte langen... Spätestens am zwanzigsten nächsten Monats bin ich mit der Präparandenprüfung fertig: Normal-Hauptschul, ade! (Was mich danach als zugelassenen Schulgehilfen erwartet, da denk ich lieber nicht dran...)

Jedenfalls könnt ich bis dahin die Stimmen ausgeschrieben haben – die meisten zumind'st.

Dann blieb' ein guter Monat bis zur Aufführung.

Um das Orchester und die Solisten müßte sich freilich der Holzer kümmern; nur mit den Freunden vom Grund wird's sicher nicht gehn... Die Proben würd ich selber leiten – und am liebsten auch die Aufführung, wenn er mich laßt, der Herr Holzer. Oh, ich würd schon dafür sorgen, daß sie ordentlich *bruit* macht, meine Messe – daß es eine kleine Sensation wird, von der man auch in Wien hört und spricht!

Überhaupt: man müßte versuchen, daß die Aufführung hier in Lichtental so gut gelingt, daß man's hernach noch anderswo machen kann – in einer Kirche in der Inneren Stadt am besten. Wo jetzt dort (wegen dem Kongreß) alles voll ist von Ausländern, käm gewiß ein höchst illustres Publikum zusammen.

»Die Messe dieses Herrn Schubert – wie, Sie haben sie nicht gehört? Mein Lieber, da ist Ihnen etwas entgangen. Ein Talent sondergleichen, sag ich Ihnen – ganz Wien red't von nichts anderem; ein Genie!«

———— ᨓ ————

Schubert Frz. 17 J. angeh.Gehilf
Theoretische Kenntnis
   Grundsätze der Unterweisung: m[ittelmäßig]
   Kurrentschrift: g[ut]
   Latein: m[ittelmäßig]
   Kanzelei: m[ittelmäßig]
   Rechtschreibung: g[ut]
   Aussprache: g[ut]
   Deutsche Sprachlehre: g[ut]
   Rechenkunst: g[ut]
   Religionslehre: m[ittelmäßig]
Praktische Kenntnis
   Buchstabenkennen: g[ut]
   Buchstabieren: g[ut]

> *Lesen: g[ut]*
> *Schönschreiben / Rechtschreiben: g[ut]*
> *Diktando-Schreiben: g[ut]*
> *Deutsche Sprachlehre: g[ut]*
> *Rechenkunst: m[ittelmäßig]*
> *Religion: sch[wach]*
> *Fleiß / Sitten: fl[eißig]*
> *Anmerkungen: Z[ugelassen] als Gehilf*
> *[gez. Josef Peitl]*

——— ❧ ———

*F*erdl...? Moment... gleich, ja? Aber jetzt net – 's geht jetzt wirklich net, hörst'... Und wenn'st der Kaiser von China persönlich und es n o c h so dringend wär – jetzt geht's net, sag ich dir! Von mir aus bleib – aber halt die Gosch'n und stör mich net, verstanden? Wo ich fast fertig bin mit der Repris'n... Siehg'st es: die halbe Seit'n noch, und ich bin so weit – gleich... gleich sofort, ja... ein'n Moment... ein Momentl mußt' dich noch gedulden... ein klein's Momentl nur... nur eine Zeile... das *Pianissimo*... das *Fortissimo*... vier Takte noch, mehr nicht... und... und Schluß!

Aus! Finis!

Bist mir nicht böse, Bruder, daß ich so gegrant'lt habe, gelt? Du kennst mich ja und weißt, wie's ist, wenn ich über meinen Noten hock; da könnte neben mir eine Kanone einschlagen – ich würd's nicht merken!

Wie spät is übrigens...?

Erst?! Slakrawolt, dann hab ich für den Satz... wart einmal... drei – vier – vierahalbe Stunde hab ich bloß 'braucht! Ein ganzes Quartett-*Allegro*, in vierahalb Stunden verfertigt: Das gehört darunter geschrieben, find'st net auch? In vierahalb Stunden, denk nur!

Heut früh, weißt' – heut früh hab ich nach ei'm freien Rest Rastralpapier gesucht, um für die Messe noch ein paar Änderungen zu probiern; da find ich plötzlich einen Bogen wieder, auf dem ich – frag mich, wann – ein Trio angefangen hab: Violino, Viola, Violoncell – *Allegro* im Vierviertel – B-Dur... zehn Zeilen, und's hört auf.

No, denk ich, wie ich so hinschau: eigentlich schad drum; kein
schlechter Beginn – hätt durchaus was draus werden können. Vielleicht nicht gerad als Trio, sondern als Quartett...?
Man müßte freilich hier – und da – und diese Stimme dorthin –
im dritten Takt ein chromatisches E vor das Es – desgleichen im
sechsten ein Cis vors C – d e n Akkord statt j e n e m ... und wie'st
gekommen bist, vorhin, war's schon so gut wie fertig, das *Allegro* –
in vierahalb Stunden!
Und für ein *Andante* in g-Moll als zweiten Satz hab ich auch schon
eine Idee – so ein Helldunkel, mit einem immer gleichmäßig po-
chenden Basso... a bissel wie in dem einen Quartetto vom Mozart,
weißt?
Na, morgen schreib ich's auf. Dann rasch noch ein *Menuetto* mit
Trio dabei, und hernach das Finale – und fertig ist es, das Quartett:
Wirst sehn, Bruder – nächsten Sonntag könn'n wir's spielen! So *pre-
sto* geht's bisweilen mit der Kunst...

———— ❧ ————

»*K*riegs- und Friedensspiel, an denen sich zwei, drei, vier bis elf
Personen, nach dem bloßen Verstande, aller Orts recht
leicht und gut unterhalten können...«
Ein hübsches Spiel, bei Gott – und in der Tat recht unterhaltsam
und mit leichten Regeln: Wer verliert, krepiert!
Und selbst wenn der Kongreß jetzt endlich Ruhe schaffte in
Europa – was ja doch wegen der allgemeinen Habsucht und dem
Ehrgeiz noch längst nicht gewiß ist –, selbst d a n n wird's wohl Jahre
dauern, bis das ganze Blut fortgewaschen ist von der Landkarte. Sogar der Purpur der untergehenden Sonne scheint einem blutig...
Überhaupt – was für ein Spektakel, dieser ganze Kongreß: Noch
bevor er richtig angefangen hat, haben ihn alle, die man fragt, schon
satt bis zum Ekel.
Dabei ist es nicht einmal zwei Wochen her, daß die ganze Stadt –
ich selber ja auch – Spalier gestanden hat »am großen, festlichen und
ewig denkwürdigen Tage des nie gesehenen, Ehrfurcht gebietenden
Einzugs« der hohen Souverains in Wien, wie's geheißen hat: Tausend

Gewehrschüsse als Salve und jubelnde Bewillkommnungsrufe für die acht Ulanenschwadronen, die dreimal sechs Schwadronen Kürassiere, die beiden Infanterieregimenter Hiller und Colloredo, die zehn Grenadierbataillons; und hinter den Monarchen die Erzherzoge, Generäle, Leibgardisten und das übrige Militär – die Überlebenden des Kriegsspiels halt! Selbst meine brave Therese hätt beinahe den Kopf verlor'n vor so viel Uniformenschmuck und -glanz! Und jetzt – was bleibt von alledem? Nix, rein gar nix.

Dazu kommt, daß die ganze Stadt von Geheimen wimmelt, die dem Saurau, dem Sedlnitzky und dem Metternich jedes Wort hinterbringen.

Ich wette, das gestern im Caféhaus – das war auch so einer: Dieses Individuum, das hinter seiner Zeitung so auffällig u n auffällig die Ohren auf 'sperrt hat, wie der Senn uns vorrechnet, daß die Anwesenheit der fremden Souverains den Hof wenigstens fünfhundert Millionen neuer Antizipationsscheine kostet und daß wir alle noch an dieser verfluchten Papiermacherei zugrunde gehen werden.

Wobei der Senn ja bloß gesagt hat, was alle sagen: Wo man hinhört, sind's überall dieselben Jeremiaden und Lamentationen – daß der Kongreß am End nichts andres sein wird als ein allzu kurzer Ruhepunkt in der großen Tragödie unserer gegenwärtigen Weltgeschichte, unseres *bellum omnium contra omnes*… unserer ewigen Kriegs- und Friedensspiele.

Und übernächste Woche – als wären er und wir noch nicht bankrott genug – will unser Kaiser seinen hohen Gästen auch noch ein Militärfest ausrichten, zum Jahrestag der großen Schlacht von Leipzig! Ein schönes Bild der Eintracht – derweil doch jedermann weiß und es ein offenes Geheimnis ist, daß Rußland militariter ganz Polen okkupiert und auf Galizien spekuliert, so wie Preußen sich von Sachsen aus nur allzu gerne Böhmen einverleiben täte. Und mitten drin der Talleyrand, der Fuchs – der einen auf den andern hetzt und sich die Hände reibt um jeden Streit der Sieger, der ja ihm und Frankreich nur Gewinn einbringen kann.

Weiß der Teufel, wie das alles werden soll…

— ᪥ —

*E*ine gute Probe war's – doch-doch, eine gute Probe… Nur: eine gute Probe heißt noch lang nicht, daß es auch eine gute Aufführung werden wird, am Sonntag. Na, 's hilft ja eh nix als Geduld: Zwei Tage noch – dann wird's sich zeigen, übermorgen, was sie taugt, die Messe…

Zwei Tage? Eine Ewigkeit! Das Beste wär, ich würd bis dahin gar nicht daran denken – überhaupt kein' Gedanken dran setzen – mich einfach mit was anderem beschäftigen… mit Aufräumen zum Beispiel: Seit Wochen stapelt sich hier das Rastralpapier, daß ich mich selbst schon nimmer durchfind, was wozu gehört!

Das hier…? Die Revision des Kotzebueschen Singspiels; das auch… und das, und das… und – halt, das nicht: das… gehört zu etwas, woran ich gerad nicht denken will! Also weiter – ein ganzer Stoß mit… Liedern?

»Lehnst du deine bleichgehärmte Wange immer noch an diesen Aschenkrug?«

Ach so, ja – Matthissons *Trost*… Huh, was für a finstre Angelegenheit! *In stile recitativo*, als ob's das Vorstück einer Arie wär… und was die Harmonien betrifft, so hätte mich der Salieri dafür g'radwegs vor die Tür gesetzt, wenn ich so damisch g'wesen wär, es ihm zu zeigen!

Ah, noch so ein Matthissonsches Geisterstück: *Geisternähe*… Nicht allein, daß ich mich selber kaum mehr durchfind – das Schlimmste ist, ich kann mich schon gar nimmer entsinnen, daß ich das ü b e r h a u p t je in Musik gesetzt hab! An den *Geister t a n z* vom Matthisson (der übrigens auch hier irgendwo zwischen den Stapeln herumliegen muß), an den erinn'r ich mich wohl – aber an die *Geister n ä h e* …?

Franzl, Franzl – 's wird noch dahin kommen, daß't deine eignen Sachen nimmer wieder'kennst! Höchste Zeit jedenfalls, daß ich a bisserl aufräum hier und Ordnung schaff…

Das hier? Kann weg: Geschmier… wieder zwei – nein: drei Lieder… das Quartetto in B… und das: zwei Blätter in Orchesterpartitur – Lage Vier…? Gehört wohl in das Sing- und Zauberspiel vom Kotzebue – genau wie dies hier…

Na, geh – heut ha'n sie's aber auf mich abgesehn, die Geister und

Gespenster: schon wieder so ein Teufelszeug – der *Geistertanz*!
Wußte doch, daß er hier dabei sein muß...
    Jessas, wenn ich denk, wie ich mich abgequält hab mit dem Text:
Tage- und nächtelang hab ich drüber gehockt, g e t r ä u m t hab ich
davon, von den winselnden Hunden und davonflatternden Raben,
und wie sich die Toten aus ihrer »bretternen Kammer« erheben und
ihren »sausenden Reih'n« tanzen – und bin dann schließlich doch
nicht fertig 'worden...
    No, 's ist auch eine ganze Weile her – zwei Jahre wohl bestimmt;
heut würd's mir sicher leichter fall'n. Obwohl...
    Obwohl es gar net s o schlecht ausschaut, was ich mir da hab ein-
falln lassen. Fragt sich wirklich, warum ich's net zu Ende 'bracht
hab...?
    Macht durchaus Effekt. Ein wenig karg und knapp vielleicht, aber
sonst... wohingegen der zweite Versuch eher zu üppig geraten ist –
wenn ich allein schon das Vorspiel seh: »Mitternacht«, »Heulen des
Windes«, »Feierliche Stille« – weiß allerdings der Teufel, weshalb ich
das Szenario dazu geschrieben hab, als ob nicht jeder selber hören
würd, worum es geht!
    Trotzdem: das Sechsviertel für den Tanz ist gut – die Vorhalte
auch, wo die Hunde winseln... ansonsten aber ist's doch reichlich
hilflos, wenn man näher hinschaut. Und diese vielen wiederholten
Verse...
    Nein-nein, es macht schon Sinn, daß ich's nicht weiterkompo-
niert hab, damals – es wär mit Sicherheit nix Rechtes draus geworden. Aber ein herrliches Gedicht ist es doch, dieser *Geistertanz* – der
wär's schon wert, daß ich mich noch amal damit beschäftige... und
zwar am besten jetzt – jetzt gleich sofort! Wer'n ja sehn, ob's mir
heut wirklich leichter fällt als vor zwei Jahren und ob ich d i e s m a l
fertig werde.

Na, bitte – wer sagt's denn! Nicht einmal die Hälfte an Takten, dafür aber mehr als das Doppelte an Text – die ganzen sieben Strophen! Wobei ich allerdings kaum gedacht hätt, daß es s o schnell gehen würd damit... Es war doch gut, daß ich mich gleich hingesetzt
und mir den Text nun endlich von der Seele komponiert hab: Wer

weiß, wie lang er mir sonst n o c h nicht aus dem Sinn gegangen wär...
Was nicht heißt, daß ich ihn mir nicht noch ein viertes Mal vornehmen werd!

——— ◦⬦◦ ———

*B*is dahin also wär's geschafft – und gar net übel, denk ich:
Die Leut hör'n zu... Nur schwitzen tu ich wie ein Bär. No,
und der Regenschori Holzer schaut ja gleichfalls ganz zufrieden drein.
Was zieht er denn die Brauen hoch – und nickt mir zu...?
Ich soll wohl weitermachen...? Alsdann, mach' mer weiter – das *Credo*.

Überhaupt war's – find ich – ganz famos vom Herrn Holzer, daß er mir angetragen hat, ich sollt sie selber dirigieren, meine Messe. »Geh, Franzl«, hat er g'sagt, »es ist ja doch d e i n Werk; und wenn es den Erfolg hat, den's verdient (woran ich übrigens nicht zweifle), dann soll er auch für dich a l l e i n e sein. Wer weiß«, hat er g'sagt, der Holzer –»wer weiß, ob's nicht gerad diese Messe sein wird, die dir den ersten Lorbeer bringt, als Komponist? Dann wär es mir Ehre genug, daß ich dir den Weg geebnet hab...«

Das *Crucifixus*... Ja, Kruzifix – das läuft ja wie am Schnürdl! Und selbst der Ferdinand bleibt brav im Metrum und rennt mir nicht davon, wie gestern noch in der Hauptprobe...
D e r hat vielleicht ein Gesicht gezogen, daß er sich an die Orgel hocken und sei'm Bruder unterordnen soll! Wo er doch am liebsten selber hier gestanden und den Takt geschlagen hätt... »Wie, Franzl, du – d u willst sie selber leiten, deine Messe?! Ja, meinst denn, daß't das kannst...?«
Gelt, Nandl, das war doch ein Schlag für dich! Und wenn'st gedacht haben solltest, ich würde auf die Nas'n fall'n damit, dann muß ich dich wohl leider enttäuschen, wie'st merkst: Wie am Schnürdl läuft's, wie am Schnürdl...

Wie viele Leut wohl da sind…? Zweiahalb-, wenn nicht dreihundert, schätz ich – das ganze Kirchenschiff is voll… auch die Stühle an den Seiten; einige stehn sogar. Und nicht nur die Freunde vom Grund und andre hiesige, glaub ich. Obwohl's ja leider mit der Annonce in der *Wiener Zeitung* nix geworden is, die der Holzer hat hineinsetzen woll'n, sind doch wohl reichlich Zuhörer aus der Stadt gekommen. Vielleicht sogar einige Ausländer? Wo doch von wegen dem Kongreß ganz Wien voller Ausländer is… Die Kameraden vom Konvikt, versteht sich – Holzapfel, Stadler, Spaun natürlich; und gewiß auch einige, denen der Salieri Nachricht gegeben hat, daß hier und heut das erste große Werk von seinem Schüler öffentlich zur Aufführung gelangt.

Was er wohl denkt, der Maestro – ob er zufrieden is mit mir? Er sitzt gleich neben dem Vater, hab ich vorher g'sehn…

Jessas, daß man so ins Schwitzen kommt! Klitschnaß bin ich, und's Wasser läuft mir in die Augen, daß ich kaum die Noten seh… Na, macht nix, macht nix – gleich weiter; sobald der Mayseder sein' Geig'n nachgezogen und gestimmt hat… so.

Und nicht nur, daß ich schwitz – die Arme wiegen schwer wie Blei! Egal: die letzte Viertelstund werd ich schon noch durchstehn…

Ja, sing nur, sing, liebe – liebe, kleine Therese – Liebste… Für dich allein hab ich das Solo ja gemacht: damit du deine liebe, glockenreine, engelshelle Stimme zeigen kannst…

Im Grunde, weißt' – im Grunde ist die g a n z e Messe ja allein für dich gedacht: als Unterpfand meiner Liebe… Daß't ein bissel stolz sein kannst auf deinen Franz; und daß deine Freundinnen ganz neidisch wer'n, wenn'st ihnen sagst, daß ein so berühmter Künstler wie der Herr Schubert dir den Hof macht.

Sing, Theres, sing – denk nur an uns dabei: dann wird's schon herrlich genug geraten… Damit auch deine Mutter sieht, vor allem, daß so ein Komponist durchaus der Rechte sein kann, um die Tochter heimzuführn als Braut.

Benedictus qui venit – und bin doch selber so selig, daß ich's gar nicht beschreiben kann!

Sogar der Vater, der doch sonst so gar nichts hat wissen woll'n davon, daß ich mich gänzlich der Musik verschreibe – sogar der Vater
hat mir g'sagt – wie er in die Kirchn 'kommen is, vorhin –, daß er
recht stolz wäre auf mich, und daß er mir von Herzen guten Erfolg
wünsche; und wie ihm noch der Signor Hofkapellmeister Salieri gra-
tuliert hat zu einem solchen Sohn – *Hosanna in excelsis* –, wie er da
geschaut hat, der Vater!
Also sing, Therese – sing, so schön du kannst: für uns – für dich
und mich, und für unsre Liebe…

———— ◦◦◦ ————

»*E*in Pianoforte – ein Conrad Grafsches Pianoforte mit fünf
Oktaven, dreichörigem Baß und vierchörigem Diskant, wie
beim Herrn Ruzicka im Konvikt eins steht! Und das sollte für mich
sein, Herr Vater – wirklich für mich?
's gehört mir ganz allein? In Anerkennung meiner Mess', die Ihnen so gut gefallen hat?
Mein Gott, ich glaub's net – ich g l a u b ' s net…!
Ob ich mich freu? Es is… es is… es is, bei meiner Ehr, das
größte Glück und das aller-, allerschönste Geschenk, das ich
mein Lebtag je bekommen hab! So ein herrliches, kostbares Instrument – ich wette, daß net amal der Herr van Beethoven ein fei-
neres hat!
Wenn'S wüßten, wie sehr ich mir immer gewünscht hab, mein
eigenes Pianoforte zu besitzen, an dem ich spieln und komponieren
kann, wann immer mir der Sinn danach steht…
Ich schwör's Ihnen – bei Gott und meiner Mutter selig schwöre
ich, daß ich es nie vergessen will, was Sie, Herr Vater, mir heut für
eine Freude bereitet haben! Soll ich – ich mein, darf ich's aus-
probieren…?«

So hätt ich mich also wirklich getäuscht? Daß der Vater, wenn er
auch n o c h so streng mit mir ins Gericht geht, wenn's um meine
Komponiererei geht – daß der Vater im Grunde doch stolz is auf
mich? Wenn ich nur r e d e n könnte mit ihm!

Am End hat er bloß Angst, ich könnte nicht gut genug sein? Wie er mir einmal gesagt hat, daß er nicht möcht, daß ich ein zweit- oder drittklassiger Tonfex werd, der Schande bringt über sei'n guten Namen – ein Ball- und Beiselmusikant...

No, und selbst w e n n ' s so wär, daß ich mein Leben mit den Menuetts, Deutschen, Schottischen und Landlerischen verdiene, die mir einer nach dem andren aus der Feder fließen – was wär dabei? Ist das nicht gerade so ein ehrliches Gewerbe wie das eines Schullehrers?

Die Menuetts zum Exempel, die ich dem Spaun hergegeben hab, weil er's für so gelungen hielt, daß er sie ein'gen Kunstverständigen zeigen wollte: Alle hätten's ganz außerordentlich gefunden, hat er mir gesagt – und insbesondere der Doktor Anton Schmidt, der wo noch den unsterblichen Mozart persönlich gekannt und mit ihm Quartett gespielt hat.

»Wenn es wahr ist, daß diese Menuetts ein halbes Kind geschrieben«, hat er dem Spaun g'sagt, der Doktor, »wenn das wahr ist, so wird dieses Kind ein Meister werden, wie es noch wenige gegeben.«

Muß übrigens doch einmal nachfragen, wo's eigentlich geblieben sind, die Menuetts; nicht daß sie sich verloren ha'm, am End: Es wär mir wirklich sehr leid darum, so gut wie's mir geraten sind – obgleich ich sie natürlich leicht wieder aufsetzen könnte: Ich hab's ja noch genau im Kopf, wie's an'gangen sind.

Außerdem, gerad jetzt, wo wegen dem großen Kongreß eine Redoute und ein Bal-Paré nach dem andern is in Wien – die Zeitungen schreiben ja von nix anderem mehr und fast mehr d a r ü b e r als über den Kongreß selber: Da könnte ich mir mit einer Sammlung Tänze sicher einigen *succès* machen... Das wär etwas, wenn ich ein Dutzend oder zwei – geschickt arrangiert – bei einem der offiziellen Bälle oder Thés dansants plazieren könnt, wenn nicht... vielleicht gar bei Hofe?

Ich denk, wenn ich am kommenden Mittwoche meine Messe noch amal in der Hofkirche bei den Augustinern produziere, wer'n bestimmt auch welche vom Hofe da sein, und sicher auch einige von dera Ausländern, die wegen dem Kongreß nach Wien gekommen

sind – am End sogar jemand von der Allerhöchst-Kaiserlichen Familie...?
    Jedenfalls wer'n's hernach immerhin meinen Namen kennen, die Leute:»Franz Schubert? Das ist doch der, von dem neulich die Messe aufgeführt worden ist. Ganz außerordentlich! Erst siebzehn Jahr, aber schon ein Meister, wie es noch wenige gegeben hat! Und er schreibt auch Tänze, dieser Schubert? Nu, soll er uns doch welche machen, für den nächsten Ball...«

November 1814: Schubert tritt mit einem Jahresgehalt von 80 Gulden als sechster Gehilfe seines Vaters in den Schuldienst ein.

Wiener Zeitung:»*Seine k.k. Majestät haben allergnädigst geruhet, den Bücher-Revisionsamt-Praktikanten Johann Mayrhofer zum dritten Revisor zu ernennen.*«

Alle Achtung – ein wicht'ges, wenn auch gewiß kein leichtes Amt... Bestellen'S ihm doch meine Gratulation, lieber Spaun, wenn'S ihn das nächstemal sehen – und daß ich ihm...
    Wie – heut? Ich soll mit Ihnen, jetzt und gleich, zu der kleinen Gesellschaft, zu der er aus Anlaß seiner Ernennung lädt, bei sich in der Wipplinger Straße?
    Oh, nein – nein-nein: ich werd ihn doch gewiß bloß stören, den Herrn Revisor Mayrhofer.
    Ich mein, er wird doch gerade heut – schon wegen der andren Gäste, die da sein wer'n –, da wird er doch was Beßres zu tun haben, als sich ausgerechnet mit mir abzugeben, bloß weil ich letzthin eins von seinen Gedichten in Musik gesetzt hab; und wo'S mir überdies angedeutet haben, er wär ein eher schweigsamer, etwas menschenscheuer und unzugänglicher Charakter, der Herr von Mayrhofer – wir könnten doch vielleicht ein andres Mal zu ihm...?

Er freut sich, sagen Sie? Und er hat Sie ausdrücklich gebeten, mich mitzubringen, weil er regelrecht darauf brenne, mich kenn'-zulernen?

No, dann sag ich nix – dann gerne sogar, herzlich gerne! Aber ich bitt Sie, Spaun, lassen'S mich net allein: stehn'S mir bei, wenn ich allzu dumm dahertapere – daß ich mich net blamier! Es fehlt mir ja doch leider sehr an Lebensart und Umgang mit den Leuten.

Ich zieh mich nur rasch um – Momenterl; dann kö'm mer gehn, wenn'S wollen...

Wissen'S übrigens, worüber ich gesessen hab, als Sie 'kommen sind? An einer neuen Sinfonie! Da – schaun'S nur derweilen, während ich mich umkleide: der erste Satz liegt auf'm Tisch am Fenster; ich hatte gerad begonnen, ihn ins Reine zu schreiben...

Nu, ich denk schon, daß sich die eine oder andere Gelegenheit finden wird, sie aufzuführn – zumindest im Konvikt, wo mir doch der Wenzel Ruzicka (und sogar auch der Hofrat Lang) gesagt haben, daß ich nur immer zu ihnen kommen soll, wenn ich was Neues hätt, das für die Musikübungen mit vollem Orchester taugen könnte; auch wenn ich nun heraußen wär, bliebe ich doch zeitlebens Konviktist genug, daß es ihnen stets eine Ehr und ein Vergnügen wär, etwas von mir als einem der exzellentesten Zöglinge, welche die Anstalt je gehabt hätte, aufzuführen – na ja, etcetera, etcetera!

Und wenn es damit nix sein sollte, dann gibt's ja immer noch die Abende beim Franz Frischling in der Dorotheergass'n – ich hab Ihnen doch erzählt davon, oder? Von unserm kleinen Musizierkreis, der sich derweil zu einem recht passablen Orchester mit beiläufig zweiahalb Dutzend Instrumentalisten ausgewachsen hat, so daß wir schon vor Publikum zu spiel'n begonnen haben: kleine Sinfonien von Pleyel und Rosetti, ja sogar vom Haydn und vom Mozart ha'mer was g'macht. Bisher hat uns der Josef Prohaska dirigiert, aber seit es der Otto Hatwig, der wo früher Violinist im Burgtheater g'wesen is – seit d e r es neuerdings übernommen hat, mit uns zu probiern und zu arbeiten, geht's fast schon so ernsthaft bei uns zu wie bei der Hofkapelle...

Aber ganz im Ernst: Sie sollten sich's amal anhörn, lieber Spaun, unser Orchester – Sie würden staunen; wissen'S was? Ich werd's

Eahna einfach sagen, wann wir unsre nächste Akademie geben. Die übrigens wohl nicht mehr beim Frischling statthaben wird (weil's dort doch mittlerweile etwas eng geworden is), sondern im Schottenhof, beim Hatwig.

So, fertig!

Und – g'fall ich Ihnen so? Fesch genug, um beim Mayrhofer meinen Kratzfuß zu machen? Nicht gerade nach der neuesten Pariser Mode zwar – aber ich hab halt kein'n anderen Rock, und ein'n s a u b e r e n schon gar net!

Also, pack mer's!

1815

»Gleich heraus damit, was mir am Herzen liegt, lieber Holzapfel: Ich bin verliebt! So wohl und weh zugleich war mir
schon lang nicht mehr, und Du magst vielleicht darüber lächeln,
wenn dieser Brief nur um die eine, einzige kreist, der mein ganzes
Denken und Fühlen gehört.

Sie heißt Therese, ist etwas jünger als ich und gut gewachsen, hat
eine wunderschöne Sopranstimme und ein frisches, kindliches
Rundgesichtchen, wenn auch eben nicht hübsch, mit Blatternarben
im Gesicht. Aber sie ist gut – so herzensgut, daß ich sie recht innig
liebgewonnen und gar nichts und niemand andern mehr im Kopf
hab. Ob des Morgens, wenn ich aufstehe, oder des Abends, wenn
ich zu Bett geh: stets ist es Thereses süßes Bild, das vor meinem Blick
schwebt. Selbst die Natur, die doch um diese kalte Jahreszeit eher
schroff und abweisend ist, scheint mir herrlich und süß, wenn ich an
sie denke.

Wir kennen einander schon seit etlicher Zeit als Nachbarn, da ihr
Vater (der letztes Jahr gestorben ist) eine kleine Seidenweberei in
Lichtental betrieben hat, nicht weit von unserm Schulhaus auf dem
Himmelpfortgrund. Außer der Mutter gehört nur noch ihr Bruder
Heinrich zur Familie – ein ausgezeichnetes musikalisches Talent.

Du übrigens, Holzapfel, kennst sie auch: Es ist dieselbe Dam'sell
Grob, die im letzten Oktober mit so tiefer Empfindung das Sopransolo in meiner Messe gesungen hat, das ich *expresse* ihrer
Stimme zugedacht hatte. Seither singt und klingt es in mir in einem
fort. Bei jedem Lied, das ich gemacht habe, denk ich an sie, und wie
aufmerksam und verständig sie lauscht, wenn ich's ihr gleich vor-
spiele. Was aber das Wichtigste ist, lieber Holzapfel: meine Gefühle
werden erwidert! Ja, auch Therese hat mir gestanden, daß sie mich
liebt. Nun geht unser ganzes Hoffen natürlich dahin, eines Tages

(sobald ich eine Anstellung gefunden, wodurch wir beide versorgt sind) mit dem Segen ihrer Mutter und meines Vaters in den heiligen Bund der Ehe zu treten. Bis dahin gilt es freilich, geduldig abzuwarten; zwar sehen wir uns beinah täglich, doch oft eben nur aus der Ferne. Du kannst mich getrost einen Narren schelten, aber ich weiß gewiß, daß wir füreinander bestimmt sind und daß mir keine andere je so gut oder besser gefallen wird wie sie. Und doch beschleicht mich oft eine dumpfe Ahnung, als ob meiner – u n s e r e r Liebe kein Glück beschieden sein sollte. Dabei ist die Angst, Therese zu verlieren, vielleicht nichts anderes als der Ausdruck gerade meiner Liebe…? Manchmal jedenfalls scheint es mir, als sei die Neigung, die ich für sie empfinde, zu stark, um auf Erden Erfüllung zu finden.

Du weißt, daß das Verhältnis zu meinem Vater, aus den verschiedensten Gründen, kein sehr gutes ist; wie, wenn er mir seine Einwilligung in eine Ehe mit Therese verweigerte? Oder wenn ihre Mutter – eine biedere, aber recht kaufmännisch gesinnte Frau – etwas gegen den armen Schulgehilfen einzuwenden hätte? Oder wenn am End gar Therese selbst…?

Das eine sag ich Dir: Wenn es je mit mir und der Therese zu einem schlimmen Ende käme, würd ich mich darüber zu Tode grämen! Und wer versuchte, uns auseinanderzubringen, der soll gewahr sein, daß alles Klagen und alle Tränen zu spät sind, wenn erst einmal die Kühle des Grabes bedeckt Deinen wahren Freund Franz Schubert.«

———

*T*a-ta-ta-ta-ta – keine Widerrede: Was glaubt's ihr denn, warum, weshalb und wieso ich mir die Finger krumm schreib, wenn ihr's Maul net aufkriegt?! Sich drücken gilt net – wer sich drückt, is gut für… für… is gut dafür, den geprellten Fuchs zu machen, basta! Also vorwärts – und, bitt schön, nicht *m ä ß i g und fröhlich*, wie's da steht, sondern unmäßig fröhlich!

Brav! Gerad so, denk ich mir, müßt es in Herrn Folkos Schloß, bei der lustigen Abendtafel, zugegangen sein – weißt' noch, Spaun: der

Zauberring vom Baron Fouqué, den'st mir geliehen hast? Hört, edle Rittersleut!

»Verschiedene aus der Gesellschaft hatten sich indes an einen Mann von schönem Wuchs und sonnengebräuntem Antlitz gewandt, der ein Spanier war, Don Hernandez geheißen, und ihn gebeten, eine Geschichte aus seinem Vaterlande zu erzählen. Viel Wunderbares müsse dorten geschehen, hieß es von allen Seiten, in einer so reich erblühenden Gegend an Schönheit und Rittermut, und wo die christlichen Schwerter beständig, wehrhaft ständen gegen sarazenische Heeresmenge und Schlauigkeit und furchtbare Pracht. Hernandez bat um eine Laute. Er wollte seine Geschichte lieber singen als erzählen, sagte er. Es geschah nach seinem Begehren, und die Saiten mit großer Lieblichkeit rührend...«
Na, was is nu – wo bleibt die Laute? Egal, das Pianoforte tut's auch; hat schließlich auch Saiten – »... und diese mit großer Lieblichkeit rührend, sang er folgende Worte: ›Don Gayseros, Don Gayseros, wunderlicher, schöner Ritter...‹«

»Hernandez ging mit einigen wehmutsvollen Griffen in einen andern, dunkleren Ton über und sang darauf folgendermaßen weiter: ›Nächtens klang die süße Laute, wo sie oft zur Nacht geklungen...‹«

»Abermals wechselte Hernandez den Ton und begleitete mit feierlichen, kirchenmäßigen Gängen die nachfolgenden Worte: ›An dem jungen Morgenhimmel steht die reine Sonne klar...‹«

»Die Klänge der Zither...« – oder eben die des Pianofortes, nicht wahr? Jedenfalls, »die Klänge verhallten in langsamen Schwingungen, voll ernster Wehmut starrten die Hörer vor sich hin.«
Holzapfel, schäm dich! Was hast' denn zu grinsen, sag? »Ernste Wehmut«, ich bitt dich! Und ihr andern genauso: Pssst – ein' Augenblick Andacht!
»Hernandez unterbrach das Schweigen zuerst. Mit einer sehr anmutigen Höflichkeit sagte er: ›Ich würde mich anklagen müssen und verdammen zugleich, Ihr edlen Ritter und Meister allzumal, daß ich mit meinen ernsten Kunden Euer fröhliches Fest so trübsinnig un-

terbrach, hättet ihr nicht selbsten eine Geschichte aus meinem Vaterlande begehrt. In meinem Vaterlande sieht es aber sehr ernsthaft
aus zu dieser Zeit; oftmals sitzt die Wehmut am Ruder, und nicht
minder oft auch der Tod.‹«
  Jessas, wie schaut's denn ihr – man könnt ja meinen, es sei einer
gestorben! Ein Lied bloß, nix weiter – und nicht einmal ein besonders gutes; da hab ich ganz anderes gemacht in letzter Zeit – und
noch ganz anderes im Kopfe...
  Im übrigen geht's euch gar nix an, wie mir zumute is – daß ihr
euch nur nix einbildet! Das kommt alles nur vom Wein... oder vielmehr davon, daß ich den ganzen Tag noch nix Richtiges g'essen
hab; weil nämlich: auf nüchtern' Magen genossen, steigt ei'm – wie
jedermann weiß – der Reb'saft zu Kopfe, statt in die Beine und Füße
zu sinken, wo er eigentlich hingehört... Obwohl – meine Beine,
wie's scheint – hoppla! – auch nich so ganz – so mehr ganz und gar –
beisamm' scheinen...
  Wie in Herrn Folkos Schloß, ich sag's ja: »Als die Becher schneller kreisten und mit feurigen Weinen gefüllt, fiel man darauf, die gesellige Lust durch das Erzählen allerlei bedeutsamer Geschichten zu
erhöhen.« Nur daß das – das mit dem Erzählen – gerad augenblick-
lich im Momente – nich so recht meine Sache is – mit Verlaub. Wenn
ihr freilich tanzen wollt, zur Erhöhung der geselligen Lust – bis in
die Finger is mir der Wein noch nich geraten, denk ich.
  Aber, sagt's amal – mir scheint fast, ihr hättet vorher eine Strophe weggelassen? Das is nich nett – das is gar nich nett von euch...!
Dann spiel ich auch nich weiter... bevor ihr nich – die letzte Stro...
die letzte Strophe auch noch gesunken... gesungen, mein ich – gesungen habt! Obwohl singen, sinken – is ja eh alles eins: »Muß es
schon gesungen sein, singen wir berauscht vom Wein!«

———— ❧ ————

W̶as sagst', Ignaz – die Freiheit? Ach, Bruder: die Freiheit, die
  Freiheit – ein gar seltnes Gewürz, das sie sorgsam unter Ver-
schluß halten, die Bonzen! Gerad einmal ein Körnchen streuen's
dann und wann unters Volk...

Auflehnen müßt man sich! Sturm laufen! Kämpfen! Aber man
traut sich's ja doch nicht... duckt sich und schweigt.
Ist es denn da ein Wunder, daß mir manchmal die Toten lieber
sind als die Lebenden? Daß ich oft zu den Vierzehn Nothelfern geh,
mich beim Grab der Mutter hersetz und denk, wie gut es wär, hier
zu sein, bei ihr – für immer? Frei...! Weißt', Bruder, das ist doch
vielleicht der einzige Ort, wo's wirklich Gleichheit gibt, und
Brüderlichkeit, und Freiheit – der Kirchhof...
    Hast übrigens gelesen, was heut in der Zeitung stand? Über
Haitis Protest gegen die französische Unterjochung? »Die Franzosen verachten uns; sie halten uns für zu dumm, um vorauszusetzen,
daß wir auch von dem allen Tieren angebornen Triebe der Selbst-
erhaltung beseelt sind. Welcher Unverstand, welche Verwegenheit!
Fremdlinge! Ihr wagt es, uns zu verachten. Ihr haltet uns der Freiheit und der Unabhängigkeit unwürdig. Ihr glaubt, daß wir keiner
edlen Gefühle fähig sind, welche die Menschen zu Herren ihres eignen Schicksals machen: Ihr irrt euch. Ihr sollt unsre Kraft und unsern Mut, wenn es darauf ankommt, kennenlernen. Unser fester
Wille ist, frei zu sein, und wir werden es – allen Widersachern zum
Trotz – bleiben.« Das nenn ich wacker gesprochen, Bruder! Wenn's
bei uns doch auch einer täte... Aber hör weiter: »Wir schwören
feierlich, daß wir, ehe wir der Freiheit und Unabhängigkeit ent-
sagen, lieber alle umkommen wollen. Dann sollen unsre Städte,
Pflanzungen und Manufakturen in Flammen aufgehen. Doch vorher wollen wir mit verdoppeltem Mute kämpfen und Tausende von
jenen Unterdrückern schlachten, welche unserm Blute fremd sind,
und so biete ganz Haiti nur einen großen Schutthaufen dar. Dann
mag die Nachwelt sagen: ›Hier lebte ein freies Volk, welches für
seine Freiheit zu sterben wußte.‹ Wir werden Beispiele von Wider-
stand geben, zu welchen nur die Verzweiflung führen kann, welche
aber geeignet sein sollen, die Erde mit dem Widerhall unserer
Großtaten zu füllen. Die Mit- und Nachwelt soll davor zurück-
schaudern.«
    Gerad so war's doch auch bei uns, als es gegen den Franzosen
ging – und heut? Beim Kongreß sitzt der Talleyrand an genau demselben Tisch wie der Herr von Metternich und diktiert uns seine

Bedingungen – ein schöner Sieg: der Franzos pfeift, und wir tanzen dazu! Warum nur rührt sich denn keiner, Ignaz?! Warum stehn's alle stumpf dabei und schaun tatenlos zu, wie ihnen die Freiheit, für die's ihr Blut geopfert haben, verschachert und verschandelt wird?! Nicht einmal laut aussprechen darf man's, sonst stecken's einen am End noch wegen Aufruhr oder Aufwiegelung in den Kerker... Wenn'st freilich zwischen den Zeilen liest, kann selbst eine harmlose Ballade g'fährlich werden! Wie das Stück vom Bertrand, das ich vorgestern in Musik gesetzt hab: *Minona*. Schau einmal her: Setz für den Vater den Kaiser ein und entsprechend für Minona uns, seine Kinder. Wen lieben wir am meisten, am innigsten? Die Freiheit: hier also Edgar, den Bräutigam. Wenn aber der Kaiser die Freiheit meuchelt, bleibt seinem Volke – zu schwach, ein anderes zu finden – nur eines: ihr in den Tod zu folgen... Na geh, Bruder – was schaust' denn so düster? 's ist ja allemal bloß ein Lied – wird mich schon keiner dafür verhaften! Verzeih übrigens, wenn ich dich mit meinen finstren Gedanken bedrängt hab: Das trübe, neblichte Wetter draußen bringt einen auf so etwas. Ich kann auch anders, glaub's nur! Weißt' noch: den Almanach, den'st mir neulich ausgeliehen hast? *Erstlinge unserer einsamen Stunden?* Gerad vorher hab ich ein Gedicht daraus in Musik gesetzt – willst' es hören? 's ist zwar nix Besondres, aber doch recht hübsch gelungen, mein ich: *Als ich sie erröten sah*, vorzutragen »Mit Liebes-Affekt«. Na, du weißt ja, wem's gilt...

———— ❧ ————

»*T*herese...? Bist du's, Theres...?« Ich dacht, ich hätt etwas gehört...

»Herr Vater, ich bitt recht schön: Die Demoiselle Grob wollt gleich vorbeigekommen sein, um wegen noch einer Aufführung meiner Mess' und wegen einiger paar Lieder etwas mit mir zu sprechen – wollt ihr mich wohl rufen, wenn's da ist, das Fräulein Grob...?«

Das liebe – liebste Fräulein... mein einziges und herzallerliebstes...

Aber jetzt! Ich hör schon ihre Stimme!

Wieder nicht...

Ah, das Verliebtsein macht einen ganz tumb und wirr im Kopfe!
Statt daß ich mit mein' Variationen vorankomm, die ich dem Herrn
von Salieri unbedingt für Freitag versprochen hab, hock ich da und
hör Gespenster!

    B-Moll... vermindert... c... f-Moll... Des-Dur... und Triller auf
c... zur Variation neun, *Adagio*. Na, ich hoff bloß, daß er mich nicht
bittet, 's ihm selber vorzuspielen, der Herr von Salieri – ganz schön
blamieren tät ich mich! Aber was hilft's, wenn heut überall die Virtuosen das Sagen haben, die Kalkbrenner, Herz und Moscheles: Da
muß man sich halt befleißigen, es ihnen gleichzutun – noch ein Tril-
ler mehr, noch ein Oktavgang, noch ein Vierasechzigstellauf und
eine Kaskade, noch eine Kadenz... und üben muß man, üben und
nochmals üben!

Finis! Jetzt noch die Titelseite – französisch, natürlich: An der Mode
hat auch der Krieg nix geändert... *X Variations pour le Forte-Piano...*
composees... ein oder zwei E's...? Egal: *composes par... François Schu-*
bert... Ecolier de Salieri, prémier Maître de la Chapelle imperiale et
royale... de Vienne. 1815... den 15. Feber achtzehn-fünfzehn.

    Na, nun könnt sie aber wirklich langsam da sein, die Therese. Ob
ich rasch mal hinüberlauf zu ihr? Wohl besser nicht. Wenn's nicht
gar so neblicht wär, könnt man fast bis zu ihrem Haus schauen...

    Da – das muß sie sein, endlich!

    Nein, es ist fort; war doch bloß ein Schatten oder ein Reflex.

    Also Geduld!

———— ᴧᴧ ————

Redouten und Bals-Parés, Etikettenfeste, Tafeln, Kammerbälle
bei Hofe, Freiredouten und Bälle, Carroussels und Thés dansants, Quadrillen und Fêten aller Art – ja, Himmelherrgottsakrament noch amal: Nimmt das denn nie ein Ende? Hat denn dieser
vermaledeite Kongreß nix andres zu tun als zu tanzen, zu prassen
und zu feiern?!

Fünfhundert Millionen soll er den Hof kosten, der Kongreß –
und wer zahlt's am End? Wir! Das ist freilich a ganz a neue Art,
Krieg zu führn: daß man wie ein Schwarm Heuschrecken dem Feind
ins Land fällt und ihn einfach auffrißt!
Ein geschlagnes halbes Jahr schon, seit September reden's herum,
die hohen Herrn – und was schaut bisher dabei heraus? Rein gar nix!
A einzige Brouillerie, das Ganze! Und's heißt, vor Ende März würden sie nicht wieder abreisen… Satt hab ich's, satt bis zum Ekel!
Sogar die Reitschul in der Hofburg hat man umgebaut, weil die
beiden Redoutensäle net genug gewesen wär'n, um die zehn- bis
zwölftausend Leut aufzunehmen, die da herumwalzen!»Man
glaubt, in das Innere eines Feenschlosses zu treten. Majestätisch erheben sich die (durch Säulen getragenen) doppelten Galerien; das
schönste Verhältnis in allen architektonischen Teilen, alles blendend
weiß, die Verzierungen lichtblau und silber, durch den Schein von
fünf- bis sechstausend Kerzen gehoben.« Und sicher gegoss'ne, die
um's Pfund a Viertel Gulden teurer sind als die gezog'nen!
Aber einmal ein' Blick drauf werfen hätt ich schon wollen…
»Dazu denke man sich nun die Anwesenheit so vieler Monarchen
und Feldherrn unserer Zeit, umgeben von vielen Tausend frohen
Gästen, aus allen Teilen Europas hier vereint – so wird man eine ungefähre Ahnung des Eindrucks haben, den diese Feste in der Wirklichkeit machten.« Die Wirklichkeit is, daß der Hof das Geld zum
Fenster 'naus schmeißt, derweil w i r alles von Tag zu Tag teurer zahlen müssen – jetzt, wo's auch noch die Erwerbssteuer um fünfzig
Perzent erhöht ha'm! Und der Börsenkurs bricht auch ein…
»Noch muß erwähnt werden, daß mehrere Buffets Erfrischungen, kalte und warme Getränke in Überfluß den Geladenen reichten und daß das zahlreiche Orchester aus mehr als hundert Musikern, rot mit Gold gekleidet, bestand.«
Und nix als kolportiern und intrigiern tun's… Der Metternich
kokettiert und stolziert herum wie a Pfau und hält sich für den Wichtigsten von allen; dabei hat er nur seine Weiber im Kopf – und merkt
nicht einmal, wie er sich dabei zum Gespött gibt… Und unser Herr
Finanzminister, der Graf Stadion, versteht von der Jagd weit mehr
als vom Geld und nimmt sich nicht einmal die Zeit, ernsthaft an ein

Geschäft zu gehn... Der Talleyrand paktiert derweil mit den kleinen deutschen Gouvernements, damit's die Konstitution ablehnen, die unser Kaiser ihnen geb'n will; der russische Zar (der militariter schon ganz Polen hält) hätt gar zu gern von uns Galizien dazu, Preußen hat ein Aug auf unser Böhmen geworfen, und in Italien, wo uns die Armee die Haare vom Kopf frißt – in Italien verkünden's lauthals, sie wär'n unter Napoleon besser dran gewesen als gegenwärtig unter Österreich! Manchmal glaub ich's fast selber...

Na, jedenfalls: ein schöner Frieden wird am End dabei herauskomm'n! Aber was solln die Jeremiaden: Die einen regiern, die andern werden regiert – so ist's halt.

Das wär freilich was gewesen, wenn's auf den Bällen auch was von m e i n e n Tänzen g'spielt hätten! Mit ei'm Orchester aus mehr als hundert Musikern... Ländler, Menuette, Deutsche vom Herrn Franz Schubert – Compositeur allhier in Wien.

»Wie denn, Exzellenz – Sie kenn' unsern Herrn Schubert nicht? Den allerersten Tonsetzer, wenn's um Musik für unsre Bälle geht! Ein ganz junger Mensch noch – gerad siebzehn oder achtzehn Lenze –, aber unsre elegante Welt will gar nichts anderes mehr hör'n als Schubertsche Tänze...«

A Schmarrn!

———— ❧ ————

»*... d*er kräftiger als je belebte Eifer für Reinigung und Ausbildung unsrer deutschen Sprache.« Wieder mal! Und sogar eigne »Deutsche Gesellschaften« richten's jetzt dafür ein, »um alles Fremdartige, größtenteils Entbehrliche, immer mehr aus unserer reichen Kraftsprache auszuscheiden«. Dabei wär's doch wahrhaftig genug, wenn sich bloß ein jeder an dem ausrichten täte, was unsre Dichter gesagt und geschrieben haben: Goethe, Schiller, Matthisson, Körner...

Ah, immerhin – das nenn ich ein richtiges Wort: »Reinheit der deutschen Sprache ist eine schöne Sache, aber mit Ziererei und Verschrobenheit wird sie zu teuer erkauft. Daß bei uns Deutschen doch jede gute Sache ins Kleinliche und Gemeine gezogen wird!« Wohl

wahr, wohl wahr. »Echter vaterländischer Sinn gedeiht nur in edlen,
starken Seelen, diese scheinen aber bei uns still zu sitzen und dem
Spiele der Affen lachend zuzusehen.«
    Uns Komponisten sollt mal einer fragen, wie wir's mit der deut-
schen Sprache halten! Wenn's nämlich darum geht, Worte in Musik
zu setzen, spürt man doch gleich, ob sich ein Vers – geziert und ver-
schroben – dagegen sträubt, oder ob er im Gegenteil so geschmei-
dig ist, daß ei'm schon beim Lesen die passende Melodie dazu in'
Sinn kommt. Oder anders noch: Verse gibt es, die eine ganze Fülle
verschiedenartigster Melodien und Harmonien in sich bergen – so
ganz und gar verschieden, daß man zwei oder mehr Lieder daraus
machen könnt...
    Stürmisch und drängend voran – so muß es sein: Kampf und Sieg,
und wär's auch mit dem Tode bezahlt! Ach, Körner, der du Leier
und Schwert gleich herrlich zu führen wußtest: Ein und ein halbes
Jahr schon deckt kühle Erde dich, und längst ist die große Schlacht
entschieden, für die du dein Blut vergossen hast. Nur noch um
Worte wird gefochten... Aber du ahntest ja, was dich erwartet, als
du der Freiheit deine Waffe liehst – hast es ja selbst in deinem
Amphiaraos vorausgesehn:

»Er kennt des Schicksals verderblichen Bund,
Er weiß, wie die Würfel, die eisernen, fallen,
Er sieht die Moira mit blutigen Krallen;
Doch die Helden verschmähen den heiligen Mund.
Er wußte, was ihm die Parze spann,
So ging er zum Kampf, ein verlorner Mann.
Und er faßte die Zügel
Und jagte die Rosse hinab in den Schlund.«

Und nun also liegst du selbst dort unten.
    Ich denk, es hätt ihm wohl gefallen, das Lied. Und gerad einmal
fünf Stunden hab ich dran gesessen! So leicht kann's gehn, wenn
zwei verwandte Seelen ineinanderfließen... Recht hat er, der Herr
Korrespondent: »Echter vaterländischer Sinn gedeiht nur in edlen,
starken Seelen.«

Verdeutschungsversuche!»Beginn eines neuen, glänzenden Zeitpunkts der deutschen Gelehrsamkeit!«Wer sind sie denn, diese »rühmlich bekannten Kämpfer für Deutsche Sache und Sprache«? In jedem Vers Körners steckt ja doch mehr Patriotismus als in all ihren Pamphleten und Traktaten zusamm'! Na, was – der Krieg ist aus, und walte Gott, daß ich keinen mehr erleb.

Vom Friedenskongreß hört man derzeit gar nix mehr; aber bis Ende des Monats werden's bestimmt noch tagen. So gesehn wär's gut, wenn ich meine neue Messe so rechtzeitig fertig hätte, daß sie noch vor Ostern könnt aufgeführt werden. Also los, Franzl, spute dich: Wenigstens das *Kyrie* kannst' heut noch zu Ende machen...

———— ❦ ————

W arum ich im *Credo* das »Patrem omnipotentem« weggelassen hab, willst' wissen? Weil's net wahr ist – darum: Weder ist Gott »allmächtig«, noch ist er unser »Vater«: ein Narr, wer's glaubt! Brauchst dich doch bloß einmal umzuschaun: »Et in terra pax hominibus«? Daß ich nicht lache! Solang er auf Erden lebt, find't er alles, der Mensch – nur kein'n Frieden: Krieg und Seuchen, Mord und Totschlag, Elend, Hunger und Not – wo'st immer auch hinguckst, herrscht ein allgemeines Krepieren! Das wär ein schöner »Vater«, der's zuließe, daß es seinen »Kindern« so schlimm ergeht! Und gar »allmächtig« soll er sein? Das hieß' ja am End, daß er's a b s i c h t - l i c h geschehn ließe! Daß er's wohl ändern könnt, aber nicht ändern w i l l! Daß es ihm womöglich egal ist! Wenn es so wär – wenn es wirklich so wär, müßt e r u n s bitten, daß wir ihm s e i n e Schuld vergeben, statt daß es heißt »dimitte nobis debita nostra«. Das sei Blasphemie, sagst'? Die Wahrheit is es – die ganze, bittere Wahrheit!

's ist übrigens nicht das einz'ge, was ich fortgelassen hab – hier, siehg'st, das fehlt a u c h : »Credo in unam, sanctam, catholicam et apostolicam Ecclesiam«. An die glaub ich nämlich auch net, an die »eine, heilige, katholische und apostolische Kirche«! Geh mir weg

mit dem verdammten Bonzen- und Pfaffengeschlecht – Luder und
Kanaillen einer wie der andere! Oh, wenn ich sie schon seh, diese be-
frackten, bigottischen Mistviecher – dumm wie ein Erzesel und roh
wie ein Büffel –, die sich den fetten Wanst streichen und uns weis-
machen woll'n, das Wort Gottes zu verkünden! Hunger hast'?
Gottes Wille – also füg dich und schweig! Dein Kind ist tot? Hader
nicht – 's war Gottes Wille! Feuersbrünste und Überschwemmun-
gen, der Hagel, der deine Ernte zerschlägt, der Dieb, der dir's letzte
Hab und Gut fortstiehlt – alles Gottes Wille: Versteht sich! Von heut
auf morgen wär's um ihre Macht geschehn, wenn das Volk ihnen
draufkäm! Aus wär's mit dem satten und bequemen Leben, das sie
sich auf unsre Kosten machen! Droben der allmächtige Vater und
hier unten die Mutter Kirche – ein schönes Elternpaar! D a s ist die
Blasphemie, sag ich dir!
   Und weißt', worauf sie ihre Macht gründet, die Kirche? Einzig
und allein auf Angst und Schrecken! Gerad jetzt im Fasten treiben
sie's besonders schlimm, die Pfaffen. Gestern erst stand so einer auf
der Kanzel – feist und breit – und reckt einen Totenschädel hoch:
»Da seht her, ihr pukerschäkigten G'friser, so werdet ihr einmal aussehn! Kehrt um! Tut Buße! Fürchtet Gott! Morgen schon kann's zu
spät sein!« Und wenn schon – mir machen sie damit k e i n e Angst!
Wenn es einst dahin kommt, daß man mich in einer Kist'n hinaus-
trägt auf den Kirchhof – dann ist es eben aus, aus und vorbei! Kein
Himmel, keine Hölle, kein Fegfeuer – nix mehr! Tot und gewesen...
»Et exspecto resurrectionem...«? Weg damit! I c h jedenfalls erwarte k e i n e Auferstehung. Und wenn ich hundertmal das *Credo*
komponieren würd: d i e Verse n i c h t – nie und nimmer, das
schwör ich dir!
   Und wenn ich's recht bedenke, ist eigentlich schon der erste Vers
zuviel:»Credo in unum Deum«? Schön wär's, wenn man »an den
einen Gott« glauben könnte...
   Na, graust es dir, daß't mit so ei'm Ketzer wie mir umgehst? Und
daß so einer wie ich Messen schreibt? Da, schau her: Siehg'st das
Kreuz? D a r a n glaub ich! Nur daß er heiße Tränen vergießen würd,
unser Herr Jesus, wenn er sehn könnt, was in seinem Namen ge-
sündigt wird. Du herrlicher Christus, zu wieviel Schandtaten mußt

du dein Bild herleihn! Du selbst das gräßlichste Denkmal der menschlichen Verworfenheit, da stellen sie dein Bild auf, als wollten sie sagen:»Seht! die vollendetste Schöpfung des großen Gottes haben wir mit frechen Füßen zertreten; sollte es uns etwa Mühe kosten, das übrige Ungeziefer – genannt Menschen – mit leichtem Herzen zu vernichten?«

»Filius Patris, miserere nobis...«

———— ✿ ————

» ... Zur Unterstützung des Fonds für die Sieg- und Ruhm-vollen, die zur Wohlfahrt der Religion und des Vater-landes geblutet und ihre Kräfte geopfert haben.« D e n Fonds möcht ich sehn, der groß genug wär, all das Blut aufzufang'n, das wo mer für die Freiheit vergossen haben.

Und über vierzehn Tag ist schon wieder Ostern – ein Jahr, daß der Franzose abgedankt hat und a Friede is... Nur, davon werden's auch nicht wieder lebendig, die ganzen Toten – der Körner und all die andern – *Begräbnislied* hin, *Osterlied* her: »Halleluja!«

Ich glaub zwar net dran, aber schön sind's trotzdem geraten, die beiden Stückerl; wenn auch nicht grad so, daß sie dem Herrn Re-genschori Holzer recht sein wer'n fürs Lichtentaler Oster-Hoch-amt... Egal, sie bleiben, wie's sind. Und wenn's halt gar nicht anders geht – 's wird sich schon a Gelegenheit find'n, sie aufzuführn. Hauptsach, die Therese singt den Sopran – mein Morgenstern der Liebe! Meine liebe, liebste, herzensallerliebste Therese! Meine kleine Braut...

Nur gut, daß's keiner hört, wie ich hier hock und vor mich hin balz – genier'n müßt ich mich! 's bleibt unser kleines Geheimnis, gelt? Fürs erste wenigstens. Und s i e braucht's a u c h net zu wis-sen, daß i an gar nix andres mehr denken tu! Wo sie's doch eh weiß, wenn's meine Lieder kriegt!

»Ah, Ignaz – komm herein, setz dich.

Sag, Bruder, was is, was hast' denn? Schaust ja aus, als ob dir der Leibhaftige...

Was sagst' – e n t k o m m e n ?! Der Napoleon soll geflohn sein
von seiner Insel? Und schon in Frankreich an Land gegangen? Eine
neue Armee – größer als...? Geh, Ignaz – damit darfst' net spaßen!
Ist doch bloß Spaß, gelt...?
Eine Proklamation? Zeig her...
›Franzosen! Mein Leben gehörte euch und mußte euch noch
nützlich werden! Soldaten! Wir sind nicht besiegt worden! Euer General, der durch die Wahl des Volkes auf den Thron gerufen und auf
euern Schilden erhoben wurde, ist euch wiedergegeben! Eilt, euch
um ihn zu versammeln!‹
Das is doch nicht möglich – Ignaz, sag doch selbst: Das k a n n
doch nicht möglich sein?! Das hieße ja doch... das hieß' ja, daß wieder Krieg wär!

Außerdem, 's stand doch nix davon in der Zeitung: Wenn's wirklich so wär, daß der Napoleon geflohn ist von Elba, dann müßt doch
was in der Zeitung stehn! Alle Glocken müßten's doch dann läuten,
um Alarm zu geben!

Paß auf, 's sind bestimmt nur Gerüchte – wirst sehn! 's wär
doch auch gar net möglich, daß die englische Flotte nix gemerkt
haben soll von dera Flucht; die hätten den Bonaparte doch gleich
z'samm'g'schossen, wenn er auch nur die Nasenspitz'n von der Insel
gesteckt hätt.

Du, ich weiß, was g'wesen ist: Der M e t t e r n i c h hat diese Proklamation da in Umlauf gebracht, damit's Angst kriegen und endlich vorankommen mit dem Kongreß. A raffiniertes Manöver, wirklich! Aber so war's, sag ich dir: so war's, wirst sehn – anders kann's
gar net g'wesen sein. 's kann doch net sein, daß der Krieg und das
Schlachten wieder von vorn losgehn solln! 's ist doch auch gar
niemand mehr da...

Aber wenn'st recht hast, Ignaz – wenn'st wirklich recht hast...
mein Gott, das wär nicht auszudenken!

Das hieß' ja, daß alles umsonst gewesen wär – das ganze Schlachten und Sterben! Und woher soll'n wir denn – so ganz und gar aus-
geblutet, wie mer san –, woher soll' mer denn noch einmal die Kraft
nehm', sag? Von I h m ja wohl nicht, an den'st ebensowenig glaubst
wie ich...

Höchstens, daß man während der Schlacht das Beten lernen
tät'…«

———— ❧ ————

… *U* nd Finis – endlich! Ich hab schon gedacht, ich schaff's gar
nimmer mehr. Wo ich das *Allegro* von mei'm letzten Quartetto in gerad einmal vierahalb' Stunden fertig g'habt hab, hätt ich
nicht gemeint, daß es diesmal s o schwer werden würd: A ganze
Woch'n – vom Karsamstag bis heut: reichlich spät kommt's für ein
»Osterquartett'l«, das es eigentlich hat werden solln! Auch gut:
dann bekommt's eben die Frau Stiefmutter zur Niederkunft; 's kann
ja nimmer lang dauern – so in den höchsten Umständen, wie's is.
Kaum, daß sie aus ihr'm ersten Kindbett heraus war: Gratuliere,
Herr Vater!

Wie still's ist im Haus… keinen Mucks hört man, nicht einmal
die Marie – als ob's alle fort wär'n… Da hat man wenigstens sei'
Ruh'! Wenn's neue Schulsemester erst wieder anfängt…

Aber vielleicht kommt's ja gar nicht dahin: Wo jetzt der Bonaparte wieder in Paris is und den König Ludwig 'nausgeworfen hat,
wird die Allianz wohl wieder zum Krieg rüsten, und wer weiß, was
dann wird.

So ein Schmarr'n: Gerad erst ham's in der Zeitung die Amnestie
»für alle noch abwesende Militärpflichtige« erklärt, »welche sich gegen die früheren, nun aufgehobenen Auswahl- und Konskriptions-
Gesetze verfehlt haben« – da müssen's die Truppen s c h o n wieder
z'samm'rufen!

Ob's wieder a Mädchen wird, wie die Marie…? Oder a Bub dieses
Mal…? Was so einem Erdenkind wohl bevorstehn mag, in Zeiten,
wie wir's haben.

Aber gelungen ist es, das Quartetto – ordentlich genug, daß ich's
dem Signor Salieri zeigen kann: Eine Woche Arbeit, aber dafür
gibt's auch nix daran auszusetzen! Höchstens, daß einer komm'n
könnt und finden, ich hätt a bissel viel beim Herrn van Beethoven
sein' Quartetten und beim Mozart seiner g-Moll-Sinfonie abge-
schaut…

Nu, und wenn schon: 's ist schließlich genug Eigenes herinnen! Und daß ich den Größten nachstrebe, die wo's in der Tonsetzungskunst gibt und gegeben hat, das wird mir ja wohl keiner vorwerfen woll'n.

—— ୶ ——

»*M*an wünscht einen Reisegefährten von Wien nach Regensburg... Jemand, der mit eigenem Wagen und gemieteten Pferden nach Lemberg zu reisen gedenkt, wünscht einen Gesellschafter auf halbe Kosten zu haben... Reisegelegenheit: Ein viersitziger Reisewagen geht retour über München, Augsburg und Straßburg...«

Soll'n's nur reisen, die Leut – macht mir nix: Ich bleib, wo ich bin! Wer nach den Bergen greift, hat sich am End noch immer begnügen müssen.

Außerdem: selbst wenn ich hätt verreisen woll'n – ich hätt ja gar nicht die Zeit gehabt. Ich müßt direkt einmal Buch führ'n, was ich die letzten Wochen alles komponiert hab – wo ich doch allzeit die Tage draufgeschrieben hab. Also: am ersten März – zwei Lieder vom Körner; vom zweiten bis siebten – die Messe; am neunten – die beiden Klopstock-Chöre; am zwölften März – noch amal vier Lieder vom Körner; dann die Sinfonie, die am vierazwanzigsten fertig war; vom fünfazwanzigsten März bis zum ersten April – das Streichquartett, dazu am sechsazwanzigsten noch ein Körner-Lied; seit viertem April das *Stabat mater*, das gerad heut fertig geworden is, und zwei neue Lieder gleich dabei. Und der *Mondabend* vom Ermin – war das noch im Feber, oder auch schon im März...? Na, auch ohne das: Wenn mir einer für jeden Takt einen oder auch bloß ein' halben Kreuzer geben wollt, hätt ich Geld wie Häckerling!

Und wenn ich ein reicher Mann wär, was tät ich dann anfang'n damit? Geld allein macht schließlich auch nicht glücklich – sonst stünd nicht die ganze Zeitung voll mit Konkursen und Bankrotteuren, Schuldnern und Gläubigern. Womöglich erging's mir nicht besser wie dem Ferdinand Schneider hier: »... Ganzlehner und Untertan zu Kleinmeickersdorf, ist wegen Verschwendung und übler

Gebarung mit seinem Vermögen in Folge des § 273 des allgemeinen
bürgerlichen Gesetzbuches der Verwaltung seines Vermögens für
unfähig erkläret und unter Kuratel gesetzt worden.« Da siehg'st es,
Franzl: Bescheide dich und bleib, der'st bist – was andres taugt net;
mit deiner Musik im Kopf und den Stern' am Himmel bist eh reicher
als die meisten, die nix davon hörn und sehn!

»Wenn ich nur dort die Lieben all vereinet finden kann«, wie's in
den Fellingerschen *Sternen* steht... Wo – »dort«: wirklich bei den
Sternen heroben? Oder nicht doch eher draußen am Kirchhof...

Auch d a s gibt's eben um kein Geld auf der Welt, daß man jemand wieder lebendig machen könnt – und nach beinah drei Jahren
schon gar nimmer.

Manchmal glaub ich's kaum, daß es schon wirklich bald drei Jahr
sind, daß die Mutter tot ist; und die Frau Anna is schon das zweite-
mal in den Wochen... »Quis est homo, qui non fleret...«

Nur, was sag ich dem Herrn Regenschori Holzer, warum ich gerad vor d e m Vers Schluß gemacht hab mit meinem *Stabat*? Wo er
doch nach dem *succès*, den meine Messe g'habt hat, so freundlich
war, mich gleich um ein neues Stück anzufragen, und ich s e l b s t
ihm ein *Stabat* vorgeschlagen und versprochen hab?

Nu, soll er sich d a s erst amal anschaun, ob's ihm überhaupt gefällt; und bis zum Fest der Sieben Schmerzen sind ja noch ein paar
Monate hin – da werd ich's ihm wohl noch fertig machen könn'n –
wo ich doch eh den ganzen Tag nix andres tu als komponiern!
Außerdem hätt ich dann noch Zeit, der Therese ein kleines Solo hin-
einzusetzen...

Was wohl die Mutter gesagt hätt, zu der Resi und mir? Sie hat sie
ja noch gekannt. So ein lieber und herzensguter Mensch, wie's is –
die Mutter hätt sie bestimmt auch lieb gehabt.

Und der Holzapfel is jedenfalls ein ausgemachter Narr, daß er
meint, es würd nix geben mit uns beiden! Soll er mir doch von ver-
geblicher Liebe faseln, der Zausel – bei der Theres und mir gibt's die
allenfalls in den Liedern, die ich für sie mach!

»Sehr schöne und gute Pianoforte, von verschiedenen Holzgattungen, sowohl verziert als einfach, nach der letzten Art gearbeitet, auch mehrere überspielte, sind sowohl zum Verkaufe als

auszuleihen um billigsten Preis zu haben.« Danke bestens für das
Angebot – ich hab schon eins! Und eins vom Conrad Graf sogar,
habe die Ehre!

Wirklich, ich hätt nie gedacht, daß er mir eins schenken würde,
der Vater – wo er's doch reine Zeitverschwendung find't, daß ich so
viele Stunden über meinen Noten hock. Aber die Messen hat ihm
wohl doch imponiert, daß er nun allen Leuten derzählen tut, mit wie
glücklichem Erfolge sein Sohn der Tonsetzungskunst obliegt.
Also gemach, Franzl, nur Geduld: 's kommt schon alles so, wie's
soll – und deine Therese krieg'st auch!

———— ❧ ————

Nu, was – ich hab's dir doch versprochen, oder? Also bitte! Trinitatis is heuer am einazwanzigsten Mai, oder nicht? Eben!
Und da mer heut im Kalender den zwölften April schreiben, sind's
noch fünfahalb Wochen, stimmt's? Bis dahin könnt ich dir das ganze
Alte Testament vertonen, wenn's sein müßte! Also laß mich gefälligst aus mit dei'm ständigen Nachhakeln – sonst kannst' dir einen
andern suchen, der dir's schreibt! Das Offertorium ist außerdem
schon fertig, wenn'st es genau wissen willst – hat mich zwei Tage gekostet. Siehg'st – hätt'st' dich gar net so échauffier'n brauchen.

Außerdem: wer weiß, ob's überhaupt dahin kommt – wo doch
jetzt bald wieder Krieg sein wird, wie's scheint. Der Napoleon mu-
stert in Paris seine Truppen, und in Deutschland ruft man die Mi-
litärs »unter die vaterländischen Fahnen« zurück, wie's in der Zeitung schreiben.»Man setzt unter den jungen Männern dieser Klasse
Ehrgefühl und Kriegslust voraus« – Kriegslust! Den möcht ich sehn,
der nicht auf alles andere eher Lust hätte als auf Krieg! »Fest müssen die Guten und Edlen aller Stände sich jetzt aneinanderschließen,
eine eherne Mauer wider Bosheit und Verrat! Herbeiströmen möge
die kräftige Jugend, ihren Arm und ihren Mut der gerechten Sache
und dem Vaterlande zu weihen!« Phrasen! Glaub mir, die »kräftige
Jugend« hat andres im Sinn.

Der Ignaz meint zwar, wir würden dieses Mal wohl ausgespart
bleiben – aber wenn'st die Proklamationen liest… Hier zum Bei-

spiel: »Das bewaffnete Europa muß durch Vertilgung des Usurpa-
tors den Dank der Mit- und Nachwelt verdienen. Das Wehe! ist aus-
gerufen über den Frevler, welcher wider alles Recht, und allem
menschlichen Vertrauen zum Hohne, die Kriegsfackel aufs neue unter uns geworfen; wäre es nötig, so würde die Bevölkerung von ganz
Europa sich auf Frankreich werfen, den Unhold in Blut und Tränen
der Seinigen zu ersticken.« Eben »die Bevölkerung von g a n z Europa« – also auch wir.

Vor lauter Gerede darüber, daß »Europas ganze Kriegsmacht wie
ein verheerender Strom wider den gemeinsamen Feind herein-
brechen müßte«, bekomm' sogar meine Walzer einen ganz und gar
martialischen Charakter!

Wenn'st übrigens den Ignaz siehst, dann sag ihm, daß er ein
bißchen vorsichtiger sein soll mit dem, was er sagt; die Leut halten
ihn eh für einen Freigeist (der er ja auch ist, unter uns) – und von da
zum Bonapartisten ist nicht weit. Na, und du weißt ja, was so einem
heut droht: »Wer sich öffentlich in Worten oder Werken eine Äuße-
rung erlaubt, aus welcher seine Anhänglichkeit für Napoleon Bonaparte und sein Interesse für die Sache desselben hervorgeht, soll auf
der Stelle verhaftet und vor ein besonderes Gericht gestellt werden.«
(Was – wie ich deinem beifälligen Nicken entnehme – offenbar ganz
in deinem Sinn gesprochen ist, lieber Ferdinand; und was ja auch d i r
sicher nie passieren könnte!) Aber der Ignaz und ich – deine unge-
rat'nen Brüder –, wir sind nun einmal notorische Störer der öffentlichen Ruhe und Sicherheit; und wenn man so mit gleichgesinnten
Freunden im Beisel beisamm' hockt und das ein oder andere Wort
fällt... Also sei so gut und sag ihm Bescheid, dem Ignaz, daß er
aufpassen soll.

Hast' übrigens gesehn, wie die Staatspapiere an Cours verloren
haben? Das Wiener Stadtbanko zu zweiahalb Perzent is von dreia-
sechzig auf dreiafünfzig Gulden herunter, und die dreiperzentigen
Hofkammer-Papier'n stehn auf sieb'avierzig, wo's im Feber noch
auf achtafünfzig waren! (Da staunst', wie?, daß ich mich um s o etwas kümmern tu...) Na, jedenfalls is das einzige, was steigt, das
Donauwasser am Wiener Kanal! Ich sag's dir, Ferdinand: ob's nun
Krieg geben wird oder nicht, und ob der Bonaparte bleibt oder

noch amal besiegt wer'n wird – 's kommen schlechte Zeiten auf uns zu!

So, und nun laß mich arbeiten, ja? Sonst läufst' Gefahr, daß ich ihn d o c h nicht bis zu Trinitatis fertig hab, deinen Gradual-Hymnus, deinen damischen!

———— ❦ ————

Schubert beendet seinen Singspiel-Einakter Der vierjährige Posten, *nach einem Libretto von Theodor Körner.*

»*N*ach Berichten aus Paris vom 4. Mai wurden daselbst noch täglich Truppen gemustert, die dann in verschiedenen Richtungen an die Grenzen abzogen. Die Verschanzungsarbeiten auf den Anhöhen bei Paris haben am 5. Mai angefangen.« Also doch wirklich wieder Krieg! Und wer weiß, wie lang es diesmal dauern wird: ein Jahr, zweie, fünfe...

»Aller Handel in Paris steht ganz still; nur Not und Mißvergnügen nehmen täglich mehr zu.« Wartet's ab: wenn's nur lang genug dauert, wird's bei uns in Wien nicht anders sein. »Schon vormals durch Kriege und verkehrte Systeme um Handel und Wohlstand gebracht, sehen die Einwohner sehr wohl vor, daß ihnen dasselbe Schicksal bevorsteht und alle Hoffnungen verschwunden sind, die ihnen die Regierung des Königs, Friede und Ruhe und freier Handel dargeboten hatten.«

Der Ignaz sagt, bei uns wär's gerad genauso: Der Mittelpreis der Hofkammer-Obligationen sei im letzten Vierteljahr um drei bis über fünf Gulden gesunken, und der Silbermünzfuß habe seit Anno Vierzehn sogar die Hälfte seines Wertes verloren. Ich versteh ja nix davon, aber daß alles teurer 'worden is, das merk ich auch. Und jetzt noch der Krieg dazu... Und unsereiner hockt da und schreibt Lieder über die Liebe – eines nach dem andern!

Je nun, ob's in den Krieg geht oder zur Liebsten – immer gleich rastlos voran; »dem Schnee, dem Regen, dem Wind entgegen«, was für eine Komödie! Und damit's denen, die zurückbleiben, nicht zu fad wird, sucht der Magistrat »Individuen, welche sich dem

Krankenwärterdienste in den neu zu errichtenden Zivil-Feld-
spitälern zu unterziehen gedenken« – für deren reichhaltige Be-
legung der Staat schon Sorge tragen wird: Man braucht doch bloß
sehn, wie sich die Invaliden und Krüppel vom l e t z t e n Krieg durch
die Straßen schleppen – blind, lahm, zerlumpt und zerschossen –,
um zu wissen, wie's ausgehn wird.
    Was sagt übrigens der neueste Armeebericht?»Die Folgen des
entscheidenden Sieges über die königlich neapolitanische Armee
entwickeln sich immer mehr. Die näheren Umstände... Der Angriff... Der Anschlag des feindlichen Heerführers... Bataillons...
Eskadrons...« Ah, da:»Der diesseitige Verlust, der noch nicht genau
erhoben ist, wird sich an Offizieren auf zwanzig tote und verwun-
dete, an Mannschaft nicht über eintausend belaufen.« Nicht der
Rede wert also, solange man nicht selber drunter ist. Zahl die Rechnung und mucks net – wer zählt die Toten, wenn's doch a Sieg war
und der Franzos eins aufs Maul 'kriegt hat! Was wohl der Körner sagen täte, wenn er wüßte, daß es w i e d e r angeht, das Schlachten –
daß er und all die anderen am End umsonst gestorben sind...
    Eine Komödie? Nu, freilich doch: Soll denn einem, der im Lenz
der Jugend steht (wie der Körner), der Sinn nach andrem gehen als –
eben nach Komödien? Nur daß das Spiel sich allzu rasch in töd-
lichen Ernst verkehrt; daß einer»büßt mit seinem Blute, was er
gewagt mit frohem Mute«.
    Immerhin: ein ganzer Akt in nur zwölf Tagen, und dazu noch
eine gute Handvoll neuer Lieder – wacker, wacker! 's geht ja längst
nicht immer so geschwind. Fragt sich, was hier den Anstoß gibt: die
Leier – oder doch das Schwert? Der»jugendliche Maienschwung«,
auch wenn der Frühling heuer reichlich regnerisch und trüb ein-
herkommt – oder doch das kriegerische Spreizen?
    's stimmt doch, Körner, oder etwa nicht: die Feder alleweil so
spitz und scharf wie's Bajonett, wenn's darauf ankommt? Und daß
dein *Vierjähriger Posten* ein Franzos ist, zeugt von wahrhaft politi-
schem Verstande – wo doch»in dem Maße, als die französischen
Truppen sich vermehren, auch das Ausreißen unter denselben zu-
nimmt«. Nur mit dem Fraternisieren halten wir's heut anders – und
wenn das Käthchen noch so innig fleht.

Ach, Körner – lieber, ferner, kalter Freund: der Vorhang ist gefallen, ein für allemal; die Komödie – d e i n e Komödie – ist aus.
Nur w i r spielen weiter und kümmern uns nicht drum, ob einer zuschaut oder nicht. Als ob's auch nur die leiseste Hoffnung gäbe, daß
sich je einer für mein Singspiel interessieren könnte!

Na, was – es werden schon noch andre Zeiten kommen,»nach
einem für die Ruhe Europens und die Wohlfahrt seiner Völker
glücklich beendeten Kampfe«. Nur daß es dann zu spät sein wird für
vieles; für vieles – und für viele...

———— ❦ ————

Schubert beginnt mit der Vertonung der Ballade
Adelwold und Emma *von Friedrich Anton Franz*
Bertrand.

»*D*ein ist Emma! ewig dein! – längst entscheiden / Tät der
Himmel: rein wie Gold / Bist du funden, Adelwold –«
»Bist du funden« –»g e funden« wär besser, natürlich; oder»ge-
w e s e n«; oder»fand er dich, o Adelwold«. Egal, das läßt sich ändern – und alles andere, wo's allzusehr holpert und stolpert, desgleichen. Was zählt und worauf's ankommt, ist ja doch das Große
und Ganze, und was das betrifft, könnt's gar nicht besser passen:
»Groß in Edelmut und Leiden; / Nimm! – ich gebe sie mit Freuden...« Setz einer»Franz« ein für Adelwold und»Theres« für
Emma, und die Geschichte stimmt wie keine sonst, würd ich meinen. Oder jedenfalls wird sie, die's angeht, gleich den Sinn darin
verstehen.

Nur daß er den Faden seiner Geschichte wieder einmal reichlich
lang gesponnen hat, der Herr Bertrand – ganz ungemein, ja ganz
v e r t e u f e l t lang sogar; daneben war ja selbst seine *Minona* geradezu bloß ein»Ballädchen«, und d i e hat mich schon ein gut' Stück
Zeit und sechs Bogen Papier gekostet... Andrerseits: streichen oder
sonstwie kürzen läßt sich auch nix, wenn man's recht bedenkt; 's ist
halt ein ganzer Roman, der in den Versen steckt – kreuz und quer
verwoben wie ein feines Leintuch: Zieht man e i n Fädchen heraus,
ist's nur noch ein wertloser Fetzen.

Ob sie auch manchmal so von mir träumt, die Theres – so wie des Bertrands Emma von ihrem Adelwold? Das Rittertum der Hohen Minne – das ist schon mehr als bloß eine flüchtige Mode, die darinnen steckt, daß alle Welt jetzt wieder solche Bücher liest. Und die Mitgift einer Kaufmannstochter wiegt gewiß nicht weniger als »Wappen, Land und Gold«, wenn's darum geht, ob einer als Bräutigam und Eidam willkommen ist oder nicht...

Freilich, sie hat mich von Herzen lieb, die Therese – da ist kein Zweifel; aber ebenso freilich stimmt's, daß ich der Madame Grob als »schierer Bettler« scheinen muß, der nur sein Herz als Habe bieten kann – eine schlechte Partie, wie's heißt.

Und wenn die Mutter ihr verböte, mich zu nehmen: Wie würde s i e es fassen? Die Zeiten sind schließlich andere als vordem: So eine Damoiselle ist rasch unter der Haube, wenn's drauf ankommt – da wird nicht lang gefragt. Und daß einer die Heldentat vollbringt, sich in ein brennendes Gemäuer – es muß ja nicht gerad ein Schloß sein – zu stürzen, um bei Gefahr des eigenen Lebens die Liebste vor dem sich'ren Flammentod zu retten, das ist dann eben d o c h nur Ritter- und Märchengespinst!

Ich kenn das Lied. Gut genug kenn ich's, um jederzeit die passende Melodie darauf zu pfeifen. Selbst mit den schönsten Sagen läßt sich die Wirklichkeit nicht zwingen: »Rein wie Gold« zu sein reicht nicht hin, um eine Familie zu gründen, und das Leiden ist ein höchst alltägliches Geschäft, das keinen elterlichen Willen brechen könnte.

Nur mich, hört ihr? Mich laßt aus bei euren Berechnungen. Ich steck in meinen Liedern, und d a s ist eine Wirklichkeit, die mir a l l e i n gehört!

———— ✺ ————

Was sagst', Ignaz – den neuesten Pariser *Moniteur*?! Mit der letzten Rede Bonapartes vor der Pairs- und Repräsentantenkammer? Geh, Bruder, das is ja die reinste Konterbande in Zeiten wie diesen! Und außerdem, weißt' doch, daß ich's nicht gelernt hab, das Französische; wie sollt ich denn da... Wie – du hast es schon übersetzt: S o wichtig is es? Also, zeig schon her!

»Seit drei Monaten haben mich die Umstände und das Vertrauen des Volkes mit einer unumschränkten Gewalt bekleidet. Jetzt wird der dringendste Wunsch meines Herzens erfüllt: Ich beginne nun die verfassungsmäßige Monarchie.« Eine Konstitution? Mein Gott, das hieße ja...»Die Menschen sind zu ohnmächtig, um die Zukunft zu sichern; gesetzliche Einrichtungen allein stellen die Schicksale der Nationen fest.« (Was ja leider hier bei uns nicht weniger wahr ist.)»Die Monarchie ist notwendig in Frankreich, um die Freiheit, die Unabhängigkeit und die Rechte des Volkes zu verbürgen. Unsere Verfassungen sind zerstreut; es wird eine unserer wichtigsten Beschäftigungen sein, sie in eine zu sammeln und sie in einem Gedanken zu vereinen. Diese Arbeit wird die gegenwärtige Epoche unseren Nachkommen empfehlen.« Sollten wir uns womöglich alle in ihm getäuscht haben, Ignaz? Wenn der Napoleon wirklich und wahrhaftig eine einheitliche Konstitution schafft, wär Frankreich allemal weiter als wir...»Es ist mein eifriger Wunsch, Frankreich im Genusse aller möglichen Freiheit zu sehen; ich sage: m ö g l i c h e n , weil die Anarchie immer zur willkürlichen Herrschaft zurückführt.« Wie wahr, wie wahr!»So ist die Pressefreiheit ein unzertrennlicher Bestandteil der gegenwärtigen Verfassung; man kann nichts daran ändern, ohne unser ganzes politisches System anzutasten...«

Ich glaub's nicht, Ignaz – ich glaub's einfach nicht! Und du meinst wirklich, es wär ihm ernst damit, dem Bonaparte? Es wär nicht nur ein leeres Gerede, um die Alliierten zu täuschen und ihre Heere von den französischen Grenzen abzuhalten? Es ist doch wieder Krieg, Bruder – Krieg! Konstitution, Abschaffung des Excudatur, von mir aus auch die Abschaffung des Sklavenhandels – solang die Leut sterben...

Freilich, wenn's wahr wär... Wenn's w a h r wär, dann möcht ich allemal lieber unter einem solchen Kaiser Franzose sein als Wiener unter dem unsrigen, der sich mit dem Metternich beinah täglich was Neues einfallen läßt, um die Schraube der Zensur noch a bissel fester anzuziehn. Weißt', Ignaz, ich denk manchmal, wenn sie's drauf anlegen würden, die Herren Zensoren, dann könnten's sogar dem Wiener Häuser- und Straßenschema das Excudatur verweigern! Na, und ich such mir halt für meine Lieder auch nur mehr Texte heraus, die

schon bei uns gedruckt erschienen sind – obgleich ja selbst d a s
nicht garantiert, daß es h e u t die Direktivregeln passiert, nur weil's
g e s t e r n so gewesen is.

Kennst' übrigens die *Meeres Stille* vom Goethe? Hier, schau amal
die beiden Lieder, die ich darauf gemacht hab, gestern und vorgestern – merkwürdig, nicht? Ich hab ja zwar noch nie das Meer gesehn, aber genau so, denk ich, muß es sein, wenn dort kein Wind
geht: eine spiegelglatte, blaugrüne Fläche, so weit das Auge schaut.
Jedenfalls hat's so ein Lied noch nicht gegeben, was ich weiß: ganz
karg und starr, leise, ohne jede Bewegung: »Todesstille, fürchterlich!« Todesstille… Auf einem Schlachtfeld ist es wohl nicht anders,
oder?

Ich glaub freilich nicht, daß England, Rußland und Preußen ihren
Frieden machen werden mit dem Bonaparte – was immer er verspricht. Das liefe ja doch darauf hinaus, daß im Herzen Europas ein
so gewaltiges militärisches Reich entstünde – mit einem »blut-
rünstigen orientalischen Despoten« als Herrscher, wie's in den Zeitungen schreiben –, nu, jedenfalls ein so mächtiges Reich, daß es
hernach gar nicht anders kommen könnte, als daß wir alle nach der
französischen Pfeife tanzen müßten. Und selbst wem das Liedchen,
das die spielt, besser passen täte als ein anderes – selbst dem wäre
wohl letzten End's die eigene Nation zu wert, um sie dem Napoleon
herzuschenken.

Obwohl, im Grunde ist es ja alles eins; wenn einer herkäm und
sagen würde: so und so, und tät den Leuten dauerhaften Frieden
versprechen, und daß die Preise runtergehn, und daß alle immer
reichlich (oder doch genug) zu beißen haben soll'n – ich glaub, den
meisten wär es ganz und gar egal, ob das ein Hiesiger wäre oder ein
Franzos. Selbst ein Chineser könnt unser Kaiser werden, wenn er
d a s schaffen täte! So elend wie heuer ist's ja doch schon lang nicht
mehr gewesen bei uns. Es ist auch gar kein Mut mehr unter den Leuten, wegen der Teuerung: Wo'st hinhorchst – Klagen, nix als Klagen. Die Kunst, mein Lieber – die Kunst ist noch das einzige, was
n i c h t nach dem Brote geht!

Dank dir jedenfalls, Bruder, daß't vorbeigekommen bist und
mir den *Moniteur* gebracht hast – ein bißchen Hoffnung tut wohl in

so dunkler Zeit, selbst wenn's am End nur wieder eine Chimäre gewesen sein sollte. 's braucht halt manchmal mehrere Anläufe, bevor das rechte Ziel erreicht ist...

— ❦ —

Servus, Ignaz – kommst' gerade recht für einen Tee, Bruder; echter »Holländer«: hat mir der Spaun spendiert! Nimm dir schon, ich will nur rasch noch das Lied hier fertigmachen – *Das Finden*, vom Kosegarten; ein neu's für die Therese: willst' einmal hören?

Nu, also was gibt's Neues – hast' wieder einen *Moniteur* konterbandiert und mitgebracht?

Die Zeitung von heut? Nein, noch nicht; is denn was Besonderes?

Napoleon geschlagen!? Ein »außerordentlicher Kriegsbericht«? Zeig her, schnell: »... die Nachricht von einem großen und entscheidenden Siege, den die vereinigten Marschälle, Herzog von Wellington und Fürst Blücher, über die feindliche Armee bei Mont Saint-Jean (eine halbe Stunde vorwärts Waterloo) am 18. des Monats erfochten haben... Der feindliche Angriff, der mit außerordentlichem Nachdruck erfolgte... Die hartnäckigsten Versuche, sich des Dorfes Mont Saint-Jean zu bemeistern, wurden mit größtem Verluste des Feindes zurückgeschlagen. Außer einer beträchtlichen Menge Verwundeter und Toter fielen 3000 Gefangene und mehrere Adler in die Hände der Sieger.« Das Schlachten hat kein Ende... »Indes dauerten die erbitterten Angriffe Bonapartes auf seinen heldenmütigen Gegner bis sechs Uhr abends fort.« Als wenn's immer bloß die Sieger wären, die Heldenmut zeigen... »In diesem Augenblicke warf sich die preußische Armee mit Ungestüm auf den rechten Flügel der Franzosen. Hierauf teilte sich eine plötzliche Bestürzung durch alle Reihen des Bonaparteschen Heeres mit, die sich in eine unbeschreibliche Verwirrung und bald in eine allgemeine Flucht auflöste.«

Geschlagen also – wirklich und wahrhaftig geschlagen! Es sollte uns wohl freuen, Ignaz – aber irgendwie... ich weiß nicht, wie dir's geht, aber mir wird irgendwie angst, wenn ich denk, was nun wohl kommen wird…

»Die einzige der französischen Armee offenstehende, höchst schwierige Straße gegen Maubeuge blieb mit Geschütz und Munitionswagen bedeckt. Dreihundert Kanonen und Feldequipagen Bonapartes wurden genommen. Die preußische Armee verfolgte den Feind mit dem Feuer ihres Anführers. Die Zahl der übergehenden Offiziere vermehrte sich bei dem Abgange dieses Kurierberichts mit jeder Stunde.«

Am Achtzehnten… Denk nur: gerade einmal drei Tage ist es her, daß wir hier beisamm' gesessen und die Rede Napoleons im *Moniteur* gelesen haben – und da war alles schon vorbei: aus der Traum! Und wie ich ihn kenn, wird der Metternich laut in das Triumphgeheul mit einfall'n, das die Engländer und Preußen jetzt anstimmen werden.

Und, Ignaz – was wohl mit dem Bonaparte is, jetzt? Ob er hat fliehn können? Verwundet, gefangen – oder tot am End? Für ihn wär's ja vielleicht das beste, wenn er tot wär; wer weiß, was sie sonst mit ihm tun werden…

So eine breite, blutige Spur, die er durch ganz Europa gelegt hat, der Napoleon… Auch wenn's von u n s keinen getroffen hat – wie viele haben dafür sterben müssen!

———— ✿ ————

»Die Folgen der Schlacht vom Achtzehnten… Die Franzosen haben alles verloren: ihre Armee – und was das schlimmste ist, so hat der Soldat den Mut und das blinde Vertrauen auf seinen Anführer verloren. Dieser hat entgegen seinen Einfluß verloren; Bonaparte hat aufgehört, unüberwindlich zu sein, er wird den Franzosen und Europa in seinen lügenhaften Armeeberichten nicht mehr sagen, daß Verrat die Verbündeten nach Paris geführt habe; nein, ihr Mut, die Erinnerung an das, was sie erlitten, der Haß gegen seinen Namen werden sie noch einmal in diese ungeheure Hauptstadt führen, wohin Ludwig XVIII. unlängst noch Frieden und Glück zurückgebracht hatte.«

Wahrlich, *Vae victis*! Die Fabel ist bitter: Der Löwe liegt darnieder
und kann sich nicht mehr wehren, daß nun Pferd, Rind und Esel
seine Schwäche verspotten, ihn einen Lügner heißen, nach ihm treten... Nur denen, die »mit den Reih'n zum Schlachtentod hinaus-
gezogen« sind, kann's egal sein.
»In Beaumont bestätigen sich alle früher über die Flucht der
Franzosen gesammelten Nachrichten. Bonaparte ist am 19. Junius
um ein Uhr nachmittags durch diese Stadt gekommen.« Also immerhin noch am Leben! »Er war in einem grauen Überrocke und
runden Hute. Er hat die Straße nach Avesnes eingeschlagen. Die Un-
ordnung nimmt jeden Augenblick in dem französischen Heere zu,
und der Ungehorsam bei demselben hat den höchsten Grad erreicht.
Der Soldat glaubt sich verraten, und ein jeder äußert laut das Verlangen, nach Hause zurückzukehren.« Was natürlich k e i n e »lügenhaften Armeeberichte« sind, da's ja die Sieger ausgegeben haben!
Außerdem: den Soldaten möcht ich sehn, der n i c h t das Verlangen
hätte, aus dem Felde heimzukommen – hüben wie drüben.
»Sichern Nachrichten zufolge hat der französische Kriegsmini-
ster dem General Lecourbe geschrieben, alles sei verloren; die französische Armee habe in den Schlachten vom 18. und 19. alles Mate-
rielle eingebüßt, was nicht mehr zu ersetzen sei. Am Abend des
25. Junius erfuhr man offiziell, daß Bonaparte die Regierung nie-
dergelegt hat und Kommissarien ernannt sind, um mit den Alliierten zu unterhandeln.«
Und derweil der Herr Kunsthändler Weigl noch auf militärischen
Landkarten den »Großen Kriegsschauplatz des gegenwärtigen
außerordentlichen Feldzuges« feilbietet, zeigt der Herr Kammer-
virtuos Schuppanzigh »einem hohen Adel und verehrungswürdigen
Publikum« seine Frühmusiken im Prater an, im Benkoschen Kaffee-
hause, wohin »jeder Abonnent mit seinem Billette eine Dame mit-
bringen kann« – als ob nix wäre, nie etwas gewesen wär. Glückliches
Wien!
Obwohl: ich mach's ja selber nicht anders. Ein jeder schaut und
geht doch zuerst nach s e i n e m Glück – greift danach und hält fest,
was er immer gerad packen kann: weniges oder vieles, solang es
irgend gehn mag. Der Krieg und all das andere, Schreckliche, ist

fern... eine vage Ahnung von Tod und Vergänglichkeit; kommt's nahe und wird gewiß, dann ist es immer noch früh genug, ihm zu begegnen. Was ich aber jetzt – heute, jetzt und hier – nicht hab, das ist mir für alle Zeit verloren; zurück davon bleibt nur eine unbestimmte, quälende Sehnsucht – wie eine alte Wunde, die jedesmal pocht und schmerzt, wenn man daran rührt.

Es hülfe doch nichts, daß ich alles Leid der Welt wie ein Atlas auf meine Schultern laden würde – müßt ja doch zusammenbrechen darunter, armes Menschlein, das ich bin! Soll ich das kleine Körnchen Glück, das mir zugefallen ist, denn fortstreuen in den Wind, um des Unglücks der anderen willen? Es kann doch niemandem nützen als mir! Die Theres und meine Musik – mehr ist es ja nicht. Und wenn ich eines Tags die eine oder das andere verliere, hab ich's doch wenigstens g e h a b t ...

Wer weiß, vielleicht wird ja auch das, was einem heut so viel ist, morgen schon so wenig sein – so wenig, daß man es leicht und gerne hergibt für etwas anderes. Wie ein Wanderer, der – je länger und weiter sein Weg ihn führt – die Schritte immer langsamer setzt: »Ach, ich bin des Treibens müde! / Was soll all der Schmerz und Lust?«

Das Ziel? Eine vage Ahnung...

———— ❦ ————

Schubert beendet den Singspiel-Einakter Fernando, *nach einem Libretto seines Konviktfreundes Albert Stadler.*

Schon zurück?! Na, dann scheint's ja heut *prestissimo* gegang' zu sein, wo die Sonntagsmesse doch sonst – *Adagio* – eine starke halbe Stunde dauert. Pffuh, bin ich froh, daß ich d a s Spektakel nimmer mitmachen muß!

Gleich, als ihr fort wart, hat übrigens der Doktor Lang hereingeschaut.

Nein-nein, keine Sorge – sehr freundlich war er, und kein Wort davon, daß ihm mein allzu häufiges Erscheinen in der Anstalt und bei euch etwa nicht angenehm sei: »Ah, Schubert, geben'S dem Kon-

vikt auch einmal wieder die Ehre...«; und daß er vom Salieri über
meine Fortschritte in der Kompositionswissenschaft nur das Allerbeste gehört habe.

Ansonsten hab ich mir die Zeit hier in der Kamerate nicht lang
werden lassen, das könnt ihr glauben. Und dabei bin ich, wie mir
scheint, nicht weniger andächtig und gottgefällig gewesen als ihr
herüben in der Kirch'n; schließlich hab auch i c h gebetet, nur halt
auf meine Art, in Noten:»Strecke, gütiger Gott, deine schirmenden
Arme / Schonend über mich Verlaß'nen aus...«
Kennst' es wieder, Stadler? Also los: Holzapfel macht uns *in fal-
setto* den Philipp, dem Herrn Dichter gebührt die Titelrolle, und mir
bleibt die Musik dazu.

Na, was sagst', Stadler – hab ich für deine Donnerwetter und Trä-
nenströme die gebührenden Töne gefunden? Ich meine, selbst einer
wie der Josef Weigl bräucht sich nicht zu schämen, unter den *Fernando* sein manu propria zu setzen – wenn da nicht schon u n s r e
Namen stünden: Stadler und Schubert – die beiden neuen, hell auf-
strahlenden Kometen am Firmament des Wiener Singspiels:»Euch
erwarten Himmelskronen, / Nur ein Gott lohnt solche Tat!«
    Aber im Ernst: Wie findet ihr's? So übel ist es nicht, wie?
    Nu was, Holzapfel – wo bleibt die Bewunderung? Und du, Stad-
ler, könntest dein Entzücken ruhig auch a bissel lauter herausbringen! Schließlich hab ich seit zwei Wochen fast nix anderes getan
als in die Feder zu beißen und mir die Finger krumm zu schreiben,
damit's bis heute fertig wird! Und das, obgleich mein werter Herr
Vater alleweil Blicke wie Dolchspitzen schießt, wenn er mich über'm
Notenpapier hocken sieht. Und dazu ständig – *soprano obstinato*,
sozusagen – das Quieken und Quäken einer kleinen Erdenbürgerin,
die ihre Lungen bläht, als ob's einmal so laut möcht singen könn'
wie die Mademoiselle Milder!
    No, die Pepi eben. Ich hab euch doch gesagt, daß meine Stief-
mutter heuer im April glücklich von einem Mädel entbunden hat –
Josefa Theresia heißt's, und ist so g'sund und munter wie nur was.
Aber ich sag euch: Wenn ich nicht vom Konvikt her euer unver-
meidliches Geplauder und Gepolter gewöhnt gewesen wär – keine

Note hätt ich schreiben können, mit so ei'm Krähvögelchen unter einem Dach!

— ❦ —

Neun Schuh neun Zoll steht's Donauwasser an der Franzens-brücke – na, servus! Das hätt gerad noch gefehlt, daß es ein Hochwasser gibt! Überhaupt, dieser Regen! Seit gestern mittag schnürdelt's wieder in einem fort, und's Thermometer is seit Wochen kaum je über zwanzig Grad gestiegen – wahrhaftig ein Prachtsommer! Und das, wo der Mayrhofer und ich doch heut oder morgen nach Grinzing 'naus wollten – endlich einmal wieder...

Ach was – sauf' mer halt z'Haus: »Beim Gesang und Glase Wein auf den Tisch zu schlagen« is a Kunst, die sich, habedjehre, überall praktizier'n läßt!

Ansonsten wieder nix als Amts-, Tags- und Kriegsberichte in der Zeitung – Geplänkel: die Sache ist ja längst entschieden.»Der Feind, welcher außer dem Corps von Lecourbe noch 4000 Mann aus der Festung Belfort in das Gefecht brachte, ward mit einem großen Verluste auf allen Punkten zurückgeschlagen.« Sollen's doch endlich Frieden machen, die Franzosen, statt in sinnlosen Gefechten – bloß, um den Schein der Tapferkeit zu wahren – ihr Blut und Leben zu verspielen. Der »Geist der Schlacht« hat lang genug regiert; höchste Zeit wird's, daß der »Geist der Liebe« wieder an die Macht gelangt:»Ein Spott ist ihm die Hölle, ein Hohn ist ihm der Tod.« Was notabene für den einen u n d den andern gilt – über das Ende hinaus...

»In Nancy besuchten Seine Majestät nach Ihrer Ankunft die Gräber Ihrer erlauchten Ahnherrn. Als sich Seine Majestät nach der Stelle erkundigten, welche derselben irdische Reste verbarg, erhielten Sie die Antwort: ›Sie seien von der Revolution zerstört und des höchsten Anblicks unwürdig.‹ Seine Majestät antworteten: ›Es sei eine Schande, sie verwüstet zu haben, nicht aber sie aufzusuchen.‹« Eins dieser Worte, die für alle Zeiten festgeschrieben werden, damit's die Kinder und Enkel nicht vergessen, was Seine Majestät für ein unvergleichlicher Monarch g'wesen sind! Heißt's auch

nicht viel, so klingt es doch nach was –»und rings herrscht ahn-
dungsreiches Grauen...«

So ganz unrecht hat er ja nicht, der Mayrhofer: daß die Dichtungen vom Kosegarten was reichlich Altertümlich- und Gespreiztes
haben, das nicht unbedingt zum Singen taugt. Na, wenn auch – mir
g'fall'n's eben; und der Holzapfel, der Stadler und der Ebner waren
auch ganz angetan davon, als ich ihnen letzten Sonntag die *Ida* und
den *Nachtgesang* gezeigt hab. Und was das Singen anbelangt, soll's
doch wohl der oder die entscheiden, die's angeht: m e i n e »Ida«
nämlich! (Wo der Holzapfel schon gespottet hat, es sei wohl nur des
Versmaßes wegen gewesen, daß ich nicht »Theresens« Nachtgesang
darauf gesetzt hätte...)

»Der Riesenstrom heilvoller Ewigkeiten, der aus des Ew'gen
Urne scheußt«: Ich seh schon, wie der Mayrhofer schmerzvoll sein
Gesicht verzieht, daß ich an solche Verse meine Kunst verschwende.
Dabei könnt's glatt ein Ausspruch Seiner Allerhöchsten Majestät
sein – amtsberichtlich festgeschrieben und ergo über jede Kritik
an Wort und Sinn erhaben! Das wär überhaupt eine Idee: daß
mal einer hinging und würde die gesammelten Worte unsres in-
nigstgeliebten Kaisers vertonen, als Lied – oder nein, besser noch:
als Oper! Nein, danke – da bleib ich dann doch lieber bei meinem
Kosegarten und seiner »einsam trau'renden, ahnungsschau'renden«
Ida!

Ich bin doch kein Narr, daß ich ein gutes nicht von ei'm schlechten Gedicht unterscheiden könnte! Nur, damit ein Vers zum Liede
taugt, braucht er eben nicht zwingend das schönste Wortgedicht
eines unsrer größten Dichter zu sein; ein Komponist muß j e d e
Poesie in neues, klingendes Fleisch und Blut verwandeln können,
denn die Kunst liegt – mag der Mayrhofer denken, wie er will – nicht
nur im Wort beschlossen, sondern wenigstens gerad so in den Tönen. Und wenn er mir vorhält, ich tät mich durch die ungeheure Verschwendung der herrlichsten Melodien ä r m e r machen, dann
könnt er gerad so gut einer Quelle vorhalten, allzu leichtfertig ihr
Wasser zu verströmen: Je reicher und lebendiger ich meine Lieder
sprudeln laß, desto größer und breiter wird ja doch der Fluß, in den
sie münden...

Nur daß eben doch all das Sprudeln, Strömen und Verschwenden müßig ist, wenn alles Leben am End versickert und verrinnt.

Für wen denn? Für die Toten vielleicht? Die kümmert's so wenig wie die Überlebenden, die ja auch bloß Noch-nicht-Tote sind.

Für die Sieger? Für die Besiegten? 's fließt ja alles davon, alles... Täuschung, wenn einer glaubt, »aus diesem öden Feld« einen fruchtbaren Acker zu schaffen: Wo Blut und Tod gesät sind, wächst nix mehr.

Wenn man wenigstens glauben könnte... Glauben, daß alles ein'n Sinn hat – wohlbedacht ist von einem, der's so und nicht anders eingerichtet hat.

Aber der Ewige, der »mit dem Griffel des Blitzes« seinen Namen in das »Brüllen des Orkans« schreibt, der ist halt bloß ein Dichterwort. Zwischen Himmel und Erd – is nix, scheint mir.

———— ✥ ————

Und wie ich also herauskomm aus der Kamerate – meine Noten unterm Arm –, lauf ich gerad'wegs dem Hofrat Doktor Lang höchstpersönlich in die Arme.

»Nun, Schubert – Sie schon wieder? Mich deucht, Ihre Anhänglichkeit an unsere Anstalt nimmt mit jedem Tage zu, den Sie ihr n i c h t mehr angehören?!«

Habedjehre, Herr Konviktsdirektor – und bitte vielmals und gehorsamst, meinen neuerlichen Besuch hierselbst entschuldigen zu wollen.

»Schon gut, schon gut... Zum Holzapfel oder zum Stadler, nehm ich an? Oder zu beiden?«

Halten zu Gnaden, Herr Konviktsdirektor, aber heut sind es weder diese, noch ist's ein andrer meiner Kameraden, denen mein Hiersein gilt; ich wollte vielmehr...

»Zum Wenzel Ruzicka, nicht wahr? Um Ihrem alten Klavier- und Generalbaßmeister die jüngste Frucht Ihres so vorzüglichen Talents zur Tonkunst vorzulegen? Brav, Schubert, brav – das wird ihn freuen.«

Herr Konviktsdirektor mögen verzeihen, aber der Herr Ruzicka ist es a u c h nicht, für den ich gekommen bin; ich wollte vielmehr S i e, Herr Konviktsdirektor, um eine kurze Audienz ersuchen.

»Mich – m i c h haben'S sprechen wollen, sagen Sie?«

Halten zu Gnaden: ja.

»Nun, Schubert, wenn es dabei um die Zusammenkünfte mit Ihren Kameraden geht, die mir – wie Sie wissen – hinsichtlich ihrer Häufigkeit und Dauer nicht unbedingt angenehm sind, so...«

Wollen Herr Konviktsdirektor, bitt' schön, verzeihen, aber es geht nicht darum, sondern um das Orchester.

»Ah, ja...?«

Ja, um das Orchester; und um die Ouvertüren und Sinfonien, die (wie ich hörte) nach wie vor allabendlich zur Aufführung gelangen.

»Und dies, wie ich hinzufügen möchte, mit höchst achtbarem Erfolg!«

Eben. Und da nächstfolgende Woche, am 28. Julius, der Tag des heiligen Innozenz zu feiern ist – des Namenspatrons des so verehrten Herrn Konviktsdirektors –, wollte ich Herrn Konviktsdirektor um die gnädige Erlaubnis bitten, ihm zur Aufführung an diesem Festtage eine neue Sinfonie antragen zu dürfen, an welcher ich gerad heut den letzten Takt zu Papier gebracht habe.

Das G'sicht hättet ihr sehn soll'n, das er g'macht hat, der Herr Hofrat – wie a Bär, der in ein Honigfaß g'fall'n is! Und daß sie gar net für ihn war, die Sinfonie – egal: Hauptsach, er gibt die nächste Zeit a Ruh, wenn er mich hier bei euch derwischt...

———

Schubert beginnt mit der Arbeit an seinem (Fragment gebliebenen) Singspiel Claudine von Villa Bella, *nach Johann Wolfgang von Goethe.*

» G eh deinen Weg!« – als ob das so leicht wär; als ob's immer nur e i n e n Weg gäbe...

Schon wenn ich herangeh, irgendwelche Verse in Musik zu setzen, gibt's oft mehr als einen Weg, den rechten Duktus und Ton zu treffen – wie letzthin bei dem Kosegarten: *Abends unter der Linde.*

»Woher, o namenloses Sehnen...?« F-Dur, denk ich, und natürlich Dreiviertel-Metrum – 's kann ja gar nicht anders sein; auftaktig, zwei Takt' Vorspiel; der letzte Vers jeweils zweimal... eine gut' halbe Stunde, und das Lied is gemacht.

Tags drauf schau ich wieder hin, und irgendwie paßt es nimmer: das F-Dur schon – aber das Vorspiel...? Und vor allem der Dreiertakt? *Alla breve*, und gleich mit der Stimme beginnen; und die z w e i letzten Verse wiederholt. Und wenn ich morgen ein drittesmal hinschaun täte – wer weiß, ob's dann nicht w i e d e r einen andern Weg gäbe...

Oder auch die Besetzung: Ist es nicht Willkür (oder Zufall wenigstens), daß ich einmal ein Lied, ein andres Mal ein Terzetto oder Quartetto mach? Und daß dieses mit, jenes ohne und ein wieder andres – wie das *Abendrot* – sowohl mit als ohne Begleitung gesungen werden kann?

Und auch die Verse selbst: Abend und Morgen, Sonnenschein, Regen, Liebe und Leid, Leben und Tod – wie viele Worte, Reime, Bilder gibt's, ein und dasselbe zu beschreiben. »Richtig« ist doch jeder Vers nur gerade in dem e i n e n Augenblick, in dem ihn einer fühlt und denkt und festhält auf Papier. Viele Wege gibt es, so viele...

Nur daß man – ganz gleich, welchen man wählt – nie sicher sein kann, daß es nicht doch der falsche war; daß man sich verliert – wie der vermißte Knabe heut in der Zeitung: »Ein Jüngling von vierzehn Jahren, der Sohn vornehmer Eltern, hat samstags den 22. Juli sich aus der Eltern Hause verloren. Gut gewachsen und gebildet... blonde, kurz geschnittene Haare, blaue Augen... Sämtliche Behörden, Ämter, obrigkeitliche Personen und einzelne, welche diesen Jüngling irgendwo sehen und auffinden sollten, werden ersucht, ihn mit Schonung anzuhalten.« Ihn auf den richtigen Weg zurückzuführen, gewissermaßen – auf den Weg zurück ins Elternhaus.

Wenn aber gerade dies der f a l s c h e Weg wär? Wenn dieser »Sohn vornehmer Eltern« gar nicht »sich verloren« hätte, sondern einfach fortgelaufen wär, weil's ihm daheim zu enge ward? Manch einer ist mit vierzehn Jahren schon ein Mann, oder doch Manns genug, sich aufzubäumen in den Fesseln – mögen sie auch noch so liebevoll geknüpft sein...

Wenn ich zum Vater gehen und ihm sagen würde, daß ich keine Lust mehr hab, bei dem deutschen Schulwesen Dienst zu tun; daß ich – durch glückliche Erfolge bestärkt – die Tonsetzungskunst mir zum Beruf erwählen will; daß ich in meinen Kirchen- und Klaviersachen, Quartetten, Liedern, Opern und so fort allemal Beßres leisten kann als in der ABC-Klass'; daß ich sie ja zerreißen muß, die Fesseln, weil's mir allzu tief ins Fleisch und in die Seele schneiden...

Streif deine Fesseln ab; zerreiße sie, wenn's anders nicht sein kann.

Geh deinen Weg.

Laß dich nicht an- und aufhalten – von nichts und niemandem, nicht mit noch ohne Schonung.

Geh deinen Weg, ohne lang zu sinnen und zu fragen, ob's der richtige ist: j e d e r ist der richtige, solang er nur fortführt von da, wo du stehst; und d e i n e r wird es immer sein, weil doch d u es bist, der ihn geht.

Und wenn du zweimal, zehnmal, hundertmal meinst, in die Irre zu gehn, dich zu verlieren: Am End ist allemal ein Ziel...

Ein Ziel?

Vielleicht; jedenfalls ein Weg. Man wird schon sehn, wohin er einen führt...

———— 🙥 ————

*F*ranz Ritter von Schober... Ein bemerkenswerter Mensch, den er mir da vorgestellt hat, der Spaun. So weltgewandt, wie's unsereiner nimmer werden wird – und das, obgleich er nur ein paar Monat' älter is als ich.

Erst hab ich ja 'denkt, was für ein hohler Lackl das wär: angezogen wie ein Kanari, und dazu der Bart, das Stöckchen, die polierten Fingernagel'n, eine Parfümwolke von hier bis zur Hofburg – und diese Stimme: »Ah, Herr von Schubert – mein Kompliment; es ist mir ein besonderes Vergnügen, in der Tat – nach allem, was mir mein Freund Spaun schon erzählt hat von Eahna...« Herr v o n Schubert!

Wie man sich doch täuschen kann, so bloß auf den äußeren Anschein hin. Nein, wirklich: er ist wohl ein selten wertvoller Mensch,
dieser Herr von Schober. So liebenswürdig und gewinnend herzlich...

Und ein wie ernsthafter, tiefer musikalischer Sinn in ihm steckt!
Ich hab's gleich gemerkt, mit wieviel Feuer und Verstand er
den zweiten Tenor gesungen hat in dem kleinen Terzetto vom
Hölty.

Ja, mit so einem wie dem Herrn von Schober Freundschaft
schließen – das wär etwas... Dann hätt ich endlich jemanden, mit
dem ich über alles reden könnte: über die Musik, die Literatur. (Ach
ja, und dran denken muß ich, mir die Romane von dem Walter Scott
zu besorgen, die er so gelobt hat.) Und auch wohl... über die Theres.

Bestimmt hätt einer wie der Herr von Schober mehr Verständnis als
der Holzapfel – wenn ich noch an dessen weitläufig räsonierende
und wägende Epistel denk, neulich, als ich ihm von der Theres und
mir geschrieben g'habt hab.

Scheint überhaupt rücksichtlich der Weiber schon einige Er-
fahrungen zu haben, der Schober – no, was wunder: Wenn einer so
gelackt ausschaut und so gestelzt zu reden versteht, m u ß er ja
reüssier'n! Da könnt ihm wohl ein Mädel wie meine Therese gar zu
bieder scheinen, fürcht ich.

Was hat er g'sagt? Er wäre zwar der Juristerei halber nach Wien
gekommen, habe aber indessen nicht vor, mit diesem doch recht
spröden Geschäfte allzu viele Zeit zu vergeuden; vielmehr fühle er
sich zu den Künsten hingezogen: zu Dichtung, Malerei und Bühne,
notabene. Glücklich, wer bei derlei Hingezogensein nicht auf den
Beutel schauen muß...

Und ich sollt ihm unbedingt alles zeigen, was ich an Liedern hätt.
Wirklich, fast scheint's mir, als hätt ich endlich – e n d l i c h ! – eine
Bruderseele gefunden, die mir das Dasein leichter machen könnte,
hier: ein'n Freund, wie man ihn sonst nur aus Balladen kennt. Schön
wär's ja – z u schön...!

Nur, da hineinsteigern darf ich mich nicht; weil, vielleicht bin ich
ihm ein viel zu langweiliger Geselle, dem Herrn von Schober? Vielleicht war's nur aus Höflichkeit, daß er so interessiert getan hat?

Was hätte ich denn einem solchen Freund schon groß zu bieten: das bissel Musik…

——— 〜 ———

»*N*apoleon Bonaparte's Reiseabentheuer* von Fontainebleau nach der Insel Elba. Nebst einer Darstellung seines Benehmens in den letzten Tagen seiner Regierung und mehrern Zügen seines Charakters.« Na, dem wird wohl noch ein Kapitel folgen, demnächstens… Fragt sich, wohin's ihn d i e s m a l schicken wer'n, den Kaiser.

Aber ist es nicht gleich, wohin? Die Welt ist groß genug, um sich überall fremd zu fühlen. Derweil sich jetzt in Frankreich ein anderer auf den Thron gesetzt hat, der doch égal dasselbe predigt: daß es »in der unglücklichen Krisis eines Staates die Notwendigkeit gebietet, dem öffentlichen Wohl alle Leidenschaften aufzuopfern, um nur an das Heil aller zu denken.« Ja-ja – wie war noch gleich der Titel des Stücks, das sie heut auf d'Nacht im Leopoldstädter Theater geben? *Die alte Ordnung kehrt zurück!* Wie Schillers *Mädchen aus der Fremde*, das auch »mit jedem jungen Jahr« beim ersten Schwirr'n der Lerchen in das Tal zurückkehrt, um ihre Gaben zu verteilen. Nicht zu reden davon freilich, welche Gaben die alte Ordnung für uns bereit hält…

Manchmal mein ich, 's wär nicht das Schlechteste, in so ei'm fernen Tal zu leben – abgeschieden von aller Welt, mir selbst genug, mit keiner andern Sorge als der, möglichst viele und schöne Lieder zu schreiben. Und keiner, der danach fragt, ob meine Musik auch in dem reinen deutschen Geiste gehalten ist, den's hier und heute braucht, will einer Erfolg haben – wie dieser Friedrich Starke und seine Machwerke: *Das zweite Einrücken der vereinigten Heeresmächte in Paris* als *charakteristisches Tongemälde* für das Pianoforte, um »der Verherrlichung des heiligen Kampfes für Recht und deutsche Freiheit zu huldigen« – pfui Teufel! So heilig kann kein Kampf sein, daß er all die Toten rechtfertigen könnte, und schon gar nicht irgendwelche Verherrlichungen. Das einzige, was erlaubt wär, ist Klagen…

Immer dasselbe Lied, übrigens – immer, solang es Menschen gibt;
und immer dieselbe Klage…»Die Geister meiner Väter«, thronend
in ihren Wolken – und darüber? Die freien Höhen der Berge: H i e r
wenigstens läßt sich's leben, läßt sich's atmen!
Ja, die Welt ist wirklich groß genug! Irgendwo, denk ich, gibt's
immer ein Fleckchen, wo man das Toben und Tosen rings herum vergessen kann; wo Frieden herrscht statt Krieg, Liebe statt Haß, wo
selbst Götter das Recht haben, menschlich zu sein und zu fühlen.

———— ❧ ————

Ja, wirklich: fünf Lieder waren's gestern – fünfe an einem einzigen Tag! Und wenn's net zu spät gewesen wär, hätt ich gleich
noch fünfe – ach, was sag ich: z e h n e hinterher machen woll'n, so
leicht ist mir's von der Hand gegangen, und so viele stecken mir
noch im Hirnkast'l und warten nur darauf, daß ich sie aufschreib!
Wie ein Quell, der aus der Erde herausströmt und -sprudelt…
Ach, Spaun, lieber Spaun – an Tagen wie diesen glaub ich fast
wirklich, daß noch etwas aus mir werden könnte. Ich mein, wenn's
einem so von selber zufließen, die Melodien und Harmonien, dann
heißt das doch, daß die Musik einem im Blute liegt, glauben'S nicht
auch? Und daß es schändlich wäre, dem nicht nachzugeben? Ich frag
nur, weil doch der Vater halt immer gleich's Gesicht verzieht, sobald
er mich überm Rastralpapier findet.
Gottlob ist er gestern den ganzen Tag fort gewesen, der Vater –
sonst hätt ich froh sein könn'n, wenn ich Zeit für e i n Lied gefunden
hätte. So hingegen hab ich nicht einmal gespürt, wie die Stunden vergangen sind, und wie ich auf einmal – ich war gerad mit dem vierten
Liede fertig – aufschau, is draußen schon stockfinstre Nacht, und
der Mond steht am Himmel!
Nu, freilich sind's Lieder vom Goethe, immer und immer nur
vom Goethe! Seine Verse sind doch das Herrlichste, was es gibt –
finden'S nicht auch, lieber Spaun? Schaun'S, hier: Das Büchel mit
Gedichten, das wo Sie mir neulich geschenkt haben, ist schon ganz
zerschlissen, weil ich's alleweil mit mir herumtrag und drinnen lese.
Gleich morgens, wenn ich aufsteh, nehm ich mir's vor, schlag's

irgendwo auf – und find gewißlich ein Gedicht, das mir g'fallt; und beim Goethe ist es eben so, daß ich's nur ein-, zweimal laut aufsagen muß – und schon wird's ein Lied, ganz von selber. Und bin dabei selber so »gutgelaunt« und »vielgewandt« wie der *Rattenfänger* – nur mit dem »Wohlbekannt«-Sein hat's bei mir noch nicht so recht hing'langt!

Gefällt's Ihnen? 's war das erste, das ich gestern gemacht hab. Und wissen Sie, woran ich dabei dauernd hab denken müssen? An die stufferten ABC-G'friser, die vermaledeiten, die mir tagtäglich die Zeit stehl'n – und daß so ein Rattenfänger kommen und sie hinterdrein ziehen müßt, auf Nimmerwiedersehn, damit ich endlich a Ruh hätt vor ihnen und nach Lust und Laune komponieren könnt!

Wie lebendige Geschöpfe sind sie, meine Lieder; wie ein Schwarm bunter Vögel – schwirr'n und flattern mir im Kopfe herum, setzen sich bald hier-, bald dorthin und machen ein solches Spektakel, daß ich an gar nix andres mehr denken kann. Sagen Sie selbst, Spaun – da muß ich sie doch herauslassen, oder? Ich kann's doch net einsperr'n, bis sie womöglich umkommen? Lebendige Geschöpfe...

»Trinke Mut des reinen Lebens!« heißt es im *Schatzgräber*: Gerne, nichts lieber als das – aber wenn mir die Schale aus der Hand geschlagen wird? Sie ahnen gar nicht, Spaun, wie's mir zumute ist...

Wissen'S, um »Tages Arbeit« und die »sauren Wochen« brauch ich mich nicht zu sorgen – da achtet schon der Herr Vater, daß ich daran allweil reichlich genug bekomm. Aber mit den »Gästen und Festen« ist es so eine Sache: Da werd ich z'Haus hübsch knapp gehalten, damit's mir nicht am End zu Kopfe steigt, das gute Leben. Wenn Sie mich nicht öfters herausholen täten aus dem dumpfichten Dasein, das ich hier führ' – wirklich, ich wüßte nicht, wie ich's ertragen sollte. Nur selten ist es, viel zu selten!

Heut, zum Exempel – wie wär's: hätten'S nicht Lust und Zeit, lieber Freund, daß mer was unternehmen, heut auf d'Nacht? Nach Grinzing hinaus, oder meinethalben auch irgendwo hier in der Stadt in ein Beisel gehn – mit dem Herrn von Schober vielleicht, und dem einen oder anderen Konviktisten dazu? So ein schön's Wetter is – und so ein schön's Lied'l hätt ich, das mer alle z'samm' singen könnten...

O weh, ich seh schon, daß Ihnen der Sinn heut nicht nach solchen Exkursionen steht – oder sagen wir: nicht s c h o n wieder, nachdem wir schließlich vorgestern bis in die Früh beisamm' gehockt, geredet und gezecht ha'm...

Aber sehn'S, Spaun: Für mich ist so ein Abend wie der bewußte just das richtige Remedium gegen all das graue Einerlei, in dem ich meine Tage sonst verschlunze... und obendrein die beste Inspiration, so ein Vollzapf – das zeigen ja die fünf Lieder, die wo ich gestern gemacht hab, zur Genüge.

Also kommen'S, tun'S mir die Liebe, ja?

— ❧ —

»Sir Charles Banbury zeigte Bonaparte den Entschluß der alliierten Mächte an, daß er nach St. Helena gebracht werden solle.« Wo sagst', Ignaz, daß diese Insel liegt – tief unterm Äquator, vor der westlichen Afrikaküste? Und Tausende von Meilen nix als Wasser drum herum? Daß sie ihn diesmal weiter fort schaffen würden als nach Elba, stand freilich zu erwarten... »Bonaparte hörte diese Notifikation mit der vollkommensten Ruhe an. Er tat ein paar Fragen ohne den geringsten Anschein von Verlegenheit und betrug sich während der ganzen Unterredung mit allen Zeichen der Resignation und *in the most courteous and gentilemanlike manner* – auf die höflichste und verbindlichste Weise.« Ganz Kaiser bis zuletzt: geschlagen vielleicht, aber nicht gebrochen. »In St. Helena gibt es noch einige Nachkömmlinge aus Frankreich vertriebener Protestanten, die dort eine Zuflucht suchten und die man zu Weingärtnern verwenden wollte; allein der Weinstock gedieh nicht daselbst.« Fffuh, eine gräßliche Vorstellung: eine Gegend, wo kein Wein wächst! Dort also...

Übrigens, wer weiß, ob sie's nicht eines schönen Tags bereuen werden. Wie ich vor ein paar Tagen über die Währinger Gasse zur Stadt geh, zupft mich mit ei'mmal hinterrücks jemand am Rockärmel: Ob ich ihm nicht was tät abkaufen woll'n? Abgerissener Soldatenmantel, darunter ein Stelzfuß: Aha, denk ich – ein Invalide vom Militärspital. Was wird der schon groß zu verkaufen haben...

Na, jedenfalls bevor ich ihm noch sagen kann, ich hätte eh kein'n Kreuzer, und er sollt sich besser jemand anderes ausgucken, zieht er unterm Mantel einen Beutel vor und kramt ein kleines, goldenes Schnupftabakdöschen heraus; und stell dir vor: mit einem wunderschönen, feinstens gearbeiteten Emailporträt Napoleons darauf! Seine Majestät der Kaiser hätt's ihm selber gegeben, als Dank für geleistete Dienste. (Weiß der Teufel allerdings, wo er's w i r k l i c h her hat...) Und da er in mir gleich auf den ersten Blick einen Gesinnungsfreund erkannt habe – sprich: einen Bonapartisten wie er selber einer sei und bis an sein seliges, hoffentlich noch fernes Lebensende hin zu bleiben gedenke –, deshalb also wolle er mir (aber n u r mir, und n u r durch größte Not gezwungen) dieses Erinnerungsstück für bloß zehn Konventionsgulden überlassen.

Ich sag dir, Ignaz – es war verdammt nicht leicht, von ihm loszukommen: Was er d a n a c h noch alles aus dem Beutel vorgezogen hat! Regelrecht »freikaufen« hab ich mich müssen, indem ich ihm schließlich zehn Kreuzer für ein Buch 'zahlt hab – für einen alten *Musenalmanach*; keine ganz verlorene Investition, übrigens: ein Gedicht daraus hab ich gleich in Musik gesetzt.

Aber warum ich drauf gekommen bin, dir das zu erzählen: Ich hab ihn schließlich noch gefragt, ob es nicht reichlich riskant von ihm gewesen wär, mich einfach so als Bonapartisten anzureden? Wo ich doch gerad so gut ein Metternich-Saurauscher Spitzel hätte sein könn'n... Weißt', was er da gesagt hat? Ich sollt mich nur nicht täuschen, hat er g'sagt – aber's gäb weit mehr Bonapartisten heut in Wien als andere; und mancher würd es heute schon bereuen, hat er g'sagt, daß der Napolium geschlagen worden sei – weil doch mit ihm sozusagen »die Sonne Europas« untergegangen sei und jetzt nix mehr als trübe Tage kommen würden.

Hast' übrigens gelesen, was die *Wiener Zeitung* aus dem *Quotidien* zitiert: »... die Gnade, die eine Nation durch das öffentliche Bekenntnis ihrer Irrtümer und politischen Fehler verdienen kann. Ein Übermaß von Stolz hatte uns verblendet, unser Glück hatte uns entfernt von den Grundsätzen der Wahrheit. Die Fremden seien Zeugen der Aufrichtigkeit unserer Rückkehr zu jenem Könige, der so unschuldig ist an unseren Leidenschaften und Wüten...« Und so weiter, und so weiter – widerlich, find'st' nicht, dies demütige Zu-Kreuze-Kriechen?

Oder hier: »Mehrere Gelehrte, Künstler und Militärpersonen haben in den Elysäischen Feldern sich unlängst zu einem Bankett vereinigt, wobei man Lieder zur Ehre des Königs absang.« Ach Ignaz, Ignaz – war es d a s , wofür gekämpft wurde? Nur gut, daß es noch Lieder gibt, die n i c h t diesen Makel tragen, der Politik zu dienen statt der Kunst.

Obgleich – auch d a s kann täuschen, wenn's etwa die Madame von Baumberg nimmst: Merkwürdig, gelt, wenn's denkst, daß ihre Verse, die nix anderes zu kennen scheinen als Liebesleid und -seligkeit, daß diese Verse von einer Dichterin stammen, die ein so politisches Geschick gehabt hat.

Wie denn, du weißt nix über sie? Da wär ich also wirklich e i n -m a l klüger als mein lieber Ignaz? Mir hat's der Johann Senn erzählt, von dem ich auch das Büchel 'kriegt hab mit den Baumbergschen Gedichten: daß nämlich ihr Mann – ein Johann Bacsányi – Anno Fünf einen Aufruf Bonapartes an die Ungarn übersetzt hat, sich gegen unsern Kaiser zu erheben und ihre Unabhängigkeit von Wien zu erkämpfen. Woraufhin er prompt zuerst in den Kerker gesetzt und hernach exiliert worden ist, der Bacsányi – nach Linz, wohin ihm seine Frau gefolgt ist, obgleich sie damals als eine der ersten Dichterinnen der Hauptstadt galt, als »Wiener Sappho«, wie sie genannt wurde. Sogar der Mozart hat ein Lied von ihr vertont: *Als Luise die Briefe ihres ungetreuen Liebhabers verbrannte.*

Als sie nach Linz ging, war's natürlich aus und vorbei mit ihrem Ruhm. Sie lebt heut immer noch dort – der Senn hat sie besucht. Und ist übrigens immer noch, wie mir der Senn erzählt hat – immer noch und mehr denn je –, eine Bewunderin Napoleons!

---

*H*e-oh, he-oh – a bissel langsam, wenn ich bitten darf… so! Und jetzt noch einmal hübsch von vorn: Statt daß ich hier mit euch im Beisel hock und gemütlich und fidel mein'n Wein schlürf, soll ich also – wenn ich recht versteh – was komponier'n; anders

gesagt: i c h soll mich abrackern und schuften und schwitzen, derweil i h r euern Spaß habt – na, servus!

Egal, ich würd euch ja von Herzen gerne den Gefallen tun, nur
daß ich – leider, leider – kein Rastralpapier ins Wirtshaus mitzunehmen pflege...

Holla, verstehe – und Federn und Tinte habt's ihr auch dabei, ver-
mute ich? Jessas, sogar a Streubüchs'n! Geht's, wenn ich das geahnt
hätt, wär ich freilich n e t gekommen, heut!

Und was habt's ihr euch denkt, daß ich schreiben soll: a Sinfonie? A Oper? A Quartett?

Ach so, a Lied bloß – so bescheiden! No, wenn's weiter nix is...
Wie – für j e d e n eins: das wär'n ja... das wär'n ja Stücker neun?!
Neun Lieder, und alle gleich sofort und hier im Beisel komponiert –
ja, seid's ihr denn total narrisch, alle mitanand'?! Wo ich doch meist
schon froh bin, wenn ich e i n e s schaff am Tag...

Ach ja, und übrigens der Text: Da ihr euch alles so fein aus'denkt
habt, vermut ich mal, daß ihr auch daran gleich gedacht ha'm
werdet, einen mitzubringen...?

Ahnt ich's doch! Und welchem Dichter habt's ihr die Ehre
gegeben, wenn ich fragen darf?

Lauter verschiedne sind's, soso – weil a jeder von euch e i n
Gedicht herausgesucht hat für mich. Wie charmant!

Nur daß ihr euch die Mühe leider umsonst gemacht habt: Ich
spiel nämlich nicht mit, bedaure – i hab ka Lust, euch hier den Affen
zu geben! Neun Lieder auf ein'n Streich – damit könnt ich ja in
Herrn de Bachs *Circus gymnasticus* im Prater auftreten...

Wie war das, Holzapfel – w a s hast' »gleich gesagt«? Daß ich's
net machen würd? Daß ich mich net traun würd – hab ich da gerade
richtig g'hört? Und daß ich's eh net geschafft hätt? I m a g n e t , hab
ich g'sagt – daß i k a L u s t hab, und nicht, daß i mi net traun oder's
net schaffen würd!

Was meinst' damit: das wär fei »leicht gesagt« – glaubst' mir etwa
nicht...?

Na, also gut – von mir aus! Gib ihn schon her, dein'n Text... Christoph August Tiedge, *An die Sonne*: »Königliche Morgensonne, sei
gegrüßt in deiner Wonne...«

... und Eins: Es-Dur, *Mit Majestät* – zufrieden? Wer ist der nächste – Stadler, du? (Habt's ihr mich also d o c h herumgekriegt, ihr Schlawiner!) Zeig her... »Wie schön bist du, du güldne Morgenröte...« – und kein Name drauf? Am End ist's von dir selber, hm...? 's wär ja nicht der erste Text von dir, den ich vertone. Also gut, nach der Morgen*sonne* jetzt die Morgen*röte* – mir soll's recht sein. Nur nicht *Mit Majestät* diesmal, sondern *Mit Anmut*: einverstanden?

Kurz und bündig, so: Das wäre dies – und jetzt? Der Weiße... *Tischlerlied* – und schon wieder kein Name! Geh, lieber Max: solltest auch d u unter die Dichter gefallen sein? »Mein Handwerk geht durch alle Welt und bringt mir manchen Taler Geld« – ich wollt, ich könnte das von m e i n e m Handwerk sagen!

Da, Max – da hast' dein *Tischlerlied*: Werd glücklich damit!
Bloß eine Hitze ist das hier herinnen – meine Zunge fühlt sich an wie Dörrfleisch! Holzapfel, los: schaff Wein heran – und ihr andern, laßt mich nicht so lang warten: Her mit dem nächsten Text!
Dank dir, Müllner – ahh, ein Matthisson-Gedicht! Tja, Franz, du kennst mich halt – du weißt, was mir gefällt; obwohl ja dies hier nicht gerad eines ist, was dazu taugt, an einem Wirtshaustisch vertont zu werden: *Totenkranz für ein Kind*...

»Wir wanken irr und haben selten Frieden.« Doch, Franz, doch: hast eine gute Wahl getroffen.
Wie steht's mit dir, Andorfer – schaust' gerad, als könnt'st' es nimmer abwarten, mir d e i n e n Text zu geben... Johann Christoph Wannovius: *Das Leben*. »Das Leben ist ein Traum – man merkt, man fühlt ihn kaum...« Weißt' was, Andorfer – da mach ich dir ein Trio draus!

Halt, halt – so ha'm wir nicht gewettet, daß jetzt a jeder von euch kommt und will ein Trio haben! Ganz abgesehn davon, daß auch nicht jeder Text zu so was paßt...
Was meinst', Kleindl: d e i n e r schon?
Und d e i n e r, Randhartinger, auch?

Na, gebt's schon her, eure Zettel... *Bergknappenlied:* »Hinab, ihr
Brüder, in den Schacht...« Und's andere: »Auf! Jeder sei nun froh
und sorgenfrei« – *Trinklied!* Bravo, Kleindl – e i n e r wenigstens, der
sein Gedicht dem Ort gemäß gewählt hat, wo mer san! Alsdann...

Und damit Prosit – auf die zwei Quartette! (Wie war das, Holzapfel – ich hätt's eh net geschafft?!) Wer bleibt noch: zweie nur
mehr, stimmt's? Der Gment-Augustin und der Holz-Axel – die beiden jüngsten hier am Tisch; habt's euch brav zurückgehalten.
Na, laßt sehn... Oho, der jüngste – und kommt mit einem solchen
Text: *Der Weiberfreund!*

Da, nimm! Bleibt noch der Holz – zeig her, was't hast für mich:
»Sinke, liebe Sonne, sinke...« – ein Abendlied. Als ob's von vorn-
herein zum Schluß gedacht gewesen wär!

— ❧ —

*H*ast' das Kupfer von der Insel Santa Helena gesehn? Recht
gemütlich, find'st net? A bisserl wie bei uns die Bergseen – nur
eben am Ende der Welt gelegen, sozusagen. Ich frag mich bloß, wie
lang's ihn dort wer'n halten können.
   Du glaubst doch nicht im Ernst, daß einer wie d e r sich einfach
abfindet damit, dort unten festzusitzen?! Der Schreiber hier bezweifelt's auch, übrigens: »Hier wohnet und hauset also, vor der
Hand wohlbewachet, Napoleon Buonaparte, mit einem kleinen
Häuflein seiner ihm gefolgten Günstlinge. Vor der Hand, sage ich:
denn es wäre mehr als blödsinnige Einfalt, zu glauben, daß ein Mann
mit solch einem Vulkane in seinem Innern, und der – gewiß nicht
aus Feigheit, sondern sich für neue große Ereignisse zu schonen –
sein Leben bisher um jeden Preis zu erhalten suchte, nicht auf alle
Mittel denken und alle versuchen sollte, von Santa Helena wieder
zu entfliehen, und sich nach Südamerika zu werfen, wo er vielleicht
in der jetzigen Gärung daselbst eine große Rolle mit einer Rotte
kühner Flibustiers spielen könnte. In Europa kann er bloß auf
und durch Franzosen wirken. – Aber wie, wenn er nun in kurzem,

da der innere Bürgerkrieg noch brennt, im südlichen Frankreich wieder erschiene! Wie dann?«

Tja, wie dann, lieber Bruder – wie dann...? Wobei ich übrigens durchaus nicht so sicher wär, daß er w i r k l i c h bloß auf seine Franzosen zählen könnte, der Bonaparte; wenn ich denke, was man aus Italien hört, wo's allgemein heißt, man sei ehedem unter Napoleon besser dran gewesen als heute unter Österreich. Und selbst bei uns – selbst bei uns...

Na, wie's auch kommt – ich hab a n d e r e Sorgen: zum Beispiel, daß mir zu der Sonat'n, die wo ich schon letzten Monat angefangen hab, noch immer das Finale fehlt. Das erste *Allegro* und das *Andante* sind fertig, das *Menuetto* auch – obwohl: auch d a bin ich mir net sicher, ob's so bleiben kann... Willst' einmal hör'n, bis dahin?

Na, was meinst' – g'fallt's dir? Auch wenn es freilich hier und da ein ganz klein wenig haydnisch oder beethovensch klingt, find ich es für eine erste Sonate (die's werden soll) gar nicht schlecht geraten, bis dahin – nur das Schlußrondo fehlt halt noch. Nu, wir wer'n ja sehn, was eher eintritt: daß der Bonaparte von Sankt Helena entflieht, oder daß ich mein Finale schreib!

———— ❦ ————

Also, heraus mit der Sprache: wer war's? Wer von euch hat geplaudert, hm? »Wie mer neulich mit'm Schubert im Beisel g'west sind, da hat jeder von uns zum Spaß a Gedichterl mitgebracht g'habt, und der Franz hat zu jedem davon a Lied für uns verkomponiert: Stücker neun zusamm', stellt euch vor – und war'n im Handumdrehn fertig, als wär's bloß Kirschenpflücken!«

Also: wer?

Holzapfel – du? Stadler...? Weiße...?

Geht's, erzählt mir doch nix – der Schober ist doch nicht von allein auf den Gedanken gekommen!? Oder warst du's, Müllner...? So unschuldig, wie ihr dreinschaut – als könntet ihr kein Wässerlein trüben –, habt ihr's am Ende alle miteinander ausgeheckt, wie?

Na, ist ja auch egal! Ihr könnt jedenfalls von Glück sagen, daß ich
heut so extraordinär bei Laune bin – sonst würd ich euch ganz schön
die Feigen weisen. Aber ich sag euch gleich – viel Zeit hab ich nicht,
weil ich auf d'Nacht nämlich noch eingeladen bin.
    Oh, nix Besonderes – a Nachbarin, die einen kleinen Schmaus zu
ihrem Namensfeste heute gibt...
    Therese heißt's, genau – alle Achtung, Stadler: kennst dich ja sau-
ber aus mit dera Heiligen und ihren Feiertagen; da hätt der Josef
Tranz gewiß sei' Freud an dir, daß't von der Religionslehre bei ihm
a bissel was behalten hast! (E i n Wort, Holzapfel, und ich dreh dir'n
Hals um – ich schwör's dir!)
    Nun, lieber Schober – des Spieles Regeln sind also die folgenden:
A jeder aus dem Kreis gibt mir ein'n Text, zu dem ich jetzt, gleich
und hier, ein Lied setz – was, wenn ich richtig zähle... achte macht.
Schaff ich's, muß mich a jeder von euch einen ganzen Abend lang
freihalten; schaff ich's hingegen n i c h t , so zahl ich alles, was mer
hier und heut getrunken haben. Einverstanden?
    Also los! Rastralpapier, Federn und Tint'n wird gewiß der Holz-
apfel mit'bracht haben... dank dir. Wein steht auch da, daß ich net
verdurste... so!
    Wer macht den Anfang? Ich würd sagen, Sie, lieber Schober – als
der, welcher die Idee g'habt hat.

    ... und bitte! Hübsche Verse, übrigens. Josef Ludwig Stoll – ist das
nicht der, der wo den *Prometheus*-Almanach herausgegeben hat und
der vor beiläufig a halbem Jahr gestorben is? Genau – wobei ich mich
nicht entsinne, je Gedichte von ihm gelesen zu haben.
    Du, Andorfer, hast a u c h etwas vom Stoll für mich? Na, so ein
Zufall – zeig her... *An die Geliebte* – na, da ist wenigstens keine
Versuchung, ein Trio draus zu machen wie das letztemal!

    Numero Zwei.
    Wie steht's mit dir, Müllner – wieder etwas vom Matthisson...?
Theodor Körner – das ist mir fei fast noch lieber! Wirklich, du
kennst mich gut, Franz, und meine literarischen Präferenzen.

Womit bewiesen wäre, daß ein *Wiegenlied* durchaus nicht zwingend im Sechsachteltakt zu gehen braucht, wie's Usus ist bei den Kollegen. Wer macht den vierten – Holzapfel?

Ja, servus – *Mein Gruß an den Mai* im tiefsten Oktober, und gleich neun Strophen lang! Hast wohl geglaubt, du könnt'st mich damit pertubieren, wie? Na, warte...

So – da mußt' dir schon was andres einfall'n lassen, lieber Freund, um mich aus dem Konzept zu bringen! Wie steht's mit dir, Kleindl – ein Trinklied wieder, wie das letztemal...? Tatsächlich! Kannst' denn an gar nix andres denken? Ein schlimmes Ende wird es mit dir nehmen, wenn'st so weitermachst, mein lieber Junge...

Macht fünfe! Falls übrigens von den dreien, die noch bleiben, einer vielleicht etwas Gewichtigeres, Ernsthafteres hätte...? Ich muß gestehn, nach dem fröhlichen *Maigruß* und der lustigen *Skolie* steht mir der Sinn jetzt eher nach was Langsam-Feierlichem.

Stadler? Laß sehn... »Oben drehen sich die großen unbekannten Welten...« Genau das Richtige! Also: Andacht, wenn ich bitten darf – der Schubert-Franz greift nach den Sternen...

Sechse schlägt's schon – und um acht muß ich heraußen im Himmelpfortgrund sein! Wie viele sind's jetzt noch – zweie, nicht wahr? Also schnell, gebt's rüber – erst der Randhartinger, dann der Weiße: dem Alphabet nach, daß' kein'n Streit gibt.

No, ja – ist wirklich kein Meisterwerk, diese *Macht der Liebe* vom Ritter von Kalchberg; aber egal: für poetisch-musikalische Disputationen hab ich heut leider ka Zeit; 's reicht gerade aus, um noch das achte Liedl hinzuschmier'n. Hast' noch ein'n Bogen Papier, Holzapfel? Der hier wär voll... danke.

Und nun zum Schluß also... noch etwas vom Körner: *Das gestörte Glück.* Tja, ihr Lieben – da wird euch wohl der »Schwammerl« acht Tage – eine gute Woche lang die Haare vom Kopf trinken und essen!

Als wenn in jedem Wort, in jedem Vers schon die Musik beschlossen wäre – Sprache, zur Faust geballt, und darinnen liegen eine Handvoll Noten: die Harmonie, der Rhythmus, das Fallen und Steigen der Töne... Es, des, c... eine Quarte hinauf zum f... eine Quinte hinunter zum b – *alla breve.* Und im Klavier entgegenlaufend: As, b, c, des... und d – *mezzoforte.* »Nur wer die Sehnsucht kennt, weiß, was ich leide...« *Sehr langsam, mit Ausdruck.* So liegt in nur zwölf Zeilen eine Welt – groß genug, sich in ihr zu verlieren...

Der Weg, den einer nimmt von hier nach dort (von As- über E-Dur zum Beispiel nach h-Moll), der Weg scheint ei'm in dem Moment, wo man ihn geht, der einzig mögliche zu sein – bis man am Ziel erkennt, daß es der falsche war; daß es andere gibt.

Sehr langsam, mit höchstem Ausdruck – ein Labyrinth... »Allein und abgetrennt von aller Freude« spinne ich meinen Faden, auf dem sich – Ton an Ton – die Perlen reihen wie silbergrau schimmernde Tränen... Ein unsichtbares Band, das mich mit der Welt verknüpft. Was fühle ich? Was h ö r e ich?

D... a... d... f – d-Moll... ein sanftes, *mäßiges* Wiegen... auf und ab... und auf... und ab, immer zu dreien... Sechsachtel? Sechsachtel. *Pianissimo...* Und fort.

Nichts mehr.

Stille.

Eine Stille am äußersten Rand der Welt, von wo es kein Zurück, keine Umkehr gibt – als wäre man in tiefe, ewige Nacht gestürzt, in ein tonloses Nichts... oder nein, da ist noch etwas: ein fernes Ausklingen – ein scheues, ängstliches Zittern, das jetzt... j e t z t erst verstummt.

Der richtige Weg – der einzig mögliche...? Als ob die Töne in der Sprachfaust des Dichters nur nach e i n e r Ordnung sich zusammenfügen ließen! Es sind ja doch – »seh ich ans Firmament nach jener Seite« – der Wege so viele wie Sterne am Himmel.

Die Frage ist ja nicht: Was s e h e ich?, sondern: was sehe i c h ? Laß einen anderen als mich jene selbe Seite des Himmels betrachten, jene selben Verse lesen, und nichts von dem, was i c h darin erkenne, find't sich wieder. Wenn ich die Worte vor den Spiegel meiner Seele halte, ist das, was als ihr Klang auf mich zurückfällt, doch immer nur mein eignes Widerbild.

Und wie ich selbst mich ändere von Tag zu Tag und Jahr zu Jahr, so ändert dies sich auch – changiert, transponiert und moduliert gewissermaßen: von As-Dur, F-Dur, d-Moll, a-Moll nach... E-Dur. Ein l a n g s a m e s , doch stetiges Fortschreiten – ins Ungewisse. Und selbst wenn aus der einen Stimme fünfe werden, ist das, was sie singen und fühlen, doch hier und jetzt keinem anderen verständlich als nur mir – denn: »Ach! der mich liebt und kennt, ist in der Weite...«

In einer endlos ungewissen Weite und Ferne, in der alles, was ich bin – was ich höre, fühle, denke, sehe, träume – sein Ziel und Ende findet.

Immer ich, immer derselbe – und dennoch bringt mich jeder Schritt, jeder Weg, den ich gehe, jede Transposition oder Modulation zugleich fort von dem, der ich war, und hin zu dem anderen, der ich sein werde: So jedenfalls scheint es... solang ich nicht die Augen schließe; dann nämlich mein ich, ich allein stünde sicher und fest, nur alles andere bewegte sich – in mir das Blut und um mich herum die Welt –, alles andere dreht sich, und kreist, und jagt, wirbelt, taumelt, fällt empor und steigt hinab, wird und vergeht. »Es schwindelt mir« von diesem Rasen der Welt, »es brennt mein Eingeweide« von diesem feurigen Blut!

Und ist eben doch nur ein Traum... eine unbestimmte, unstillbare Sehnsucht: Nur wer d i e kennt, weiß, was ich leide.

———— ❦ ————

»*L*izitation Effekten. Donnerstag den 26. Oktober zu den gewöhnlichen Vor- und Nachmittagsstunden werden mit Bewilligung der k.k. Stadthauptmannschaft in der Stadt in der Schönlaterngasse Nr. 714 im ersten Stock links die Tür verschiedene Fährnisse gegen gleich bare Bezahlung lizitando verkauft, als mehrere Mannskleidung, Tabakspfeifen und Hosen, dann schöne Leib- und Hauswäsche, Bettgewand, harte Bettstätte, kirschbaumpolitirte Tische und Schubladkasten, schwarzlederne Sessel, Spiegeln, Stock- und Reiseuhren, und mehr andere Gerätschaften.«

Ist also wer gestorben, der keine Familie mehr g'habt hat – und
nun lizitiern's seine Hinterlassenschaften. Huh, wenn ich denk…
Da ging' ich schon lieber zu d e r a Lizitation: »Sehr gute alte echte
Syrmische Slibowitza von der besten Qualität« – oder nein, noch
besser d i e hier: »…werden die in der Ludwig Narbonneschen Kon-
kursmasse noch vorrätigen Weine durch öffentliche Versteigerung
hintangegeben, bestehend in einer beträchtlichen Quantität Cham-
pagner, Burgunder, Rheinwein, Madeira, Rivesaltes, Malaga, Fayol,
Ratafia etcetera.« Da hätt man ausgesorgt für lang, wenn man da
investieren tät!

Was überhaupt so alles lizitiert wird: Korn- und Weizenkiepen,
Fußmehl zum Viehfutter, Wechsel, dreihundert Zentner Ripsöl
»von vollkommen guter, reiner Qualität, ohne übeln ranzigen Geruch und ohne Satz«, 20 000 Metzen Haber, Heu und Stroh, gräf-
lich Esterházysche Rustikalgüter und Waldungen nächst Sankt Pölten, noch amal Weine – diesmal Österreicher, ungarisch-weiße, rote
Ofner und Villaner –, Tücher, die Wiesel-Mahl- und Sägemühle zu
Reith, die Büchersammlung eines verstorbnen Domkapitularen…
Daß noch kein Kunsthändler drauf verfallen ist, auch Musikalien
nicht zur Pränumeration auszuschreiben, sondern zur Lizitation –
da wär bestimmt a Geld damit zu machen: Eine Lieferung *Schottische* für Pianoforte, »von vollkommen guter, reiner Qualität«, an die
Meistbietenden öffentlich zu versteigern!

Und all die Bücher, die's anzeigen – eins moralischer als das
andre, und für jedes Alter: Magazin für Kinder, zur nötigen Bildung
des Verstandes und Herzens. Bilderbuch für die Jugend, zum Vergnügen und Unterricht. *Die guten Kinder* – Eine kleine Familiengeschichte für Kinder, die gut sind oder gut werden wollen. Und
wenn's dann gut geworden sind, gibt's gleich die nächsten Instruk-
tionen: *Woldemars Vermächtnis an seinen Sohn* – Ein Buch für Jünglinge zur Veredlung und Bildung ihres Geistes und Herzens. *Iduna* –
Ein moralisches Unterhaltungsbuch für die weibliche Jugend.
Theone – Ein Geschenk für gute Töchter zur Weckung und Veredlung ihres sittlichen und religiösen Gefühls. Geweckt, veredelt
und gebildet genug? Dann weiter: Nötige Unterweisungen für das
junge Frauenzimmer, welches in die Welt tritt und sich verheiratet.

Unterricht für Schwangere und Wöchnerinnen, oder Anweisung, wie sich Schwangere zu verhalten haben, um gesund und froh zu bleiben, eine leichte Niederkunft zu erwarten und das Wochenbett bald und glücklich überstehen zu können. Ein Geschenk für neuvermählte Gattinnen. Und dann – nach glücklich überstand'nem Wochenbett – geht's alles wieder von vorne an: mit dem Magazin für Kinder, dem Bilderbuch für die Jugend, der kleinen Familiengeschichte – immer herum, im Kreise! Weiß einer nimmer weiter im Leben, braucht er bloß unser *Allgemeines Intelligenzblatt* aufzuschlagen und find't auf alle Fragen Rat und Antwort. Das is, halten zu Gnaden, ein sehr viel realeres und praktischeres Ding, als daß einer Tänze oder Lieder schreibt!

Aufforderungen, Bekanntmachungen, Anzeigen, Nachrichten, Anträge, Angebote und Gesuche: eine Welt aus Papier... Eine Welt, in der alles genauestens geregelt und beschrieben ist – zu mieten, zu kaufen, zu ersteigern, zu gewinnen.

»Ein Mann, dem die Musik, besonders das Fortepianospiel, in seinen Studienjahren sein Fortkommen sicherte und dem sein Geschäft noch einige freie Stunden des Tages übrig läßt, wünscht selbe mit Unterricht im Fortepiano ausfüllen zu können. Man beliebe die Adresse versiegelt, an Herrn C. D. E., in der Singerstraße neben dem roten Apfel im Kurhaus, im Lotto-Gewölbe des Ignaz Pizzala abzugeben.«

So steckt man in dieser Welt wie zwischen Buchdeckeln – gepreßt und eingebunden, regungslos, gefangen... und mit den Jahren legt sich (wie auf ein Buch, das keiner liest) eine feine, gleichmäßige Schicht grauen Staubs über das Leben... Nur manchmal – im Schlaf – spürt man, daß es ein anderes gibt: einen sanften Wind vom blauen Himmel, den Duft nach Myrte und Lorbeer, nach Goldorangen- und Zitronenblüten... Dahin...! Dahin gelangt man eben nur im Schlaf – und im Lied.

———— ✥ ————

»*D*ie Weinlese im Ofner Gebirge muß, wie der alle Erwartungen übertreffende Erfolg beweist, sowohl der Ergiebigkeit als der Eigenschaft nach gut, mitunter recht gut genannt werden. Auch war derselben seit den letzteren Tagen die Witterung ausnehmend günstig.« Na, immerhin – das gibt Hoffnung auf einen ordentlichen Heurigen, wenn's über zwei Woch'n in Grinzing die Buschen und Reiser heraushängen...

Und meine »Liederlese«? Auch erfolgreich, denk ich – gut, und mitunter recht gut, sowohl der Ergiebigkeit als der Eigenschaft nach. Ein gutes Jahr wird's werden, dies Anno Fünfzehn – obgleich... die Fülle allein macht es nicht.

Bei aller Eitelkeit: ich genieß es ja doch, wenn's mich bestaunen wie ein Wundertier, daß ich – nach gestellten Texten – wahllos acht oder zehn solcher Sachen hintereinander weg komponier wie nix; aber wenn's nur d a s wär...

Was mir halt fehlt, ist eine gewisse kritische Ordnung der Gedanken – eine Richtung. Wie ein Rausch ist es jedesmal, wenn ich auf Verse stoß, die ich nicht 'kannt hab bis dahin – wie letzthin dies Bändchen mit Klopstockschen Oden, das der Spaun mir verehrt hat: So über alle Maßen schön und reich und klingend, daß ich zu gerad'wegs j e d e r Strophe ein Lied hätt setzen mögen! Man schreibt das eine hin – und hat das nächste schon im Kopf. Aber d a s eben, mein ich, geht ja doch nicht! Das wär ja, wie wenn man im Wirtshaus alles, was einem schmeckt, durcheinander (oder auf einmal gar) essen und trinken wollte – Süßes und Salziges, Heißes und Kaltes, Scharfes und Mildes: Da würd ja die stärkste Konstitution zuschanden werden, bei so einer wilden, maßlosen Völlerei! Platzen würd man – auffliegen wie das Pulvermagazin zu Soissons, von dem's heut in der Zeitung schreiben, daß dadurch »eine ganze Straße der Stadt zerstört und eine große Anzahl Einwohner unter den Ruinen begraben wurde«. Nein-nein, immer hübsch der Reihe nach muß es gehn, immer eins nach dem andern: Primo eine *sehr langsame* Ode an den Unendlichen, secondo ein *sanfter* Trost für die sich fürchtende Liebste, tertio schließlich *froh, doch mit Majestät* ein historisches Bild des aus der Schlacht heimkehrenden Cheruskers – sorgfältig geordnet, daß nicht das eine sich im andern verliert... Und ist doch alles nur Entwurf – gemessen an dem Größeren, Schwereren der Oper.

Wie weit der Mayrhofer wohl mit seinem Büchel is für mich?
Wenn's so gerät wie seine Lieder...

Selbst d a r i n fällt's mir schwer, die rechte Ordnung zu halten:
ein Lied, und ist im Innersten schon Bühne (nur mit Klavier statt
mit ganzem Orchester) – Arie, Szene, *Recitativo* oder Duett. Egal,
was soll's: Solang der Wein mir schmeckt, mag sich ein anderer
beklagen, daß er gar so reichlich fließt!

———— ❧ ————

»Nach Europens Wiedergeburt, nach Herstellung einer neuen
Ordnung der Dinge und der alten Rechte, nach einer Reihe
von Siegen und Großtaten... – ... um lange Drangsalen zu be-
endigen, tiefe Wunden zu heilen, und allenthalben den Grund zur
Herstellung der vormaligen Wohlfahrt im Ganzen und Einzelnen zu
legen.«

Es geht zu schnell, all das. Eben w e i l die Drangsalen so lang
warn und die Wunden so tief sind, läßt sich das alles nicht mit schönen Worten endigen und heilen – so wie sich auch mit Androhung
von Todesstrafe, Verbannung und dergleichen strenger Verfahren
Empörung und Aufruhr nicht werden hindern lassen, solange hinter den ehrfurchtsvollen Äußerungen der öffentlichen Freude doch
heimliches Leid sich verbirgt. Die Erinnerung der Verlierer ist
allemal länger als die der Sieger...

Kaum ein halb' Grad über Null, und Nebel, daß man kaum die
Hand vor Augen sieht: Mit aller Macht wird's Winter – nicht lang
mehr, und der erste Schnee wird fall'n... Auch das ist eine Ordnung
der Dinge, die sich nicht zwingen oder gar umkehren läßt: daß die
Götter vor den Frühling den Winter gesetzt haben. Höchstens die
Kunst mag darin der Natur vorauseilen, daß sie den holden Lenz
mitten im November erscheinen läßt.

»Ein sich leicht für alles Große, Schöne und Edle entflammen-
des Gefühl, eine Fülle lieblicher Bilder, der Schwung einer glänzenden Einbildungskraft, die Universalität eines in der Geschichte
und Philosophie fruchtbaren Genies, eine glückliche Originalität in
der Auffassung und Anordnung der Ideen, Geschmeidigkeit und

Gewandtheit des Ausdrucks, leichte Bewegung in der Form musikalischer Silbenmaße, geläuterter Geschmack, eine ungeschminkte warme Diktion, eine ungezwungene, leicht hinfließende und immer energische Ader, ein neuer, musterhafter klassischer Stil. Nur ein zartes, wohlwollendes, edles und tugendhaftes Herz kann in den kleinsten Federzug das beseelende Interesse der höchsten Empfindsamkeit ergießen.« Etcetera, etcetera – Gedanken eines Gelehrten, aber Musik?

Es ist ja doch ein reichlich langes Stück, diese *Klage der Ceres* – elf mal zwölf Verse, ohne daß eigentlich etwas geschieht, darinnen... Nicht einmal diese Szene im Orkus, wie sich vor Plutos finsterm Blick Ceres und Proserpina – Mutter und Tochter – wiedersehn und weinend in die Arme schließen: nicht einmal d i e s e Szene will so recht dramatisch klingen; wenn ich dagegen etwa an den Gluckschen *Orpheus* denk...

Andrerseits – gerade d a s ist es ja, was ich einmal probieren wollte, mit der *Ceres-Klage*: ein Muster klassischen Stils – erfüllt vom »beseelenden Interesse der höchsten Empfindsamkeit«. Nu, ja – ich werd schon sehn, wie's wird – w e n n ich denn jemals fertig werd damit.

––––––––––

»*M*omenterl noch – ich bin gleich da...!«
Also, Ferdl, was is – kommst' jetzt mit oder net? Die ganze Gesellschaft wartet nur mehr auf d i c h !

No, wer schon: der Herr von Schober (der so freundlich war, für den ganzen Tag einen Wagen samt Kutscher anzumieten), der Stadler, der Holzapfel – na, die ganze Gesellschaft eben, wirst schon sehn. Komm schon, Bruderherz, pack dich – 's wär doch wirklich z u fad, wenn wir ohne dich fahr'n müßten!

»Ja, doch – sofort...!«

Die Arbeit!? Ja, weißt' denn nimmer, was für ein Tag heut is? Der elfte November – Martini? Also! Und welche Arbeit könnte, ich bitt dich, wicht'ger sein als die Eröffnung der Heurigensaison! Da müßte schon die Welt untergehn, daß heut nicht jeder brave

Wiener herausfahrt nach Grinzing, um den grünen Wirtshaus-
buschen und den Hauern seine Reverenz zu machen... Los, Ferdl –
scheiß auf die Arbeit: geh' mer! Nimm dir ein Beispiel an mir:
Meine neue Messe muß halt auch warten – obwohl ich gerad
erst angefangen hab, das *Kyrie* ins Reine zu schreiben. Martini,
Bruder – Martini!

»Wir kommen, wir kommen...!«

Da is er, der Bruder! Und meinen Dank für eure Geduld: 's hat
zwar ein'ge Zeit gedauert, ihn zu bereden, aber wie ihr seht, hab ich
ihn endlich d o c h vom Schreibtisch fort'kriegt! Komm, Ferdl, hock
dich zwischen die beiden Damsellen dort – der schönste Platz von
allen, meinst' net auch?

(Ich hab doch gesagt: »die ganze Gesellschaft« – da versteht sich's
doch von selbst, daß Frauenzimmer mit dabei sind! Und außerdem:
zum ersten Heurigen, wo in jedem Grinzinger Beisel Tanz is bis in
d'Früh, ohne Weibspersonen – wie denkst' dir denn das, he? In aller Unschuld, übrigens; die Damen hat sämtlich der Schober eingeladen zu der Partie – von uns will, fürcht ich, keine etwas wissen!
Trotzdem, keine Angst – deiner Anna werd ich schon nix derzähl'n,
solange d u der Therese Grob nix steckst!

Nu komm, Ferdl – zieh kein G'sicht: Wenn schon nicht dir selbst,
dann mach wenigstens m i r die Freude, ja? Laß uns lustig sein,
heut!)

Gloria in excelsis! Martini lebe! Wie is denn, habt's ihr schon ausgemacht, in welcher Ordnung wir die Tröpferl angehn? Ich würd
plädier'n, daß mer die »Halberte Gans« an den Anfang setzen, weil
die den leichtesten Perlglanz hat, der einen recht in Stimmung
bringt. Hernach... vielleicht einen »Zierleitener«, oder einen vom
»Himmel«...? (Da staunst', Bruder, gelt?, daß ich mich so gut auskenn'n tu unter den Lagen, Rieden und Hängen?) Jedenfalls den
Nußberger – als den Besten – zuletzt, net wahr? Ein' so einen edlen
Tropfen muß man heilig halten!

(Er ist ein feiner Mensch, der Herr von Schober – findst' net? Uns
alle freizuhalten... Aber ein unverbesserlicher Weiberheld, sag ich
dir! Kaum ein Vierteljahr ist's her, daß er aus dem Kremsmünster-
schen Stiftskonvikt zum Jurastudium nach Wien gekommen ist –

und steht schon mit mehr Weibsleuten auf intimstes »Du und Du«
als wir alle anderen z'samm' genommen! Und w a s für reizende Geschöpfe... Aber trotzdem, täusch dich nicht in ihm: Er ist ein tiefer,
aufrechter Charakter und versteht mich wie wenige sonst.)

— ❧ —

> *Am Samstag, dem 18. November 1815, beginnt
> Schubert mit der Partitur-Niederschrift seines
> zweiaktigen Singspiels* Die Freunde von Sala-
> manka, *nach einem Libretto Johann Mayrhofers.*

Na, hören'S, Mayrhofer: 's ist ja gerad amal zwei Tage her, daß
ich mit dem Schreiben angefangen hab – und da kommen'S
h e u t schon fragen, wie weit ich bin?! Meinen'S etwa, ich könnt hexen? Auch wenn mir's Komponieren leichter von der Hand geht als
anderen – s o schnell geht's denn doch auch wieder nicht...

Außerdem, Sie wissen ja: unter der Woche zwingt mich der Herr
Vater, daß i fei brav die Schreibfeder mit'm Rohrstöckl und's Rastralpapier mit den Rucken von dera Himmelpfortgrund-Bampa-
letsch'n vertausch, und daß i net auf mein Pianoforte einidresch,
sondern nach Kräften auf die G'friser, damit eahna's ABC aufgeht
wie a Flamboh!

Was schaun'S denn so entsetzt, lieber Freund – das is wohl keine
Poesie nach Ihrem Gusto, wie? Nach meinem auch net – das können'S wohl glauben: nach meinem auch net...

No, egal – Schluß damit: Se san schließlich net her'kommen, um
sich meine Jeremjaden anzuhörn; also: wie weit ich bin, wollen'S
wissen? Je, nun – fragt sich, lieber Mayrhofer, fragt sich; und hängt
zudem ganz davon ab, was genau Sie meinen: Wie weit ich im Kopf
bin oder wie weit auf'm Papier? Da nämlich steht fürs erste nur ein
hübsches, kleines *Allegro vivace* in C, das wo amal die Ouvertür' sein
wird. Ansonsten gibt's zwar schon a paar Ideen für den ersten Akt –
aber nix wirklich Ausgegorenes darunter.

Für das Terzett der Damen – die Nummer Fünf – zum Beispiel:
ein *Andantino* in B, hab ich mir 'denkt – im wiegenden Dreier *alla
pastorella*, der ab und an in's Sechsachtel umschlagt... der hohe

Sopran der Olivia über den beiden andern, der Eusebia und der Laura; und jeder der drei ein Holzsolo beigestellt: a Flöt'n, a Hoboen, aan Fagott. So, ungefähr – so hab ich mir's 'denkt...

Nun, Herr Poet – was sagen Sie dazu? Ganz »Lebensmut und frische Kühlung«, nicht wahr: Bin ich dem Text nicht meisterhaft gerecht geworden? Hab ich's nicht wunderbar verstanden, mich (mit aller gebotenen strengen Achtung gegen Ihr – des Dichters – Werk) dem Fluß der Verse anzuschmiegen?

Aber im Ernst, lieber Mayrhofer: Das is net mehr wie ein Entwurf, bis jetzt; so wie's auch einen für das zweite Terzettl gibt – für die Numero Sechs: »Freund, wie wird die Sache enden?« Tja, wenn man d a s wüßt, wie so etwas endet!

Schon viel wär's, meinen Sie – gar mehr, als Sie erhofft und erwartet hätten?

No, wenn's Eahna nur g'fallt, dann soll's scho' recht sein... Ich sitze jedenfalls täglich daran – trotz aller Widrigkeiten! Über beiläufig fünf, sechs Wochen müßt es fertig sein.

Und dann, fragen'S...? Dann wird sich schon wer finden, der unsern Freunden auf Bein' und Bühne hilft!

———◆———

»*A*us Venedig... Die Spazierfahrt Ihrer Majestäten in Gondeln, welche bei sehr günstigem Wetter ausgeführt wurde, ist ein Schauspiel, das schwerlich irgendwo in der Welt wie in Venedig stattfinden kann. Längs dem großen Kanale waren zu beiden Seiten bis Mitternacht alle Paläste, Häuser und Brücken mit Geschmack und Pracht beleuchtet und der Kanal mit zahllosen, herrlich verzierten und beleuchteten Barken besetzt.« Über die Maßen schön muß es dort sein. D a s einmal nur sehn – was gäb ich darum...!

Ei, was – die novembertrübe Wiener Kälte hat ja auch ihr'n Reiz: so richtiges Ossian-Wetter, daß sich ei'm im Schein der Kerze selbst das kleinste Zimmer zu »Aldos Halle« weitet und das klägliche Scheit im Ofen aufzulodern scheint wie das »Licht einer flammenden Eiche«...

Nur – s o geht's wohl nicht; so dünn wie die Wolke am Mond braucht's fei net zu sein, das Stückl – auch wenn das schottische Hochland, was ich weiß, ein eher karges Bild darbietet. »Was hält dich, du Jäger von Cona, zurück«, deiner Lorma ein ordentliches Arioso zu schreiben?

Nu, ein andres Mal eher – heut nicht mehr, heut g e w i ß nicht mehr: elende Lumperei! Der Nebel, den ich vor Augen hab, kommt wohl gleichermaßen vom Punsch wie vom Wetter...

»Erinnerung strahlt aus meinem Herzen«... Ob einmal – in fernen Zeiten – sich einer der Ereignisse u n s r e r Gegenwart so erinnern wird, als wären es mythische Taten...? Als wären Krieg und Blut und Tod – das ganze Morden und Schlachten – bloß ein Schemen, wie von ihm in uralten Epen die Rede geht, und selbst der Bonaparte eine Art Wiedergänger jener sagenhaften Helden: »Der Mächtigen Blut befärbte sein Schwert, er riß sich, mit Tod, durch die Reihen ihres Stolzes.« Das Blachfeld von Waterloo...

Ist das nicht vielleicht die h ö h e r e Wahrheit: daß alles zur Legende wird, wenn erst genug Zeit darüber hingegangen ist? Dermid und Oskar, Caruth, Dargos Tochter und Diarans Sohn – waren sie einst nicht genauso lebendig und wahr, wie es heute die Helden des Krieges sind, der beinahe ganz Europa in Schutt und Asche gelegt hat? Wenn jetzt der König Ludwig in Paris dem Marschall Ney »nach den Vorschriften des peinlichen Gesetzbuches über das Kriminalverfahren« den Prozeß machen läßt, wie's in der Zeitung schreiben – wer weiß denn, ob nicht derselbe eines Tags aus seinem Grabe auffährt als ein gewaltiger Kämpfer und Recke, von dessen Tatenkraft und Mut die Barden einer fernen Zukunft singen, wenn all das ganze kleinliche Gerede und Gerechte längst zu Staub zerfall'n sein wird? Napoleon, der russische Alexander, unser Kaiser – »Ihr Schwert war vom Blute der Tapfern befärbt: Krieger erbebten bei ihrem Namen«...

1816

» Umständliche Beschreibung der kürzlich erfolgt sein sollenden Wiederankunft des unsichtbaren unterirdischen Heeres zu R o t e r b u r g, dessen Getöse und Waffengeklirr von allen in der Gegend anwesenden Personen deutlich vernommen, auch ein gerichtliches Protokoll über die Wahrheit des Vorfalls eingesendet worden sei.« Ja, bis sich dann herausstellt, daß es bloß ein verirrt zurückgeblieb'ner Trupp von Bonapartes Marodeuren war, der sich irgendwo im Wald versteckt gehalten hat. »Die ganze Erzählung gründet sich vielleicht auf die alte Volkssage vom wilden Jäger zu Rottenstein im Odenwalde, der jedesmal vor dem Ausbruch eines Krieges unter schrecklichem Getöse mit seiner unsichtbaren Schar durch die Lüfte einherbrause und in sein altes verfallenes Schloß einziehe.« So a Schmarr'n – der reinste Ossian!

Ja, wenn das so einfach wäre, die Geister des Krieges zu bannen! Am End hören und sehn's überall Gespenster, die Leut – und erst recht, seit der Franzos schon einmal zurück'kommen ist. Und was wär, wenn er's w i r k l i c h noch einmal schaffen tät?

Diese einsame Insel, da wohin's ihn gebracht haben (und wo ständig jemand von der Allianz drauf aufpaßt, daß er nicht von dort weg kann)... Aber war nicht Elba schließlich auch eine Insel? Ob dann der Ludwig wirklich stark genug wär, »alle Franzosen um seinen Thron zu sammeln«, wie er's verkündet hat, und den Usurpator in Schranken zu weisen...?

Ein Nebel ist das draußen – nicht einmal bis zum Haus gegenüber kann man schaun... Gerad das rechte Gespensterwetter! Fehlt bloß noch der »wilde Jäger« – wenn's net so windstill wär.

Wirklich lieb vom Holzapfel, daß er mir den Ossian ausgeliehn hat, den er neulich beim Antiquar Greif um ein paar Groschen aufgespürt hat – man braucht das Büchel bloß irgendwo aufzuschlagen,

und schon fall'n einem die schönsten Balladen und Lieder dazu ein. Ich müßt eigentlich mal schauen, wie viele ich schon beisammen hab davon – fünfe oder sechse sind's bestimmt; vielleicht, daß man ein oder sogar zwei Hefte daraus zusammenstell'n könnte: »Ossians Gesänge, für eine Singstimme mit Begleitung des Pianoforte, in Musik gesetzt von Franz Schubert«. Wenn dann Cappi und Diabelli bereit wär'n, es in Kommission zu nehmen...
Ich sollte überhaupt zusehn, daß ich bald einmal ein' Verlag für meine Lieder find.

———— ❦ ————

> *Wiener Zeitung, Samstag, 17. Februar 1816: »Mit hoher Zentral-Organisierungs-Hofkommissions-Verordnung vom 11. Dezember 1815 ist die Errichtung einer öffentlichen Musikschule an der deutschen Normalschul-Anstalt in Laibach bewilligt worden, für welche hiermit ein Lehrer gesucht wird...«*

———— ❦ ————

*E*s sei aus der Mode, werden's sagen.
Daß heut keiner mehr Menuette schreiben tät, außer vielleicht in eine Sinfonie oder Sonate. Walzer, Deutsche und Ländler, Galopps und Ecossaisen: das ja – aber, bitt' schön, doch keine Menuette mehr. Ich bräucht mir bloß anzuhör'n, was auf so einem Karnevalsball gefragt, gespielt und getanzt wird. Und selbst auf den Hausbällen: Hast' je gehört, daß man dort Menuette tanzt? Eben! 's kennt ja nicht einmal mehr jemand die Schrittfolge! Und die Verleger werden sich bedanken, wenn's ihnen mit so einem Zopf kommst.
Und was ist mit Mozart? Und mit Haydn? »Aus der Mode«? Ich werd euch was sagen: Ich scheiß auf eure Mode, hört ihr? Nix andres ist sie als der Triumph des schlechten Geschmacks, eure Mode! Und auf eure Bälle und auf eure Verleger scheiß ich auch, daß ihr's nur wißt! Ein schöner Dreck käm dabei heraus, wenn ich d e n e n

zum Gefallen komponieren tät! Für mich schreib ich, ganz allein für mich!

Und wenn's euch nicht paßt – auch egal!

Außerdem, ich brauch's ihnen ja nicht zu zeigen. Würden überhaupt schön staunen, wenn's a l l e s sehn würden, was ich so für mich hinschmier...

Und als ob ich gleich immer wüßt, was es werden soll: 's strömt und sprudelt ja aus meinem Hirnkast'l heraus wie ein Quellbach, der sich seinen Weg sucht... mal hierhin, mal dorthin – mal wird's ein Lied oder ein Quartett, dann vielleicht eine Sonate, oder ein ander's Mal eben ein Menuett, oder vielleicht ein *Allegro* für eine Sonate. Wie ein Quellbach, der aus einem herausströmt...

Da scher sich ein andrer um die Mode! Ein alter »Zopf«? Na, bitte sehr – sam'mer also doch *à la mode*, wo doch in Paris die Madam'sen und Damsell'n jetzt wieder Zöpfe und Peruck'n tragen, wie mir die Theres erzählt hat. Allerdings heißen's nicht »Zopf« oder »Peruck'n« (weil dies ja abscheulich altväterisch und pedantisch klingen würd), sondern *Coiffures en cheveux*. Ah, slakrawolt! Das nenn ich a famose Idee: Statt »Menuett fürs Pianoforte« schreib ich hin *Danse à la mode pour le piano*, und die Leut reißen's mir aus der Hand!

Und selbst, wenn's nix taugt – was fragt die Mode danach? A jeder Geck, der sich für einen Elégant hält, müßt wenigstens ein paar Dutzend dergleichen auf seinem Instrumente liegen haben, weil's doch in sämtlichen Journalen für die elegante Welt zu lesen steht, daß diese Tänze nun einmal an der Tagesordnung sind!

»Aus der Mode«? Ja, wer sagt denn, was sie gerad verlangt, die Mode? Der eine rennt voraus, und die andern stapfen hinterdrein wie's blöde Vieh! 's genügt, daß ich meinen Menuetten ein' andern Namen geb und a Peruck'n überstülp', und schon krähn's alle »Ah!« und »Oh!«, als ob's wer weiß was wär, das keiner je gesehn hat!

Ich sag euch: wenn's der Mode heuer einfiel', daß die Damen sich den Scheitel kahl rasieren soll'n, oder daß der feine Herr sich *à la mode* Löcher in die Pantalons zu reißen hat – gleich morgen gäb's welche, die so über die Straß'n liefen, und zwei Tag später tät's halb Wien den Narren nach!

Geht's, laßt mich aus mit eurer Mode: Ich scheiß drauf, sag ich euch noch amal. Ich schreib meine Musik gerad so, wie's mir einfällt, und sie schert sich ebensowenig um irgendwelche Moden, wie sich der Quellbach nicht drum schert, ob er hier- oder dorther fließen soll.

———— ✥ ————

»*M*emento, homo, quia pulvis es, et in pulverem reverteris.« Staub und Asche – fortgespült, weggeweht, verwischt und vergessen... Nix bleibt, rein gar nix.

Bald vier Jahr schon liegt die Mutter dort heraußen auf dem Gottesacker. »Stabat filius dolorosus...«

Ob der Vater noch an sie denkt, manchmal...?

Ich schon – hörst', Mutter, hörst' mich? Ich schon! Alle Tag, auch wenn'st mich nicht hörst – da, wo'st jetzt bist...

Wie lang das wohl gehn mag, bis eine Leich so ganz und gar zerfault und zerstaubt is? Vier Jahr sind sicher nicht genug... Und in Ägypten, hat mir der Ignaz erzählt – in Ägypten ham's Leichen gefunden, die schon dreitausend Jahr und mehr begraben g'wesen sind und trotzdem gerad so ausschaun, als wär'n's vor ein paar Tagen erst unter die Erde gekommen.

Dreitausend Jahr! Wenn einer hinging und würd allen Staub von allen Menschen zusammenkehr'n, die seit der Zeit gestorben sind... selbst wenn da von jedem nur eben ein Löffelchen voll geblieben wär, könnt man wohl ganz Wien so hoch damit zudecken, daß nicht einmal die Spitz'n von Sankt Stephan mehr herauslugt! Und wir alle darunter – die ganze Welt...

»Meque eam in aeternae claritatis gaudio fac videre.« Ja, wer das glauben könnt: daß es ein Wiedersehn »in der Freude ewiger Klarheit« gäb.

Aber nix wird sein, gar nix! Alles nur Pfaffenweisheit! Nix als Staub und Asche, grau und grau, Hunderte und Aberhunderte von Metern hoch aufgetürmt! Hörst' mich, Mutter? Nix is – sie ha'm uns betrogen, sie ha'm uns um die Ewigkeit betrogen!

Was sagst' – es stimmt nicht? Ich tät mich irren? Dann komm

doch her – komm her und beweis mir, daß ich mich g'irrt hab! Eher glaub ich's net…

Am End ist der ganze liebe Gott nix als ein Betrug »per omnia saecula saeculorum«: ein Popanz, mit dem's uns seit dreitausend Jahr' und mehr zum Narr'n gehalten hab'n – und unsern Herrn Jesus am Kreuz auch!

Wenn's überhaupt ein' Gott gibt, dann wüßt ich nur einen, den ich anerkenn – die Zeit:

> »Unaufhaltsam rollt sie hin
> Nicht mehr kehrt die Holde wieder
> Stät im Lebenslauf Begleiterin
> Senkt sie sich mit uns ins Grab hernieder.«

Hast g'hört, Mutter? Das hab ich gedichtet: ich, dein Franzl!

Ach, sie ist ja fort und hört mich nimmer – dort heraußen auf dem Staubacker, wo's jetzt liegt.

Ob sie auf mich wartet, die Mutter? Wartest' auf dein'n Franzl?

Ich komm, ich komm ja schon – nur a ganz kleines bisserl Geduld! Ich muß nur noch rasch fertigmachen, was ich an'fangen hab; aber 's wird nimmer lang dauern, ja?

Es wird nicht mehr lange dauern…

Ein paar Löffelchen Staub mehr nur auf den großen Berg, und ich komme – »in pulverem revertero«.

———— 🙖 ————

*H*err Vater, ich wollt nur fragen: wo jetzt die Prüfungen für die Schüler bald vorbei sind – brauchen'S mich da noch alle Tag im Schulhaus? Ich würd nämlich gern für einige Zeit woanders Wohnung nehmen.

Der Herr Josef von Spaun – derselbe, ja: mein Freund aus dem Konvikt; also, der Spaun und der Herr Doktor Witteczek haben mich freundlichst eingeladen, zu ihnen in die Vorstadt Landstraße zu ziehn – in das Haus des Herrn Universitätsprofessors Watteroth in der Erdberggass'n, wo ein Zimmer gegen den Rasumowskyschen

Garten hin frei steht. 's tät mich übrigens keinen Kreuzer kosten, da ich ihr Gast wär; höchstens, daß ich den Mietzins mit ein paar Tänzen und Liedern und dergleichen »abarbeiten« möchte...

Nun, wie lang, weiß ich noch nicht, aber wohl bestimmt bis zum Beginn des neuen Schulsemesters. Ich hab allerdings eh überlegt, ob es nicht vielleicht an der Zeit wär, daß ich mir ein' eig'ne Wohnung suche; natürlich nicht sofort, Herr Vater – aber irgendwann halt. Es kann ja nicht immer dabei bleiben, daß ich Ihr Schulgehülfe bin. Schon weil's damit so wenig zu verdienen gibt, daß man beim besten Willen net davon leben kann auf Dauer. Und nachdem Ihr Gesuch um die Lehrerstelle am Schottenstift abgeschlagen worden ist...

Denken Sie, Herr Vater, wie Sie selbst ja auch erst Gehülfe bei Ihrem seligen Herrn Bruder an der Leopoldstädter Schule waren; man muß doch sehn, daß man sich einricht', net wahr? Und ich werd ja wohl einmal heiraten, eine eig'ne Familie gründen. Selbst wenn ich dafür fort müßt aus Wien...

Nein-nein, es gibt nix Bestimmtes – ich denk nur so...

Also brauchen'S mich vorerst nicht? Dann werd ich dem Herrn von Spaun zusagen, daß ich morgen zu ihm zieh'.

———— ❧ ————

Servus, Spaun – da bin ich wieder! Brrr, is das ein Wetter heraußen; Schnee um diese Jahreszeit, wo's doch nach dem Kalender Frühling sein sollte! Kein Wunder, daß den König von Frankreich die Podagra zwickt, wie's in der Zeitung schreiben – bei dieser nassen Kälte!

Aber sag einmal, so schön warm wie's hier ist: hast' etwa noch ein Scheit nachgelegt? (Hab ich dir erzählt, daß mein Vater daheim das Brennholz rationiert hatte, nachdem die Schüler geprüft war'n? Ein Scheit pro Tag gab's – egal, was das Thermometer gezeigt hat.) Und auf'm Tisch dampft der Punsch – Spaun, das nenn ich wahre Freundschaft: So gut is mir schon lang nimmer 'gangen!

Weißt', am schlimmsten war's die letzten Tage: Die Stunden hab ich gezählt, bis ich fort konnte und zu dir ziehn; und Neues hab ich auch kaum etwas gemacht, kein Wunder – das heißt, doch: den

Schillerschen *Flüchtling* – kennst das Gedicht, net wahr? Gerad das Richtige übrigens: Wenn'st es hörst, weißt' genau, wie mir zumut war...

Aber das ist ja nun vorbei, erst einmal. Stell dir vor: In den zwei Tagen, die ich jetzt hier bei dir wohn, hab ich mehr geschrieben als die letzten zwei Wochen zusamm' gerechnet. Sie purzeln nur so aus mir heraus, die Lieder! Nur daß sie nicht eben so fröhlich sind, wie ich mich jetzt eigentlich fühle... Obwohl, t r a u r i g sind's in dem Sinne auch nicht – eher so... ich weiß nicht, wie ich's beschreiben soll: so melancholisch – weißt', was ich mein?

Von ferne klingt wehmütiges Harfengetöne her... Kirchhof-gitter, die im Herbstnebel verschwimmen... Abendglocken, welkes Laub, Alter und Tod... so eine Stimmung, wo man sich hinüber sehnt, *In's stille Land*...

Merkwürdig, diese unbestimmte Sehnsucht nach irgendwas. Da hab ich all das, was mich seit Monaten sekkiert und quält, nun end-lich einmal hinter mir, sitz bei mei'm besten Freund, schau aus'm Fenster – aus m e i n e m Fenster! – in den herrlichsten Garten hin-aus, hab's warm und gemütlich, plaudere, schlürfe Punsch und rauch meine Pfeife: Nicht einmal mit dem Kaiser von China tät ich jetzt tauschen wollen, das kannst' mir glauben! Und trotzdem ist mir das Herz schwer und steckt mir der Kopf voller Nebel, Herbst-gedanken und Moorgedüfte...

Ganz wie in den Gedichten vom Salis, die mir seit einiger Zeit nicht aus dem Kopf gehn wollen. Ich weiß gar nimmer, von wem ich das Büchlein hab; aber alle Tage les ich darin, und alle Tag find ich wenigstens eines, das tief drinnen in mir so mächtig und so melo-disch nachklingt, daß ich mich gleich hinsetz und's aufschreibe. Hier, siehg'st: die zwei Lieder zum Beispiel hab ich beide heut früh erst gemacht; ich hab dir's ja gesagt: 's purzelt nur so heraus, seit ich hier bei dir wohn – aber eben immer nur solche melancholischen Sa-chen wie der *Herbstabend* oder das *Stille Land*. Sicher, die Musik ist gerad so, wie's die Verse verlangen – nur fragt sich, warum's justament d i e s e Verse sind, an denen ich picken bleib?

Hochlöbl. k.k. Stadthauptmannschaft!
Unterzeichneter bittet unterthänigst, ihm die er-
ledigte Musik-Director-Stelle zu Laibach in Gna-
den zu verleihen.
Er unterstützt seine Bitte mit folgenden Beweg-
gründen:
1. Ist er Zögling des k.k. Convicts, gewesener k.k.
Hofsängerknabe, und in der Composition Schüler
des Herrn von Salieri ersten k.k. Hofkapellmei-
sters, auf dessen wohlmeinendes Anrathen er diese
Stelle zu erhalten wünschet.
2. Hat er sich in jedem Fache der Composition sol-
che Kenntnisse und Fertigkeit in der Ausübung auf
der Orgel, Violin u. im Singen erworben, daß er
laut beiliegenden Zeugnissen unter allen um diese
Stelle nachsuchenden Bittwerbern als der Fähigste
erklärt wird.
3. Gelobet er, die bestmögliche Verwendung seiner
Fähigkeiten, um einer gnädigen Bittgewähr voll-
kommen zu entsprechen.
Franz Schubert
der Zeit Schulgehülfe der Schule seines Vaters zu
Wien am Himmelpfortgrunde No. 10.

─── ❧ ───

Schubert beendet seine »Symphonie in C minor« –
seine Vierte, der er selbst später den Beinamen
»Tragische« gibt.

W arten – immer nur warten und warten und warten... Die Zeit vergeht, verrinnt, verfliegt – und nur ich allein steh still und komm nicht von der Stelle. Wie in einem bösen Traum, in dem man fortlaufen möcht und irgendwer, irgendwas einen fest- und zurück- hält, als wär man angekettet.

Manchmal halt ich meinen Finger in die Kerze, bis es wehtut – damit ich so wenigstens spür, daß ich noch leb'; oder ich halt den Atem an, bis mir der Puls in den Schläfen hämmert und das Blut vor den Augen zu flimmern und zu tanzen beginnt.

Oder gestern: Gestern hab ich fast eine Stunde lang nix anderes
getan, als die Zeiger meiner Repetieruhr angestarrt, wie sie ums Zif-
fernblatt herumgelaufen sind – der eine schnell, der andre langsam,
aber immer im Kreis, immer im Kreis… Dann hab ich die Augen zu-
gemacht und im Kopf die Sekunden mitgezählt: eins und zwei und
drei und vier… und wie ich sie bei »sechzig« wieder aufmach, die
Augen, und auf die Uhr schau, da war nicht e i n e Minute vorüber,
sondern kaum eine h a l b e; an die zehn- oder zwölfmal hab ich's
versucht…

Die Zeit totschlagen, sagt man – dabei ist es gerad umgekehrt:
s i e ist es ja, die u n s totschlägt mit ihrem ewigen tá-ta-ta-ta, tá-ta-
ta-ta, tá-ta-ta-ta, tá-ta-ta-ta… Dieses Klopfen und Pochen – wie ein
Holzbock, der sich durchs Dachgebälk frißt… wie Wassertropfen,
wenn das Eis schmilzt im Frühling… In und um einen herum dreht
und bewegt sich die Welt, nur man selber steht still und lauscht –
lauscht und wartet.

»Geduld«, sagen sie immer, der Spaun und der Schober und die
anderen – »du mußt halt Geduld haben, Franz; morgen, wirst sehn –
morgen ist alles anders.« Und dann wird aus dem »morgen« das
»heute«, und alles is geblieben, wie es war und ist… pocht und
klopft, tropft und tickt und schlägt weiter, in einem fort, in immer
dem gleichen Einerlei. »Ja, aber m o r g e n…« – bis einmal kein
»morgen« mehr kommt und das Warten ein End hat.

Fort müßte man – sich nicht immer und immer wieder vertrösten
lassen, sondern selber sein Schicksal lenken; sich jetzt herausreißen
aus allem, und fort!

Wenn es mit Laibach etwas würde – ich schwör's: keinen Tag
länger hielt' es mich in Wien! Er hat schon recht, der Spaun: Mich
packt ja doch auch der Ekel, wenn ich das unruhige, leere, verkehrte
Streben der Menschen hier sehe, wo die Besten ohne Unterlaß darüber klagen, daß den heißesten Wünschen ihres Herzens keine
Gewährung, nicht einmal eine Hoffnung dazu wird. Fort also!

Und dann? Wenn ich denn wirklich fort käm von hier – was wär
d a n n? Am End ist ja doch alles nur Täuschung und Betrug. Ein jeder trägt sie in sich, die Welt – immer und überall; in Laibach wär's
nicht anders als in Wien oder sonstwo, solange ich – Franz Schubert,

Schulgehülfe und Compositeur – derselbe bin und bleibe, hier wie dort: derselbe Träumer und derselbe Narr.

Lustig, nicht wahr, womit man seine Zeit herumbringt? Die reinste Metaphysik! Bier- und Caféhaus-Philosophie – gerad so leer und verkehrt wie alles andere.

Wie gesponnene Fäden, die sich durchs Leben ziehn – hierhin und dorthin, vor und zurück –, bis alles so verflochten und verworren ist, daß sich keiner mehr darin zurechtfind't; daß man einfach stille steht und wartet, weil man ja doch gar nimmer weiß, wohin man sich wenden sollte; und weil's einen ja so fest schnürt, daß man sich gar nimmer rühren kann – daß man sich kaum zu atmen traut...!

Bis es sich doch wieder löst – in eben dem Moment, wo man gemeint hat, man hielt' es nicht mehr aus! Und nur ein dumpfer, vager Schmerz, der irgendwo zurückgeblieben ist... ein Pochen und Klopfen... wie der Donner, der noch von fern herüberklingt, wenn das Gewitter längst weitergezogen ist.

Man steht da – still – und lauscht – und wartet...

Und plötzlich hört man's: ein leises Summen – das anwächst – das braust und stampft – wie eine Flut, die näherkommt – immer näher – wie eine gewaltige Welle, die alles herauf- und herausspült – alles mit sich reißt – die einen verschlingt und zermalmt, einen um und um treibt – man taucht hinab auf den Grund – und aus der tiefsten Tiefe wieder empor – hinaus, zum Licht! Zum Leben!!

Und setzt sich hin und schreibt.

———— ❧ ————

Mittwoch, 17. April 1816: Josef von Spaun übersendet Johann Wolfgang von Goethe mit einem Begleitbrief ein Liederheft mit Goethe-Vertonungen Schuberts. Der Brief wird nicht beantwortet, das Liederheft kommentarlos zurückgeschickt.

———— ❧ ————

Spaun – liebster, bester Freund! Hast mich also nicht vergessen? Komm her und laß dich umarmen – seit ich fort bin von dir und

dem Witteczek und wieder beim Vater wohn, bist du das erste liebe
Gesicht, das mir leuchtet!

Wie geht's dem Watteroth und den Seinen, erzähl? Und was
macht mein liebes Zimmer?

Weißt', in den letzten zwei Wochen hab ich so oft an die glückliche Zeit dort bei euch zurückdenken müssen, daß ich schon Angst
g'habt hab, mein Geist könnt dort herumspuken und dem Fräulein
Anna oder sonst wem ein' ordentlichen Schrecken einjagen!

Hier dagegen... na, siehg'st es ja: alles beim alten. Ich hoff halt
auf die Stelle in Laibach, um die ich mich beworben hab – alles besser als d a s hier. Mit dem Vater hab ich, seit ich zurück bin, wenn's
hoch kommt, zwei Dutzend Sätze gewechselt – nur eben das Nötig-
ste; er kümmert sich einen Dreck darum, wie's mir geht und was ich
mach...

Das da? Gelump – ein paar alte Röck' und Mäntel, die ich vor-
geholt hab und wenden laß; in Zeiten wie diesen muß man schließlich lernen hauszuhalten, nicht wahr?

Im Ernst: kannst' dich noch an die Matthisson-Lieder erinnern,
die ich vor ein, zwei Jahren gemacht hab'? *Andenken, Erinnerungen* – genau die mein ich. Gestern is mir der ganze Stoß aus dem
Regal gerutscht, mitsamt dem Büch'l – obenauf *Stimme der Liebe*.
Ob'st es glaubst oder nicht: Ich hab's kaum wiedererkannt! Konnt
mich beim besten Willen nicht mehr drauf besinnen, daß ich das mal
geschrieben hab!

Nu ja, man ändert sich eben – mit neunzehn is man doch ein andrer als noch mit achtzehn oder siebzehn: Weisheit des Lebens, sag
ich dir! Kurzum, ich hab's halt neu gemacht: Die erste Fassung war
doch gar zu naiv.

Überhaupt: Dramatik – ich muß viel mehr Mut haben, meinem
Sinn fürs Dramatische nachzugeben, mein ich. Ich h a b nämlich
Sinn fürs Dramatische, nur daß ich ihm eben oft nicht nachgeb'.
Wirst schon sehn, mein Lieber: Da gibt's nämlich so ganz gewisse
Anzeichen, daß ich demnächst wieder einmal was fürs Theater ma-
chen werd – eine Oper nach Schillers *Bürgschaft*.

Aber psst! – kein Wort zu keinem vorerst, hörst'? Behalt's für
dich!

Also, jedenfalls das Dramatische – ich sag's noch einmal. Da, nimm zum Beispiel das hier: *Julius an Theone.* Durchkomponiert – jede der drei Strophen anders –, Chromatik und Modulationen, Takt- und Tempowechsel, dynamische Kontraste... Dramatik eben! Weißt', was ich mein, Spaun – was ich will und mein? Die alten Mäntel passen nicht mehr, ich bin herausgewachsen! Dies ganze Sehnen und Schwärmen der Jugend...

Du lachst? So etwas rechnet sich nicht in Jahren, sag ich dir; der Weg, der hinter mir liegt, war lang genug, daß ich mich manchmal wie ein Greis fühl.

Vor zwei Jahren noch, als zwischen mir und der Therese Grob das erste, zarte Grün der Liebe sproß, da war's gerade richtig, daß ich so und nicht anders geschrieben hab: »Nur dein, nur dein, nur dein« – dreimal, zehnmal, hundertmal hätt ich's ihr zurufen mögen, der Therese!

Aber heut, siehg'st – heut ist es anders: Aus dem ersten, zarten Grün ist ein Baum gewachsen, der seine Wurzeln fest im Boden hat und dessen Krone hinaufreicht zum Himmel. Da braucht's kein Sehnen und Schwärmen mehr – da braucht's Pragmatismus: Die Theres liebt mich, und ich sie – das steht fest.

Also woll'mer heiraten, so bald wie möglich.

Also muß ich a Geld verdienen – und zwar mehr als die lumpigen paar Gulden, die ich beim Vater krieg.

Also hab ich mich auf die Stelle als Musikdirektor nach Laibach beworben.

Wenn's also etwas wird damit: hurra und juchhe!

Und wenn's nix wird...?

Wenn's nix wird mit Laibach, dann find't sich eben was anderes.

Merkwürdig nur, wenn man das, was man vor Jahr und Tag aus tiefster Seele heraus geschrieben hat, heut wieder anschaut: als tät man in den Spiegel sehn, und es wär gar nicht man selbst, der einem daraus zurückblickt. Ein Fremder – und doch so vertraut; das also war i c h ...?

Das also w a r ich – aber ich bin's nimmer. Der, der ich war, hätt sich vielleicht abgefunden; wär's zufrieden gewesen, hier in diesem

Zimmer zu hocken und zu warten auf wer weiß wen oder was. Aber nicht der, der ich bin!

Hör zu, Spaun: wenn's nichts wird mit Laibach, dann komm ich wieder zu dir, ja – zu dir und dem Witteczek?

Ein paar Wochen, ein paar Tage nur mit euch, sonst – sonst mach ich selbst ein Ende mit allem.

———— ❧ ————

Schubert beginnt mit der Arbeit an seiner dreiakti-gen, Fragment gebliebenen Oper Die Bürgschaft *– nach einer anonymen Dramatisierung der gleich-namigen Ballade Friedrich von Schillers.*

Drei Tage Zeit – drei ganze lange Tage: heut, Freitag und Samstag! Nicht gerad dem Tyrannen, aber doch der Tyrannei ent-ronnen – denn was ist mir die Schule anderes!

An mein Herz, Spaun – mein unvergleichlicher Möros, der du deinen Theages nicht vergessen hast: Eine herrliche Idee war das, mich einzuladen! Also stimmt es: »Und die Treue ist d o c h kein leerer Wahn!«

Ich sag's dir: für die drei Tage im Watterothschen Hause, bei dir und dem lieben Witteczek – für die drei Tage gäb ich gut und gerne ein ganzes Jahr von denen her, die ich bei meinen ABC-G'frasern abzubüßen hab! Übrigens, à propos: Wegen Laibach hab ich noch nix gehört, wobei ich allerdings auch vor Mitte des Monats mit keiner bestimmten Nachricht rechne.

Nu komm, geh' mer – ich hab alles beisamm', denk ich; und kann's eh kaum abwarten, die ganze liebe Gesellschaft wiederzu-sehn.

Wie steht's eigentlich mit dem Witteczek und dem Fräulein Anna – hat er sich erklärt, inzwischen? Weißt', die Anna: sie will mir nicht aus'm Kopf, die Anna... Da schaust', gelt? Aber keine Angst, mein Lieber: Wirst sie schon noch kennenlern', m e i n e Anna!

Wobei, m e i n e Idee war's nicht, daß die Frau vom Theages Anna hat heißen soll'n – da mußt' dich, bitt schön, beim Herrn Libretti-

sten beschweren! Freilich: der Schiller schreibt nix davon, daß der
Bürgschaft leistende (und, nebenbei bemerkt, bei ihm namenlose)
Freund Frau und Kinder hätt... zwei Kinder, ja: ein Bub und ein
Mädel, Julus und Ismene.

Aber siehg'st, so eine Oper, das is halt doch was anderes als ein
Lied: Erstens braucht's da mehrere verschiedene Personen, die
sing'n, und zweitens muß von denen wenigstens eine a Sopran sein –
sonst find'st in ganz Wien kein Theater, das sich dafür int'ressier'n
tät.

Übrigens, diese Sache mit den Szenenwechseln – weißt du, wie
so was geht?

Im zweiten Akt zum Beispiel: in der ersten Szene Möros, wie er
glücklich die brausende Flut des Stromes durchquert und den Göt-
tern für ihr Erbarmen dankt, und dann gleich – zweite Szene – Anna,
die am Morgen des letzten Tages vor Angst vergeht, daß ihr Gemahl
für den treulosen Freund den Tod am Kreuz erleiden wird. So eine
Aria in c-Moll, weißt' – erst *Andante*, dann *Allegro agitato*, mit
Pauken...

Dann komm' die Kinder des Theages hinzu: »Horch, die Seufzer
unsrer Mutter...« – Wer spricht? – »Ich, Ismene. Ich, dein Julus.«
Ein Freund, Philostratus, der Anna beruhigt: Nie werde Möros
seinem Worte untreu werden. Hoboen und Fagotte mit den Stimmen: As-Dur – oder nein: f-Moll... Zwölfte Szene also, die dritte im
zweiten Akt.

Und zurück zu Möros und seinem Schicksal: »Da stürzet die rau-
bende Rotte / Hervor aus des Waldes nächtlichem Ort, / Den Pfad
ihm sperrend...« A quattro, hab ich mir gedacht, und ganz ohne Orchester: in F-Dur, nach dem f-Moll der vorigen Szene: »Hinter
Büschen, hinterm Laub...« – *pianissimo*. Auch dieser Gefahr trotzt
der tapfere Möros – nur, um gleich der nächsten ins Auge zu sehn,
dem »glühenden Brand« der Sonne: »Und soll hier verschmachtend
verderben, / Und der Freund mir, der Liebende, sterben!«

Na, mer wer'n ja sehn, was draus wird, aus all dem – wahrscheinlich gerad so viel wie aus den andern Bühnensachen, die ich
gemacht hab: nämlich gar nix! Wenn's überhaupt durch die Zensur
kommt...

Nu, und – worauf warten wir? Pack' mer's! Drei Tage Zeit – das Paradies!

———— ❧ ————

*N*u, langsam, langsam – ich kann ja gar net so schnell schreiben, wie's mir einikomm', die Melodien! Spazieren durchs Köpf'l wie die Madamsell'n und Madamen über die Straß'n, kaum daß der erste Sonnenstrahl sich zeigen tut, und eine prächtiger als die andere! Ah, slakrawolt – man fragt sich, wo's den ganzen Winter über gesteckt haben, allesamt.

Aber komisch is schon, wie der Frühling die Menschen verändern tut – die Frauenzimmer net anders als die Mannsleut: Ganz warm wird's einem ums Herz, und selbst das grau'ste Grau scheint mit ei'mmal bunt zu leuchten, wenn's Maisonnenlicht darüber fährt. Sogar das Zimmer hier… Und die Luft kitzelt ei'n in der Nase wie Champagnerwein, daß es a Lust is zu leben!

No, da schau her: Selbst der Felbermeyer-Poldi, der alte Griesgram, hat sich herausgeputzt, als wenn er auf Brautschau gehn täte.

»Grüß Sie Gott, Herr Hausmeister, habedjehre! A prachtvoll's Wetter heut, gelt? ›Die Luft ist blau, das Tal ist grün‹ – da geht's wohl hinaus auf eine kleine Promenade…? Recht so! ›Drum komme, wem der Mai gefällt, und schaue froh die schöne Welt und Gottes Vatergüte, die solche Pracht hervorgebracht, den Baum und seine Blüte.‹«

Eigentlich is es ja a Schand, daß man bei dem Wetter hier herinnen in der Stub'n hockt; heraus ins Freie müßte man, durch die Felder streifen, singen und tanzen, Gambaden und Purzelbäume schießen, jauchzen, juchzen, herumtollen und -toben wie ein Kind! Die Natur ist jung – da darf man's selber auch wohl sein: Der bösen Zeit lästert man früh genug… Es ist ja doch gelogen, daß einer die Knabenzeit abstreift wie einen Rock, der ihm zu eng geworden ist; das Kind, das einer war, steckt alleweil in einem drinnen, und's braucht bloß einen winzig kleinen Anstoß – schon brummt der Kreisel aufs neue. Und gerade, wem's als Kind das Kindsein ausgetrieben und verboten haben – gerade d e r ist hinter allem Lebensernst manchmal das kindlichste Gemüt, wenn man ihn nur läßt. Ein flüchtiges

Glück: Man dreht sich einmal herum, und alles ist vorbei und vorüber...

Nein, anders noch: man selbst steht stille und wartet – immer und ewig derselbe –, und es ist die Zeit, die einen umkreist. Wenn ich die Augen schließ und mich ein halbes Jahr nur weiterträum, dann hocken auf den Zweigen, auf denen jetzt das frische Grün sprießt, Krähen und schrei'n den Mond an.

Schon wahr: das Glück ist per definitionem dort, wo du nicht bist – immer. Da siehg'st es: Sogar der Himmel trübt sich ein, kaum daß man den Frühlingszauber bricht!

Soll man sich selbst betrügen? Man könnt ja auch im Winter sich in den Frühling fortträumen... Aber nur ein Narr mag sich damit trösten, daß die Nachtigall im nächsten Maien wiederkehrt; es ist ja doch ein andrer Vogel, der dann singt – weil die heurige dann lang schon tot is...

Die Welt dreht sich, nur man selbst steht still – so ist es, und nicht anders. Und wenn der Mann den Knaben in sich trägt, dann muß das Kind auch den Greis schon in sich tragen, sonst gäb es keinen Sinn. Was aber doch nix andres heißt, als daß hinter so ei'm rosigen Gesichtchen schon der Totenschädel durchgrinst, so wie die Nachtigall im Maiengrün schon dasselbe Liedchen pfeift, mit dem ihre Krähenschwestern im kahlen Geäst den Herbst begrüßen. Vom Frühling zum Herbst und zum Winter – immer herum, immer herum im Kreis der Jahre... bis man eines Tages aufschaut, und's is nix mehr. Die Maienglöckchen klingen wie Totengeläut: Pflückt einen Strauß Eisblumen und legt's mir auf das Grab – der Frühling ist vorüber.

Von der Knabenzeit direkt ins Grab, vom Frühlings- zum Winterlied: Ein Tag nur, ein paar Stunden, und in drei, vier Liedern ist die ganze Welt beschlossen! Ist das des Künstlers Los, im hellsten Sonnenlicht die schwärzeste Nacht zu ahnen? Oder geht's am End jedem nur halbwegs verständigen Menschen so, daß er sich nicht täuschen läßt von schönen Schein...

Stille, nur stille – wer sich nicht rührt, der bleibt vielleicht verschont. Ich leg die Melodie auf meine Hand – so... – und hauche sie fort; blase sie, ganz sachte, hinaus in die Nacht: ein Samenkorn, das irgendwo niederfällt, sich in den Boden gräbt, vergessen wird – über

den Winter hinaus. Mag's stille ruhn, dann bleibt's vielleicht verschont…

———— ✤ ————

Grüß Sie Gott, lieber Herr Holzer – ich stör doch nicht, hoffentlich…?

Wissen'S, ich hab gedacht, Sie hätten mich vielleicht vermißt am
letzten Sonntag, bei der Pfingstmess' – wo ich doch sonst kein
Hochamt auslaß, bei dem der Herr Regenschori etwas zum Besten
gibt; und wenn ich dagewesen wäre, wär ich auch bestimmt gekommen. Aber's is halt so – der Ferdinand wird's Ihnen vielleicht gesagt
haben…? –, daß ich für einige Wochen bei einem Freund in der
Landstraßen-Vorstadt Quartier genommen habe: im Watterothschen Hause, beim Herrn von Spaun. Solang mich der Herr Vater
entbehren kann… na ja, was sag ich: Sie wissen ja, wie's steht, und
daß ich der Schule lieber heut als morgen den Rücken drehen tät,
wenn's nur irgend ginge.

Nu, jedenfalls war das allein der Grund, daß ich nicht 'kommen
bin am Sonntag, und da wollt ich gleich heut Ihnen meine Aufwartung machen und mein Fernbleiben erklären – daß Sie nicht denken, ich hätt meinen lieben Freund und Lehrer vergessen oder wollt
womöglich nichts mehr von ihm wissen!

Eine schöne Musik hat's sicher gegeben, gelt? Und gewiß nicht
so fad wie die, die ich an Sankt-Rochus-und-Sebastian hab hören
müssen – ein *Veni creator*, bei dem der Heil'ge Geist sich wohl die
Ohren zugehalten hat, da droben: mit einer halb verbogenen Po-
saune, drei armselig verstimmten Geigen, ei'm Baß auf drei Saiten
und einem Chor, bei dem man jede Stimme deutlich hat raushören
könn', weil nämlich jede ein' andern Ton gesungen hat!

Aber e i n Gutes hat's doch gehabt, daß ich das hab über mich
ergehen lassen: Kaum, daß ich heraus war aus der Kirch'n, hab ich
mich hing'hockt und ein *Kyrie* hingeschrieben, das mir gewissermaßen Balsam in mein wundes Ohr geträufelt hat. Reinstes, hellstes
C-Dur – und ganz nach allen Regeln der Satz- und Singekunst, wie
Sie's mir beigebracht haben. (Und sagen'S nicht wieder, ich hätt ja

doch schon alles gewußt, wenn Sie mich etwas Neues haben lehren woll'n: Ich weiß wohl, was ich Ihnen an solidem Handwerk zu verdanken hab, Herr Regenschori!) Nu, jedenfalls war das *Kyrie* nach ein paar Stunden fertig – neununddreißig Takte im vollen Satz.

Gut, hab ich mir 'denkt: bringst' es nächstens dem Herrn Holzer, damit er sieht, daß't ihn nicht vergessen hast. Und eigentlich wollt ich's damit bewenden lassen und einen kleinen Spaziergang durch die Fürst Rasumowskyschen Gärten auf der G'stätten machen, die gleich hinterm Watterothschen Hause liegen, wo ich jetzt wohn'. Aber was soll ich sagen: Mit einem Mal ist die Sonne fort, die bis dahin so herrlich geschienen hat, und's fängt dermaßen an zu regnen – wie aus Kannen hat's geschüttet –, daß man kein' Hund net vor die Tür gejagt hätt; also nix mit'm Spaziergang. Statt dessen einen Tee und ein kleines Pfeifchen – und plötzlich war ich mitten im *Gloria*!

Je nun, ein *Kyrie* und ein *Gloria*: das ist wohl etwas, aber eigentlich – wenn man's recht überlegt – eigentlich is es ja noch nix. Ein *Kyrie* allein, das wär vielleicht noch gegangen; aber mit dem *Gloria* dabei – da hilft's eben alles nix, da muß es eben doch a g a n z e Mess'n werden...

Na ja, ich merk schon, daß Sie wissen, worauf's hinausläuft: Freilich ist sie fast fertig, die neue Messe! Und außerdem, Sie ha'm ja selber gesagt: Wenn ich wieder einmal etwas für die Kirch'n hätte, wär's Ihnen immer eine Freude und ein Spaß, es aufzuführ'n. Nu, und was das m i r erst für ein Spaß wär, brauch ich Ihnen ja nicht sagen!

Nur's *Benedictus* fehlt noch, übrigens. Ich wollte erst mit Ihnen sprechen und fragen, ob's vielleicht denkbar wär, daß die Damoiselle Grob, wenn's mit der Aufführung so weit is... ich mein, ich würd sie dann fragen, ob sie Lust hat, den Soprano zu singen, und würd dann gern ein Solo für sie hineinschreiben, ins *Benedictus*... Aber das *Agnus* hab ich schon, sehn'S?

Was andres noch: Auf dem Titel steht bislang nur »Messe«, was mir aber a bisserl wenig ausschaut; drum würd ich gern noch darunter schreiben: »dem Herrn Michael Holzer, Regenschori der Pfarrkirche Zu den vierzehn Nothelfern in Lichtental, zur freundlichen Erinnerung gewidmet« – darf ich...?

Also sehr von Herzen, lieber Herr Holzer – und daß Sie sich Ihres alten Schülers nicht zu schämen brauchen!

———— ❦ ————

Zeig amal her: »Verstorben zu Wien. Den 29. Mai – Bartholomäus Schubert, alt vierzig Jahr, in der Leopoldstadt Nr. 193, an der Wassersucht.« Naa, ein Oheim oder Vetter is es nicht, und auch sonst kein Verwandter, soweit was ich weiß.

Aber da siehg'st es wieder mal: Nicht nur der Schober – a l l e s is eitel! Heut noch's blühende Leben, und morgen schon schlägt' die Zeitung auf und findst' dich – hoppla! – unter dera Leichen. Ts-ts-ts, so schnell kann's gehn: »Ich fühle, daß ich sterblich bin, mein Leben welkt wie Gras dahin.«

Obwohl – das ist ja recht eigentlich gar nicht zum Scherzen, so etwas. Daß die Leut sterben, is schon gerad schlimm genug. Weißt', Spaun, im Grunde müßte man jeden Morgen beim Aufstehn der Sonne seinen Gruß entbieten und dankbar sein dafür, daß man aufgewacht ist – ganz gleich, was der neue Tag bringen mag, Gut's oder Schlechtes. Ich bin, wie'st weißt, ja zwar nicht eben das, was man einen gläubigen Christenmenschen nennt, aber manchmal denk ich doch bei mir, daß so erhab'ne Wunder, wie's die Natur uns alle Tag anbietet, auch den hartnäckigsten Zweifel bekehren könnten.

Hast' übrigens das gelesen, mit den Unruhen in Großbritannien wegen der Teuerung und dem Arbeitsmangel? Hier: »1500 Menschen zogen in verschiedenen Haufen zu Brandon ein, rissen das Haus eines Fleischers ganz nieder und zerschlugen Fenster, Türen und Sachen in mehreren andern Häusern. In einem benachbarten Dorfe fielen gleiche Szenen vor, und man sah auch eine Feuersbrunst. Die Tumultuanten führen eine Fahne mit der Inschrift ›Brot oder Blut!‹ und sind mit langen Stöcken bewaffnet, an deren Enden eine eiserne Pike befestigt ist.« Was glaubst', Spaun – ob so etwas auch bei uns passier'n könnte…?

Der Ignaz – mein ältester Bruder, weißt' –, der Ignaz sagt immer, daß wir den Krieg zwar gewonn' haben, aber noch teuer wer'n bezahlen müssen: mit Geldabwertung, Arbeitslohnminderung, Hungersnot und so fort, und daß mer am End gerad so eine Revolution kriegen müßten wie in Frankreich. Meinst', er könnt recht haben, mein Bruder...?

Jessas, sechse schlägt's schon – ich müßt längst fort sein! Der Vater wird mir wieder zusetzen...

Grüß mir den lieben Witteczek und die Watteroths – schad, daß ich sie net g'sehn hab. Und sag ihnen, ich käm nächstens mit ganz was Besonderem – einem Rondo für Violine, damit's endlich einmal ein Ende hat mit dera Singerei!

Donnerstag, 13. Juni: Schubert beginnt, ein Tagebuch zu führen: »Ein heller, lichter, schöner Tag wird dieser durch mein ganzes Leben bleiben. Wie von ferne leise hallen mir noch die Zaubertöne von Mozarts Musik...« Bis zum 8. September folgen fünf weitere Eintragungen.

»*B*erichte aus Ungarn enthalten ein für die gegenwärtigen Jahrhunderte höchst seltenes Beispiel von hohem Menschenalter. Es starb nämlich am 3. Julius zu Kápolnás-Bisnye Michael Krauß, nachdem er 125 Jahre gelebt, also drei Jahrhunderte gesehen hatte.«

Allmächtiger, daß einer so alt werden kann! Das hieße ja für mich zum Beispiel, daß ich... daß ich erst 1922 sterben würd und heuer nicht einmal ein Sechst-Teil meines Lebens herum wär! Und ich hätt gleichfalls drei Jahrhunderte gesehn, am End...

»Seines Berufes ein Bauer, war er dreimal verheiratet. Mit seiner ersten Gattin erzeugte er zweiundzwanzig Kinder. Sie starb; er blieb nur dritthalb Jahre lang Witwer, heiratete wieder und erzeugte abermals neun Kinder. Zum zweiten Mal verwitwet, heiratete er nach sieben Jahren, als Greis von 114 Jahren, zum dritten Male, und wurde nach acht Jahren wieder Witwer.« Was für ein Leben! »Die Grundherrschaft unterstützte ihn vom Jahre 1808 an, wo seine Kräfte brachen, mit zuvorkommender Milde. Sie erließ ihm alle

Arten von Steuern, wies ihm monatlich einen Metzen Korn an und beschenkte ihn mehrmals mit Geld, Kleidungsstücken etcetera. Sein Tod war sanft und schnell.«

Und sonst? Depeschen aus Sankt Helena, die nichts Neues bringen... »Ausführliche Betrachtungen über die immer zunehmende Auswanderung von Großbritannien nach Frankreich, wo sich gegenwärtig wenigstens 50 000 Engländer aufhielten, insgesamt aus den mittlern oder höchsten Klassen der Gesellschaft.« Na, freilich doch: Wer sich's leisten kann, lebt *post bellum* lieber gut im Feindesland als schlecht im eigenen, auch wenn es das der Sieger wär! »Bei der allgemeinen Not, bei dem hier und da schon leise ertönenden Worte Nationalbankrott, sei wohl nichts billiger, als zuerst nach dem Vermögen solcher gegen das Leiden ihres Vaterlandes fühlloser Menschen zu greifen.« Wenn's denn so narrisch war'n, es bei ihrer Auswanderung zurückzulassen, ihr Vermögen!

's sind ja doch immer dieselben, die die Rechnung zahl'n – hüben wie drüben: die nieder'n Volksklassen und die Armen, denen's in Frankreich gerad so schlimm geht wie in England. »Unruhige Auftritte wegen des Getreidepreises zu Castres: Der Polizeikommissar mußte die Flucht ergreifen; die Nationalgarden, welche zur Herstellung der Ordnung befehligt waren, schlugen sich zum Teil zu dem Volkshaufen; die Gendarmerie wurde beschimpft und der Lieutenant, der sie befehligte, verwundet. Indessen wurde die Ruhe wiederhergestellt.« Nur, für wie lange? Erst die Revolution, dann der Krieg, jetzt der Hunger – und am End wieder die Revolution; er hat schon recht, der Ignaz: solang man d i e s e n Kreis nicht sprengt, wird's keinen wahren, dauernden Frieden geben.

Und übrigens ist's auch ganz gleich, ob König, Kaiser oder Konstitution regieren: Wer Hunger hat, der scheißt drauf, w e r ihm's Brot gibt. Nicht lang, und es wird auch bei uns so weit sein...

Da soll dann einer hundertfünfazwanz'g Jahr alt werden – bloß um zu sehn, daß ja doch immer alles bleibt, wie's war, beim alten und gehabten? Daß in kei'm der drei Jahrhunderte, die er g'sehn hat, Frieden g'wesen is? Die Leute satt geworden sind? Und auch bis 1922 wird's nicht wirklich anders werden, denk ich; dafür so lange leben? Nein, danke!

Das einz'ge, was mich int'ressier'n tät, wäre die Musik, die's dann
geben wird – und ob's noch Leute gibt, die so was hören woll'n, wie
ich's gerad schreib...?

— ❦ —

Sind alle fort... Tänze wollen sie, Tänze und Lieder – immer nur
Tänze und Lieder. Die Schwindsucht werden sie sich noch an den
Hals tanzen und singen! Deutsche und Landlerische, Walzer, Cotillons und Ecossaisen: »Der Schubert soll spielen – so leicht wie er
kann's keiner!«
    »Hast was Neiches, Franz?«
    »Na komm schon, zier di' net – wenn'st net spielst, is uns fad!«
    »Habedjehre, Herr Schubert!«
    »Dank dir, Franzl!«
    Leichter Sinn, leichtes Herz. Habt's ihr euch gut amüsiert? Aber
z u leichter Sinn birgt meist ein z u s c h w e r e s Herz.
    Und wenn man nicht will? Maul halten – Maul halten und spie-
len, das gebietet die Konvenienz. Die städtische Höflichkeit ist doch
ein mächtiger Antipode der Aufrichtigkeit der Menschen gegenein-
ander. Wie mancher bemühet sich vergebens, sein redliches Gemüt
in herzlicher, biederer Sprache zu zeigen: Er würde da nur zum
Gelächter der Menschen dienen.
    Was glaubt's ihr denn: daß ich mich hinsetz und ein paar Akkorde
greif – und fertig ist der Walzer? Selbst d a s fällt einem nicht vom
Himmel. Und wenn's was ganz anderes ist, was dabei herauskommt? Nichts, was ihr tanzen oder singen könnt?
    Ja, da schaut's ihr: Der Franz phantasiert, und es wird einmal
k e i n Walzer! Müßt ihr euch halt einen andern suchen, der euch das
Fad-Sein vertreibt – ich hab heut eben keinen leichten Sinn... Oder
einen zu leichten: Gerad leicht genug für eine Fantasie oder Sonate –
auch wenn das eine Rolle ist, in der ich euch nicht so gefall'!
    Die Welt gleicht einer Schaubühne, wo jeder Mensch seine Rolle
spielt; Beifall und Tadel folgen in der andern Welt. Aber eine Rolle
ist aufgegeben: unsere also auch; und wer kann sagen, ob er sie gut
oder schlecht gespielt hat? Das wär ein schlechter Theaterregisseur,

der seinen Individuen solche Rollen gibt, die sie nicht zu spielen imstande sind. Nachlässigkeit läßt sich hier nicht denken: Die Welt hat kein Beispiel, daß ein Akteur wegen schlechten Rezitierens verabschiedet worden sei. Sobald er eine ihm angemessene Rolle bekommt, wird er sie gut spielen. Ob er Beifall erhält oder nicht, hängt von einem tausendfältig gestimmten Publikum ab. Und auch, wenn d a s hier nicht euren Beifall findet: Nehmt die Menschen, wie sie s i n d , nicht, wie sie sein s o l l e n ...

Wenn sie's nur öfter hören würden, würd's ihnen schon gefallen. Es ist wie mit den Gemälden, die ich letzthin in der Ausstellung betrachtet hab: Man muß dergleichen Sachen öfter und lange sehen, um den gehörigen Ausdruck und Eindruck zu finden und zu erhalten. Und wenn dies d o c h nicht meine Rolle wär...? Wenn sie recht hätten, mir immer nur Tänze abzuverlangen und zu raten, ich solle das Sonatenschreiben andern überlassen...?

Aber es liegt mir nun doch einmal in der Natur, und Naturanlage und Erziehung bestimmen eben des Menschen Geist und Herz! Ich tu halt nur, was mir mein Herz und Geist diktieren – mag drüben der Weltregisseur entscheiden, von dem dort aller Beifall oder Tadel abhängt. Soll e r mir zuhören und mir meine Rolle soufflieren, wenn ich phantasiere und nimmer weiter weiß; wenn ich vor mei'm Pianoforte hock und spiel – immer so fort, immer so fort... Die Form wird sich schon von selbst finden...

Sie find't's sich eben n i c h t von selbst, die Form! Für einen Tanz reicht's gerade hin, aber für eine Sonate...

Jaaa, wenn ich der Beethoven wär! Der Herr van Beethoven, der sich einen Teufel drum schert, was Form ist und was nicht! Der seine Sonaten und Sinfonien schreibt, als wär's ein Dreck mit der Form, und der uns anderen mit seinen Bizarrerien so zusetzt, daß man ganz tumb davon im Kopfe wird!

Daß es mir im Phantasieren keiner so schnell nachtut, sagen's immer – nicht mal der Beethoven! Aber wenn's dann was anderes wird als ein Schottischer oder ein Ländler, verziehn's gleich das Gesicht! Ich bin ja eben nur der Schubert, dem immer so hübsche Melodien einfallen, daß es einen gleich in den Beinen juckt und zuckt! Und d e r will Sonaten komponieren?!

»Geh, Franzl, sei doch kein Narr! Spiel uns lieber noch eins, ja?«
So, nun weiß ich nichts mehr. Morgen weiß ich gewiß wieder etwas. Woher kommt das? Ist mein Geist heut stumpfer als morgen,
weil ich voll und schläfrig bin? – Warum denkt mein Geist nicht,
wenn der Körper schläft? – Er geht gewiß spazieren – schlafen kann
er ja nicht...?

> Sonderbare Fragen
> Hör ich alle sagen?
> Es läßt sich hier nichts wagen,
> Wir müssen's duldend tragen.
> Nun gute Nacht,
> Bis ihr erwacht...

Ich phantasier' derweil noch ein wenig...

— ⚶ —

*Schul-Index der Niederösterreichischen Landes-
regierung: »33711 Gub[ernatio] in Laibach
[Dienstag] 20. Aug. 9107 ad 13910. Daß diese
Stelle dem dortigen Tonkünstler Franz Sokol verliehen wurde.«*

— ⚶ —

D ie Zeitung von heut – mit einer Notiz vom Vater am Rand:
»Dem Franz zur geflissentlichen Lektüre«...? Und obendrein
dick angestrichen: »Seine k.k. Majestät haben dem gewesenen Schullehrer Anton Groß, welcher 53 Jahre lang in verschiedenen Ortschaften – teils als Gehülfe, teils als Lehrer – mit rastlosem Eifer und
beispielhafter Tätigkeit dem wichtigen Geschäfte der Volksbildung
sich gewidmet, in der stillen Eingezogenheit seiner ländlichen Umgebung den Keim des Guten und Nützlichen unter die ihm anvertraute Jugend ausgestreut und sie mit segensreichem Erfolge zu
ihrem Berufe ausgebildet hatte, die kleine goldene Zivil-Ehren-
Medaille gnädigst zu verleihen geruht. Diese ehrenvolle Auszeich-

nung...« – etcetera, etcetera. Und neben den Schluß hat er gar noch
ein Ausrufzeichen gesetzt, der Vater: »Die Gefühle der freudigen
Rührung des so ehrenvoll belohnten Greises mögen seinen jüngeren
Amtsgenossen zur Nacheiferung dienen, damit auch sie einst, wie
dieser, am Schlusse ihrer Laufbahn zum Lohne ausgezeichneter Verdienste um die Bildung der Jugend und eines tadellosen Lebens-
wandels und guten Beispiels in ihrer Gemeinde die noch das späte
Alter erheiternde Freude einer wohlverdienten ehrenvollen Aus-
zeichnung und des öffentlichen Dankes einernten.«
      Da hätt's fei keine Zeitung 'braucht dafür, damit ich weiß, was er
mir sagen will, der Vater – so wie's auch nix dran rührt, daß i c h nun
einmal n i c h t zum Lehrer tauge!
      Dreiafünfzig Jahre – mehr als ein halbes Saeculum »dem wichti-
gen Geschäfte der Volksbildung« sich zu widmen: Und wenn die
Medaille einen Stein schwer und aus reinem Golde wär – ich möcht's
nicht haben woll'n um diesen Preis!
      Ganz abgesehn davon, daß Seine Majestät auch eminenten
Künstlern Orden, Auszeichnungen und Medaillen zu verleihen geruht. Ein Mozart oder Haydn oder Gluck: Ha'm sie durch ihre göttliche Musik nicht ebenso – ja, vielleicht sogar mehr als jeder Schullehrer – »den Keim des Guten und Nützlichen« unter die Menschen
ausgestreut? Oder wenn der Beethoven »mit rastlosem Eifer und
beispielhafter Tätigkeit« ein herrliches Werk nach dem anderen
hervorbringt: Ist das nicht ein gerad so »wichtiges Geschäft« wie das
der Volksbildung? Sollten denn nicht auch die »ausgezeichneten
Verdienste« eines großen Künstlers »zur Nacheiferung« anregen?
Gutes und Wertvolles kann einer doch nur schaffen, wenn er sich berufen fühlt dazu – wohingegen alles, was man gegen seine Natur
betreibt, an eben dieser Un-Natürlichkeit dahinkrankt wie an einem
schleichenden Fieber.
      Nein, sie lassen sich nicht zwingen – weder die Natur noch die
Kunst. Wo der Fluß der Gedanken stockt, da muß man halt ein-
halten; mit Gewalt is da nix zu wollen.
      Je nun, ein großer Künstler ist eben gerad so ein selt'nes Tier wie
das aus Louisiana kommende lebendige Krokodil, das – wie die Zeitung schreibt – »zu Paris angekommen ist und dem Publikum

öffentlich gezeigt« wird. »Der Besitzer desselben bemerkt auf dem Anschlagzettel, man hätte üble und irrige Nachrichten über die Beschaffenheit dieses Tieres verbreitet. Dasselbe sei dermalen nur einen Schuh lang und nichts weniger als ein gefräßiges Ungeheuer.« Was mir notabene eine sehr viel int'ressantere Annonce ist als die, welche mir der Vater zur Lektüre anempfohlen hat!

Mmhhh – genug für heut: Das Trio mag warten! Und außerdem: wenn dies nicht, dann eben irgendwann ein anderes; 's läßt sich nicht erzwingen, wie gesagt...

———— ✐ ————

»**Z**um Winter«, sagst'? Wart amal... das is das Bartenfeldsche Eckhaus mit der Steinfigur, net wahr – da, wo die Tuchlauben auf die Landskrongasse stoßen? Und deine Frau Mutter hätte wirklich nix dagegen, daß ich zu euch zieh auf einige Zeit?

Ich warn dich, Schober: wenn'st mich hochnimmst und dir einen Spaß machst mit mir...

Sonst freilich wär's famos – das Paradies wär's, sag ich dir! Gerad jetzt, wo sich Laibach endgültig zerschlagen hat.

Weiß ich, weshalb! An ungenügenden Kompetenten jedenfalls kann's nicht gelegen haben – nur daß mir die halt gerad so wenig g'nutzt ha'm wie die Zeugnisse vom Salieri und vom Herrn Spendou und wie die vorzügliche Empfehlung seitens der hiesigen Stadthauptmannschaft und Schuloberaufsicht. Fünfhundert Gulden jährliches Gehalt hätt's g'habt! Da hätt sich auch die Madame Grob nicht länger wehren könn'n dagegen, daß ich sie um der Theres ihre Hand bitt.

Eh, und wenn schon: 's hat eben nicht soll'n sein, und Schluß! Darüber lamentieren lohnt die Mühe nicht. Nur du verstehst, Schober, wie froh ich wäre, wegzukommen aus dem Himmelpfortgrunder Schulhaus, wo mir die Decke nach alldem doch arg aufs Haupt drückt.

Und du meinst also wirklich, deine Mutter würd's bewilligen, daß ich bei euch wohn? Bis Weihnachten vielleicht, oder auch nur für ein paar Wochen – Jessas, wär ich froh!

Ansonsten war nicht viel Besondres in der Zeit, wo'st fort in Schweden g'wesen bist. Meinerseits gibt's höchstens ein gutes Dutzend Lieder zu vermelden: Goethesche vor allem, und einige vom Mayrhofer – ein merkwürd'ger Geselle, sag ich dir. Letzthin war ich öfter mal bei ihm, oder wir sind zusamm' in ei'm Caféhaus g'sessen: Er red't fast nix und ist zumeist so trübe-melancholisch gestimmt, daß einem selber fast ganz wehe wird davon. Dann plötzlich – ohne daß man wüßte, warum – braust er auf, échauffiert sich, springt vom Stuhl empor, fährt wie ein Verrückter mit den Armen durch die Luft und läßt mit lauter, krächzender Stimme ein'n wahren Redeschwall auf einen niederprasseln – bis er unvermittelt, oft mitten im Satze, innehält und wieder in die alte, ganz in sich geschloss'ne Schweigsamkeit versinkt. Und wie er mich anschaut, manchmal – wie eine Schleiereul' die Feldmaus, weißt'?

Ein Dutzend Lieder also… und, ach ja, dem Otto Hatwig hab ich zugesagt, für unsere Orchesterübungen im Schottenhof eine neue Sinfonie zu komponier'n. Ausdrücklich eine k l e i n e soll es sein, diesmal – nachdem es mit der großen *Tragischen*, die ich im Frühjahr gemacht hab, so einige Mühe 'geben hat: Erst wußte der arme Hatwig nämlich nicht, wo er die nötigen Mitwirkenden auftun sollte, und als er sie dann endlich doch beisamm' hatte, wußt er nicht, wo er sie alle plazieren sollte, in seiner Wohnung – von etwaigen Zuhörern ganz zu schweigen! Daher also seine Bitte, es solle dieses Mal nur eine kleine Sinfonie im Mozart- oder Haydn-Stile werden, mit bloß einem Flauto und ohne Klarinetten, Trompeten und Pauken.

Na, n o c h a *Tragische* Sinfonie hätt ich eh nicht schreiben mögen – und schon gar nicht, wenn ich denk, daß ich womöglich bald zu dir und deiner Mutter ziehen werd: Da siehg'st es, wie sich die Idee schon festgesessen hat bei mir!

Das Schwerste dürft es freilich werden, dem Herrn Vater meinen Aus- und Umzug abzuringen – die ja nichts anderes bedeuten, als daß ich meinen Schulgehülfendienst aufgeb. Die Frau Stiefmutter ist in andern Umständ', wieder einmal; vielleicht, daß ich das als Grund vorschieben könnt: daß ja mehr Platz wär, wenn ich mein Zimmer nimmer brauch…? Und daß ich nur für ein'ge Zeit, nicht wahr, zu dir ziehn würde…

So oder so – er wird toben, der Vater; wenn er mich nicht gleich drischt oder sonst was anstellt. Aber bitte, s o l l er toben, meinetwegen – da muß ich halt hindurch! Ich laß mir's nicht verbieten, daß ich endlich anfange, m e i n Leben zu leben!

———— ✦ ————

*U*nd auch noch eine Ouvertüre dazu – ja, bist' denn ganz und gar narrisch g'worden, Ferdl?!

Erst Mitte Jänner nächstes Jahr, ich weiß; aber selbst wenn's vier Jahre Zeit hätt und nicht vier Monate – ich hab bei Gott was Besseres zu tun, als zu irgendwelchen zwanzigjähr'gen Gründungsjubiläen eures Witwen-Instituts irgendwelche Ehrenkantaten für irgendwelche Canonices und Trivialschul-Stifter oder Oberaufseher zu schreiben! Meine »Harfenspieler«-Lieder aus dem *Wilhelm Meister*, meine neue Sinfonie…

Und wenn er hundertmal ein Gönner unserer Familie und ein Freund der Tonkunst is und im Normalschulunterricht den Generalbaß eingeführt hat, der Herr Josef Spendou – es int'ressiert mich nicht!

Hörst', Ferdinand – es i n t ' r e s s i e r t mich nicht!

Ich weiß ja, was der Vater und du ihm zu verdanken habt; und auch das empfehlende Zeugnis, das wo er mir für Laibach über meine Methode in Behandlung der Jugend auszustell'n die Güte g'habt hat, hab ich nicht vergessen – glaub das nicht… auch wenn es nix gebracht hat.

Aber darum geht es nicht. Ich bin nun mal kein Affe, der auf Befehl seine Sprünge und Kunststückchen macht. Daß't einfach herkommst und mir sagst: »Bruder, bitt schön, dies und das – so und so – bis dann und dann« – das eben geht net, das mußt' dir einmal merken. Die Kunst läßt sich nicht zwingen: Sie kommt, wenn und wann sie will.

Und dieser Kantatentext vom Herrn Professor Hoheisel – wie hat er's genannt? *Empfindungsäußerungen des Witwen-Institutes der Schullehrer Wiens, für den Stifter und Vorsteher desselben.*

»Sprich, Allmächtiger, dein Amen,
Laß des Stifters Vaternamen
Jeder Witwe heilig sein,
Und ihr Beten am Altare
Lang auf seine Silberhaare
Jugendkraft und Frohsinn streu'n!«

Auf Ehre, Ferdl – ich hab schon oft und viele schlechte Verse in der
Hand gehabt, aber im Vergleich zu d e m hier ist ja selbst der größte
Dreck a reines Meisterstück!

Ach was, red net: den Schund kannst' mir beim besten Will'n net
g'sundbeten!

Was hast' g'sagt daß er macht, dieser Hoheisel – Beamter in der
Schulbücher-Verschleiß-Administration? Und verfaßt selber auch
Lehrwerke für deutsche Schrift und Sprache? Na, servus – da ham's
den Bock zum Gärtner bestellt! Das ist arg, sag ich dir, wirklich
arg:

»Weh euch Kindern, weh euch Armen!
Sprich, Allmächtiger, dein Amen,
Laß des Dichters Vaternamen
Möglichst rasch vergessen sein!«

Nur eines frag ich dich, mein Lieber: Wie ich zu diesem Gestammel
auch nur halbwegs vernünft'ge Töne setzen soll?! »Doch bald will
und kann oft nicht« – wie wahr, wie wahr: des Dichters Selbst-
erkenntnis!

Geh, Ferdinand – nimm's wieder mit, das Opus, und suche dir
ein'n andern, der's dir komponiert: i mag net – net amal für Geld!
(Wobei ich ja wohl recht geh in der Annahme, daß es eh nix 'geben
hätt dafür...)

Momenterl, du hast w a s ?! Du hast dem Herrn Spendou bereits
gesagt, daß i c h die Kantate...?

Und ohne mich vorher zu fragen?

Weil du doch sicher warst, daß ich es machen würd?

Weil der Franzl es ja immer noch gemacht hat, wie!? Weil der

Franzl doch so brav und so bled is! Weil der Franzl doch sei'm
Bruder nix abschlagen kann!
    Der Franzl wird's schon machen? S i c h e r wird's der Franzl machen! Das einzige, was sicher is, is, daß't mich ausnutzt, wo und
wie'st nur kannst!
    Ja-ja: »Verzeih, ich hab ja net gewußt...« – hätt'st' eben vorher
fragen soll'n!
    Gut.
    Also gut, dies Mal noch – dieses eine, letzte, allerletzte Mal. Aber,
Bruder – eines laß dir g'sagt sein: Ich bin kein Ackergaul, den'st hin-
und herführ'n kannst, wie'st magst; das, was't mir heute ein'brockt
hast, vergeß ich nicht so bald, das sag ich dir!

————— ❦ —————

»*M*eine Klage tönt in eure Klage« – gelt, Mayrhofer, so ist es
doch mit uns? Daß unsre Lieder tief in dem, der's hört, eine
gleiche Saite anrühr'n und zum Schwingen bringen – eine Saite, die
immer schon da war und die bloß darauf gewartet hat, gestreift zu
werden, um nun ihrerseits zu tönen. Und wenn sich dir, wie'st sagst,
unter meinen Melodien die Nebel der bleiernen Gegenwart heben,
dann geht's mir gerade ebenso unter deinen Versen – auch wenn's,
siehg'st, nicht immer und allein nur d i e s e sind, mit denen ich mich
abgeb!
    Aber du wirst zugeben, daß der *Orpheus* – so wenig sonst du den
Jacobi schätzt – doch wohl ein ganz passables Ding ist, oder?
    »Meine Klage tönt in eure Klage«... Ist es nicht merkwürdig, daß
es immer das Unglück ist (und nicht das Glück), dem wir die schöneren Lieder verdanken, Waldl? Die erhabeneren Verse, die machtvollere Musik?
    Vielleicht kommt's daher, daß der Mensch – außerhalb der
Kunst, mein ich – sein Glück zwar teilen, zeigen und erklären darf,
sein Unglück aber in sein Herz verschließen und ohne Klage tragen
muß; so fühlt er's desto schmerzlicher und mag dem Dichter und
dem Komponisten dankbar sein dafür, daß s i e an seiner Statt die
Stimme heben.

Die Einsamkeit, in der wir uns mit unsren Lieder wähnen, ist nichts als ein Trugbild; tatsächlich stehn um uns herum zahllose gespenstische Schatten: all jene, denen wir u n s e r Leid und u n s r e Klagen leihen, damit sie selber sich's um ihre Schultern hängen und sich wärmen könn'n daran, in dieser kalten Zeit. Wozu sonst gab uns Gott Mitempfindung?

Geh, Waldl, scheuch's net fort: siegh'st es net, wie flehend sie uns anschaun? Hab a Mitleid und stör dich net dran, daß sie uns begleiten – dort hinaus, ins stille Tal, ferne von der großen Stadt... wo kein Lärmen, kein Getümmel den Schlummer stört – wo nix is als die Wahrheit: die Wahrheit, Mayrhofer! Ein Leben, dessen Seligkeiten doch nur uns erblühn, die wir ihnen Wort und Ton zu geben wissen.

Und so, wie sie uns aus der Stadt hinaus begleitet haben, werden's auch den Rückweg mit uns gehn: ängstlich und in Bangigkeit wie wir selber zwar, doch immerhin mit jener Erfahrung eines seligen Augenblicks im Herzen, der einen flüchtigen Moment lang ihr düsteres Leben erheitert hat. Frei unter Freien, net wahr? So mag's die größte Freiheit sein, ihnen diesen Augenblick zu schenken.

Noch einmal, Mayrhofer: scheuch's net fort, ich bitt dich! Wer weiß, ob einst nicht auch w i r so stehn und bitten werden um ein gutes Wort – drüben...

He-he – Waldl, was is, was is denn: Geht's dir net gut?

Was stöhnst' denn so?

So steh doch auf! Laß meine Beine los und steh auf, sag ich!

Mayrhofer! Laß ab von mir! Laß mich sofort aus, sonst...

So... so is recht, so magst' sitzen bleiben...

Was war denn, sag?

No, freilich hab ich dich lieb – jetzt und für immer, wenn'st das hören willst! Aber daß't mir nicht wieder solche Kapriolen schlägst, verstanden? Sonst müßt ich ja... sonst müßt ich ja wer weiß was glauben von dir...

Ja, wein nur, wein – ich weiß ja wohl, wie gut es manchmal tut, den Tränen freien Lauf zu lassen... so... so, siegh'st...

Was immer kommen wird: »Der graue König auf seinem goldnen Throne« hat über u n s r e Lieder keine Macht, hörst'? Wir dürfen unsre Harfe n i c h t entzweischlagen!

Schau dich doch um: die Schatten rings umher – wer gäbe ihnen
Trost und Hoffnung, wenn nicht wir mit unsern Liedern? Ihre Herzen sind n i c h t kalt – von ihnen gleitet er n i c h t ab, unser Lie-
deszauber! Laß Klage ruhig in Klage tönen – nicht wir sind's, die des
Liedes Ende setzen...

— ❦ —

*P*rrr, is das wieder a Wetter heut – schütten tut's wie aus Kannen,
und dazu geht ein solcher Westwind, daß ich (ungeachtet der
zwölf Grad, die's hat) durch'fror'n bin bis auf die Knochen! Na,
sei's drum – mir is trotzdem heut ganz warm und frühlinghaft ums
Herz: Ich hab nämlich mit'm Vater gered't, gestern.

Alsdann, Schober: Wenn das Angebot noch gilt, daß ich bei
euch Quartier nehm, und wenn deine Mutter wirklich ihre Bewilligung gegeben hat – am Samstag könnt ich umziehn! Da staunst',
gelt?

Aber ich sag dir: 's war net leicht. Zuerst hat er kein Wort gesagt,
der Vater, wie ich ihm damit 'kommen bin, daß ich fort will; hat mich
bloß finster angeschaut und ist hinaus, die Stiefmutter hol'n. »Dem
Franz gefällt's nicht mehr bei uns«, hat er dann zu ihr g'sagt, wie's
dazu 'kommen is; »der Franz hat, scheint's, Besseres gefunden, als
was ihm sein Vater und sein' Mutter bieten könn'n. Er will ausziehn,
der Franz.« Sonst nix.

Merkwürdig, dacht ich schon bei mir, daß er gar nichts sagt von
wegen meiner Pflicht als Schulgehilfe...? Bis dann die Mutter drauf
zu sprechen 'kommen is, daß er – mein Vater – ohnehin ja vorhätte,
beim erzbischöflichen Konsistorium seine Übersetzung vom Himmelpfortgrund auf einen andren Schuldienst zu erbitten; und daß
er selber schon gesagt hätte, er käm wohl gut und gern mit v i e r
Gehülfen aus. (Ich bin der sechste, mußt' wissen.) Und auch, daß
das Haus wirklich bald zu klein wär – wo sie in gut zwei Monaten
entbinden werde.

Während sie all das vorbringt, die Mutter, schaut der Vater mich
bloß starr und weiterhin so finster an, daß ich schon denk, er wird
wohl gleich ein heiliges Donnerwetter über mich loslassen. Aber nix

dergleichen; nachdem sie fertig is, die Mutter, dreht er sich zu ihr um und sagt: »Meinst' also, Anna, daß wir ihn gehn lassen soll'n, den Franz?« Ganz leise hat er das gesagt, so daß ich nicht gewußt hab: is er traurig, der Vater, oder hat er bloß Mühe, seinen Zorn zurückzuhalten?

Und weißt', was sie da gemacht hat, die Mutter – die ja bloß meine Stiefmutter is, wohlgemerkt –, weißt', was sie gemacht hat?

Sie is zu mir hin, hat mich in den Arm genommen und hat mir einen Kuß auf die Stirn gegeben! Und: »Ja, Vater«, hat sie dann gesagt – »ja, ich denk schon, wir sollten ihn gehn lassen, unsern Franz.«

U n s e r n Franz hat sie gesagt, denk nur! Ich hätt so losheulen mögen, glaub mir...

Ja-ja, glaubst d u – von wegen »abgemacht«: da kennst' ihn schlecht, mei'n Vater! Keinen Ton hat er gesagt – weder ja noch nein –, sondern hat uns, die Mutter und mich, einfach stehn lassen und is aus dem Zimmer. Und wie langsam und leis er die Türe hinter sich zugezogen hat: wirklich, ohne ein einziges Wort! Aber die Mutter hat mich beruhigt: »Geh schlafen, Franz«, hat sie g'sagt – »geh, ich red mit ihm; er wird's schon leiden, daß't dein' eigenen Weg gehst. 's ist ihm halt schwer, dich auszulassen – das mußt' verstehn...«

Na, bin ich also 'nauf in meine Kammer. Und da ich eh nicht hätt schlafen können (wie'st dir wohl denken kannst), hab ich weiter an der Sinfonie für'n Hatwig geschrieben. Du, glaub mir – das zahlt sich aus, so eine durchwachte Nacht: Sie ist so gut wie fertig, meine Sinfonie!

Nu, jedenfalls heut früh, wie ich in die Küche komm, fragt der Vater bloß: »Und w a n n gedenkst du, zu dem Herrn von Schober zu ziehn?«

Ich denk, mir bleibt's Herz stehn! So und so, sag ich vorsichtig – das Zimmer stünde frei, und du hätt'st mir angeboten, jederzeit...

»Sobald meine Übersetzung auf eine andere Stelle genehmigt und beschlossen ist, erwarte ich deine Rückkehr in den Schulgehilfendienst«, unterbricht mich der Vater; »bis dahin magst du wohnen, wo und mit wem du willst.« Und geht hinaus. Kein gutes Wort, kein

Lebewohl – nix. Nur, daß ich keinen Kreuzer zu erwarten hätt von ihm, hat er mir noch gesagt.

Also wie steht's, Schober: Ist dir Samstag recht?

Naa, h e u t nun wirklich nicht: Heut muß ich erst die Sinfonie zu Ende machen!

——— ❧ ———

*J*a, geh – so etwas: Heinrich, du? Das ist aber mal a nette Über-raschung, daß't mich hier in meinem neu'n Quartier besuchen tust!

Hübsch hab ich's hier, gelt? Schad, daß der Herr von Schober ge-rad net da ist, daß ich dich ihm vorstellen kann... na, 's wird sich schon noch a Gelegenheit finden.

Wie geht's denn immer? Was macht das Cello- und das Piano-forte-Spiel'n – weiter hübsch fleißig, hoff ich?

Brav. Die Theres hat mir auch erzählt, du hätt'st auf beiden In-strumenten remarquable Fortschritte gemacht; ihr Bruder sei ein richt'ger Virtuos geworden, hat sie g'sagt. Dann paß nur auf – am End wird d o c h ein Musiker aus dir, statt daß't die Seidenzeug-fabrik von deinem Vater selig übernimmst!

Und machst' auch noch ab und an den Taktschläger auf der Kirch-empore, z'Haus – vor allem, wenn der gute Holzer-Michel wieder mal zu tief ins Glasl g'schaut hat, wie? Für unsre Kirche hab ich übri-gens gerad was Neues gemacht – a lateinische Duettarie für Sopran und Tenor.

Da fallt mir ein – Heinrich, wie wär's: hätt'st nicht d u Lust, sie zu dirigieren, irgendwann? Damit's »in der Familie« bleibt, sozu-sagen – denn daß die Therese wieder den Soprano singen soll, kannst' dir wohl denken! Überleg's dir halt...

So, aber nun sag erst amal, was dich herführt; ich seh's dir doch an, daß't was auf dem Herzen hast: also immer heraus mit der Sprache!

Ob ich mich des Violinkonzerts entsinn, das ich im Frühjahr für mein' Bruder gemacht hab...? Ah, freilich – ja: das *Adagio* und *Allegro* in D; hat der Ferdinand dir's gezeigt? Und 's hat dir

gefallen? Wobei, 's is ja gar kein richt'ges Concerto, wenn'st etwa
an dergleichen Sachen denkst, wie sie der Mozart oder der Beethoven geschrieben haben – bloß so ein kleines Konzertstück'l
halt...

Für Pianoforte? Doch, sicher – ich denk schon, daß prinzipiell so
etwas auch fürs Pianoforte ginge...

Ob mich das int'ressieren könnt? Nu ja, gewiß... wenn sich amal
Gelegenheit ergibt, daß ich...

Schlapprawolt, j e t z t versteh ich – das also is es! O Jerum, was
bin ich doch für ein stuffer, stutziger Kerl, daß ich net eher drauf gekommen bin. Also, ein Konzertstück fürs Pianoforte willst', daß ich
dir komponier'? So ein *Adagio* mit *Rondo*, wie ich's für den Ferdinand gemacht hab? Und was für Instrumente soll'n dazu – ich mein,
wo willst' es denn spielen? Weil, wenn'st es net gerad für eine große
Akademie mit ganzem Orchester brauchst, dann könnten a Geig'n,
a Bratsch'n und a Cello schon genügen.

———— ❧ ————

A lles anders, alles anders! Wie oft schon hab ich es mir un-
verrückbar vorgenomm' gehabt, ab dann und dann sollte »alles
anders« werden – und ist doch immer, i m m e r alles so geblieben,
wie es war!

»Oh, diese Enge! Dieser gestrenge, mißbilligende Blick des Vaters, diese tägliche, verhaßte Fron der ABC-Gefriser, dies quälende
Gefühl verdammter Pflicht und Schuldigkeit! Ein Adler, einge-
zwängt in den Käfig eines Zeisigs... Wie soll denn da das Große, Einzige gelingen, das ich in mir spür? Oh, laß mich nur erst fort sein von
zu Haus, und du wirst sehn: Alles wird anders werden! Nimm einer
mir die Fesseln ab – gib einer mir den freien Raum, daß ich die Flügel ausbreite und mich aufjauchzend hineinstürze in den Sturm!«

Und jetzt, was ist jetzt? Wo'st jetzt seit mehr als einem Monat
schon den »freien Raum« hast, den du immer wolltest? So flieg doch,
flieg – jetzt, wo dich endlich nichts und niemand mehr hält...

Wie – das ist alles, was du kannst? Pfui, was für ein kläglicher
Gimpel!

Da zeigt sich dann, daß alles eben doch nur harmloses Gekrächze war, nichts weiter! Die übliche Großtuerei: Der Zeisig plustert sich – und ist und bleibt doch eben immer nur ein Zeisig, mit oder ohne Käfig drum herum!

Vielleicht war's d o c h zu lang, daß sich noch etwas wirklich ändern ließe... Wer neunzehn Jahre seine Flügel nicht hat spreiten dürfen, wird das Fliegen nimmer lernen, fürcht ich.

Zum anderen jedoch: Wie lange braucht denn einer, bis er wird, was er ist? Und könnte nicht die Tatsache, daß es dies Jahr (gegenüber dem vergangenen) nur so wenige Werke waren, die ich geschrieben hab, eher Gewinn sogar als Verlust sein – weil doch in diesen wenigen so viele andere sich abzeichnen? Man muß ja doch zum Kern der Dinge schaun – zum Innersten dessen, was ist oder sein kann oder wird.

Nur wann – wann – w a n n das alles!? Dieses ewige Warten auf eine ferne, ungewisse Erfüllung, bei dem man sich und die anderen vertröstet von einem Tag zum nächsten. Dieses blinde, hilflose Sich-vorantasten – mühsam Schritt für Schritt, Werk für Werk dem fernen, hehren, unbekannten Ziel entgegenstrebend, und überdies in ständiger Gefahr, abzustürzen in den Abgrund der bekannten Mittelmäßigkeit. Dieses ständige Zweifeln und Infragestellen – als wäre alles nur Versuch und Entwurf und hätte keinen Wert aus sich heraus...

Und was, wenn ich mir bloß selber etwas vorlüg'? Wenn sich herausstellt, am End, daß ich wirklich nur ein Zeisig war, der sich – in seinem Größenwahn – für einen Adler hielt?

Nein-nein, das nicht – das sicher nicht.

Ich spüre doch – ich w e i ß , daß etwas in mir ist, was keiner noch vor mir gehört, gesehen und gefunden hat – nicht einmal solche unermeßlich Großen wie der Haydn oder Mozart. Aber heraus muß es halt, heraus! Wie ein Karfunkel – mag er auch noch so schön und herrlich sein – nix taugt, solang er fest und tief im Gebirge steckt, wo keiner ihn sieht.

Da wär nix, meinst'? Der Stein – wenn's ihn überhaupt gäbe – wär gewiß nicht mehr wert als irgendein hübscher, nutzloser Flußkiesel? Ein »Zeisigstein«, gewissermaßen?

Nun – fragt sich, fragt sich… Dran glauben muß man schon, sonst hilft es nicht. Weil: wenn der Adler ja nicht g l a u b t e , daß er Adler wär: nie, sag ich dir – n i e würde er es wagen, seine Flügel auszuspannen…

————— ❧ —————

*S*chober…?
Da – das Büchel, das wo'st mir gestern 'geben hast: dieser Band Gedichte aus den *Sämtlichen Werken des Wandsbecker Boten* – da hast' ihn zurück, mit bestem Dank; nimm ihn bloß schnell wieder an dich, deinen Matthias Claudius, und fort damit – fort, aus meinen Augen, hörst'? Weil: sonst… sonst garantier ich dir, mein Lieber, daß't mich ein'n ganzen Monat nimmer zu Gesicht kriegst, weil ich sonst nämlich jedes einzelne von diesen Gedichten in Musik setz!

Siehg'st: wenn du und die andern immer jammern, daß ich nie was Komisches schreib – gebt mir mehr solche Texte wie die *Klage um Ali Bey* mit ihren »klagenden Krokodilen«, und ihr werd't schon sehen, was für ein Komödiant in mir steckt!

Aber das Schönste bei dem Claudius sind ja doch die lyrischen Stücke – die Schlaf- und Abendlieder notabene. Und weißt', was merkwürdig dabei is? Daß man sich die Verse ebensogut zu einem Volkslied denken kann, wie's der Reichardt, der Schulz oder der Zumsteeg draus gemacht haben – und eben auch zu ganz etwas anderem. Es ist das Beste, Schönste, Herrlichste an Versen, was ich gelesen hab seit langem! So schlicht und frisch und dabei doch so kunstvoll und verständig – und jedes Wort verströmt reinste Musik, daß man kaum nachkommt mit dem Hinschreiben. Ich schwör's dir, Schober: das Bändchen birgt einen solchen Schatz an Poesie, daß ich wirklich h a u f e n w e i s Lieder danach machen könnte!

Beiläufig fünf oder sechs Lieder wer'n's wohl schon sein, seit gestern – ich hab nicht mitgezählt. Ich sag doch: nimm's bloß weg, das Büchel – von selber tät ich den Claudius vorerst nicht mehr aus der Hand geben!

Hier, schau mal – diese beiden zum Beispiel: *Wiegenlied* und *An die Nachtigall*; ich hab dir doch gesagt, daß bei mir z'Haus

demnächstens wieder einmal ein Geschwister – will sagen: H a l b -
geschwister ankommt? Nu, zur bevorstehenden Geburt jedenfalls
wär'n doch diese beiden Lieder hier genau das passende Geschenk,
meinst' nicht?

Das magst' wohl glauben, daß die väterliche Rute, unbeschadet
ihrer dreiafünfzig Jahre, noch voll in Saft und Kraft steht; die Frau
Stiefmutter kommt gar nimmer heraus aus dem Kindbett! Obgleich,
ein rechter »Amor« ist er gerade nicht, der Herr Vater – mit seinem
schütteren Haar, der spitzen Nas', dem vorspringenden Kinn und
dem ewig mürrischen Ausdruck um den Mund – eher ein Faun, der
die Mutter (aus reiner Ehe- und Christenpflicht, versteht sich) be-
springt, wann und wo immer's nur geht. Gott, Schober, bin ich froh,
daß ich fort bin!

Aber ist es nicht furchtbar, sag, daß einer so von seinem eignen
Vater denkt und spricht? Dabei bin ich doch kein Vieh, Schober –
ich bin doch kein Vieh! Nur daß ich manchmal mein, damals – als
mei' Mutter gestorben is –, damals hat der liebe Herrgott den Falschen zu sich gerufen... und daß ich den Vater wohl erst achten und
lieben können werd, wenn er nimmer da sein wird.

Überhaupt, ich muß so oft an die Mutter denken, in letzter Zeit.
Und ganz besonders eigen war's mir, wie ich jetzt beim Claudius
ein Gedicht gefunden hab, das sie immer gern gesungen hat, die
Mutter; es ist mir noch so ganz deutlich im Ohr, als hätt ich gerad
erst ihre Stimme g'hört... obwohl ich gar nimmer weiß, auf welche
Melodie es ging.

Geh, Lieber, nimm es fort, das Büchel – bewahr es auf für mich:
Ich werd wohl wieder danach fragen, aber jetzt nimm es erst einmal
wieder zurück.

———— ❧ ————

1817

»Die so wichtigen Kriegs- und Zeitereignisse... die interessanteste Epoche der Umwälzungskriege in Europa... Darstellungen der Armeen... Darstellung der Heerschau des Sultans über die Janitscharen... Sammlung der Schlachten, sehr schön illuminiert... patriotisch-wohltätige Gaben an den Hofkriegsrat«: Anderthalb Jahr schon ist der Krieg vorüber, und noch immer reden und schreiben's von nichts anderem; man könnte fast glauben, sie zögen am liebsten gleich wieder ins Feld. Und wenn schon nicht in den Krieg, dann wenigstens zur Jagd – nur fort, fort aus der Stadt! Hinaus in die Wälder oder hinauf ins Gebirge, wo die Brust freier schlägt, wenn man ins nebelleicht zerrinnende Land hinabblickt.

Und wir, die im Tal Zurückgebliebenen? In nicht einmal drei Wochen werd ich zwanzig und bin mein Lebtag noch nie aus Wien fortgewesen. Aber wozu auch? Was ich such, find ich alleweil auch hier – w e n n ich es finde...

»Württembergische Verordnung zu Vereinfachung der Geschäftsform in den amtlichen Berichten an den König und an die höheren Stellen... Außer einem einfachen edlen Vortrage wird auch in Hinsicht auf Einfachheit und Reinheit der Schreibart empfohlen, Worte aus fremden Sprachen zu vermeiden, wo es ohne Undeutlichkeit und ohne gesucht zu sein geschehen kann, und wo sich ebenso gute deutsche Ausdrücke finden lassen.« Auch eine Art von Patriotismus! Na, solang's nur die amtlichen Berichte betrifft, mag's immerhin angehen; aber daß bloß keiner auf den Gedanken verfällt, uns Komponisten zu empfehlen, wir sollten doch, bitt' schön, Worte aus fremden Sprachen vermeiden!

Das wär außerdem etwas, wenn der Signor Rossini »in Hinsicht auf Einfachheit und Reinheit der Schreibart« nur mehr deutsche Opernbüchl vertonen dürfte – da würden sie sich ganz schön um-

sehen, die Leut! Und selbst für unsereinen wär's doch jammerschad
gewesen, wenn ich zum Beispiel die Verse aus dieser Komödie von
Goldoni nicht hätte in Musik setzen dürfen, die ich beim Schober
im Bücherschrank entdeckt habe: die *Pastorella al prato*...

Ob das nicht gar ein Stoff für eine Oper wäre: der *Philosoph vom
Lande?* Ich müßte halt nur jemand' finden, der mir das Büch'l ein-
richtet... Den Castelli vielleicht? Die Strophe, die mir der Schober
neulich zum Vertonen gebracht hat, war nicht ungeschickt...

Ach, welcher Teufel reitet mich denn, daß ich schon wieder von
Opern träume? Sind doch eh alles Hirngespinste! »Mein Frohsinn
würzt mir die Tage« – wer's glaubt! Wer immer nur im Tal geblieben
ist, soll sich besser nicht als Gipfelstürmer gebärden! Und wen's
wirklich mit aller Kraft fortzieht, ins Weite, der mag sich nur hübsch
gedulden: Das bißchen Zeit, was einem hier unten zugemessen ist,
vergeht wie im Fluge. Und ganz gleich, ob es dann mit einem hinauf
oder hinab geht: Ist denn nicht alles besser als dieses elende Leben?!

Nein – nein-nein, ein Narr, wer's glaubt... Der Tod kommt allemal zu früh.

———— ❦ ————

*D*as nenn ich gelungen: In Frankreich diskutieren die Pairs ein
Gesetz über persönliche Freiheit, und in der Schweiz jagen's
die Juden: »Nachdem der seit einigen Jahren zu sehr überhand ge-
nommene ganz freie Handel und Verkehr der Juden unsere Mit-
bürger in vielfältige Fallimente derselben verflochten hat, wurde
beschlossen: Solchen Juden, die als Falliten oder Akkorditen An-
gehörige des Kantons St. Gallen zu Schaden oder Verlust gebracht
haben, soll, ehe diese befriedigt sind, kein weiterer Verkehr ver-
stattet werden.« Als ob kein Christ je bankrottiert hätt'! »Andere
Juden bedürfen für Handel und Verkehr im Kanton eines Patents
der Polizeikommission. Die Patente werden auf das längste für die
Dauer von drei Monaten ausgeteilt; die Staatskasse bezieht dafür
eine Gebühr von 8 bis 60 Franken.« Nichts als immer dieselbe elende
Geldtreiberei! Freiheit? Für den, der's sich leisten kann, habedjehre – und getauft muß er sein! »Ohne besondere Bewilligung der

Ortsbehörden bleibt den Juden verboten, Magazine oder Zimmer zu mieten, sowie außer den Tavernenwirtshäusern zu herbergen.« Der ewige Ahasver!

Die ganze Welt ist in Nacht getaucht – in dumpfige, finstere Nacht, in der düster und keuchend, zitternd und traurig der Wanderer den Weg verliert. »Empfangt mich von der Nacht, meine Freunde.« Treibt mich fort von den Schwellen der Herbergen, verbietet mir, Handel zu treiben, ruft falsche Zeugen gegen mich auf: Der war's! Bis man auch unser vergessen wird...

»Dies erhabene Gebäu' wird zerfallen. Unsere Söhne werden die Trümmer im Grase nicht erblicken. Sie werden die Greise befragen: ›Wo standen die Mauern unsrer Väter?‹« Ist denn hier keiner, der der Freiheit eine Gasse schaffen könnt?

Schluß!

Ich mag nimmer! Bin ich denn Atlas, die ganze Last der Welt auf meine Schultern zu nehmen? Und 's ist doch immer nur eine Frage der Perspektive, wie man die Dinge sieht; was dem einen grau und kalt und häßlich scheint, geht einem andern als schönster Silberglanz wohlig-warm zu Herzen – gerad wie die Bäume draußen vorm Fenster – oder wie's *Lied vom Reifen* des Wandsbecker Claudius.

Na, geh – da ist mir ja der reinste Mozart aus der Feder geflossen! Untertänigster Diener, meine Reverenz, Unsterblicher! Eine Frage der Perspektive, ich sag's ja: Oh, glücklich der Mensch, in dessen reiner und lichtheller Seele es nimmer Nacht wird!

Ob's nicht was für den Almanach wär, das Lied? Für die *Beiträge zur Bildung für Jünglinge*? In jedes gute Jahrbüchel g'hört schließlich auch was Musikalisches; und wo mich der Ottenwalt, der Kenner und der Mayrhofer eh gefragt ha'm, ob ich nicht mittun möchte... Wenn's freilich zum Sommer herauskäm, wär so ein Winterstück wohl kaum das Rechte – eher schon ein Text wie der vom *Quellen*-Lied...

Schon wieder! Obacht, Franzl – wenn'st net aufpaßt, wirst am End noch ganz vermozarteln! Aber alleweil lieber s o, als daß man sich für immer und ewig in tiefe Nacht verstrickt, gelt?

Obwohl, eine hundsföttische Schand ist es d o c h , was man in
der Schweiz den Juden antut...

Geb's Gott, daß bess're Zeiten kommen! Und alles nur ums
Geld...

———— ❦ ————

»*D*er Bauchredner Alexander hat hiermit die Ehre anzukündi-
gen, daß er nur noch eine kurze Zeit das Glück haben kann,
in den Mauern dieser Hauptstadt zu verweilen...« Na, servus! Da is
er wohl der einz'ge, der's für ein »Glück« hält, daß er h i e r is – wo
sich doch jeder glücklich schätzt, wenn er nur irgendwie f o r t -
kommt aus Wien! »... und daß er diese Zeit benützen wird, eine,
vielleicht zwei öffentliche Vorstellungen seiner Naturgaben im k.k.
Redoutensaale zu geben.«

Ach, er meint wohl, es sei Gott weiß was Besonderes, das Bauch-
reden? A »Naturgabe«, die's öffentlich vorzuführ'n lohnt? Bei uns
net, Herr Alexander – bei uns net: In Wien kann heuer nämlich j e -
d e r sein' Bauch reden lassen! Hören'S net, wie's überall rumpelt
und pumpelt, als ob ein Wackerstein den Berg 'nunterrollt...?
Und wenn'S nur genau hinhorchen, verstehn'S auch, was sie reden,
die Wiener Bäuche: »Hunger!« rufen's alle – »wir haben Hunger!
Gebt's uns zu fressen!«

Gehn'S, Herr Bauchredner: Die Kunst, die wo Sie uns vorführ'n
woll'n, die beherrschen bei uns in Wien heuer schon die Kinder!
»Durchdrungen von der Güte, mit der bisher seine Erscheinung immer aufgenommen wurde, glaubt er sich nur um so mehr zu den
höchsten Anstrengungen verpflichtet, um seine geehrten Zuhörer
zu ergetzen.« Daß wir's fei gar net »ergetzlich« finden, das Bauch-
reden.

Ja, wenn er a Zauberer wär, der Herr Alexander – das tät' mer uns
gern gefallen lassen: a Zauberer, der uns die Wackerstein im Bauch
in Brot verzaubern könnt!

676 Groschen kost' der Metzen Weizen, und der Metzen Korn
steht bei vier-neunundachtzig – wer soll denn das zahl'n können!?
Und Tag für Tag klettert der Preis weiter – wie's Donauwasser im

Wiener Kanal, das an der Franzensbrücke schon sieben Schuh hoch
steht! Und dazu Schnee und Stürme, daß net einmal die Postwagen
mehr durchkommen. (Das nenn ich Freiheit – daß man f r e i
wählen kann, ob man lieber erfriert oder Hungers stirbt!) Und die
Leut, die aufs Land fliehn, krepier'n dort gerad so wie die in der
Stadt.

»Alle Teile der Monarchie zeigen sich wirksam und edelmütig,
bei den gegenwärtigen Zeitumständen der Not zu steuern und die
Armut zu trösten.« Fragt sich, womit? Da schreiben's in der Zeitung zwar von der »Allerhöchstseiner Majestät dem Kaiser ange-
borenen Wohltätigkeitsliebe«, aber die Staatskasse ist leer wie die
Bäuche, die Papiere und Obligationen fallen, und vom Gold- und
Silbermünzkurs woll'mer lieber gar net erst reden!

Ja, freilich, der Krieg – der Krieg is schuld: Wir haben ja
Krieg führ'n müssen. Aber wir haben ihn doch gewonnen, den
Krieg!? 's kann doch net angehn, daß es bei uns – den Siegern – so
a Not gibt!?

»… strömen den Armenanstalten außerordentliche Zuflüsse an
Geld und Lebensmitteln zu… eine Suppenanstalt, welche durch
einen zu diesem Ende gebildeten Frauenverein besorgt wird… besondere Versorgungsanstalten für Hülflose… milde Beiträge für
wahrhaft arme und erwerbsunfähige Personen nach dem Verhält-
nisse ihrer Dürftigkeit…« Wenn ich denk, daß ich seit drei Tagen nix
Warmes mehr gegessen hab…

Woher auch? 's gibt ja nix, selbst wenn man a Geld hätt! Bloß
gut, daß der Schober im Jänner – als's noch zu bezahl'n war – Brennholz gelagert hat, sonst müßt' mer als Kontrapunkt zum Bauch-
grollen obendrein mit den Zähnderln klappern! Gelt, Herr Alexander: bei aller Bauchrednerkunst – das bringen'S net zustande,
oder?

———— ❦ ————

Franz von Schober arrangiert in seiner Wohnung,
in der auch Schubert damals lebt, die erste Be-
gegnung des Komponisten mit dem Sänger Johann
Michael Vogl.

*I*hr untertänigster Diener, Herr Hofopernsänger – und meinen
Dank… meinen untertänigsten Dank für die Ehre, welche Sie
mir durch Ihr Kommen zulassen… ich mein, zukommen lassen…
was ich sehr wohl zu schätzen weiß, wie Sie wissen müssen… wie
überhaupt Ihre Bekanntschaft – (Schober, zum Teufel, sag doch
was!)

Also, ich freu mich jedenfalls ganz unbeschreiblich, daß Herr
Hofopernsänger sich heut die Zeit genommen und bereit gefunden
haben, einige meiner Lieder anschauen zu wollen. Wobei ich gleich
hinzufügen möchte, bitt' schön, daß es vor allem dem Drängen
meines Freundes Schober zu verdanken… zuzuschreiben ist, wenn
ich… daß ich es überhaupt wage, Ihnen diese bescheidenen Arbeiten…

Nu, egal. Ich hab halt ein paar von den Liedern ausgesucht, die
ich in letzter Zeit gemacht hab und von denen ich meine, daß
sie nicht ganz schlecht geraten sind; wenn'S einmal schaun wollen?

Hier wär zunächst *Am Strome*, nach einem Text von Mayrhofer.

Ob ich Sie begleiten kann? Freilich!

Nicht übel, meinen Sie? Nun, das freut mich – freut mich sehr…
Dann darf ich Herrn Hofopernsänger als nächstes vielleicht dieses
hier vorschlagen, wenn's recht wär: *Auf dem See*, nach Goethe. Weil,
beide sind ja gewissermaßen aus demselben Element geformt – aus
Wasser nämlich –, und folgen aufeinander… wie der Strom sich ins
Meer ergießt, oder eben in den See, nicht wahr? Und wo's außerdem heraußen so regnet…

Dieses scheint Ihnen weniger zu gefallen…?

Ah, so – ich dacht schon… wobei ich übrigens bitten muß, mein
Klavierspiel gütigst entschuldigen zu wollen; die Lieder sind, wie gesagt, ganz und gar neu, und zudem war ich nicht darauf gefaßt, daß
Herr Hofopernsänger gleich heut… ich mein, ich hätt nie zu hoffen
gewagt…

Noch eins? Eins, zehn, hundert – soviel Sie wollen! Warten'S…

ja, das hier vielleicht, wenn ich vorschlagen dürfte: *Philoktet* – wieder ein Mayrhofer-Gedicht.

So, genau so hab ich mir's gedacht: Unruhig, schnell, und mit gerad jener Mischung aus Trotz und Verzweiflung, wie Sie's zu singen beliebt haben! Und es hat Ihnen gefallen?

Wissen'S, Herr Vogl: der Schober hat mir erzählt, daß Sie erst gar nicht ha'm kommen wollen, weil'S die Musik satt bis über die Ohren hätten und weil'S so sehr mit Musik aufgefüttert worden sei'n, daß Sie's eher losbringen statt neue Sachen kennenlern' wollten. Und daß Sie hundertmal von jungen Genies gehört und sich immer getäuscht g'funden hätten.

»Ich versteh ihn, den Herrn Hofopernsänger«, hab ich ihm gesagt, dem Schober – »wirklich, ich find es ganz erklärlich«, hab ich gesagt, »daß ihm sein' Zeit zu schad ist, um sich mit jedem Notenfuchser einzulassen, der ihm von irgendwem als wer weiß was für ein Wundervieh angepriesen wird.« Aber nun bin ich doch froh, daß der Schober Sie hat überreden können. Und sei's nur, daß ich meine Lieder e i n m a l so hör, wie ich sie mir gedacht hab.

Wenn Sie mir die Freude und Ehre machen wollten, noch eines oder zwei durchzugehn...? Den *Ganymed* von Goethe zum Beispiel halt' ich selbst – mit Verlaub – für eines der gelungensten aus letzter Zeit...

Schön... So schön, wie ich mir's nimmer hätte träumen lassen... Das hier: *Der Jüngling und der Tod?* Das ist eine eigne Geschichte: Vor ein paar Wochen hab ich ein Gedicht von Claudius gemacht, *Der Tod und das Mädchen*...

Ja, schon – ich hab's hier; aber es ist eigentlich für ein' Sopran gesetzt...? Freilich, wenn'S meinen...

Tatsächlich – er kann alles singen, a l l e s !

Nun, jedenfalls hab ich das Lied einem Freund gezeigt – dem Herrn Edlen von Spaun, wenn'S ihn vielleicht kennen; und der hat sich hing'hockt und ein Gegenstück dazu gedichtet: eben *Der Jüngling und der Tod*.

Ob i c h I h n e n die Freude machen würde?!
Sie wissen ja gar nicht, Herr Hofopernsänger, welche Freude S i e
m i r machen...

— ⚓ —

*U*raniens Flucht – wenn'st so weitermachst, Mayrhofer, hast'
bald den ganzen Olymp durch! Wart einmal, Urania... eine der
Musen, stimmt's? Die Muse der Sternkunde! Da staunst', gelt, daß
ich a u c h meine Antike kenn!
   Ach, die Muse meinst n i c h t ? Sondern die Aphrodite Urania...?
Die Aphrodite ja, freilich – aber die uranische...?
   Als Göttin der edlen Liebe, aha; im Unterschied zur Aphrodite
Pandemos, der Göttin der Prostitution. Na, du mußt es ja wissen!
Und wo unsereins pandemisch lebt und liebt, hältst du's als edler
Mensch, der du bist, natürlich mit den Uranisten!
   Wie – seit wann und woher ich das weiß? Na, sonst hätt'st' ja wohl
kaum zwei oder drei Dutzend Strophen drauf verwandt, *Uraniens
Flucht* zu besingen, denk ich.
   A propos Flucht: Hast' heut in der Zeitung gelesen, daß sich auf
Sankt Helena der Bonaparte wieder gerührt hat? Und weißt', was er
will? Daß wir – ausgerechnet wir! – ihn gegen die Engländer be-
schützen soll'n! Hier, horch zu: »Er sagt, er habe sich freiwillig und
aus eigenem Antriebe nach England begeben, in der alleinigen Absicht, daselbst als ein einfacher Privatmann unter dem Schutze der
englischen Gesetze zu leben.« (Der Wolf im Schafspelz des Un-
schuldslammes!) »Als England ihm den verlangten Zufluchtsort
verweigerte, wollte er sich hierauf nach Amerika wenden...« – wohl
um sich dort zum Kaiser auszurufen, was meinst'? – »... da er aber
die Unmöglichkeit zu entfliehen einsah, überlieferte er sich einem
englischen Offizier mit den Worten: ›Ich überliefere mich meinem
unversöhnlichsten, aber großmütigsten Feinde.‹« Der ihn nach
Sankt Helena verfrachtet hat, damit er nicht n o c h einmal wieder
die Ruhe Europas stören kann.
   Aber eben das paßt ihm nicht, dem Bonaparte: »Er appelliert an
die Beherrscher von Österreich, Rußland und Preußen und glaubt,
ein Recht nicht nur auf ihren Schutz, sondern auch auf ihre Dank-

barkeit zu haben. Und warum? Weil er sich begnügte zu p l ü n -
d e r n, wo er hätte m o r d e n können!« Kannst' dir so eine Unver-
frorenheit vorstell'n?!

Aber sie rechnen's ihm ganz schön vor, hier: »Er hätte sich an die
Spitze der Loire- oder Gironde-Armee stellen können. Warum tat er
es nicht? Weil er seine persönliche Sicherheit vorzog. Warum verließ
er seine bei Waterloo geschlagene Armee? Weil ihm seine persönliche
Sicherheit am Herzen lag. Sobald er den Anfang seiner Niederlage
sah, nahm er schändlicher Weise die Flucht, um in Paris seine
Schande und sein Mißgeschick zu verbergen.«

Nix gegen deine antiken Götter und Helden, Waldl – aber meinst'
nicht, daß d a s amal ein Thema für ein Gedicht sein könnt? Nicht
Uraniens Flucht, sondern »Bonapartes Flucht« nach der Schlacht bei
Waterloo...? Obgleich – weißt', manchmal mein ich, daß es uns
unterm Bonaparte auf die Dauer besser ergangen wär als unterm
Metternich.

Na, schaun'S net so grimmig, Herr Bücherrevisor: Ich paß schon
auf, w e m ich w a s sag! Im übrigen steht's ja sogar in der Zeitung:
»Man kann ihn fragen, warum er...« – also Napoleon – »... warum er
die Befriedigung eines unbegrenzten Ehrgeizes, der keinen Teil von
Europa in Ruhe gelassen haben würde, der Erfüllung seiner Pflichten, dem zweckmäßigen Gebrauche dieser Gewalt vorzog, die den
Segen der Völker über ihn gebracht hätte.« Da hast du's!

So, nu aber Schluß mit dem Politisieren – gib's amal her, dein
Gedicht.

»Laßt uns, ihr Himmlischen, ein Fest begehen!... Die Strömе-
rinnen moosbesäumter Quellen« – hmm... – »... daß gelitten der
Knechtschaft schwere Schmach das Götterweib.«

Hast' lang dran gefeilt, Waldl? Ich mein': so wie's da steht, so
soll's auch bleiben...?

Ah, ja...

Nein-nein, ich meint' halt nur...

Nun ja, l e i c h t is es nicht gerad... und lang dazu, s e h r lang:
Da muß man sehn, daß man den Atem nicht verliert.

Also, versprechen kann ich's nicht, daß es gelingt – aber ich
versuch's halt.

Na, geh – deswegen brauchst' mich doch nicht gleich abzu-
schleck'n! Am End könnt man ja glauben, daß't mit dem »liebend'
Paar in weiter Fern« u n s gemeint hätt'st...!

——— ❧ ———

*D*er Tod in Wien: Na, das wär ja doch ein ganz famoses Thema
für den Friedrich Starke und seine »charakteristischen Tongemälde für das Pianoforte«: *Die Weihe des Friedens, Der Einzug in
Paris, Des Kaisers Wiederkehr* – und, ganz aktuell und neu zu haben,
»Der Tod in Wien«! Komponiert als »Tema con variazioni« – weil,
wenn ihm partout nix dazu einfällt, dem Maestro Starke, braucht
er halt bloß in die Zeitung zu guck'n, wo's allein heut zehn...
zwanz'g... dreiß'g... vierz'g... fünfz'g... neunafünfz'g, sechz'g,
eins-, zwei-, dreiasechz'g, vierasechz'g – wo's allein heut vierasechz'g Variationen darüber gibt, wie man bei uns krepiert!
Vierasechz'g Tote in zwei Tagen! Anderthalb Spalten allein für
das Register der Verstorbenen! Wenn's so fortgeht mit dera Sterbe-
rei, dann können's bald ein eignes Blattl 'nausgeben, nur um die
Leichen zu zähl'n! Und wenn's net überhaupt bald besser wird, steht
nächstens auch der Bruder drinnen: »Dem Franz Schubert, Schullehrer, sein Sohn Theodor Kajetan Anton, alt ein halb's Jahr, am
Himmelpfortgrund Nr. 10, an der Auszehrung.« Wo er doch mit
sein'n fünf Monaten gerad soviel wiegt wie ein Sperling...
Ja, Teufel auch, wo soll's denn herkommen, wenn der Metzen
Korn beinahe alle Tag ein'n Groschen teurer wird?! Vier-neunundachtzig waren's im März, aber nach dem Eintritt der milderen Jahreszeit würd alles besser und damit auch billiger werden, hat's
geheißen; und wo sa'mer jetzt, im letzten Drittel Mai? Bei fünf-
achtadreißig, und in den ober-wienerwaldischen Ortschaften sogar
schon bei über sechshundert. Am End werden wir Haber fressen
müssen wie's Vieh. Nur zu Saufen ham'mer all'weil genug, wo doch
die Donau an der Franzensbrücke bei neun Schuh drei Zoll steht –
na, servus: Ein Fisch müßt man sein!
Oder ein Compositeur halt. Das ist doch immer noch die beste
Medizin, die »Notenfresserei«: Wenn kein Brot und keine Semmeln

mehr im Haus sind, kau' ich eben auf meinen Liedern herum – da wird der Hunger schon vergehn. D a r a n wenigstens ist kein Mangel.

Ja, wenn man sich fortträumen könnte, einfach fort – aus dem Leben herausschlüpfen wie aus einem Hemd... Nur fragt sich, wohin? Egal – frei wie ein Vogerl eben; wie eine Feder, die der Wind mit sich nimmt und fortträgt. Man schließt die Augen und läßt sich treiben: leicht, ganz leicht – durch Tag und Nacht... über Flüsse und Seen... hinab in die Täler... und die Berge hinauf, so hoch hinauf, bis's nimmer geht...

Und wenn'st die Augen wieder aufmachst – alles beim alten: derselbe Tisch, derselbe Stuhl, derselbe Blick aus dem Fenster – und dasselben Zwicken und Zwacken im leeren Bauch; nein, dafür lohnt's die Mühe nicht. Die Welt is, wie's is – füg dich!

Wenn wenigstens irgendwo noch a bisserl Tee da wär...

Übrigens ist ja doch alles irgendwie eine Frage der Form. Daß einer zwei Bein' und zwei Arme hat, mit Füßen dran und Händen, und ei'm Kopf obenauf – das entspricht nun einmal der Form, daran gibt's nix zu rütteln; gerad so, wie daß der Mensch nix wird, wenn er nix zu beißen hat. Und in der Kompositionswissenschaft ist es nicht anders: Daß eine Sonat'n obenan ein Thema hat und dann ein zweites, und daß vier und vier Takt' achte und zwei mal achte sechzehn Takte machen, und wenn man nochmal zwei dabeigibt achtzehn – die Form, sag ich! Alles eine Frage der Form, und ohne die geht's nun einmal nicht.

Ich glaub, ich phantasiere... wenn ich nicht sogar Fieber hab. Kalt is – und heraußen braut sich wieder ein Gewitter z'sammen...

Also, was – ein bißchen Disziplin, dann soll's schon gehn; vom bloßen Träumen und Spintisier'n wird schließ- und endlich weder die Sonat'n fertig, noch wirst' satt davon. Mach dir ein' Plan, Franzl: Jetzt schreibst noch a Stund oder zweie, und dann gehst ins Beisel und läßt dir zur Belohnung – weil'st so tapfer g'west bist – ein' Krug Bier und ein' ordentlichen Teller Fiakergulasch vorsetzen – egal, was's kostet. (Und egal auch, auf was und wieviel Beinen das Viecherl gehopst oder gelaufen is, b e v o r ' s als Gulasch auf dei'm Teller geendet hat...)

Aber erst die Sonate, hörst'? Du hast sie dem Witteczek versprochen.

— ◦◦◦ —

*L*ieder, nichts als Lieder woll'n sie von mir haben – als ob ich so ein durch und durch »liederlicher« Mensch wär, daß ich nix anderes zustande brächte! Und seit der Herr Hofopernsänger Vogl mir die Ehr erweist, sich für meine Produktionen zu interessier'n, is es womöglich noch ärger geworden.

Und was, wenn ich keine Lust hab auf Lieder? Wenn sich's ausgesungen hätte, fürs erste? Wenn mir der Sinn danach stünde, was anderes zu schreiben? Sonaten zum Beispiel – S o n a t e n ?

»Geh, Franzl, bist' denn narrisch g'worden? Sonaten!«

Ganz recht, Sonaten! Und damit ihr seht, daß mir ernst is damit – *Sonate fürs Pianoforte... Numero Eins* – so! Wobei ihr weder wißt, wie viele ich schon gemacht hab, noch, wie viele mir noch im Kopf herumgehn und nur darauf warten, daß ich sie niederschreib; ein halbes Dutzend sind's wenigstens. Und alle werd ich sie aufschreiben, alle – ob ihr's hören wollt oder nicht! Und nicht eher ein neues Lied machen, als bis ich damit fertig bin!

Was reg ich mich denn auf – als wenn sich einer drum scheren würd, was ich komponiere. Den Weg, den ich eingeschlagen hab, den gehn's ja doch nur so lang mit, wie's ihnen auspaßt; aber wehe, er führt zu steil hinan oder wird zu steinig – dann: habedjehre! Sieh zu, wie'st allein zurecht kommst. Und je höher man über die Niederungen des weitläufig flachen Geschmacks hinauskraxelt, desto spärlicher werden die Zeichen der Anteilnahme, von Beifall oder Erfolg gar nicht erst zu reden.

Aber will ich das überhaupt? Wenn's mir um den Erfolg zu tun wär, bräucht ich schließlich nur nach der Beliebtheit zu gehn wie alle: »Variationen über ein beliebtes Thema von Beethoven«, »Potpourri aus Beethovens beliebtesten Werken«, »Beliebteste Stücke aus der Oper: *Das zerstörte Jerusalem* von Zingarelli«... Und eines Tages geht womöglich einer hin und gibt »Beliebteste Stücke aus Schuberts Sonaten« heraus! Nur daß das wieder mal kein Mensch

wird spielen können oder wolln, weil's doch so ganz gegen allen pia-
nistischen Sinn verstößt, ohne freilich dabei brillant genug zu sein,
daß es die Virtuosen reizen täte!

Nein, mein Lieber: d a m i t wirst' dir keine Beliebtheit schaffen!
Na, sieh wenigstens zu, daß dein Rondo das Zeug zum »air favori«
hat...

———— ୨୧ ————

H eut auf d'Nacht schon – so bald!
Na, egal – hast ja recht: was hält dich noch in Wien. Sei froh,
daß't fortkommst; in Linz oder Steyr wird es allemal besser sein.
Obwohl die Not, scheint's, überall im Land zu spüren ist, trifft es
uns hier doch noch immer am härtesten. Wie tot is alles, wenn man
durch die Straßen geht; und die Leute, denen man begegnet, schauen
ein'n nicht an – als hätten sie Angst, in fremden Gesichtern das eigne
Elend sehn zu müssen. Wie tot...

Mein Bruder auch, der kleine Theodor Kajetan; er wird die Nacht
wohl nicht überstehen, meint der Doktor. Kaum mehr als ein halbes
Jahr, und schon dahin...

Wirklich, kannst' froh sein, daß du fortkommst.

Ach, übrigens, ich hab noch was für dich, zum Abschied – hier:
Der Strom. »Zum Andenken für Herrn Stadler, von Franz Schubert«, hab ich draufgeschrieben – für den Fall, daß't einmal nimmer
weißt, wann und von wem's es gekriegt hast, das Blatt'l. Ich mein,
die Musik; denn was die Verse betrifft, so solltest du sie kennen...

Was ich sonst treib? Nix Besonderes; ich wurschtel halt herum,
wie immer. Ohne rechte Lust – »nimmer froh und nimmer heiter«,
weißt' schon! Ich hab letzte Tage versucht, a bisserl Ordnung zu
schaffen in meinen Noten – ein Kreuz, sag ich dir! Tausenddrei flie-
gende Blätter, Fleckeln und Fetzen, die sich angesammelt haben
über die Zeit; und überall noch halbe Seiten oder Bögen frei: so eine
schlamperte Verschwendung! Nu was, jetzt schreib ich's eben voll.

Hier zum Beispiel, siehg'st: Ich weiß schon gar nimmer, was das
war, so lang ist's her – der Alt zu einer Mess'n, glaub ich. Hab ich
also auf dem *verso* angefangen mit einer neuen Sonate. Weit bin ich

noch nicht; und weiß auch nicht, ob ich's überhaupt weiter machen
werd – Herumgewurschtel, wie ich dir gesagt hab.

»Sonate Fünf«, ja – oder drei oder sechs oder zehn: Seit Monaten quäl' ich mich herum mit Sonaten, von denen die meisten doch
nie fertig werden wer'n. Hier ein halbes *Allegro*, da ein paar Takte
von einem Finale, ein *Adagio*, ein Scherzo oder Menuett – die reinste Kunstkammer: ein Raritätenkabinett unvollendeter, unvollend-
b a r e r Ideen! Aber immerhin besser, man tut was, als daß man da-
hockt und ins Leere starrt, meinst' nicht? Und wenn's nur darum
ist, die leergeblieb'nen Seiten vollzukritzeln.

Hier auch, schau: ein Stück aus einem Ossian-Lied, das ich vor
Jahr und Tag gemacht hab – ein halbes Blatt bloß und der Rest des
Bogens frei. So war es gerad genug für ein Scherzo, das – wer weiß? –
einmal zu der oder jener Sonate passen könnte.

Sonaten, Sonaten, Sonaten… Weißt', Stadler, manchmal hab ich
das Gefühl, als stünde ich in einem riesig, übermächtig großen
Schatten, der alle lichten Gedanken, die ich hab, einfach fort-
schluckt. Dann träume ich, ich liefe fort – weiter und weiter, unendlich weit fort: dem Licht und der Sonne entgegen – und komm
doch nie heraus aus diesem Schatten. Wie ein Kind, das sich im dunklen Wald verirrt hat. Oder ich fasse mir ein Herz und dreh mich mu-
tig um – stelle mich ihm entgegen, dem Schatten; ruf ihm zu, daß
ich keine Angst hab vor ihm und daß ich (wenn ich nur will) gerad
so gute Sonaten komponier' wie er, wie der Beethoven! Und was
dabei herauskommt, ist dann so etwas wie das hier: ein *Allegro
p a t e t i c o* – als wär's mit einem solchen Beiwort schon getan…

Du mußt fort, nicht wahr?

Die Eilpost, ja-ja… Nun, also dann leb wohl, Stadler – du wirst
mir fehlen. Und bald ist auch der Schober fort, und ich muß zurück
zum Vater in die Schulfron.

Schreib mir, ja? Wer weiß, wann wir uns wiedersehn… Und sei
nicht bös, daß ich dir in so trüber Stimmung den Abschied geb – 's
ist halt, wie's is.

Hinaus jetzt, fort mit dir – die Post wartet nicht; hinaus ins Freie!
Derweil ich – *moror, moriturus* – dir einen letzten Gruß mitgebe…

—— ❧ ——

Vier-zwei und drei-sechzehn – no, immerhin sind seit Monatserstem die Weizen- und Kornpreise Unter-Wienerwald wieder auf ein halbwegs erschwingliches Mittel gesunken – genau wie's Donauwasser: als ob das eine mit dem andern steigen oder fallen würde!

Was freilich n i c h t sinkt oder fällt, ist die – wie ham's geschrieben? Die »durch die Zeitumstände herbeigeführte Not«. Und daß sich »durch die väterliche Sorgfalt der öffentlichen Verwaltung in Wien und auf allen Hauptpunkten der Monarchie Vereine gebildet haben mit der Absicht, der durch die ungünstigen Zeitumstände und sonderlich durch wiederholte Mißjahre bedrängten Armut zu Hilfe zu kommen«. Die »Zeitumstände« – ein großer Topf, in den sich alles hineinrühren läßt, was man sich anders nicht erklären will; bis einer hingeht und ihn umstürzt, den ganzen Topf, und alle »Zeitumstände« ausgießt: a Revolution – was schließlich ja nix andres heißt als »Umsturz«, auf deutsch.

In Frankreich sind's ja fast schon wieder soweit – oder doch manche wenigstens, wie diese Marquise von Lavalette, die's verhaftet und beschuldigt haben, »bei mehreren in Frankreich kürzlich vorgefallenen aufrührerischen Bewegungen die leitenden Fäden gehalten zu haben«. Oder hier: ein ehemaliger Offizier namens Duchesne und dessen vierzehnjähriger Sohn – ersterer zur Deportation, letzterer zur Einsperrung in einem Korrektionshause verurteilt, »weil sie im verflossenen Monate öffentlich zu Dijon einen Aufruf zur Ermordung der königlichen Familie und zum Umsturz der legitimen Regierung verbreitet hatten«. Oder auch die Mitglieder dieser geheimen Gesellschaft »des schlafenden Löwen«: Das Pariser Polizeitribunal hat sie zwar losgesprochen, »wegen nicht erwiesener strafbarer Absicht dieser Verbindung«, aber wer weiß, was wirklich dahintersteckt.

Wo'st auch hinschaust, steht er auf höchst wackeligen Füßen, der Topf der »Zeitumstände«; und wenn's ihn keiner umzustürzen schafft, dann läuft er halt über: so jedenfalls, wie's jetzt is, kann's und wird's nicht lange weitergehn. Na, muß man halt zusehn, daß man sich rechtzeitig beiseite stellt, damit die ganze Brühe nicht über ein'n herüberschwappt, wenn's soweit is.

Aber jetzt Schluß mit der Politisiererei: wenn'st in deiner Sonat'n gerad so kluge Einfälle hast wie in der Weltgeschichte – dann servus, Franzl!

———— ❦ ————

*D*er Anselm… Wie ich sein Quartett find, will er wissen; und ob ich – weil ich doch hierin um so viel erfahr'ner sei als er –, ob ich es wohl für gut genug halt, daß er's drucken läßt.

»Hast' denn schon einen Verleger?« hab ich gefragt. Und er ganz stolz: »No ja, der Steiner hätt Interesse.« Ausgerechnet der Siegfried Anton Steiner, der m e i n e Sachen alleweil abgelehnt hat, weil ich in Wien noch nicht genug bekannt und überdies meine Sachen zu schwierig seien…

So mag's wohl stimmen, daß ich mit dem Quartettieren mehr Erfahrung hab als der Anselm: Hab schließlich nicht umsonst fast ein Dutzend Quartett'ln geschrieben – nur daß von denen halt noch kein einziges im Druck erschienen ist und's allesamt im Schubkastel liegen – wer weiß, bis wann.

Nu was, ich gönn's ihm von Herzen, und der Erfolg soll unsrer Freundschaft keinen Schaden tun. Außerdem ist es ja wirklich ein hübsches Quartett'l, was er da gemacht hat, der Anselm. Der dritte Satz vor allem, das variierte *Andantino*: Das Thema – ein bißchen à la Beethoven –, aber mit seinen zwei mal acht Takten gerad so gut und klar gebaut, wie wir's beim Salieri immer g'lernt haben; und auch die vier Veränderungen sind nicht ungeschickt. Doch-doch, er soll's ruhig drucken lassen. Obgleich – das Thema…

Wie es da steht, denk ich, man könnte sicher mehr damit beginnen. Nur daß der Steiner's dann wohl nicht mehr drucken würde! Trotzdem: reizen tät's mich schon, a bissel m e i n e r s e i t s daran herumzuvariier'n…

Und Finis: »komponiert und seinem Freunde und Mitschüler Herrn Anselm Hüttenbrenner gewidmet von Franz Schubert. Wien, August 1817«. Er wird's gewiß nicht falsch verstehn, der Anselm, wenn ich ihm sein Quartett mitsamt meinen eignen Variationen über sein *Andantino* retourniere – daß es beileibe nicht als Kritik gemeint ist, sondern lediglich als... na, sagen wir: als Freundschaftsdienst. Und wenn ihm dann die eine oder andre m e i n e r Variationen womöglich so gut g'fallt, daß er sie gern für s e i n Quartett übernehmen möcht – soll er! Das wär außerdem ein Hauptspaß, daß der Steiner damit – ohn' es zu wissen – d o c h was von mir drucken täte! Obwohl's wahrscheinlich eh zu spät ist, um noch etwas zu ändern...

Übrigens hätt ich gar nicht gedacht, daß es so viel Mühe macht, mit einem Thema umzugehn, das nicht dem eignen Hirnkast'l entsprungen ist; ein bißchen so ist's fast, als würde man in einer fremden Sprache reden und wüßt nicht recht, wie man die Worte setzen muß. Ich müßt' direkt einmal probieren, wie's mir mit ei'm Originalthema ergehn würd' – wenn's nur nicht ohnehin bald wieder aus wär mit dem Notenschreiben: Sobald der Schober fort is, geht's ja doch zurück zum Himmelpfortgrund – und dann: ade, Frau Musica! Der Vater wird schon dafür sorgen, daß mir keine Zeit bleibt für das Komponieren.

Himmelpfortgrund: was für ein falscher Name für den Ort, der mir die Hölle ist! Aber egal – noch hat's ja ein paar Tage Zeit damit; es soll wohl genug sein für ein Stück *à quatre mains* – als Probe aufs Exempel: Variationen über ein e i g e n e s Thema, mitsamt einer Introduktion und ei'm Finale!

———— 〜 ————

A lsdann, mein Lieber – der Fuhrknecht kommt in a halberten Stund: is recht? Ich hab schon in mei'm Zimmer so weit alles z'samm'packt, daß er gleich all's auf einmal mitnehmen kann. Viel is ja nicht – trotzdem ich ja nun fast ein ganzes Jahr bei dir und dei' Mutter logiert hab. Sie wird wohl recht froh sein, denk ich: nicht nur, daß dein Bruder auf Urlaub heimkommt, sondern a bisserl wohl auch, daß ich nun auszieh, meinst' net? Wenn ich euch nur nicht zur Last gefallen bin, dir und den Deinen...

Leb wohl also... Wo genau wirst' deinen Bruder treffen?

Ah... Weiß deine Mutter, daß er krank ist? Hoffentlich is es nix Schlimmes mit ihm. Schreib mir, ja?, sobald'st etwas Näheres weißt. Wie fährst' übrigens: über Linz oder Grätz?

So, über Grätz, ja… dann nimmst' gewiß die Eilpost, die heut auf
d'Nacht um zehne losgeht? Ich werd versuchen, da zu sein – für
einen letzten Abschiedsgruß zur guten Reise. Du wirst mir fehlen,
Schober – s e h r wirst du mir fehlen.

»Laura mein!« – verloren… Da, nimm es mit – dieses und alle andern, die ich hier bei euch geschrieben hab: Ich brauch sie nimmer.
Die seligen Augenblicke sind vorüber.

Wem werd ich meine Lieder singen, wenn du nicht mehr da bist?
Wen kann ich fragen, wie der eine oder andre Vers wohl schöner
klingt? Ob eine erste oder zweite Fassung Sinn und Wesen des Gedichtes besser trifft? Weh, Schober, was fang ich bloß an ohne deine
poetische Seele!

Und du willst wirklich gleich nach Schweden weiter, wenn's deinem Bruder halbwegs gut genug geht für eine solche Reise? Dann
mögen leicht aus den Wochen und Monaten Jahre werden, bevor wir
uns wiedersehn – wenn überhaupt. Wer weiß, ob ich nicht ganz und
gar verwildere ohne dich? Vor die Linien lauf, daß mich die erste beste Kugel trifft? Oder schlimmer noch: daß ich in schlechte Gesellschaft gerate…? Obwohl, was das betrifft, war's m i t dir wohl ge-
fährlicher für mich, als es nun o h n e dich sein wird! Ich sag dir: ich
werd solide wie ein Mühlstein leben – immer im Kreis herum…

Wenn ich denk, daß ich nun auf wer weiß wie lange z'ruck zum
Vater muß… Wie er damals erschrocken und ganz blaß g'worden is,
als mer ihm gesagt haben, daß ich – mit freundlicher Erlaubnis deiner Mutter – zu dir in die Innere Stadt ziehn wolle; und wie er dir
(nachdem er schließlich doch hat nachgeben müssen) das Versprechen abgenommen hat, darauf zu achten, daß ich nicht ständig
komponiere, damit nicht so ein »elender Musikant« aus mir werde
– wozu ich leider einige Tendenz zeige, was zu verhindern er sich
bisher jedoch stets mit Erfolg bemüht habe! Ob'st es glaubst oder
net, Schober – aber dei' Mutter hat mir in dem einen Jahr mehr
Herzensgüte und Liebe gezeigt, als ich's zu Haus beim Vater in den
letzten fünf Jahren erfahren hab.

Wo bloß der Fuhrknecht bleibt!? Du hast doch sicher so kurz vor
deiner Reise Dringenderes zu erledigen, als daß't hier hockst und
mit mir deine Zeit verredest.

Ach, übrigens, der Mayrhofer läßt dich grüßen; er hat gefragt, ob ich nicht zu ihm ziehn wollte – jetzt, wo du fortgehst. Nu, ich denk, der Vater hätt es sicher nicht erlaubt – und weiß auch, ehrlich, selber nicht, ob ich gewollt hätt.

Aber horch, Schober, tu mir die Liebe und sieh zu, daß't nicht länger fortbleibst von Wien, als unbedingt sein muß, ja? Fahr nach Schweden, meinethalben, aber komm mir so rasch wie möglich wieder, sonst... Ich werd die Tage zählen, sag ich dir.

»Sang, Drang, bang« – »Wort, fort, Ort«: Na, siehg'st es jedenfalls, wohin das führt, daß du mich derart schmächlich im Stich läßt: Nun muß ich mir die Vers' zu meinen Liedern s e l b e r dichten, egal wie's wird! Nimm es mit, ich bitt dich – und diese beiden auch; es war'n die letzten, die ich hier in diesem Zimmer gemacht hab. Weißt', Schober, wenn'st das eine oder andre Lied mitnimmst von mir, dann hab ich das Gefühl, dir wenigstens d a r ü b e r nahe zu sein und zu bleiben.

»Den, der die weite Welt so schön erschuf...« Ach, Schober, ist sie denn wirklich so schön, die Welt? So schön, daß es sich lohnt, um davonzuziehn...? Wenn man bloß wüßte, was einen erwartet, dort – draußen...

Der Fuhrknecht – endlich! Kein Wort mehr jetzt – wir sehn uns später noch, vor zehne an der Grätzer Eilpost. Bis dahin – leb wohl; vergiß mich nicht. Lebe wohl, du lieber Freund...

———— ⚜ ————

»*T*äglich abwechselnde Vorstellungen in der edeln Reitkunst im *Circus gymnasticus* des Herrn de Bach; das Panorama von Wien, täglich von neun Uhr früh bis abends im Prater zu sehen; die k.k. Militär-Schwimmanstalt im Prater kann täglich vor- und nachmittags besucht werden.«

Die täglichen angekommenen und abgereisten Ausländer und Inländer, die täglichen Verstorbenen zu Wien, die täglichen »Meteorologischen Beobachtungen der kaiserlich-königlichen Universitäts-Sternwarte« – Thermometer, Barometer, Wind und Witterung betreffend –, der tägliche Kurs der Staatspapiere, Gold- und

Silbermünzen, die täglichen Wasserstände der Donau am Wiener Kanale, die täglichen Schauspiele der Theater, die täglichen Anzeigen der Kunst- und der Verlagsbuchhändler... Und natürlich die täglichen »edelmütigen Handlungen«, Stiftungen, Gaben und Geschenke, die der »Hofkriegsrat sich zur Angelegenheit macht, zur allerhöchsten Kenntnis Seiner k.k. Majestät zu bringen«. Die tägliche *Wiener Zeitung*...

Selbst das, wie's scheint, Besondere wie diese Annonce hier: »Musikalisch-deklamatorische Unterhaltung« im Badener Redoutensaale, welche die Herren Böhm und Payer – »ersterer auf der Violine, letzterer auf dem Pianoforte – mit obrigkeitlicher Bewilligung kommenden Sonntags von ein bis zwei Uhr Mittags zu geben die Ehre haben« – selbst dieses scheinbar doch Besondere ist letzthin so alltäglich abgeschmackt und fad, daß einem übel werden könnt davon.

Alles gerad so alltäglich, wie daß ich jetzt wieder auf dem Himmelpfortgrund wohn, beim Vater. Zwanzig Jahr lang das immer Gleiche, Tägliche, Alltägliche, bis eines Tages, früher oder später, alles das ein Ende hat – was für ein armes, kleines Leben!

Krepieren werd ich dran, an dieser teuflischen, widerwärtig t ä g - l i c h e n Gleichförmigkeit! Zu wissen, daß es heute ganz genauso ist, wie's gestern war und morgen wieder sein wird – als würde ein Kretin mit blödem Grinsen wieder und immer, immer wieder denselben Ton auf einer Narrentrommel schlagen: Und hört nicht auf! Und hört und hört nicht auf damit!! Was für eine Folter...

Manchmal, wenn ich so meine Noten schreib – manchmal denk ich fast bei mir, auch d a s wär alles immer nur derselbe, täglich gleiche Dreck: eine Klaviersonate nach der andern, und ist doch immer nur dieselbe: wie ein alter Rock aus gewendetem Stoff.

Oder vielleicht doch nicht? Vielleicht seh i c h ' s nur so – blind und taub für das Neue, nicht Alltägliche, was drinnen steckt...?

Solang ich mir noch diese Frage stelle...

— ❧ —

»... *d*ie Ankunft des Königs von Preußen in dem Haupt-
quartiere des Generals Ziethen zu Sedan. Die preußi-
schen Truppen waren daselbst zusammengezogen, und Lord Wellington wurde auch erwartet.« So wie die Krähen oft noch überm
Walde kreisen, nachdem der letzte Schuß schon längst verhallt ist.
»Unmittelbar darauf soll die Revue des russischen Corps von Wo-
ronzow bei Maubeuge statthaben. Der König von Preußen begleitet
hierauf den Herzog nach Valenciennes, wo alle englische, hannöver-
sche, dänische und sächsische Truppen versammelt sind. Nach dieser Musterung reist der König von Preußen mit dem Kronprinzen
der Niederlande und dem Prinzen Friedrich nach Brüssel.«

Mögen sie reisen, mit wem und wohin sie wollen, die Hoheiten
und Majestäten – was schert's uns? Der Patriotismus, den's uns ab-
gefordert haben all die Jahre, hat sich gründlich abgenutzt. Man
braucht bloß durch die Straßen gehn und die Leute anschaun, die an
ei'm vorüberhasten: aschgraue Gestalten ohne Glanz und Glück,
verschlossen, die Lippen aufeinandergepreßt, den Blick gesenkt –
ein jeder geht für sich, den eigenen Geschäften nach, mißtraut den
andern. Selbst gute Bekannte, die einander begegnen, nicken sich
höchstens kurz zu und eilen weiter – wo's früher sicher auf ein kleines Schwätzchen stehngeblieben wär'n. Müßiggänger gibt's schon
gar nimmer; keiner, der nur so zum Spaß flanieren täte. Die Prome-
naden sind wie leergefegt, obwohl's der schönste, sonnigste und
wärmste Mittseptember ist, den wir seit Jahren gehabt haben. Weil's
in den Herzen heuer z'kalt is...

»Der Pariser *Moniteur* versichert, daß der Herr Graf von Ruppin
sehr teure und werte Erinnerungen an unsere Stadt mit sich nehme
und daß die Franzosen Ursache haben, stolz auf die Aufmerksamkeit zu sein, welcher dieser erlauchte Reisende unserer Hauptstadt
und selbst Gegenständen zu schenken geruhte, die man dem Ernste
eines deutschen Helden fremd glaubte. Es muß erfreulich für die
Völker sein, zu sehen, wie durch so erhabene Beispiele Versöhnung
und Vergessen gelehrt wird.« Versöhnung und Vergessen: nichts lieber als das, und eher heut als morgen – aber wie? Durch Beispiele
gewiß nicht, und wären sie n o c h so erhaben. Aber schaffe es einer,
daß' den Leuten gut geht – daß sie in Frieden leben könn'n, alleweil

genug zu fressen ha'm, ein Dach überm Kopf und ihr mehr oder
minder sich'res Auskommen – schaff einer das, und sie vergessen alles und versöhnen sich mit jedem. Mehr will und braucht doch keiner! Und dann, wenn's allen gutgeht – dann soll noch einmal einer
komm' und sagen: So und so – das Vaterland verlangt's, das Volk
steht auf, der Kaiser ruft, die Bürgerpflicht und Mannesehre fordern
es, kurzum all das, was uns der Patriotismus auferlegt hat all die
Jahre; dann möcht ich sehn, ob sich auch e i n e r nur findet, der
hinter diesem Popanz herläuft!

O jemine, da red ich schon beinah daher wie der Ignaz! Schluß
mit der Politisiererei, Franzl: Halt dich an das, was't immer noch am
besten kannst – ans Komponier'n –, und laß das Agitieren deinem
Bruder und den andern, die sich drauf verstehn.

Nur daß man eben doch nicht taub und blind durchs Leben läuft,
nicht wahr? Ich hör und seh ja jeden Tag, wie's steht – und wenn die
Kunst den Leuten dermalen so ziemlich das letzte ist, worum's sich
scheren, dann geht's ja doch auch m i c h was an.

Versöhnung, Vergessen – und Friede, endlich und dauerhaft
Friede: das wär's, was nottäte. Wenn doch all jene, die im Krieg den
Segen Gottes auf ihre Waffen herabgebetet haben, jetzt mit der-
selben Inbrunst und demselben Glauben auf das Volk den Frieden
herabbeteten – statt daß sie immer noch ihre Truppen mustern und
Revue passieren lassen!

—— ⚓ ——

» *T* heresens Blumentopf. Ein zur Feier des Theresientages eigens
verfertigtes, niedlich und geschmackvolles Billet, mit einer
passenden Devise und Namenszug, ist ganz neu erschienen. Die meisten diesen Gegenstand führenden Handlungen sind damit um die
billigsten Preise versehen.« Tja, letztes Jahr noch wär ich gleich los-
gelaufen, ihr eins zu besorgen – letztes Jahr, als's noch so aussah, als
könnt es (gegen alle widrigen Umstände) schließlich d o c h etwas
werden mit der Therese Grob und mir. Und wenn ich heut darauf zu
sprechen komm – die selt'nen Male, daß wir überhaupt noch miteinander reden –, dann heißt es gleich: »Ach, Franzl, laß doch!«

Eh, wenn's mit Laibach was geworden wär, mit der Normal-
schulstelle... aber so – was bin ich s o schon für eine Partie?! Ein
sechster Schulgehülfe, weiter nix. Zuzeiten auch ein Musiker, gewiß – einer von denen, die beim Ball zum Tanz aufspiel'n und höflich einen Kratzfuß tun, wenn'st ihnen einen Kreuzer auf den Teller
wirfst.

Oder wenn wenigstens dem ziemlichen Erfolg der Messe, damals,
weiterer *succès* gefolgt wär: wenn ich eine eigene Akademie hätt geben könn'n, um mir Beachtung seitens der Kritik zu schaffen; wenn
sich ein Verlag gefunden hätt, der meine Sachen druckt; vielleicht
gar ein einflußreicher oder gut betuchter Gönner, dem ich dies
oder jenes Werk – in geziemend untertänigster Dankbarkeit und
Verehrung – hätte dedizieren dürfen...

Ach was, pfui Teufel über diese ganzen *wenn's* und *wär's* und
hätt's – damit kann jeder Narr ein Kaiser werden! Und außerdem,
was den *succès* betrifft, so werden sie schon sehn, die Leute, daß der
hochlöbliche Herr van Beethoven nicht der einz'ge ist in Wien, der
sich aufs Sinfonien-Schreiben versteht!

»Was gibt's: eine Sinfonie? Eine große Sinfonie in C, von... wie
war noch gleich der Name?«

»Schubert, Franz Schubert: Merken'S Eahna den Namen – der
junge Mann wird von sich reden machen. Ein neuer Mozart! Ein
würdiger Erbe Haydns und Glucks! Ein zweiter Beethoven!«

»Ein zweiter – wer?!«

»No, den wer'n'S nimmer kennen, den Louis van Beethoven: ein
Compositeur, der früher einmal stark in Mode war bei uns in Wien –
bis eben dieser kam, der Schubert...«

Geh, was für ein'n fürchterlichen Blödsinn man sich so zusammenphantasiert! Nur: daß diese »Große Sinfonie in C« – ganz
ohne *wenn* und *wäre* – eben k e i n e Phantasie ist! Eine »Große
Sinfonie in C« – das wohl; doch weder nach noch neben und schon
gar nicht gegen jemanden gehalten.

Sie können ruhig sein, mein lieber Herr van Beethoven: Meine
Verehrung für Sie und Ihre Musik geht denn doch viel zu weit, als
daß ich's wagen würde, mit meinen Werken Ihre Kreise stör'n zu
wollen.

Im Ernst: wer würde denn auch so vermessen sein, so eine Sinfonie von mir mit denen zu vergleichen, welche Sie geschaffen haben?! Wer außer einem Narren – außer so einem gottverdammten, unverbesserlichen Narren, wie ich selber einer bin.

Gegen dergleichen Narretei schützt man sich gerad so wenig – wie gegen die Pest; obwohl's ja dieses Mal, scheint's, doch die Seuche unter Kontrolle haben bringen können, in Dalmatien: »Nicht nur wurde jedes Haus, worin mit der Pest behaftete oder verdächtige Personen sich befanden, einzeln gesperrt, sondern auch die Orte, und endlich der ganze Bezirk, zu welchem diese gehörten, mit von zahlreichen und erfahrenen Sanitätswachen bewahrten Cordonslinien umwunden, auf solche Art also dem Übel ein dreifacher unübersteiglicher Damm gesetzt. Es gelang, die Pest auf die Orte ihres ersten Ausbruchs zu beschränken und diese sonst so verderbliche Krankheit selbst hier so unschädlich zu machen, daß nur vierzehn Personen an derselben starben.« Das wär etwas gewesen, wenn nach der Hungersnot nun auch noch die Pest nach Wien gekommen wär!

Ach, daß man sich doch gegen die Liebe gleichermaßen wirksam schützen könnte!

Oder wenigstens schnell und schmerzlos dran krepieren täte, wenn alle Hoffnung eh verloren ist.

―――― ❧ ――――

»Durch hohes Reg[ierun]gsdekret vom 6./16. Xbr. d. J. Z. 52148 wurde die Übersetzung des Schullehrers am Himmelpfortgrunde Franz Schubert [senior] auf den Schuldienst in der Roßau genehmigt u. beschlossen. Man versieht sich zu demselben, daß er die Schule in der Roßau ungesäumt antreten, u. durch eifrige Erfüllung aller seiner Pflichten sich dieser Gnade der hohen Landesstelle würdig machen werde.
Matth. Paulus Bischof von Antinopolis
Ex Consistorio Archieppli.
Wien, den 24ten Dez. 1817.«

―――― ❧ ――――

1818

*U*nd dank Euch auch sehr für das hübsche und so geräumige Zimmer, Herr Vater, das Ihr mir als Eurem Sohn und Schulgehilfen hier in der Roßau zugewiesen habt. Wirklich, ich weiß es zu schätzen, daß ich so fein und vornehm wohnen darf – in diesem Loch! In einer dunklen, ungeheizten Kammer, in der's von früh bis spät nach saurem Kohl stinkt, und in die sich nie ein Sonnenstrahl verirrt! Stünd da kein Bett, würd man bei Gott nicht glauben wollen, daß hier einer lebt...

Wär freilich gar nicht nötig gewesen, Herr Vater, daß ich so ein schönes Quartier bekomm: Bei alle Tag neun Stunden Schulgehilfendienst kann man's ja doch nicht recht nutzen und genießen. Neun Stunden! Vergeudet und vertan, um einer Bande kleiner Rotzlöffel in der Tafelklass' das ABC einzuprügeln!

Oh, und nicht genug dieser Ehre – reich wird man auch noch dabei: Gut sechseinhalb Kreuzer gibt's pro Tag – ein wahres Vermögen! Wenn man in Lumpen gehn wollt' und sich wohl auch das Essen abgewöhnen täte, käm man per anno wohl leicht auf vierzig Gulden! Und die neue achte Sinfonie von Beethoven, die's heute in der Zeitung anzeigen, kostet allein für das Pianoforte zu vier Händen schon zehne...

Ich würd lieber schwarzes Brot essen, ehe daß ich Lektionen gebe, hab ich dem Herrn Vater gesagt; jetzt geb ich Lektionen u n d ess' schwarzes Brot, derweil meine Musik zum Teufel marschiert.

Fort muß ich von hier, fort – oder ich gehe elendiglich zugrund! Ist es das, was Sie woll'n, Herr Vater? Daß Ihr Franz krepiert wie ein Vieh, weil er in diesem Schulhaus wie in einem Gefängnis steckt? Weil's für ihn hier keine Luft gibt zum Atmen? Und weil sich schon der kleinste musikalische Gedanke an den Wänden dieser Kammer blutig stößt, sobald er aus dem Hirnkast'l herausflattert? Aber das

ist es ja gerad, nicht wahr: daß ich sie einschließen soll, meine Musik;
daß ich nimmer komponieren und mir die Hirngespinste aus dem
Kopfe schlagen soll, ich könnt womöglich eines Tags ein Geld damit
verdienen. Aber was, Geld: Mich soll der Staat erhalten – ich bin
nun einmal für nichts als das Komponieren auf die Welt gekommen!
Dieser Schnee... der ganze Himmel hängt voll. Und kein Ofen...
    Aber wenn'S glauben, Herr Vater, damit könnten'S mir die Mu-
sik austreiben, daß Sie mich nach neun Stunden in der Tafelklass' ins
kalte Loch stecken, dann kennen Sie mich schlecht! Wenn ich meinen Schlafrock überzieh, wird's mir im Bett schon warm werden,
und meine Noten kann ich auch im Liegen schreiben. Was hab ich
dem Anselm neulich aus dem Cicero ins Stammbuch gesetzt? *Exi-
guum nobis vitae curriculum natura circumscripsit, immensum glo-
riae* – »eng ist der Raum, den die Natur unserem Leben zugemessen
hat, doch grenzenlos weit steht er offen dem Ruhm.«

———— ⚜ ————

Servus, Waldl – fein, daß't da bist! Der »zarte, sinnige« Dichter
besucht den »genialen, lieblichen« Komponisten in seiner armseligen Kammer – ist d a s eine Idylle! Verzeih übrigens das Durcheinander hier: Ich hab noch immer keine Zeit gehabt, mich einzurichten.
    Na, was sagst': Jetzt sa'mer also zwei berühmte Leut!
    Was denn, hast' es noch nicht gelesen? Na, hier: »*Mahlerisches Ta-
schenbuch für Freunde interessanter Gegenden, Natur- und Kunst-
Merkwürdigkeiten der Österreichischen Monarchie...* Auch in diesem
Jahre sprechen besonders die zwei zarten sinnigen Gedichte von
Johann Mayrhofer: *Auf der Donau* und *Am Erlafsee*, wovon das
letzte mit einer ebenso genialen als lieblichen Musik von Schubert
begleitet ist, den gefühlvollen Leser auf die angenehmste Art an.«
    Und jetzt – bitte sehr: a halbe Flasch'n Tokajer, um's gebührend
zu feiern!
    Das Büchel hast' aber schon, gelt? Was denn – das a u c h nicht?
Na, dann schau's dir an: Ich bin nämlich gleich zum Doll gelaufen,
um mir ein Exemplar abzuhol'n – wo's doch das allererste Mal ist,

daß was von mir gedruckt erscheint! Hier sind deine Gedichte...
hier das Lied... und schau mal, das Kupfer – jetzt hab ich endlich
auch eine Vorstellung vom Erlafsee, wo ich doch noch nie aus Wien
fortgewesen bin! Ein feiner Komponist, der seine Lieder über Sachen schreibt, von den' er gar nix weiß! Große Kunst, sag ich dir!
Aber's sieht gerad so aus, wie du's mir beschrieben hast. Wer weiß:
ich werd's vielleicht auch selber einmal sehn – wenn ich erst fort bin
aus diesem Gefängnis...

Hat der Doktor Sartori eigentlich nix gesagt dazu, daß ich nur
zwei von deinen fünf Strophen für mein Lied genommen hab? Und
Auf der Donau wär ihm nicht lieber gewesen, oder? Ich mein, weil
ich da dein g a n z e s Gedicht vertont hab. Obwohl dein »traurig
fortwucherndes Gesträppe« natürlich durchaus ungeeignet ist für
so eine Damoiselle, die ihrem Herrn Bräutigam mit einer charmanten Favorit-Romanze imponier'n will – ganz abgesehn davon, daß
es für Baß g'setzt ist! Und dann noch diese Harmonien, die gerad
so »fortwuchern« wie deine Verse: Anheben tut's in Es-Dur,
dann moduliert's nach c-Moll und gelangt über As-Dur, as-Moll
und CesDur – sieben B's, habe die Ehre! – nach fis-Moll, worauf's
dann auch endet, ohne daß es dem Komponisten eingefallen wär,
wie sich's gehört, zum Ausgangspunkt zurückzukehrn! Pfui, so a
krauses Zeug!

Aber weißt' was, Waldl: Ich find, es ist eins der schönsten Lieder,
die wir zwei bisher gemacht haben, und darauf trink'mer jetzt noch
ein Glas – darauf, und auf unsere gute Freundschaft!

A geh, was komm' dir denn da schon wieder die Tränen... so was!
Ist dir der Tokajer zu Kopfe gestiegen?

Nu hör schon auf – sonst fang ich noch selber an!

Überhaupt, du hast viel zuviel schwarze Gedanken – laß dir's gesagt sein, mein Lieber. Man kann doch nicht immer und überall nur
hadern mit sei'm Geschick – da müßt man sich am End ja aus'm
Fenster stürzen! Glaub mir, 's gibt keinen Sturm, nach dem's nicht
wieder hell und freundlich würde am Himmel.

Weißt' was, Waldl: wir müßten noch einmal eine Oper zusammen machen. Nicht so ein »komisches Singspiel« wie *Die Freunde
von Salamanka* – das Genre liegt, glaub ich, dir so wenig wie mir –,

sondern was Großes, Tragisches. Irgendein Stoff aus der Antike zum Beispiel – wär das nix?
Du, ich hab mir noch amal unsere *Iphigenie* angesehn, und dabei mußt ich an die *Taurische Iphigenie* vom Gluck denken, die ich damals mit Spaun und Körner gesehn hab: Das wär etwas, meinst' nicht? Ich bräucht das Lied bloß für Orchester zu setzen – und fertig wär die erste Szene! Und dein *Atys*, weißt' noch, den ich letzten Sommer in Musik gesetzt hab? Wenn'st den Text ein bißchen umstellen könnt'st, so daß es auf den Orest paßt, dann hätten wir gleich eine zweite Arie!
»*Iphigenie* – Oper in drei Akten von Johann Mayrhofer, dem allseits bekannten und gerühmten, ›zarten, sinnigen‹ Dichter; die Musik ist von Herrn Franz Schubert in der ihm eigenen ›genialen, lieblichen‹ Weise komponiert.« Ich sag's dir, Waldl: Mit so einem Werk sa'mer w i r k l i c h zwei berühmte Leut!

———— ❦ ————

Nein, nur noch das Scherzo und's Finale – für die Stimmen vom *Allegro* und vom *Andante* können'S meinethalben die Kopisten schon werkeln lassen.
Unbedingt z w e i Flöten, ja.
Hören'S zu, Hatwig, das weiß ich doch selbst – aber mit einer geht's nun einmal nicht. Außerdem haben wir das Problem ja nicht zum erstenmal. Zählen'S nur einmal nach, wie oft der Zwerger-Michel in den letzten Orchesterübungen nach einem Secondo-Kollegen hat Ausschau halten müssen – eben! Am besten wär, Sie würden gleich jemand wie den Bogner-Ferdl fragen, ob er nicht prinzipiell Lust darauf hätt, unserem Orchester beizutreten.
Nein, Klarinetten und Fagotte nur zwei – den Bschorner und den Heyne brauch'mer diesmal nicht.
Nächste Woche – ja, sind'S denn narrisch g'worden?! In zwölf Tagen ist dem Jaëll seine Akademie im *Römischen Kaiser*, und die Ouvertüre für die Eröffnung der zweiten Abteilung...
Na, eben n i c h t die zur *Villa Bella*, sondern eine n e u e Ouvertüre: 's ist schließlich das erste Mal, daß ein Orchesterstück von mir

öffentlich gegeben wird – da werd ich mich doch nicht mit einem Werk vorstellen, das seit gut zwei und einem halben Jahr im Schubkastel liegt! Nein-nein, da muß ich halt schon was Neues schreiben, und's muß auch was Ordentliches werden, daß ich meinen Namen draufsetzen kann.

Sicher hab ich auch erst an die neue Sinfonie gedacht, aber der Jaëll hat ausdrücklich eine Ouvertüre haben wollen. Also, das mit der nächsten Woche müssen'S sich jedenfalls aus dem Kopfe schlagen: So um die Märzmitte herum vielleicht, aber eher geht's beim besten Willen nicht.

Was denn, so bald schon? Ich dachte, Ihre neue Wohnung im Gundelhof wär erst nach den Fasten frei? Na, schau'n'S: dann können wir ja da mit meiner Sinfonie Ihren Einstand feiern! Gelt, das hätt wohl nie einer 'glaubt, daß der Schubert einmal vor lauter Kommissionen Not haben könnte, mit dem Komponieren nachzukommen?! Ich seh mich schon – den Notenstapel unterm Arm und die Tinte noch nicht trocken – von der Schottengasse ums Eck über die Freyung zur Renngass' hetzen, um rechtzeitig von Ihrer Wohnung beim *Römischen Kaiser* zu sein, weil's überall meine Sinfonien und Ouvertüren spielen! Am End werd ich noch so berühmt wie der Herr Beethoven!

Und soll ich Eahna – ganz im Vertraun – was sagen, Herr Hatwig? So gute Sinfonien wie d e r schreib ich schon lang! Werden's schon sehen, wenn ich Ihnen die fertige Partitur bring…

———

»*D*ie englischen Missionarien auf Otaheiti melden, daß daselbst und auf dem benachbarten Eimeo das Heidentum gänzlich verschwunden sei. Der König lieferte alle Götzenbilder den Missionarien aus, um sie zu vernichten oder als Seltenheit nach England zu schicken.«

Wo das wohl liegen mag, Otaheiti? Und was für eine Musik die Menschen dort machen…?

Rein gar nix weiß unsereins von der großen weiten Welt! Hockt alleweil auf demselben Fleck und glaubt, man hätte sonders was gesehn, wenn man mit der Eilpost einmal über Krems oder Znaim hinausgefahren ist.

Je nun, wenn's draußen so kalt und trüb ist wie heut, kann einem selbst der Heimweg vom nächsten Bierhäus'l wie eine Weltreise vorkommen!

Als ob der Hatwig das Wetter eigens bestellt hätt, damit ich brav daheim bleib und komponiere, daß meine Sinfonie d o c h bis nächste Woche fertig wird...

Ich würd ihm ja gern die Freude machen. Schlecht schaut er aus, der Hatwig – ganz grau und spitzig im G'sicht; der Ferdinand meint auch, er wird sich wohl bald zurückziehn.

Gelt, Bruder – das wär was, wenn'st an der Stelle von Herrn Hatwig das Orchester leiten dürftest? 's tät dich s c h o n in den Fingern jucken, uns herumzudirigieren und zu kommandieren, oder? Aber 's wird nix draus! Der Jaëll hat mir schon g'sagt, daß er und der Hatwig mit dem Josef Otter übereingekommen sind, daß e r unser Oberleiter werden soll, wenn der Hatwig nimmer kann oder mag. Und mit so einem Herrn Hofkapellen-Violin-Direktor kann mein lieber Bruder Ferdinand eben doch nicht konkurrieren... vielleicht gerad so wenig wie ich mit einem Herrn van Beethoven, was das Sinfonien-Schreiben anbelangt.

Aber ist es denn meine Schuld, wenn's mich immer mit d e m vergleichen?! Als ob die Sinfonien von Haydn, Mozart, Krommer oder Romberg gar nix wär'n und nur die Beethovenschen als Meßrute herhalten dürften! Sogar der Hatwig! Am End glaub ich noch selbst, daß ich so schreiben müßt wie der Beethoven, um etwas wert zu sein.

Na, mit der neuen Sinfonie gibt's da jedenfalls kein Vertun: Wenn überhaupt einer, dann sind's der Mozart oder der Haydn, die hier Patenschaft anmelden dürften – das heißt: nein, noch nicht einmal – m e i n e Sinfonie ist es, m e i n e Musik vom ersten bis zum letzten Takt: punctum!

———— ❧ ————

»*D*as Menuett? Welches Menuett denn – wart einmal... Mit einem Trio in E-Dur, sagst'?

Und wann, bitt' schön, soll das gewesen sein?

Nein-nein, da liegt's sicher nicht drunter.

Und das muß unbedingt h e u t noch sein? Was hast du's denn so eilig. Ich meine, wenn's bis morgen warten könnte, mach ich dir glatt ein halbes Dutzend neuer Menuetterln fertig – mit oder ohne Trio, ganz nach Belieben.

Nun sekkier mi' net, ich such ja schon! Daß es auch gerad dies eine sein soll...

H i e r sind ein paar Menuette, schau mal.

Nicht dabei? Tja... mit einem Trio in E... in E... d i e s ' Trio etwa meinst'?

Ja, da muß ich freilich passen: Auf das Menuett dazu kann ich mich beim besten Willen nicht besinnen.

Bestimmt nicht, glaub mir. Wenn's so lange her ist, wie'st sagst, dann wird es wohl auf dem Himmelpfortgrund geblieben sein.

Ferdl, ich sag's dir doch: Ich w e i ß es nimmer! Das Trio ja, aber das Menuett – nichts zu machen!

Das ging' schon, freilich – aber was willst' denn mit –

Na, ich frag ja bloß. Aber ein bißchen wird's dauern. Also: Trio zu betrachten als verlorener Sohn eines Menuetts. Von Franz Schubert für seinen geliebten Herrn Bruder eigens niedergeschrieben im Februar 1818.«

——— ❦ ———

*E*ine Fantasie.

Oder nein – wenn schon *à la mode*, dann richtig: eine *Fantaisie*!

Besser noch: eine *Fantaisie b r i l l a n t e* !

Oder wie wär's mit einer *G r a n d e Fantaisie brillante*?

Mit einer *Grande Fantaisie brillante d e C o n c e r t* vielleicht sogar? Mit einer Favorit-Arie oder einem anderen möglichst bekannten Thema, versteht sich, das platt genug ist, um auch den dümmsten Variationen standzuhalten – und so schwer, daß einem schon beim Lesen vor lauter Oktaven, Tiraden und Kaskaden ganz schwarz vor Augen wird. Ja, wer so was kann, ist heute fein heraus in Wien! Und wenn's ihm hier nicht mehr gefiele, könnte er auch (wie der

Kalkbrenner) nach Paris oder nach London gehn und brauchte nicht zu sorgen, daß alleweil das Geld im Säckel klimpert.

Seit die Herren Virtuosen den Ton angeben, können sich die Verleger kaum mehr all der Brillanterien erwehren, die ihnen Tag für Tag ins Kontor flattern. Selbst wenn's der größte Schund ist: Gedruckt wird's doch, und einen Narren, der's kauft, wird man schon finden!

Der Moscheles (der nicht mal einer von den Schlimmsten ist) braucht nur in die Tasten zu greifen – und schon stehn der Artaria, der Haslinger und der Spina da und fragen höflichst an, ob sie's wohl, bitt' schön, drucken dürfen? Nur wenn dann unsereiner kommt und eine Sonate oder dergleichen präsentiert, lehnen sie freundlich dankend ab.

Und wenn ich es a u c h könnte...?

Es wär doch keine Schand, solang's nicht eins von diesen billigen Machwerken wird, wie's jeder Stümper heut z'samm'bringt. Ganz aus meiner Haut herausschlüpfen kann ich wohl ohnedies nicht, aber ein wenig den Verlegern und dem Publikum um den Bart zu streichen, das müßte doch angehn?

Ein schlichtes *con espressione* zum Beginn (für die Liebhaber – und notabene die Liebhaberinnen – des Sentimentalen), eine *Polacca* mit gehörig vielen Noten (die dem Virtuosen Gelegenheit gibt, seine Fertigkeit auf die glänzendste Weise zu erproben), das Ganze gut gewürzt mit Ornamenten und Figuren – das müßte doch möglich sein...? *Fantaisie* für das Pianoforte, komponiert von Franz Schubert; ob *grande*, *brillante* oder *de Concert*, wird sich schon zeigen.

Aber ob so oder anders – ich glaube kaum, daß der Haslinger oder der Artaria darauf mehr als einen Blick verschwenden würde. Es läßt sich nun einmal nicht erzwingen – einen Hummel, Moscheles oder Kalkbrenner werd ich halt nie aus mir machen können, und wenn ich noch so viele *Fantaisien* schreiben tät: Man ist und bleibt doch immer der, der man ist.

Genau wie mich neulich der Hüttenbrenner überreden wollte, einmal ein Stückchen Prosa in Musik zu setzen – einfach so einen Text, ohne Metrum und Reim.

»Geh, Anselm, das kann ich nicht!« hab ich ihm gesagt, und er immer wieder: »Natürlich kannst du! Mußt es nur probieren...«

Dann kam auch noch sein Bruder Josef dazu, hörte sich an, was der Anselm mir vorgeschlagen hatte, und hieb in die gleiche Kerbe: »Wenn's einer kann, dann Sie, Herr Schubert!«

So lange gebeten und sekkiert haben mich die beiden (und dabei mein Punschglas immer hübsch aufgefüllt...), daß ich endlich nachgegeben habe. Gut und schön – aber was für einen Text?

»Wie wär's mit etwas daraus?« hab ich gesagt und das nächstbeste Buch gegriffen, was auf dem Tisch lag: Sartoris *Mahlerisches Taschenbuch*, wo Mayrhofers *Erlafsee* und meine Musik dazu drinnen stehn. Großes Gezeter: S o beliebig sei die Wahl des Textes denn doch nicht. Schließlich ist Anselm an mein Bücherbord gegangen, hat die Bibel vorgezogen und aufgeschlagen, wie's gerade kam: Evangelium Johannis, Kapitel 6, Vers 55 bis 58.

Na, in einer halben Stunde war die Sache abgetan – mehr schlecht als recht, wie's nicht anders sein konnte. Und daß der Josef vor Begeisterung über mein »Genie« fast losgeheult hätte, heißt noch gar nix: Erstens hatte er wenigstens ebensoviel Punsch getrunken wie ich, und zweitens gefällt d e m doch alles von mir.

———— ❧ ————

Schubert läßt sich einen Paß für Ungarn ausstellen und reist wenig später nach Zséliz, wo er – mit einem Gehalt von monatlich 75 Gulden (Konventionsmünze) – als Musiklehrer der beiden Töchter Marie und Karoline des Grafen Johann Karl Esterházy von Galántha angestellt ist.

Grüß dich, Mayrhofer! Und Spaun und Schober – servus alle miteinander! Also, da ist er – ich hab ihn! Hier: »Schubert, Franz. Roßau, im Schulhaus Nummer 81 bei seinem Vater Franz, Schullehrer allda.« Und »allda« mag er auch bleiben, wenn's ihm beliebt – m i r beliebt's nur gerade n i c h t!

Hört weiter: »Alter: Einundzwanzig. Charakter oder Profession: Musikmeister bei Johann Esterházy. Ledig.« (Schober, lach net so säuisch!) »Reiset nach: Zséliz in Hungarn. Dauer des Passes: fünf Monate.«

Verbrieft und versiegelt – 's kann nix mehr passieren! Jetzt hält mich keiner mehr hier, das sag ich euch – nicht einmal ihr, liebste, teuerste Freunde, obgleich ihr mir natürlich a l l e s seid und immer bleiben werd't.

Frei! Fort und hinaus – und leben und komponieren werd ich wie ein Gott, als wenn es so sein müßte! Einsam, und doch...

Was meinst', Waldl? Du hätt'st gerad dafür (und mir zum Lebewohl) ein Gedicht gemacht? Dank dir...

»Gib mir die Fülle der Einsamkeit...« Nun, so versprech ich dir – vor den anderen als Zeugen versprech ich dir, daß es das erste sein soll, was ich in Zséliz machen werd: dir, Mayrhofer, zum Dank – und euch, liebste Freunde und teuerste Gefährten, zum Zeichen meiner unveränderlichen Liebe! Und es wird und soll mein Bestes werden, was ich gemacht haben werd bis dahin – erstmals wirklich frei und ohne Sorgen!

Gott sei Dank, daß ich jetzt e i n m a l leben werd! Zeit war's, allerhöchste Zeit – sonst wär noch ein verdorbener Musikant aus mir geworden. So aber mag's vielleicht gar zur Unsterblichkeit geraten, was ich vorhab; nicht zu der von Schwert und Schlacht, Waldl, von der'st in deinen Versen schreibst, doch immerhin zu der, die ich mir mit der Feder erkämpfen will. Wie ein Gott – leben und komponieren wie ein Gott...

Aber hört, daß ihr mich ja net vergeßt und mir recht bald und oft schreibt, ja? Sagt's auch dem Vogl und allen möglichen Bekannten, daß mir jeder Buchstab von ihnen und von euch doppelt teuer ist, weil ich ja doch während der drei, vier Monate dort heraußen im fernen Ungarn nix andres haben werd als eure Post.

Nu, wer weiß freilich, wie's werden wird – ob ich nicht als ein ganz und gar anderer von Ungarn wiederkehr'? Das Ideal, ihr Lieben, ist ja doch ein eigen Ding: Oft find't man's gerade da und dann, wo und wenn man's nie und nimmer erwartet hätt.

———— ⚓ ————

»*N*un also eine Beschreibung für euch alle, liebe Freunde: Unser Schloß ist keins von den größten, aber sehr niedlich gebaut. Es wird von einem sehr schönen Garten umgeben. Ich wohne im Inspektorat. Es ist ziemlich ruhig, bis auf einige vierzig Gänse, die manchmal so zusammenschnattern, daß man sein eigenes Wort nicht hören kann. Die mich umgebenden Menschen sind durchaus gute. Selten wird irgendein Grafengesinde so gut zusammengehen, wie dieses. Der Herr Inspektor, ein Slavonier, ein braver Mann, bildet sich viel auf seine gehabten Musiktalente ein. Er bläst jetzt noch auf der Laute zwei ¾-Deutsche mit Virtuosität. Sein Sohn, ein studierender Philosoph, kam gerade auf die Ferien, ich wünsche ihn recht lieb zu gewinnen. Seine Frau ist eine Frau wie alle Frauen, die gnädig heißen wollen. Der Rentmeister paßt ganz zu seinem Amte, ein Mann mit außerordentlichen Einsichten in seine Taschen und Säcke. Der Doktor, wirklich geschickt, kränkelt mit seinen vierundzwanzig Jahren wie eine alte Dame. Sehr viel Unnatürliches. Der Chirurgus, mir der liebste, ein achtbarer Geist von fünfundsiebzig Jahren, stets heiter und froh. Gott gebe jedem ein so glückliches Alter. Der Hofrichter, ein sehr natürlicher, braver Mann. Ein Gesellschafter des Grafen, ein alter lustiger Geselle und braver Musikus, dient mir oft zur Gesellschaft. Der Koch ziemlich locker, die Kammerjungfer dreißig Jahr alt, das Stubenmädchen, sehr hübsch, oft meine Gesellschafterin, die Kindsfrau eine gute Alte, der Beschließer mein Nebenbuhler. Die zwei Stallmeister taugen viel besser zu den Pferden als zu den Menschen. Der Graf, ziemlich roh, die Gräfin stolz, doch zarter fühlend, die Comtessen gute Kinder. Vom Braten bin ich bisher verschont geblieben. Nun weiß ich nichts mehr; daß ich mit meiner natürlichen Aufrichtigkeit recht gut bei allen diesen Leuten durchkomme, brauche ich euch, die ihr mich kennt, kaum zu sagen.

Allerdings muß ich mir in Zséliz alles selbst sein. Compositeur, Redakteur, Auditeur und was weiß ich noch alles. Für das Wahre der Kunst fühlt hier keine Seele, höchstens dann und wann (wenn ich nicht irre) die Gräfin. Ich bin also allein mit meiner Geliebten und muß sie in mein Zimmer, in mein Klavier, in meine Brust verbergen. Obwohl mich dieses öfters traurig macht, so hebt es mich auf der andern Seite desto mehr empor. Fürchtet euch also nicht, daß ich länger ausbleiben werde, als es die strengste Notwendigkeit erfordert. Mehrere Lieder entstanden unter der Zeit, wie ich hoffe, sehr gelungene.

Und nun, liebe Freunde, lebt alle recht wohl; schreibt mir ja recht bald. Es ist meine teuerste, liebste Unterhaltung, eure Briefe zehnmal zu lesen.

Mit ewiger Liebe, euer treuer Freund Franz Schubert.«

———— ❧ ————

»*D*u glücklicher Mensch! Wie sehr ist Dein Los zu beneiden, lieber Bruder! Du lebst in einer süßen, goldenen Freiheit, kannst Deinem musikalischen Genie vollen Zügel schießen lassen, kannst Deine Gedanken wie Du willst hinwerfen, wirst geliebt, bewundert und vergöttert...«

Ach, Ignaz, wenn du wüßtest – wenn du wüßtest! Freiheit? Ja, schon – aber weder süß noch golden. Geliebt, bewundert und vergöttert? Außer von dir wüßt ich beim besten Willen nicht, von wem. Und die Gedanken, die ich hinwerf', wie ich will, gehn allesamt in Scherben – wie die Sonat'n für Klavier, mit der ich mich derzeit herumplacke und die so wenig von der Stelle kommt wie so vieles anderes, was ich in letzter Zeit versucht hab. Trotz allem Fleiße schaff und schaffe ich es einfach nicht, in meine Dinge eine rechte Ordnung zu bringen.

Den vollen Zügel kann und soll ich schießen lassen? Herzlich gerne – aber was tun, wenn der eine Gaul sich nicht vom Flecke rührt, während der andre mit mir durchgeht und mich in'n Dreck wirft?! Da hilft mein ganzes »musikalisches Genie«, wie's t schreibst, rein gar nix! Hinzu kommt, daß meine Sehnsucht nach Wien täglich wächst. Wenn ich die Leute um mich herum nicht alle Tage besser kennenlernte, so ging' es mir noch ebenso gut wie anfangs. So sehe ich aber, daß ich unter diesen Menschen doch eigentlich allein bin.

Und dennoch, Ignaz: Trotz alledem hab ich's nicht einen Augenblick bereut, d i e s e n Weg gewählt zu haben anstatt dem, den unser Vater für mich hätte haben woll'n – schon gar nicht, wenn ich les', wie du »als ein elendes Schullasttier allen Roheiten einer wilden Jugend preisgegeben, einer Schar von Mißbräuchen ausgesetzt

bist, und noch überdies einem undankbaren Publikum und dumm-
köpfigen Bonzen in aller Untertänigkeit unterworfen sein« mußt.
Beneide ruhig mein Los, liebster Bruder – wenn's dir das deine etwas
leichter werden läßt!

Übrigens wundert's mich nicht im geringsten, daß es – wie du
schreibst – »in unserm Hause schon so weit gekommen ist, daß man
sich nicht einmal mehr zu lachen getraut, wenn ich vom Religions-
unterricht eine abergläubisch lächerliche Schnurre erzähle«. Es war
doch immer so, daß mit dem Vater über religiöse Gegenstände nicht
zu reden war! Und so wie du heut »unter solchen Umständen gar oft
von innerlichem Ärger ergriffen« wirst und »die Freiheit nur dem
Namen nach« kennst – so ging es mir doch auch, bis ich unserem
alten Herrn – mit Verlaub – den Kram vor die Füße gepflanzt hab!
Du hast schon recht: Von allen diesen Dingen bin ich nun frei, bin
erlöset, seh und höre von all diesen Unwesen nichts mehr. Aber
glücklich...?

Doch, Ignaz – doch, ich b i n glücklich! Und wo ich's nicht bin,
hat es nichts mit dem zu tun, was ich allein entscheiden oder fügen
könnte...

———— ᴗᴗ ————

» *L* ieber Bruder Franz! Daß es Dir recht gut geht, freut mich von
Herzen. Mache nur, daß Du bald kommst, denn alles fragt
mich, wie lange Du denn noch ausbleibst. Unser guter Vater sagte
mir, daß sogar Deinen kleinen Schwestern (Marie und Bebi) die Zeit
schon lang wird, und täglich sich erkundigen: Wann kommt denn
einmal der Franz?«

Und w e n n ich komm, wird »unser guter Vater« gleich nix Besseres zu tun haben, als mich wieder unters Schulgehilfenjoch zu
spannen – nein, danke: da hab ich's hier doch allemal besser!

Zumal meine beiden Schülerinnen, seit ich in Zséliz bin (und der
Musikunterricht ein wenig regelmäß'ger stattfind't als daheim in
Wien) am Pianoforte ganz erstaunlich große Fortschritte gemacht
haben, mein' ich. Wobei die Comtesse Karoline – obwohl's doch fast
drei Jahre jünger ist – ihrer Schwester Marie geradezu den Rang abläuft. Wie sie heut den *Secondo*-Part *prima vista* ab'spielt hat, ganz

ohne jeden Fehler... Sie ist ja überhaupt ein reizendes Geschöpf, die junge Comtesse.

Nein, lieber Bruder: so, wie es ist – so zieht mich nicht sehr viel nach Wien zurück...

Er kann froh sein, außerdem, der Ferdinand, daß ich gerad letzthin, am Michaelistag, net da war – wo er doch sicher wieder ein Konzert im Waisenhaus 'geben haben wird, zum Namensfest des Herrn Direktor Vierthaler; und sicher wieder mit Musik von mir – wenn er's nicht etwa wieder als was Eigenes ausgibt, wie einmal meine *Namensfeier*-Kantate. So wichtig jedenfalls, wie er sich immer fühlt dabei, wär's doch z u schade, wenn er mir was hätt abgeben müssen von seinem Ruhm.

Was er wohl g'macht haben wird, dies Jahr? (Merkwürdig, daß er gar net an'fragt hat, ob ich ihm nicht was schreiben könnte, für die Gelegenheit...) Die Polonaise in B für die Violin' vielleicht – mit ihm als *Violino principale*? Wo doch die doppelte Funktion als Dirigent und Solist – doppelten Ruhm verspricht!

Na ja, was schert's mich. Soll er den Ruhm gern doppelt oder dreifach einheimsen, mein treuer, aufrichtiger Bruder – von Herzen: Von dem, was ich schreib, kann ich ihn ja leicht noch musikalisch miternähren. Und jetzt zurück zum Schreibtisch – damit meine Comtesser'ln morgen wieder was zum *Prima-vista*-Spielen haben!

——— ✺ ———

Wiener Zeitung: »*Angekommene Ausländer und Inländer. Den 19. November: [...] Graf Johann Karl v. Esterházy, k.k. Kämmerer, samt Familie aus Ungarn.*«
Um etwa dieselbe Zeit dürfte auch Schubert nach Wien zurückgekehrt sein – nicht in das väterliche Schulhaus allerdings, sondern in das Haus Nr. 420 in der Inneren Stadt, wo er bis Ende 1820 gemeinsam mit Johann Mayrhofer wohnt, der seinerseits als »Zimmerherr« der Frau Anna Sanssouci im dritten Stock logiert.

——— ✺ ———

1819

Schnee... wie wenn die Natur ein Sordino aufgezogen hätt; selbst das Rollen der Fiaker hört man hier heroben im dritten Stock nur so gedämpft, als wär's ein paar Straßen weit weg... und überall Masken und Dominos, die zu den letzten Bällen laufen – wo doch über fünf Tag Aschermittwoch is...

»Mayrhofer...?«

Nicht da.

Dieses schmutzige Einerlei, grauweiß wie ein Bahrtuch – und groß genug, daß die ganze Welt darunter paßt.

Und wenn man die Augen zumacht, schneit's da herinnen trotzdem weiter: rote Schlieren, die langsam auf und ab tanzen – auf... und ab... und auf und ab... wie lebendige Würmer, die im Auge herumschwimm'...

»Johann, bist' da...? Wo bist' denn...?«

Merkwürdig – ich hab ihn gar nicht fortgehn hören. Nu, zu ei'm Ball ist er jedenfalls nicht, der Mayrhofer – Weiberfeind, der er is! Obwohl: ich geh ja auch auf keinen...

Vielleicht hat er sich hingelegt und schläft...?

Nicht einmal ein halb's Jahr wohn' wir jetzt miteinand', aber's ist schon gerad so wie bei ei'm alten Ehepaar – etwaige Zänkerei'n und Eifersüchteleien eingeschlossen, *notabene*: zur Erheiterung und zum gegenseitigen Behagen, damit's uns nicht fad wird!

»Nicht wahr, Waldl, so is es doch: alles bloß, damit uns nicht fad wird...?!«

Nix.

Oh, wie er zum Beispiel wieder eingeschnappt sein wird, wenn er sieht, daß ich ein Lied nach einem Text von ei'm andern als ihm gemacht hab!

»Silbert? Johann Petrus Silbert? Kenn ich nicht. Wer is das?«

Nu, ein Dichter halt.

»*Abendbilder*... Wo hast' denn das her?«

Ich weiß nimmer; irgendwo gefunden, in ei'm Almanach, glaub ich... – 's is zwar nix Großes, aber doch ganz hübsch, find'st nicht?

»›Still beginnt's im Hain zu tauen, / Ruhig webt der Dämm'rung Grauen / Durch die Glut / Sanfter Flut...‹ Ganz hübsch, ja.«

Weißt', ich bin vor allem wegen der dritten Strophe drauf gekommen: ›Horch! des Abendglöckleins Töne...‹ Bei mir ist es ein fis, immer und immer wieder dasselbe fis, das ang'schlagen wird – zweiadreißigmal! Ganz egal, wo die andern Harmonien gerad stehn: immer fis! Siehg'st es...?

» Fis, ah ja.«

Und was gibt's bei dir Neues?

»Oh, nicht viel... und für dich wär's außerdem ganz uninteressant, wo du m e i n e Poesie ja offenbar über bist...«

Unsinn, was red'st denn!

»... und wo dir, wie's scheint, die ›ganz hübschen‹ Verse eines Herrn Silbert zur Inspiration genügen...«

A Schmarr'n!

»... da will ich dich auch nicht länger stören, lieber Franz. Adieu fürs erste.«

Tür zu – Abgang.

Wirklich, ganz wie ein altes Ehepaar, das sich zur Erheiterung und zum gegenseitigen Behagen die Kanten zuwendet – damit ihm nicht fad wird!!

Was red' ich denn – so ein Unsinn, so ein narrischer! Gut, daß ein'n keiner hört...

»Oder hast' mir doch zug'hört, heimlich?«

Kein Ton.

Und wenn schon...

Und wenn's ihm nicht paßt, dem Herrn Johann Mayrhofer, daß ich von Zeit zu Zeit mit andern Versen als den seinigen Umgang pflege, dann g e r a d e, sag ich: dann mach ich nicht ein', sondern gleich z w e i Lieder vom Silbert!

»Des Himmels Land« – aus dem's hernunter schneit auf die Welt... alles zudeckt... und sich verliert, im Strom der Verhält-

nisse... und in der Zeit. Oder wie's in der Zeitung steht: Daß ein
französischer Reisender vor kurzem in Ägypten, neun Stunden vom
Roten Meere, im Gebirge die Überbleibsel einer alten Stadt entdeckt hat, von der noch acht Häuser aufrecht stehn, und wo sich
unter den Trümmern Tempel, alte Bildsäulen etcetera befinden.

Nu, wer weiß: am End bleibt auch von u n s nicht mehr als so
ein Trümmerfeld, das irgendwann einmal ein Reisender entdecken
wird.

»Johann, hörst'...? Ein Trümmerfeld!«

In dem nur alte Bildsäulen davon erzähl'n, was hier einmal gewesen is: Pforten, durch die keiner mehr geht; Zeichen und Bilder,
die nix mehr bedeuten – begraben unterm Schnee der Jahrtausende.

Dann ist ein Mayrhofer gerad so viel wert wie ein Silbert und eine
Ouvertüre von mir nicht mehr und nicht weniger als eine vom Rossini – weil das eine so fremd und verlor'n ist wie's andere; das nenn
ich Gerechtigkeit!

———— ❧ ————

*Sonntag, 28. Februar 1819: In einer »musikalisch-
deklamatorischen Akademie« Eduard Jaëlls (im
Römischen Kaiser) wird erstmals ein Lied Schu-
berts öffentlich aufgeführt: Schäfers Klagelied, von
Goethe, »gesungen von Herrn [Franz] Jäger,
Opernsänger im Theater an der Wien«.*

———— ❧ ————

*Schubert verbringt den Sommer mit Johann
Michael Vogl in dessen Heimatstadt Steyr.*

» L ieber Bruder! Ich glaube wohl, daß dich dieser Brief in Wien
treffen wird und du dich gesund befindest.

Die Gegend um Steyr ist über allen Begriff schön. Ich befinde
mich bis jetzt recht wohl, nur will das Wetter nicht günstig sein. Es
war hier gestern den 12. ein sehr starkes Gewitter, welches in Steyr
einschlug, ein Mädchen tötete und zwei Männer am Arme lähmte.
In dem Hause, wo ich wohne, befinden sich acht Mädchen, beinahe

alle hübsch. Du siehst, daß man zu tun hat. Die Tochter des Herrn von Koller, bei dem ich und Vogl täglich speisen, ist sehr hübsch, spielt brav Klavier und wird verschiedene meiner Lieder singen. Sie heißt Josefine (wird aber von allen, die ihr nahestehen, »Pepi« gerufen), ist achtzehn Jahre alt, wirklich ganz allerliebst und sehr talentiert. Es scheint überdies, daß sie (genau wie alle anderen hier in Steyr) an meiner Musik einen rechten Narren gefressen hat; vor ein paar Tagen bat sie mich, ob ich ihr nicht eine Sonate komponieren wolle – mit einem so reizenden Augenaufschlag, daß ich mich gleich, als ich wieder in meinem Zimmer beim Doktor Schellmann war, hingesetzt und ein paar Einfälle notiert habe. Zwei Sätze sind schon fertig, und den letzten (denn es wird eine Sonate ohne Menuett oder Scherzo werden) hab ich dem Fräulein Josefine für den heutigen Sonntag abend mitzubringen versprochen.

Mit Vogl und meinem alten Konviktsfreund Albert Stadler, der allhier in Steyr beim Kreisamte angestellt ist, unterhalten wir uns sehr gut: Nach einem geselligen Spaziergange oder vollbrachtem Tagwerk sitzen wir im Musiksalon des Herrn von Koller zusammen und huldigen der Musik *alla camera*. Fräulein Josefine, ich, Vogl und Stadler erfreuen uns da der angenehmsten Stunden im abwechselnden Vortrage meiner Lieder und Klavierstücke und auch vieler Piècen und Opern aus Vogls Repertoire. Nach der Musik setzen wir uns zum Souper und bleiben dann noch ein paar Stündchen heiter beisammen.

Von eigentümlicher Wirkung war gestern der Versuch (natürlich nur unter uns), den *Erlkönig* zu dreien zu singen: Ich sang den Vater, Vogl den Erlkönig, Fräulein Josefine das Kind, und Stadler spielte. Er und Vogl sind schon ganz neugierig auf die Sonate, und ich muß nun schließen, damit sie für heute abend wirklich fertig wird. Grüße mir Eltern und Geschwister, deine Frau und alle Bekannten, Dein ewig treuer Bruder Franz.«

———— ✦ ————

*L*ieber – sehr lieber – allerliebster Vogl! Groß als Freund und größer noch als »Sänger, der vom Herzen singet und das Wort zum Herzen bringet«, wie unser lieber Albert Stadler es in seinen unsterblichen Versen gedichtet hat.

Wenn wir allheut und allhier in Steyr im Hause des verehrten Herrn von Koller zusamm'kommen sind, so hat das, wie du's dir denken kannst, seinen Grund. Und's täte mich wundern, wenn du selbigen nicht ahntest – ist es doch heute exakt einundfünfzig Jahre her, daß du – gewissermaßen als »Vöglchen« noch, wenn'st mir das Wort erlaubst – in die Welt geflattert gekomm' bist, um sie mit deinem Gesang zu unterhalten, zu erbau'n, zu beglücken.

Ein Astrologus würde hier gewiß darauf hinweisen, daß die Sonne an Tag und Stunde deiner Geburt im Sternbild des Löwen stand, der – wie man weiß – als König über die Tierwelt herrscht wie du über die Welt des Gesanges; und ist nicht die Donnerstimme des Löwen ein treffliches Sinnbild des aus voller Seele tief heraufsteigenden Tönens d e i n e r Kehle?

Was, herzlieber König der Sänger, wären meine Lieder, was überhaupt wär'n wir armseligen Komponisten – gäb es nicht dich, um die schüchternen Versuche, unsre Seele in Töne zu gießen, singend zu höchsten Künstlerhöh'n emporzutragen vor den Thron der Musen?!

Aber genug der Worte – seh ich doch schon den feuchten Schimmer der Rührung in deinem Auge glänzen. Vieles wohl hätte ich noch zu sagen, »doch ein Kranz, ein Sinngedicht ist der Lohn des Künstlers nicht« – um ein zweites Mal Stadlers erhabene Dichtung zu zitieren.

Und hüte dich, Vogl, sie gar zu fad zu finden, die Verse unseres Herrn Kreiskommissärs: Weil nämlich nun der Dichter, die Pepi Koller, der Bernhard Benedict und meine Wenigkeit zum Pianoforte gehn und dir zur Ehre (und auch zum Vergnügen, hoff ich) ebendiese Verse zum Besten geben werden – in Musik gesetzt von einem, der sich rühmen darf, dein Freund zu sein, dessen Namen zu nennen – mir jedoch die Bescheidenheit verbietet.

Ah, der Herr Vizefaktor Paumgartner – habe die Ehre.

Na, und wie fanden'S unsere kleine Kantate? Sie ist doch recht gut ausgefallen, nicht wahr? Und er hat nicht die leiseste Ahnung g'habt, der Vogl!

Oho, etwas Geschäftliches – wo ich doch Urlaub hab…?! Na, lassen'S immerhin hören, womit ich Ihnen zu Diensten sein kann…

Die *Forelle* vom Schubart – freilich entsinn ich mich; Sie kenn's wohl vom Stadler, gelt?

Dacht ich's doch: Er hat nämlich damals, als er noch in Wien war, so ziemlich alles kopiert, was ich an Liedern gemacht hab. Nu, 's freut mich, daß es Ihnen so sehr gefällt.

S o sehr, daß Sie's gern als Variationen hätten?

Ein Variationssatz darüber, in einem Quintetto?

Für Pianoforte und Quartett, aber statt der zweiten Violin eine Violone dabei, oder ein'n Baß?

Ja…

Vielleicht, ja… Ich will gern drüber nachdenken, aber versprechen – v e r s p r e c h e n kann ich nix…

———— ❧ ————

W\as sagen'S – er schläft, der Vogl? Am hellichten Tage?! O jemine, das unsolide Leben, das wir hier in Steyr führen…

Aber soll er, meinethalben: da's heute einmal n i c h t der Vogl is, den ich such, mag Ihr Logiergast getrost der Ruhe pflegen!

Zu wem sonst ich will? No, zu wem sonst wohl als zu I h n e n , lieber Paumgartner – wo doch, soweit ich weiß, niemand anders als nur der Vogl und Sie hier wohnen! Das heißt, versteht sich, nur, wenn's dem Herrn Hauptgewerkschafts-Vizefaktor möglich wär, seinem untertänigsten Diener einige Minuten seiner knappen Zeit zu widmen – was übrigens, wie ich mir einzubilden schmeichle, nicht Euer Wohlgeboren Schade sein sollte. Weil, nämlich: ich hab nachgedacht, inzwischen – wobei »inzwischen« heißt, seit wir letztens bei dem Herrn von Koller über dieses und jenes gesprochen haben – bei Vogls Geburtstagsfest: Sie erinnern sich?

Weh und ach – er weiß es nimmer! Erst zwei und eine halbe Woche ist es her, und schon vergessen!

Worüber wir gesprochen haben? Nun, über dies und jenes, wie gesagt – und über etwas, das ich Ihnen nicht hab versprechen könn'n, worüber ich aber g'sagt hab, daß ich gerne nachdenken wolle – was, wie ich Ihnen justament sagen wollte, inzwischen also g'schehen ist.

O nein, kein Wort: S i e wollten was von m i r – nun müssen Sie schon selber darauf sinnen, was es war...

Das Quintuor – genau! Gehn'S, lieber Herr von Paumgartner, seien'S Ihrem Schubert, bitte schön, nicht bös von wegen sei'm Übermut; ich weiß ja selber nicht, weshalb mich heut der Hafer derart sticht. Das heißt, im Grunde weiß ich's schon: Weil ich, seitdem Sie mir von dem Quintett gesprochen, nicht nur daran g e d a c h t , sondern auch g e m a c h t hab – und zwar so gut und gern und viel, daß es seit heute früh gewissermaßen fertig ist! Auch wenn ich's noch nicht ins Reine g'schrieben hab, doch immerhin so weit, daß wir's einmal probieren könnten; wenn Sie das Cello übernehm' und ich das Pianoforte, fehlten nur noch eine Geige, eine Bratsche und ein Baß. (Sie sehn, ich hab es net vergessen: Pianoforte und Quartett sollte es sein, doch statt der zweiten Violin eine Violone dabei, oder einen Baß.)

Und – ja, ach ja: das Wichtigste natürlich auch – das Lied, die Schubartsche *Forelle*. Als *Thema. Andantino*, und sechs Variationen hinterdrein – Euer Hochwohlgeboren alleruntertänigster, allergehorsamster Diener!

Ah, was – red' mer net davon; wenig genug ist es – und wenn's Ihnen eine Freude macht, dann um so besser.

Sie ahnen ja nicht, was es für mich ist, daß mich der Vogl mitgenommen hat nach Steyr. Wie alles, was mir hier begegnet – von Ihnen, von den Kollers, dem Stadler und all den andern lieben Menschen hier – wie alles dies mir ein so herrliches Geschenk zu sein scheint, daß ich gar nicht weiß, wie ich es mir verdient hab.

Daheim in Wien, müssen Sie wissen, ist es eine Qual für mich. Sicher, auch dort gibt es Freunde – gibt es geselliges Beisammensein, Musik, Gespräche –, nur eben so, als wär's... ein Abbild, irgendwie... ein Schattenspiel: verstehn Sie, was ich meine? Als ließe ein Gaukler im Halbdunkel einer Bühne die schönsten und herrlichsten Dinge vor dem Publikum erscheinen, die sich – sobald das Licht im Saale wieder angezündet ist – als ganz gewöhnlicher, billiger Tand erweisen. Und daß man sich hernach fast schämt, den faulen Zauber einen kurzen Augenblick lang für wirklich gehalten zu haben.

Wissen Sie, wie das ist, Paumgartner? Wie man so oft und lang betrogen wird, daß man am Ende niemandem mehr glaubt – nicht einmal mehr sich selbst? Und doch ist es nur d a s , was zählt in Wien: Betrug; die Kunst, das Falsche möglichst wahr scheinen zu lassen...

Verzeihen Sie – ich wollt Sie nicht sekkieren. Wahrscheinlich ist es hier nicht einmal anders, und bloß m i r scheint's gegenüber Wien das Paradies zu sein!

Übrigens, die veränderte *Forelle*: wohin damit – was meinen Sie? Für einen ersten Satz (oder gar ein Scherzo) taugt ein solches *Con variazioni* ja mitnichten, während für ein *Andante* mir das Thema denn doch ein wenig leicht zu wiegen scheint. Als Finale hingegen – ich weiß nicht recht, aber wirklich glücklich bin ich auch d a m i t nicht. Das Beste (wenn auch gegen alle Regeln) wäre, ich würd noch einen fünften Satz dahinter setzen...

———— ❧ ————

A-Dur, sag ich dir – die Wochen mit Vogl in Steyr war'n das reinste A-Dur: wie die Sonate und das Quintett, die wo ich dort gemacht hab! Innige Zufriedenheit, ein warmes, mildes Sonnenlicht, Heiterkeit und Ruhe – A-Dur eben... No, was will ich dir lang erzählen: du kennst ja Steyr allemal besser als ich – bist ja selber von dort: 's ist das ganze Gegenteil von Wien, jedenfalls. Siehg'st es ja selbst, lieber Mayrhofer: Kaum, daß ich wieder hier bin, geht's wieder in g-Moll, wie bei dei'm *Winde*!

Weißt', mein Lieber, dir tät es auch gut, einmal wieder fortzukomm' aus Wien, bevor'st hier ganz versauerst. Nicht gerade jetzt im Herbst vielleicht – aber sobald's wieder wärmer wird, im Frühjahr. Wir könnten dann zusamm' nach Steyr gehn, du und ich – was meinst'? Für drei, vier Wochen bloß: Das wäre schon genug, dich (und mich auch) ein wenig freier atmen zu lassen als hier in uns'rem Zimmer, wo ei'm die Decke auf den Kopf drückt und das Haus gegenüber jeden Licht- und Sonnenstrahl von draußen schluckt. Kein

Wunder, daß't dermaßen zur Schwermut neigst! Und in Steyr
würd'st mir dann all die Gegenden und Stätten zeigen, die'st von
deiner Kindheit und Jugend her kennst – das wär doch was, hm?

Ach was, die Bücherrevision – pfeif drauf, sag ich dir: die kann
warten! Aber die Zeit j e t z t – die kommt nimmer z'ruck. Denk
nur, Waldl: die Natur! Das Rauschen eines Baches, der Wind in
dunklen Tannen, mondhelle Sternennächte – wann hast du das das
letztemal gesehen und gehört...?

So jedenfalls geht's net weiter! Du vergräbst dich hier in deinem
Zimmer, studierst und dichtest, grübelst, haderst mit der Welt, in-
t'ressierst dich nicht für Weiber, lachst nicht, gehst kaum je aus –
und w e n n , dann hockst' steif und stumm wie ein Stock in der
Eck'n. Da hätt'st ja g l e i c h in Sankt Florian bleiben könn', als
»Bruder Johann«!

Diese stumpfe Starrheit – selbst j e t z t kriegst' die Zähne nicht
auseinander und glotzt mich bloß so verschreckt an, als hätt ich dir
ein'n unzüchtigen Antrag gemacht! Wach auf, Johann, wach auf!
Gerad du als Dichter – wie willst du denn das Leben mit all seiner
Poesie in Verse fassen, wenn'st es gar nicht kennst?!

Schau, nimm nur jemand wie den Goethe: Dies ganze Singen und
Klingen von Liebesglück und -leid, das du auf so mannigfache Art
in seinen Werken find'st – das ist nicht einfach nur Dichtkunst, das
ist gelebt! Du hingegen, verzeih – du reimst und red'st von der Liebe
wie ein Blinder von der Farbe. Und wenn bei dir schon mal von
Glück und Seligkeit die Rede geht, ist immer gleich ein off'nes Grab
daneben. (Und du weißt wohl, was es heißt, wenn ich dir das sage,
der ich ja selbst der letzte wär, nix als unbeschwerte Fröhlichkeit zu
predigen.) Trost im Jenseits? Na gut, von mir aus gerne – aber doch
erst einmal das Diesseits, Mayrhofer!

Eine richt'ge Todessehnsucht ist es, die dich umtreibt. Glaub mir,
Lieber: Diesen langen Schlaf, der dich von allem Kummer erlöst –
den schläfst' noch immer früh genug; und wenn'st erst einmal dort
drunten in deiner Rasengruft liegst, holt dich nix und niemand mehr
herauf, um das Versäumte nachzuholen...

Nu, komm, geh mer auf ein Glas'l oder zwei ins Beisel – sonst
werd ich selber noch am End ganz melancholisch. Ich halt dich frei;

ist noch a bissel was übrig von dem Geld, das mir der Paumgartner
für das Quintett gezahlt hat.

Ich sag's dir, Mayrhofer: Was dir fehlt, das ist das steirische
A-Dur – die beste Medizin gegen Trübsinn! Und ohne das gerät ja
doch die ganze Welt zum Nachtstück...

———— ✦ ————

»Sollte die Bundesversammlung die Unterdrückung einer
unter gehöriger Beobachtung der gegenwärtigen Zensur-
vorschrift erschienenen Schrift verfügen: so kann dem Verfasser in
keinem Falle eine vollständige Befreiung von Verantwortlichkeit
zustatten kommen; sondern wenn es sich finden sollte, daß er des
Zensors Aufmerksamkeit zu hintergehen gewußt habe (zum Beispiel durch eingestreute strafwürdige Anspielungen oder Zwei-
deutigkeiten, deren beabsichtigter Sinn dem Zensor verborgen
bleiben konnte)...«

Ei, was – wer wollte denn von einem Bücherzensor so viel Verstand erwarten, daß er den beabsichtigten Sinn einer Zweideutigkeit
erkennt – wo doch sein ganzes Trachten dahin geht, Eindeutigem
einen unbeabsichtigten Sinn zu unterstellen! Oh, Karlsbad –
Waterloo des freien Geistes...

»Ist der Inhalt einer Schrift an sich strafbar, so treten außerdem
die gesetzlichen richterlichen Strafen ein, wobei Wir erklären, daß
bei frechem und unehrerbietigem Tadel und der Verspottung von
Landesgesetzen und Anordnungen im Staate es nicht bloß darauf
ankommen soll, ob Mißvergnügen und Unzufriedenheit veranlaßt
worden sind, sondern daß eine Gefängnis- oder Festungsstrafe,
nach Maßgabe der Gefährlichkeit des Inhaltes, von sechs Monaten
bis zwei Jahren wegen solcher strafbaren Äußerungen selbst ver-
wirkt sein soll.« (Ein wahres Wunder, daß sie noch nicht das freche
und unehrerbietige D e n k e n unter Strafe gestellt haben.) »Eine
gleiche Strafe soll stattfinden bei Verletzung der Ehrerbietung gegen die Mitglieder des Deutschen Bundes und gegen auswärtige
Regenten sowie bei frechem, auf Erregung von Mißvergnügen
abzweckendem Tadel ihrer Regierungen.«

Kurzum: wer's Maul aufmacht, steht schon mit einem Bein im Kerker!

Aber sie soll'n nur Obacht geben – der Hardenberg, der Metternich und all die anderen: Mit der Gedankenfreiheit ist's wie mit einer Rosenhecke – je öfter und energischer man's beschneidet, desto mehr und kräft'ger wachst sie nach. Über'n Kopf wird's ihnen wachsen! Was für ein hübsches, gemütliches Bild: ein Zensor, von Rosen überwuchert und erstickt, betäubt von ihrem Duft, die Haut zerkratzt und zerrissen von ihren Dornen – thronend auf einem Berg Papier, aus dem beständig neue Ranken vorkriechen und sich nach ihm ausstrecken; all jene Zeitungen und anderen periodischen Schriften nämlich, welche »nur mit Genehmigung der oben gedachten Ministerien erscheinen dürfen, sobald sie Gegenstände der Religion, der Politik, Staatsverwaltung und der Geschichte gegenwärtiger Zeit in sich aufnehmen. Sind von denselben zu unterdrücken, wenn sie von dieser Genehmigung schädlichen Gebrauch machen!«

Kyrie eleison – na, dann unterdrückt mal schön!

Nur das, was w i r k l i c h alles überwuchert, sind eben nicht die Rosen, sondern die Gesetze – die ganzen Verordnungen, Erlasse, Beschlüsse, Exekutionsvorschriften oder wie's auch immer heißen, ohne die heut keiner mehr auch nur einen Schritt tun kann bei uns. Sogar den Gang zum Scheißhaus wer'n's noch per Gesetz reglementieren, irgendwann – und alles konfiszier'n, was sie da an Verdächtigem entdecken, und es dem Grafen Sedlnitzky zur Begutachtung vorlegen: D a wenigstens hätt ich einmal n i x dagegen, daß er seine Nas'n reinsteckt, der Herr Polizeidirektor!

Und wie die Bücher und Zeitungen brauchen jetzt, scheint's, auch die Menschen ein *Excudatur*: »Auch sollen Studierende nicht zum Staatsdienste zugelassen werden, wenn sie von den Universitäten nicht beim Abgange ein Zeugnis erhalten, daß sie nicht Mitglieder einer geheimen Gesellschaft, besonders der so genannten Burschenschaft gewesen sind.« Ein Popanz, der denen da oben mehr Angst einjagt, als es der Bonaparte je getan hat...

Und ich sitz da und tu nix. Zieh den Kopf ein, halt mich still und hoff' – wenn's irgendwo kracht –, daß es nicht auf mich trifft. Sitz da und komponiere eine *Missa solemnis* und denke ernsthaft dran, sie – wenn sie mir gelingt – Ihren Allerhöchsten Majestäten dem Kaiser oder der Kaiserin zu weihen. Und bin doch lange noch kein reaktionärer Hasenfuß deswegen; nur daß ich halt mit m e i n e n Waffen seh, daß ich der Geistes- und Gedankenfreiheit eine Gasse schaffe – zu höherem Ruhm und Ehre der Kunst, die es noch allemal geschafft hat, der Politik und der Zensur eine Nase zu drehn!

— ❧ —

1820

Servus, Spaun – hast' schon g'hört? Sie haben wieder welche verhaftet!

Ich weiß nicht – ich glaub, acht oder neun; eine völlig harmlose Gesellschaft übrigens: ein schöngeistiger Literaturzirkel, der überdies gerad dabei war, mit verteilten Rollen Kotzebues *Deutsche Kleinstädter* zu lesen. Da werden's wohl kaum ein Bild vom Sand mit einer Kerze davor gefunden haben!

Der Senn hat mir's erzählt, der auch dabei war, aber gerad noch rechtzeitig fort mußte, bevor dem Sedlnitzky seine Leut' gekommen sind.

Na, was wohl: Verstoß gegen das Versammlungsverbot, »Nachahmung des deutschen Burschenwesens«, »aufrührerische Reden«, Verdacht auf »freche und unehrerbietige Verspottung von Landesgesetzen und Anordnungen im Staate« – irgendwas finden's doch immer! Und die Papier' und Bücher ham's natürlich allesamt versiegelt und in Verwahrung genommen.

Ach, zum Teufel – seit Karlsbad gibt's bald keinen mehr, der den Metternichschen Maulkorb noch nicht gespürt hätte!

Und wenn's nur darum geht, daß man mit jedem neuen Lied zum Zensor muß: Wie soll man denn da Lieder schreiben, frag ich dich, wenn man bei jedem Vers, der einem g'fällt, erst einmal überlegen muß, ob der Herr Staatsminister von Metternich oder der Herr Polizeidirektor Sedlnitzky (die von der hohen Kunst gerad so viel verstehn wie ich von der hohen Politik) womöglich eine strafwürdige Anspielung oder Zweideutigkeit darin entdecken könnten!

Und das eine prophezei' ich dir, Spaun: Wenn's heuer hier in Wien über die Stärkung des Deutschen Bundes konferier'n, dann nur, um uns die Flügel n o c h amal zu stutzen! Am End wer'n's noch das

Atmen unter Strafe stell'n, wenn man sich nicht zuvor ein *Excudatur*
eingeholt hat!

Bei meinem nächsten Gang wird der Revisor freilich Augen machen, wenn ich ihm d a s hier vorleg': vier italienische Canzonen.
(Wirklich schad', daß ich kein Chinesisch kann – ich hätt's ihm gern
noch a bisserl schwerer gemacht!) Zwei Texte vom Metastasio und
zwei aus einer Sammlung Anacreontica von Vittorelli – ich hab von
meinen Stunden beim Salieri noch so viele Büch'l, daß ich mein
Lebtag nix andres komponieren könnt' als italienische Arien und
Canzonen!

Aber Spaß beiseite: Find'st' nicht, daß es was vom Rossini hat?
Ich glaub, wenn ich wirklich wollte, könnt ich auch so etwas wie
den *Barbier* oder den *Otello* schreiben, oder? Na, egal – jedenfalls
werden's beim Bücherrevisionsamte ihre Freude damit haben.

Übrigens, ich weiß nicht – aber glaubst', die könnten eines Tag's
womöglich auch zu mir kommen? Der Senn und der Bruchmann
ha'm gesagt, heut kann keiner mehr sicher sein. Ich war gerad, als't
gekommen bist, dabei, für alle Fälle meine Büchel durchzuschaun,
ob bei einer etwaigen »Schriftenvisitation« was Verfängliches dabei
sein könnte...

———— 🙢 ————

*Im Februar 1820 arbeitet Schubert an der »Oster-
kantate« Lazarus, oder: Die Feier der Auferstehung, nach einem Text von August Hermann Nie-
meyer. Ob er das nur fragmentarisch überlieferte
Werk vollendet hat, ist unbekannt.*

»*E*s war aber einer krank, namens Lazarus, von Betha-
nien...«
Zehn Schuh und acht Zoll – fast elfe... 's wird alles über-
schwemmen! Und wenn's Eis sich feststellt, reißt's am End sämtliche Brücken hinweg.

»Die Szene ist ein Garten von einem ländlichen Hause. Maria und
Martha, die Schwestern des Lazarus, führen den kranken Bruder aus
dem Hause, unter einen schattenden Palmenbaum, und lehnen ihn

sanft auf einen blumigen Rasen nieder. Sein Gesicht ist bleich, aber nicht entstellt.«

„Da aber auch wenigen Zuschauern e i n e Empfindung, e i n e Wahrheit wichtig genug ist, um sie von allen Seiten zu sehen, hat sich der Autor entschieden, drei der wichtigsten...” –

Da, wieder! Bis in die Stadt 'nein hört man die Schollen aneinanderstoßen und bersten!

„... drei der wichtigsten Erwartungen, die wir als Menschen haben – Tod, Grab, Auferstehung –, von allen Seiten zu zeigen, die allemal für den, der noch ein Herz für die Religion hat, lehrreich und freudig sein müssen.”

Nix mehr...

Wenn die Eisdecke noch nicht gehoben ist, schiebt sich das immer zuströmende Eis mit solcher Macht übereinander, daß es sich zu Eisbergen auftürmt, ham's geschrieben – zu Eisbergen, die in kurzer Zeit den Strom aus seinem Rinnsale drängen...

»... und ließen ihm sagen: Herr, siehe, der, den du lieb hast, ist krank! Als Jesus dies hörte, sprach er zu ihnen: Diese Krankheit ist nicht zum Tode, sondern zur Verherrlichung Gottes.«

Und trotzdem sterben die Leut. Wie die beiden Knaben, die im Schnee erfroren sind, als sie das Vieh von der Weide hereinholen wollten. Ob deren Eltern auch »Hoch den Sohn des Vaters preisen« werden...? In Mauthausen steht die Donau so hoch wie seit über hundert Jahren nicht mehr: »Jedoch ist – Dank sei es der glücklichen Fügung – kein Menschenleben hierbei gefährdet worden.«

's klingt wie der Kanonendonner einer fernen großen Schlacht, dies dumpfe Getöse, wenn das Eis abrollt – wie die Platte, die sich schwer über eine Gruft schiebt.

»Bewundern kann ich dich, mein Lazarus, mit solchem Mut der Gräber Nacht entgegenzuseh'n...«

Mut? »Damit der Sohn Gottes durch sie verherrlicht werde«? Den möcht ich sehn! Lungenschwindsucht, Nervenschlag, Gehirnhöhlen-Wassersucht, Bauchwassersucht, Lungensucht, Nervenfieber, Lungenbrand, Brustwassersucht, Gedärmentzündung, Gedärmfraisen, Starrkrampf, Gekrosdrüsen-Verhärtung, Schleimschlag, Übersetzung des Krankheitsstoffes auf das Gehirn, Lun-

gengeschwüre, Krebsgeschwüre, Auszehrung – den möcht ich
sehn, mit solchem Mut! »Gedanken des Schreckens und grause
Bilder des Todes, wohin ich blick'!«

»Als Jesus nun hörte, daß Lazarus krank sei, blieb er zwar noch
zwei Tage an dem Orte, wo er war; dann aber sprach er zu seinen
Jüngern: Wir wollen wieder nach Judäa gehen!«

»Allgütiger, verlaß uns nicht« – wo selbst die Vögel fortziehn:
»Daß die Kälte in der letzten Zeit im Norden ganz ungewöhnlich
streng war, sieht man auch daraus, daß an der Küste von Calais kürz-
lich Wasservögel vorbeigekommen, welche sonst nur eine sehr große
Kälte in wärmere Himmelsstriche treibt. Darunter gehören wilde
Enten und Schwäne.« Wir aber bleiben...

Wieder! Gut so – solang man's hört, weiß man wenigstens, daß
der Eisgang nicht stockt...

„Die Dichtkunst spricht mit dem Menschen die eigentlichste
Menschensprache – die sinnliche; die Musik aber vollendet, was die
Dichtkunst angefangen hat, und gibt den harmoniereichsten und
zugleich wahrheitsvollsten Kommentar zu dem, was selbst in des
Dichters Sprache noch zweideutig sein konnte."

Aber e i n deutig genug, daß er nie und nimmer das *Excudatur* bekommen wird, der *Lazarus* – was so sicher ist wie Tod und Grab.

Und wenn es sie doch gäbe, die Auferstehung? Fragt sich, fragt
sich...

Wie auch immer – erst einmal d a s : »Ach seht, er wird so
bleich...« So bleich wie der Schnee, der alles zudeckt wie ein großes,
weißes Leichentuch.

––––––– 〰 –––––––

*T*od – Tod, Krieg und Katastrophen, wo'st hinschaust! Die ganze
Zeitung red't von nix anderem: die Unglücksfälle bei der Überschwemmung des Marchfelds; Streit zwischen spanischen und
nordamerikanischen Truppen am Sabinafluß; bewaffneter Aufstand
in Cádiz; in London wurde ein Herr Hobhouse ins Gefängnis gesteckt, weil er sich in einer »aufrührerischen Schrift« für Napoleon
eingesetzt hat; und jetzt auch noch dieser bonapartistische Fanati-

ker, der in Paris den Herzog von Berry erstochen hat, als der Bruder des Königs nach der Oper gerad in sein' Wagen steigen wollte – ein schlimmes Jahr wird's werden! »Tod und Vernichtung um mich her«...

Und mit dem Mord am Berry wird's noch schlimmer werden – auch bei uns, wo doch der Metternich und der Sedlnitzky schon längst das Sagen haben und nur drauf warten, die Schraube noch a bisserl fester anzuziehn. Obskurantistenpack! In den Café- und Bierhäusern hocken ihre Leut' und hören zu, was am Nachbartisch geredet wird, so wie's auf den Märkten an den Ecken stehn und die Ohr'n spitzen. E i n falsches Wort, und... »verloschen dann, was in mir denkt, vertilgt aus Gottes Schöpfung«. Kaum zu atmen wagt man mehr, und keiner traut mehr dem andern, wo doch sogar der beste Freund ein Spitzel sein könnt' – die reinste Inquisition!

Und mit der Freiheit der Presse ist's gleich g a n z vorbei: Seit Jänner schnüffeln sie in allen Buchhandlungen herum, beschlagnahmen alle möglichen Schriften, droh'n hier mit Geldstrafen und dort gar mit Kerker und schleppen heut selbst solche rechtmäßig gedruckten Bücher fort, denen sie gestern noch ihr *Excudatur* gegeben haben. Die Freiheit ham's ans Kreuz geschlagen – *exeat!*, und hinab in die Grube mit ihr: Das Grab ist schon bereitet!

»Die Feier der Menschenerlösung, dargestellt in frommen Betrachtungen auf jeden Tag der Fastenzeit« – und gar vom Herrn Hof- und Burgpfarrer! Na, d e m Büchel wenigstens wird kein Zensor was zuleide tun!

Ah, und dem hier auch nicht: »Die sichersten Mittel wider Lungensucht und Abzehrung, nicht nur für solche, die sie bereits haben, sondern auch noch nicht genug bekannte Warnungen für solche, die sich vor selben hüten und bewahren wollen. Von einem sich selbst glücklich kurierten Menschenfreunde.« Scharlatanerei: Wer's hat, der krepiert dran – da hilft kein Büch'l was! Braucht bloß einmal das Register der Verstorbenen zu Wien zu lesen, der »Menschenfreund« – auf zehn Tote kommen sechs oder siebene, die's an der Lunge derwischt hat: nervöse Lungensucht, Lungenblutsturz, Berstung eines Lungen-Eitersacks, Lungenentzündung, Lungenschwindsucht...

Und außerdem: wer weiß schon, ob es die nicht besser ha'm als wir, die wir zurückbleiben...

— 〰 —

Ah, da schau her – der Herr Alt-Lerchenfelder Regenschori gibt sei'm Bruder auch einmal wieder die Ehre: Servus, Ferdinand!

Und wie geht's immer so? Was machen deine Schüler – gerad solche G'friser wie beim Vater auf der Roßau werden's wohl sein, da wett' ich. Jessas, bin ich froh, daß ich das nimmer ertragen muß!

Und dein Chor bei den »Sieben Zufluchten«? Hast' ihnen a bisserl Disziplin eing'haut inzwischen, oder schleppen die Bässe immer noch um dieselben zwei Takte hinterher, die die Soprane den andern voraus sind?

Nu komm, hock dich erst einmal; ich hab eh genug geschafft für heut: drei neue Lieder, und gestern auch zwei – alle fünf vom Schlegel. Magst' aan Ribiselwein? Obwohl, im Fasten, das't ja alleweil brav einzuhalten pflegst...

So, und jetzt erzähl: Was gibt's? Brauchst' wieder ein Requiem?

Na, geh – ist doch längst vergessen und verzieh'n! Aber wenn'st so fragst: Ich soll dir wieder was schreiben, hm?

Für nächsten Sonntag, zur Palmweih-Messe? Horch, Ferdinand, was denkst' denn, wann ich das machen sollt'?

Wie, jetzt – jetzt gleich?! Kruzifix, Bruder – meinst' net, daß't da ein bißchen arg viel verlangst?

Ja, freilich möcht ich dir helfen, wenn ich irgendwie kann – aber...

Also sag schon: Was hast' denn gedacht?

A halb's Dutzend Antiphonen – als vierstimmigen A-cappella-Satz – homophon, damit's dein Chor auch sing'n kann – na ja, ja – mal sehn... »*Hosanna filio David*«... Mal sehn...

Kannst' dir ja derweil die Lieder anschau'n...

Gefällt's dir...?

Von Schlegel, ja – aus der *Abendröte*... kennst' es? Zweimal zehn Gedichte sind's... sehr poetisch...

Nein, a l l e sicher nicht; ein paar hab ich letztes Jahr schon gemacht g'habt, und als mir gestern das Büch'l wieder in die Hand
'kommen ist... Schön, nicht? »Wo rein Gesang sich windet durch
wunderbarer Saitenspiele Rauschen« – da brauchst' gar nimmer viel
zu erfinden, so musikalisch ist das...
    Nein-nein, bleib nur – du störst nicht...
    's geht, ja; zweie hab ich schon. Aber ich sag dir gleich: Was
Großartiges wird's net!
    Wie lang ich sitz über so ei'm Lied...? Ein oder einahalb Stunden,
je nachdem... oft weniger.

Drei! »*Pueri Hebraeorum, portantes ramos olivarum...*«
    Der Vater ist übrigens stolz wie ein Spanier, daß't Regenschori
g'worden bist; allen Leuten erzählt er davon...
    Naa, es geht; wir sehn uns nicht oft – und wenn, dann red' mer
net viel miteinander: i c h laß i h n , und e r laßt m i c h . Als die Mutter noch g'lebt hat, war's anders: »Bunte Federn, leichte Flügel,
wußt ich nichts von Band und Zügel...«

So, aus is – »*Hosanna in excelsis*«! Da, nimm's gleich mit – die
Stimmen herausschreiben mußt' selber.
    Laß gut sein, Ferdl; wenn ich dir hab helfen könn'...
    Was sagst' – eine halbe Stunde bloß hab ich gebraucht?! Na, dann
wird's freilich w i r k l i c h nix Großartiges geworden sein!
    Also servus, Bruder – bis Sonntag: ich komm's mir anhören; und
wehe, du hast auch nur eine Note geändert!

————— ❧ —————

» R apport... über das störrische und insultante Benehmen,
welches der in dem burschenschaftlichen Studentenvereine
mitbefangene Johann Senn, aus Pfunds in Tirol gebürtig, bei der
angeordnetermaßen in seiner Wohnung vorgenommenen Schriftenvisitation und Beschlagnahme seiner Papiere an den Tag legte und
wobei er sich unter andern der Ausdrücke bediente, ›er habe sich um
die Polizei nicht zu bekümmern‹, dann die Regierung sei zu dumm,

um in seine Geheimnisse eindringen zu können. Dabei sollen seine bei ihm befindlichen Freunde, der Schulgehilfe aus der Roßau Schubert und der Jurist Streinsberg, dann die am Ende hinzugekommenen Studenten, der Privatist Zechenter aus Cilly und der Sohn des Handelsmannes Bruchmann, Jurist im vierten Jahre, in gleichem Tone eingestimmt und gegen den amtshandelnden Beamten mit Verbalinjurien und Beschimpfungen losgezogen sein. Hievon macht der Polizei-Oberkommissar die amtliche Anzeige, damit dieses exzessive und sträfliche Benehmen derselben gehörig geahndet werde. Die Polizeioberdirektion bemerkt hiebei, daß bei der Konstituierung des Senn auf diesen Rapport Bedacht werde genommen werden; übrigens würden jene Individuen, welche sich beim Besuche des Senn grob gegen den Polizei-Oberkommissar benommen haben, vorgerufen und mit strenger Warnung bedroht, auch der Hofsekretär Streinsberg sowie der Handelsmann Bruchmann von dem Benehmen ihrer Söhne unterrichtet werden.«

(Bericht des Polizei-Oberkommissars Leopold von Ferstl an den Polizeipräsidenten Josef Graf Sedlnitzky)

— ❦ —

Neue Posse mit Gesang.
Heute Mittwoch, den 14. Juni, wird in den beiden
Hoftheatern aufgeführt werden:
(Im Theater nächst dem Kärntnertore.)
Von den k.k. Hofoperisten:
Zum ersten Male:
Die Zwillingsbrüder.
Posse mit Gesang in einem Aufzuge.
Die Musik ist von Herrn Franz Schubert.

— ❦ —

Nun ja, ich hab's gelesen – ja... Wie soll ich sagen: es ist ein Stück, das sicher einigen Effekt machen kann, wenn die Dekorationen vom Herrn Neefe sauber gearbeitet sind und die Maschinerien vom Herrn Roller nicht stocken.

Ein rechtes Spuk- und Spektakelstück halt, das den beiden Herren reichlich Gelegenheit gibt, ihre Kunst zu zeigen; allein die Zauber und Gegenzauber, die der böse Feuergeist Sutur und die gute Fee Melinde einander antun – doch, doch... Und, nicht zu vergessen, mit den Kostümen von Herrn Lucca Piazza dazu.

Wie mir der Text vom Hofmann g'fallen hat?

No, ein Schikaneder ist er gerade nicht, der Herr von Hofmann, und seine *Zauberharfe* ist auch keine *Zauberflöte*: »gehupft wie gesprungen« mag's vielleicht angehn, aber eben nicht »gezupft wie geblasen« – der Palmerin ist kein Pamino, die Ida keine Pamina und der Sutur kein Sarastro, und wenn ich zwischen Melinde als »Sternenkönigin« und der »Königin der Nacht« zu wählen hätte...

Aber egal: 's ist eben ein Z a u b e r spiel, wo's ja doch entschieden mehr auf den Zauber als auf das Spiel ankommt, nicht wahr? Und s o geseh'n –

Ach was, lieber Sonnleithner – wir kenn' einander lang und gut genug, daß ich nicht lang um den heißen Brei herumzureden brauch': Diese *Zauberharfe* ist der peinlichste und langweiligste und verworrenste Unsinn, der mir je untergekomm' ist – so, jetzt is es heraus! Mein Lebtag hab ich noch nie ein'n solchen Schmarrn gelesen: Als wenn einer die *Zauberflöte* vom Mozart hergenomm' und damit so lang auf dem Tieckschen *Zauberring* herumgeschlagen und -gehämmert hätt', daß beide nun ganz elendiglich verschrammt und verbeult sind.

Ich mein', unser Wiener Publikum ist ja sicher eins der gutmütigsten und geduldigsten, die's gibt – aber ob's d e n Brocken schlucken wird, ohne daß ihn's Speiben ankommt...?

Ein Erfolg?! Der Graf Pálffy rechnet fest mit ei'm Erfolg?! Und der Herr Regisseur Demmer desgleichen?! Nun ja, ihr Wort in Gottes Ohr, wie's so schön heißt – i c h glaub's fei n e t...

Das heißt also – wenn ich Sie recht versteh' –, Sie meinen wirklich, ich sollt' es machen?

Sicher, 's stimmt schon: Die *Zwillingsbrüder* vom Hofmann war'n als Pièce um kein' Deut besser und ha'm mir dennoch einigen *succès* gebracht... aber drei Akte!

Es soll keine Oper werden, gut – die Ouvertüre und ein gutes Dutzend Nummern alles in allem, sagen Sie...? Nur Chöre und Melodramen, und vielleicht ein oder zwei Romanzen... nun ja, freilich, das sollte gehn.

Und so eine Ouvertüre läßt sich ja, selbst wenn das Stück verunglückt und mißfällt, zur Not auch anderweitig nutzen...

Fünfhundert Wiener Gulden, sagen Sie?! No, d a f ü r wär ich fast versucht, das Büch'l vom Herrn Hofmann für ein Meisterwerk zu halten!

Aber im Ernst, Sonnleithner – Sie wissen ja, wie's um das Theater steht, und daß die Lotterie, die der Pálffy letztes Jahr ausgeschrieben hat, kaum genügt, um die Schulden zu decken: Was ist nun, wenn die *Zauberharfe* durchfällt? (Und trotz der fünfhundert Gulden scheint's mir leider, daß es gar nicht anders kommen kann.) Dann steht der Pálffy da und ist bankrott, und ich bekomm' am End nicht einen Kreuzer für die Müh.

Wann soll's denn überhaupt zum erstenmal gegeben werden, das Spektakel – gleich nach Beginn der neuen Saison, nehm ich an?

In d i e s e r noch?! Das hieße ja, in ein paar Wochen schon?

Am neunzehnten August? Ja, san'S denn narrisch, lieber Sonnleithner – wie soll denn das zu schaffen sein?!

Ich weiß doch, wie das geht; da wird so ein Stückl – ob's gut ist oder nicht – im Hast-du-nicht-gesehn zurechtgeschustert, und hernach paßt nix zusammen, weil keine Zeit mehr zum Probieren war. 's wär ja nicht das erstemal, daß man immer den Souffleur zuerst hört, weil keiner seine Rolle weiß! Und wem gibt man die Schuld an solcher Eilfertigkeit? Doch nur den Autoren und dem Komponisten! Und Sie wissen ja: Je leerer der Topf ist, desto größer das Getös', das er macht, wenn er in Scherben geht.

Nun ja, gut, von mir aus – probieren kann man's ja.

Bloß, wenn ich denk, daß ich meine Zeit und Kraft auf so ein armseliges Unternehmen verwenden soll – da tut's mir fast um jede Note leid! Wenn ich doch e i n m a l bloß ein gutes Büchel hätt', um eine Oper draus zu machen – ich würd wer weiß was dafür geben!

No, sagen'S halt dem Neefe und dem Demmer, daß ich einverstanden wär'.

— ⚜ —

Neues Zauberspiel.
Heute, Samstag, den 19. August 1820,
wird in dem k.k. priv. Schauspielhause an der
Wien gegeben:
Zum ersten Mahle:
Die Zauberharfe.
Zauberspiel mit Musik in drey Aufzügen.
Musik von Herrn Schubert.

Wie ich's vorausgesagt hab: Wenigstens ein Viertteil des Publikums ist in der Pause gegangen – ich kann's ihm nicht verübeln...

Der Rest lacht, döst vor sich hin oder schaut so grimmig, als wollten's den Dichter und den Komponisten haftbar machen für den verlor'nen Abend. Und der Graf Pálffy sieht aus, als hätt ihm's Wetter die Ernte verhagelt – na, servus! Ein Narr war ich, Sonnleithner, daß ich mich von Ihnen hab beschwatzen lassen! Reut Sie's wenigstens, daß Sie mir so zugeredet haben? Ohne Sie hätt ich mich nie und nimmer auf das Unternehmen eingelassen, zu diesem Unsinn des Herrn von Hofmann meinen Namen herzugeben!

Was sagen'S – die Musik wäre herrlich? Und wenn schon: wenn das Schiff sinkt, ersaufen ja doch a l l e – die Guten wie die Schlechten; und keiner fragt nachher, wer's auf Grund gesetzt hat...

Übrigens, Ihr Lob meiner Musik in allen Ehren, lieber Sonnleithner – aber ich hab vorher gehört, wie der Rezensent, den die *Kunst- und Modezeitschrift* hergeschickt hat, mit ei'm Kollegen gered't hat: Die Wirkung der Komposition, hat er g'sagt, sei an sich selbst schon nicht bedeutend und könne auch durch die zerstückelten, melodramatischen Phrasen keinen Vorteil gewinnen. Die Chöre seien ungleich gehalten und nachlässig gearbeitet, und ich sei allzusehr bestrebt, durch grelle und überladene disharmonische Gänge zu überraschen. Einzelne gute Gedanken und glücklich geführte Sätze, die's zweifellos gebe, litten unter einer fehlerhaften

Anwendung der Instrumente, so daß sie auf einem Strom von Affektation und Alltäglichkeit ohne Wirkung vorübergleiten täten. Und wer weiß, was ich n o c h alles zu hören gekriegt hätte, wäre nicht der Mayrhofer aufgetaucht und hätt mich laut beim Namen gerufen – woraufhin die Herren Kritiker mit süß-saurem Lächeln einen Kratzfuß gemacht und sich ei'm anderen »Opfer« zugewandt haben.

Na, dann – Vorhang auf zum dritten und letzten Akt – ich wollt', es wäre schon vorüber! Am End muß man froh sein, daß es nur d r e i Akte hat, das Stück – sonst säßen wir zuletzt allein im Saal. Haben'S einmal durchgezählt, wie viele d i e s e s Mal die Pause genutzt haben, um das Weite zu suchen? Sogar der Pálffy ist fort...

Das einz'ge, was mich freut, is, daß auch dem Herrn von Hofmann, wie es scheint, das alberne, selbstgefällige Grinsen vergangen ist.

Ich hab übrigens ein wenig mit dem Mayrhofer geplaudert, der ja doch zu meinen lieben, guten Freunden zählt; aber selbst d e r hat nur den Kopf geschüttelt. Er soll was für die *Allgemeine Musikalische* schreiben und meint, er könne ruhigen Gewissens kaum ein gutes Haar an den sombrösen Hofmannschen Peinlichkeiten lassen – da wolle er lieber g a r nichts über das Stück sagen und bloß ein paar ermutigende Zeilen über mich: daß Herr Schubert, der junge Komponist, sich hier zum ersten Male in einer höheren Gattung versucht habe, und daß man meinem rühmlichen Streben, eigentümlich zu bleiben und auf diesem einzig möglichen Wege einst eine bedeutende Kunststufe zu erreichen, nur volle Gerechtigkeit widerfahren lassen müsse. Daß es diese Gerechtigkeit freilich auch erfordere, darauf hinzuweisen, daß mir noch nähere Bekanntschaft mit den Mysterien der Bühne und belehrende Selbserfahrung über den Effekt großer Instrumentalmassen fehle; und daß ich deshalb jene gefährlichen Klippen nicht hätte vermeiden können, die sich jedem Kunstjünger entgegenstemmen. Und das, mein lieber Sonnleithner, ist das Urteil eines F r e u n d e s !

Die einzig positive Stimme, die ich g'hört hab, war die vom Baron Schlechta – dem Kritiker vom *Konversationsblatt*; ich hab a bissel gespitzt, wie er mit den Kollegen von der *Allgemeinen Theater-zeitung* und vom *Sammler* die Köpfe zusamm'gesteckt und mich gegen alle Anfeindungen in Schutz genommen hat. Meine Musik sei doch wirklich ganz vorzüglich, hat er gemeint, nur's wär halt schad, daß ich für meine wunderschönen Ideen keinen würdigeren Gegenstand als diesen unverständlichen Brei gefunden hätte. Er jedenfalls würd' sich wünschen, daß ich es mit dem unendlichen Reichtum meiner Klänge recht oft versuchen möge, das Wiener Publikum aus dem schläfrigen Taumel aufzuwecken, in welchen es die Zwittergeburten des Tages versenkten.

Das dritte Finale noch – dann is aus, endlich: »Durch der Töne Zaubermacht, schönes Werk, bist du vollbracht« – wohingegen d i e s e s Werk keine Zaubermacht der Welt vor dem sicheren Untergang hätt' retten können.

Sie werden sehn, Sonnleithner – der heutige Abend wird meinen Ruf als Bühnenkomponist auf lange Zeit zuschanden machen! Wenn's nicht noch in hundert und mehr Jahren sagen wer'n, er sei wohl ein ganz brauchbarer und begabter Liederkomponist gewesen, der Franz Schubert, aber O p e r n hätt' er keine machen können – man brauche sich bloß einmal seine *Zauberharfe* anzuseh'n...

— ∿ —

»*E*in Musikmeister erbietet sich hiermit, Lernenden im Pianoforte- als auch Violinspielen einen durch vieljährige Erfahrung und Unterweisung in beiden Instrumenten sich eigen gemachten, sowohl theoretisch als praktisch gründlichen Unterricht gegen sehr billige Vergütung zu geben. Die Adresse beliebe man diesfalls in der Rath'schen Antiquar-Buchhandlung in der obern Bäckerstraße Nr. 807, der Universität gegenüber, zu übergeben.«

Auch d a s wär natürlich eine Möglichkeit... Ob freilich jemand sich meldet auf solche Annoncen?

Eh, Franzl – bleibe d u bei d e i 'm Geschäft, beim Komponieren: Alles andre taugt nix für dich!

»Fortepiano zu verkaufen: Sehr gute, kleine und große – zu Mariahülf Nr. 80 im zweiten Stock links... Ein von Brodmann im neuesten Geschmacke verfertigtes, von schwarzem Sagatanholz mit Bronce – auf der Wieden, Wohllebengasse Nr. 34 im ersten Stock... Sehr schöne und gute, von verschiedenen Holzgattungen, sowohl verziert als einfach, nach der letzten Art gearbeitet – in der Kumpf-gasse im Hofschlosserhause Nr. 875 im zweiten Stock links. Für Güte und Dauer wird Jahr und Tag gutgestanden.«

Kaa Geld, kaa Geld!

Für nix, übrigens; und das, was mir die *Zwillingsbrüder*, die elende *Zauberharfe* und der *Widerschein* im Beckerschen *Taschen-buch* ein'bringt ha'm, is auch schon aus'bracht. Und w e n n ich a Geld hätt', wär ein Fortepiano noch das letzte, worein ich in-vestieren würde. Viel dringender wär's, daß ich a andere Wohnung find'...

Mit'm Mayrhofer geht's net lang mehr gut, so unter einem Dach: Macht mir a Szene jedesmal, daß ich ein Lied schreib, wo nicht e r den Text dazu gedichtet hat – wie dieses andere vom Baron Schlechta, neulich, das *Liebeslauschen*.

»Geh, Waldl«, hab ich ihm gesagt, dem Mayrhofer – »geh, wenn'st so weiter maulst, wird's noch dahin kommen, daß ich mir meine Texte s e l b e r schreib! Glaub net, daß du der einz'ge wärst, der sich aufs Versemachen verstünde...

»*Der Geist der Welt*

Laßt sie mir in ihrem Wahn,
Spricht der Geist der Welt,
Er ist's, der im schwanken Kahn
So sie mir erhält.

Laßt sie rennen, jagen nur,
Hin nach einem fernen Ziel,
Glauben viel, beweisen viel
Auf der dunklen Spur.

Nichts ist wahr von allen dem,
Doch ist's kein Verlust;
Menschlich ist das Weltsystem,
Göttlich, bin ich's mir bewußt.«

Und dieses ewige Gegreine und Geheule, wie schlecht sie sei, die
Welt – daß man am liebsten gleich sich einen Strick nehm' oder aus
dem Fenster springen möcht'! Kein Tag, wo er nicht einmal wenigstens bittere Tränen über dies und jenes weint. Daß Tränen auch was
anderes sein könn' als Klagen – davon weiß er nix, der Mayrhofer.
Nein-nein, 's wird höchste Zeit, daß ich a eig'ne Wohnung find'...
    »Zu vermieten: Auf der Wasserkunstbastei Nr. 1263 und auf der
Mölkerbastei Nr. 95 – sehr schöne lichte und zum Teil parkettierte
größere und kleinere Wohnungen, von Michaeli...« Hmm...
    »In der obern Breunerstraße Nr. 1202 – künftigen Georgi-Aus-
ziehzeit 1821 zu beziehen – der ganze zweite Stock, bestehend in
zehn Zimmern...« Zu klein, mein Lieber – viel zu klein!
    Schon eher diese hier: »Eine große Herrschaftswohnung auf der
Freyung Nr. 245 und '46 im zweiten Stock – besteht aus 26 Stücken,
worunter mehrere Salons sind, und wobei einige Meubeln gelassen
werden.« Na, siehg'st, d a s wär doch was Recht's – und gleich
möbliert, sakrawolt!
    Oder auch diese: »Auf der Freyung Nr. 110 – der ganze erste
Stock, bestehend aus 24 weiß parkettierten Zimmern, worunter
zwei Salons...«
    Nein, Unsinn: hier – h i e r wär die rechte Wohnung für mich:
»Ein Keller, zwei Gewölber und ein Zimmer samt Küche, wo gegenwärtig eine Weinschank betrieben wird.« Wenn's mir ein Fässel
oder zwei als Aufgeld lizitieren!
    »In der Alservorstadt Hauptstraße im Hause Nr. 144 – eine
Wohnung im ersten Stock mit vier Zimmern...«
    Ein Schmarr'n – was such ich denn?! Des Sängers Habe paßt in
jedes Loch...
    Oder – fort aus Wien...?
    »Reisegelegenheit nach Mailand... Nach Genf reiset jemand den
15. September mit eigenem Wagen und Extrapost und sucht einen

Gesellschafter... Ein sechssitziger sehr bequemer Reisewagen – über München, Straßburg nach Paris...«
Statt daß ich w i e d e r Opern schreib...

.   —— ·⚬· ——

> *Dienstag, 21. November 1820: In der Lichtentaler Kirche »Zu den vierzehn Nothelfern« heiratet Therese Grob den Bäckermeister Johann Berg-mann.*

—— ·⚬· ——

*D*as?
Ein Quartetto. Lang genug, daß ich nix in der Art mehr gemacht hab – vier Jahre wenigstens, eher mehr. Kann schließlich nicht immer nur Lieder schreiben, verstehst'? Selbst wenn'st mir täglich drei neue Gedichte bringen tät'st, die ich vertonen soll. Weiß allerdings der Teufel, ob's was wird mit dem Quartett.

Kalt is, find'st' net? Die Madame Sanssouci spart wieder am Holz.

Kennst' übrigens einen P a u l Mayrhofer, heraußen in Maria-hülf – gewes'ner bürgerlicher Gold- und Silberarbeiter?

Nein-nein, nur so... dem seine Frau Elisabeth ist gestorben, steht heut in der Zeitung; am Nervenschlag, sechsasechzig Jahr alt. Ich hatt' nur 'denkt, 's wär vielleicht ein Verwandter von dir.

Nu, sonst das übliche: reichlich über den Bürgerkrieg in Spanien, wo's wieder einmal »antikonstitutionelle Umtriebe« entdeckt und Leut verhaftet haben. In Deutschland nicht anders: Es werden er-neut strenge Nachforschungen wegen »demagogischer Umtriebe« angestellt, für die's diesmal Studenten in Marburg als Urheber ver-muten. Sobald's irgendwo auch nur den kleinsten Halm aufspür'n, aus dem einmal ein Freiheitsbaum emporwachsen könnte, rupfen's ihn aus mit Strunk und Stiel.

Ah, ja – und daß eine zweckmäßigere und schärfere Bestrafung von Diebstählen gefordert wird, um – wie's schreiben – »den Kreis-lauf von Verbrechen, Inquisitionen, Einsperren und wieder Stehlen«

zu unterbrechen: »Körperliche Züchtigung für den Dieb, der sein Verbrechen wiederholt, verbunden mit Beraubung der Freiheit, lebenslänglich bei öfterer Wiederholung, Zwangsmittel zum Geständnis« – wobei, versteht sich, keiner fragt, weshalb denn in Zeiten wie den uns'ren einer zum Diebe wird.

Und selbst? Wie war's auf dem Revisionsamte? Das übliche auch d a , nehm ich an.

Eh ich's vergess': Ich hab deine beiden Lieder wiedergefunden – den *Entsühnten Orest* und *Freiwilliges Versinken* –, nach denen du mich neulich gefragt g'habt hattest; sind mir beim Einräum… beim A u f räumen in die Hände gekommen.

Wieso ich aufräum'? Ich werd doch wohl noch aufräumen dürfen, wann ich mag – oder stört dich das a u c h ?! Sag's nur gleich, wenn's dich stört, Mayrhofer – sag's nur, und…

Horch zu, setz dich; ich muß ohnehin mit dir reden. Schon lange wollt ich mit dir reden. Ich wohn ja nun schon seit mehr als zwei Jahren mit dir… und du weißt ja selber, nicht wahr, daß ich damals gesagt hab… ich mein', es war ja von Anfang an nur vorübergehend gedacht gewesen; wie ich damals aus Zséliz zurück'kommen bin, entsinnst' dich? Und wie ich nicht hab wollen zurück zum Vater in die Roßau ziehn…

Also, ich wollt dir sagen: Ich zieh aus, zum ersten Jänner. Ich hab ein Zimmer gefunden – gar nicht weit von hier, übrigens: Hohe Brücke, gegenüber der Schwertgass'n. Ja… das wollt ich dir sagen. Und deswegen räum' ich schon mal ein bißchen ein.

Sagst' nix…?

Ist dir doch recht, oder…?

Hör, Waldl – ich mein's ja nicht bös, das weißt' eh. 's is halt nur, daß das Zusamm'leben mit dir… daß das nicht immer so hat weitergehn können; das verstehst' doch, ja? Ich bin ja doch mein eigner Mensch, mit mein' eignen Gewohnheiten und Schrullen – gerad wie du ja auch.

Und du kommst mich recht oft besuchen, hoff' ich – sooft du magst.

Kannst' auch bei mir schlafen.

Und zu dir komm ich natürlich auch, versteht sich.

Jessas, mer san doch kein Ehepaar! Mer san doch net verheiratet! Ich m u ß fort, Mayrhofer. Ich brauch mein e i g n e s Leben – sonst... sonst halt ich's nimmer aus. Sonst bricht alles z'samm, in mir und um mich herum.

— ❧ —

Ende 1820 oder Anfang 1821 bezieht Schubert ein Zimmer in einer Wohnung in der Inneren Stadt Nr. 380; er lebt das erstemal allein.

— ❧ —

1821

»*D*aß Herr Franz Schubert, gewesener Schüler des k.k. ersten Hofkapellmeisters Herrn Anton Salieri, sowohl durch seine tiefen Kenntnisse in der theoretischen und praktischen Harmonie als durch die sich eigen gemachten übrigen zur Vokalkomposition erforderlichen Hilfswissenschaften und durch sein ausgezeichnetes Talent einer unserer hoffnungsvollsten jungen Tonsetzer sei, von welchem sich die Oper überhaupt und das k.k. Hofoperntheater, welchem er seine Arbeiten vorzugsweise zu widmen wünscht, insbesondere die erfreulichsten Kunsterzeugnisse versprechen darf, bezeuge ich hiemit. Wien, am 16. Jänner 1821. Ignaz Franz Edler von Mosel, k.k. wirklicher Hofsekretär.«

Herr Franz Schubert, »einer unserer hoffnungsvollsten jungen Tonsetzer«… angehender Kapellmeister am k.k. Hofoperntheater; Hofkapellmeister, gewissermaßen – wacker, wacker. Schad nur, daß er »sein ausgezeichnetes Talent« auf solche Sachen verwendet, die keiner hör'n mag: auf Sinfonien, zum Beispiel – auf S i n f o n i e n, ganz recht. Wie der Beethoven. Oder der Mozart. Und daß »seine tiefen Kenntnisse in der theoretischen und praktischen Harmonie« ihn nicht davor bewahren, ein *Allegro* in D zu beginnen und so lang herumzumodulieren, daß er beim zweiten Thema bei As angelangt ist…

Der Rest find't sich.

Dann's *Andante*. A-Dur, Dreiachtel – worinselbst der Komponist »die sich eigen gemachten, zur Vokalkomposition erforderlichen Hilfswissenschaften« aufs Orchester zu applizieren trachtet…

Und dann – ins Dunkle.

Wie a Labyrinth: Hinein geht's immer, aber hinaus…? Und schon gar nicht auf dem kürzesten Weg. So eine Sinfonie ist schließlich kein Marsch, der gerad'wegs – eins, zwei – ans Ziel will. Eher ein Spaziergang übers Feld, wo in immer neuen Harmonien die schönsten Melodien blüh'n. Muß man halt langsam gehn, um's alle zu seh'n.

Und die Form?

Find't sich, find't sich – a l l e s find't sich am End – bloß keiner, der's hör'n will!

Aber abwarten, daß der Herr Franz Schubert erst einmal Kapellmeister ist – wenn's dann nicht gleich ganz vorbei ist mit dem Sinfonien-Schreiben.

Ja, was glaubst' denn, was so ei'm Hofoperntheater-Kapellmeister an Zeit bleibt, seine eignen Sachen zu betreiben? Gar nix! Und dann gar S i n f o n i e n !

Die »erfreulichsten Kunsterzeugnisse« sind Opern: Also soll er Opern schreiben, wie der Rossini oder der Salieri!

Hat der Rossini je eine Sinfonie gemacht? Eben nein.

Und der Salieri eben auch nicht.

Und außerdem wünscht doch der Herr Schubert, »seine Arbeiten vorzugsweise dem k.k. Hofoperntheater zu widmen«, oder nicht?

Ja-ha, wenn's ihn l a s s e n !

Und wenn nicht?

Dann schreibt er halt weiter seine Sinfonien – mit sei'm Talent, sei'm ausgezeichneten...

———— ❧ ————

Bei Franz von Schober findet die erste bekannte
»Schubertiade« statt.

Ein Hoch also auf unseren Gastgeber, welcher die Reise seiner verehrten Frau Mutter und seiner charmanten Schwester Mademoiselle Sophie nach Sankt Pölten als Gelegenheit beim sprichwörtlichen Schopfe ergriff, um uns, liebe Freunde, heut abend hierselbst bei sich zum Punsche zu laden!

Doch wie die Götter vor den Erfolg den Schweiß, so fiel's dem

Schober ein, vor den Punsch die Musik zu setzen und mich zu bitten, ein paar neue Lieder zum besten zu geben.

Ei was, dacht ich schon bei mir, als ich heut auf der letzten Seite der *Wiener Zeitung* eine »Concert-Anzeige« sah – sollte das etwa meinen Liedern gelten? Aber dann war's doch nur die Madame Catalani, die sich die Ehre gibt, für kommenden Montag ihr zweites und letztes Konzert im großen Redoutensaale anzuzeigen.

(Ganz ähnlich hab ich übrigens gestutzt, als ich eine Seite davor unter den Verstorbenen zu Wien einen Schubert entdeckte, den eine »Verhärtung der Baucheingeweide« dahingerafft: Ei was, dacht ich wieder – sollte das etwa i c h gewesen sein? Und wunderte mich schon, daß ich so gar nix davon gemerkt, wie's mit mir zu Ende gegangen; aber dann war's doch nur ein A u g u s t i n Schubert, Schuhmachergesell und fünfavierz'g Jahr alt, den das bittere Los des Gestorbenseins ereilt hat – Friede seiner Seele!)

Nachdem ich mich also vergewissert, daß ich weder gestorben noch die Madame Catalani sei, überkam mich eine solch übermütige, ja geradezu krankhafte Fröhlichkeit, daß ich mich davor gar nicht anders zu retten wußte als durch eine ordentlich traurige und düstere Musik: *Der Unglückliche.*

Ein Narr bist', Huber – natürlich hab ich nur gespaßt: Stunden- und tag'lang schleppt man so ein Lied mit sich herum... und dann – holla! – hat man's plötzlich vergessen. So geht's halt, wenn man das Komponieren in so einem somnambulartigen Zustande betreibt.

Schad, daß der Vogl heut nicht da ist – der könnt euch eine hübsche Anekdote gerad zum *Unglücklichen* erzählen: Die Abschrift hier hat nämlich e r machen lassen. Vor ein paar Wochen war er bei mir gewesen und hatte mich nicht angetroffen, aber auf dem Schreibtisch lagen ein paar abgerissene, vollgeschmierte Notenzettel, die dieser Schelm so mir nix, dir nix einsteckt und zum Kopisten trägt, ohne mir ein Wort zu sagen. Als wir uns ein oder zwei Tag später wiedersehn, bittet mich Vogl ans Klavier: »Komm, Schubert – ich hab was mitgebracht, das wir probieren müssen.«

Ich schau: ein Lied.

Nicht übel auf den ersten Blick.

Setz mich also hin, spiele brav und *prima vista* meinen Part, und der Vogl singt.

»Wirklich nicht übel«, sag ich, als wir fertig sind, »von wem ist es denn?!«

Drauf schaut der Vogl mich mit großen Augen an wie ein Mondkalb: Ob ich mir wohl einen Scherz mit ihm machen wolle? Das sei doch m e i n Lied – *Der Unglückliche* eben –, das er vor ein paar Tagen auf meinem Schreibtisch gefunden und zum Abschreiben gebracht habe! Ich schwör's euch – ich hab's nicht wiedererkannt! Wenn ich komponiere, ergeht's mir wirklich wie einem Schlafwandler, der nicht weiß, wohin er den Fuß setzt...

Man kann nur froh sein, nicht zu straucheln und in eine Gletscherspalte hinab und zu Tode zu stürzen wie die drei Bergführer am Montblanc, von denen heut was in der Zeitung stand. Hier: »Die drei benannten Personen haben, soviel man weiß, wenigstens in Europa, das höchste Grab, und da das Eis der Gletscher beständig, wiewohl sehr langsam, vorwärts rückt, so wäre es möglich, daß nach Jahrtausenden ihre Körper nebst dem physikalischen Apparat, den sie trugen, unten am Berge zum Vorschein kämen.«

Brrr, entsetzlicher Gedanke – darauf brauch ich gleich noch ein Glas Punsch! Bin ohnehin schon ganz heiser vom Singen und Reden...

Wie denn – pro Lied nur e i n Glas? Pfui, Schober, schäm dich! Wenn ich das gewußt hätt'... Na, hilft nix – aber daß ihr euch nicht beklagt, es wäre nicht fröhlich genug für unsere gesellige Runde: Was anderes als *Die gefangenen Sänger* vom Schlegel hab ich nicht!

So, Schluß und aus jetzt – mehr gibt's für heute nicht, und wenn der Schober mich zur Strafe auf Wasser und Brot setzen tät! Außerdem ist es mir selbst schon gar zu ernst, um sich zu unterhalten und zu amüsieren!

A propos: habt's ihr eigentlich im neuesten Band der Eipeldauer-Briefe die Geschichte von dem Schusterbub' und sei'm Meister gelesen, der sich immer gern Träume hat erzählen lassen? »Nun, was hat dir denn 'träumt, Halunk?« fragt einmal wieder der Meister seinen Lehrbub'. »O je«, sagt der, »ich trau mir's gar nicht z'sagen – der Meister wird bös!« Der aber drängt und drängt und verspricht auch, nicht bös zu werden, wenn der Bub nur seinen Traum erzählt. »Mir hat 'träumt«, sagt dieser also, »mir hat 'träumt, der Meister wär in ein Faß mit Honig und ich in ein Faß vom Nachttopf g'fallen.« »Nun«, sagt der Meister, »das ist so übel nicht, du in 'n Dreck, ich ins Honig – das laßt sich hören.« »Ja«, sagt der Bub, »es ist aber noch nicht aus. Hernach hat mir erst 'träumt, daß mir einander abg'schleckt hätten.« Darauf hat der Meister nach dem Knieriem' g'riffen, aber die Meisterin hat auch zug'hört und hat g'lacht und hat dem Buben nichts g'schehen lassen. Und seit der Zeit fragt der Schuster kein' Menschen mehr, was ihm 'träumt hat.

Aber weißt', wovon i c h gerad träume, Schober? Daß ich bei dir in ein Faß von Punsch falle – verstehst' mich, oder muß ich noch deutlicher werden? Sonst könnt's am End passieren, daß ich mich nochmal ans Klavier setze und e u c h singen lasse; ein kleines Goethe-Quartetter'l für zwei Tenori und zwei Bassi hätt' ich nämlich noch...

———— 〰 ————

»Lieber Bruder! Da ich wegen gestriger Lumperei heut marodi war, so hab ich an dem Offertorium nichts gemacht, es wird also nicht fertig. Auch ist Anselm Hüttenbrenner hier, mit dem ich mich heute abends um sechs Uhr bestellt habe. Hättest Du vielleicht Lust, mit uns zu sein, so komme in die Wipplinger Straße zu Frau von Sanssouci, wo ich ehe gewohnt habe, und frage Dich etwa herunten im Tabakgewölb an um sechs Uhr. Wo nicht, so sehen wir uns morgen beim Kreuz. Franz.«

———— 〰 ————

Das erste Mal, daß ich alleine leb! Gar net übel, wie? 's ist zwar auch nur ein Zimmer, aber – Teufel auch! – was andres als die lange, dunkle Kammer beim Mayrhofer, wo ich nicht einmal Platz für mein Pianoforte g'habt hab; da, schau nur – steht's da nicht prächtig? Als ob's nur darauf warten tät, daß ich mich hinsetz und spiel.

Ach ja, das Lied; wart, ich hol's gleich – zünd mir nur rasch ein
Pfeifchen an. Bist' sehr in Eile, oder soll ich uns ein Krügerl Bier
hochholen lassen? Na, egal!

Weißt', daß ich wenigstens zwei Stund' nach dem vermaledeiten
Lied g'sucht hab? Daß es mit meiner Ordnung aber auch so gar nicht
besser werden will! In sämtlichen Kisteln und Kasteln hab ich nach-
gegraben – und weißt', wo ich's am End gefunden hab? Zwischen
zwei Westen!

Damit soll's übrigens auch ein End haben, daß ich herumlauf wie
der letzte Haderlump; sobald ich das Honorar für meine *Zauberharfe* 'kriegt hab, will ich mir eine neue Garderobe zuleg'n – so eine
Pariserische, weißt'? Wie's hier im Journal steht: »Der Herr trägt
einen Tuchmantel mit Sammet garniert; darunter einen blauen Tuch-
frack mit Metallknöpfen, eine Weste von Casimir, darunter eine sei-
dene Halsschärpe. Pantalons von *cuir de laine*.« Dann fehlt nur noch
die passend gekleidete Damoiselle dazu!

So, hier ist das Lied. Wann willst' es singen – übermorgen in der
Abendunterhaltung bei den Musikfreunden? Na, 's reicht ja...

Wie – das ist es nicht?! Hast' etwa die a n d e r e Vertonung
g'meint, die wo ich von dem Gedicht gemacht hab? Wart einmal, das
kann ja gar nicht: Das ist schon so lang her – das kannst' gar net
kenn'; und außerdem war's für Sopran.

Nein, du irrst dich, mein Lieber! Hier, sieh selbst: *Hoffnung*. Gedicht von Friedrich von Schiller, in Musik gesetzt von...

Was sagst' – *Sehnsucht*? Meine Vertonung von Schillers *Sehnsucht*? »Ach, aus dieses Tales Gründen«?

Hoffnung, Sehnsucht – ist doch einerlei, meinst' nicht? Hauptsach', es ist vom Schiller.

Ich will ihm »Hoffnung« geben, und er beharrt auf seiner »Sehnsucht« – wenn das nicht gediegen ist! Komm an meine Brust, Götz –
so! –, und jetzt woll'mer mal schaun, wo in diesem ganzen Durcheinander deine *Sehnsucht* geblieben ist; immerhin hab ich die leise
Hoffnung, daß ich's finden werd... Wart, in dem Kastel da müßt's
sein – wenn's net auch zwischen die Wäsche geraten ist.

Da? Nein, das is was andres: Walzer... weiß der Teufel, wann ich
die hing'schmiert hab... Was meinst' übrigens: Soll ich die Pantalons

zum blauen Frack in derselben Farbe nehm' oder lieber in einer andern?

Ich such ja schon, ich such ja schon…

Hier, auf der Rückseite ist was mit Text: »Leise, leise laßt uns singen…« Das war's auch net, oder? Dacht ich mir; ist auch kein Lied, sondern ein Quartetto.

Götz, ich schwör's dir: Ab heut halt ich Ordnung – oder zumindest… zumindest werd ich's versuchen… Ehrenwort…

Das vielleicht? Auch net – wieder ein Stoß Walzer, auf dem Verso. Eigentlich müßt' ich die ganzen Tänz', die ich hab, einmal z'samm'schreiben und dem Diabelli für den nächsten Karneval anbieten…

Heureka! *Sehnsucht*, von Schiller! »Ach, aus dieses Tales Gründen, die der kalte Nebel drückt…« Man soll eben die Hoffnung nie aufgeben! Und nicht nur einmal – gleich zweimal kannst' es haben, das Lied: Zweimal verschieden in Musik gesetzt! Die erste Fassung kennst', glaub ich, gar net; ich war noch ein Bub, als ich's geschrieben hab, im Konvikt beim Salieri.

Da mokier' sich noch einmal einer über meine angebliche Unordnung: Beide Fassungen liegen fein säuberlich beieinander – und weißt', warum? Weil ich den Schluß der einen so ziemlich aus der andern abgeschrieben hab – darum! Aber psst, Götz – sag's keinem weiter, ja? Sonst heißt's am End, dem Schubert fiele nix Neues mehr ein.

Ich glaub, schwarz oder braun wär besser für die Pantalons, meinst' nicht?

Da, nimm's mit, das Packerl! Und dank dir, daß du so lieb und geduldig gewartet hast – um nicht zu sagen: so ohne »Hoffnung«, und doch voller »Sehnsucht«!

———— ∾ ————

*P*reisinger – Sie? Schon? Is denn schon so weit…?
Tatsächlich – Jessas, ich hab völlig die Zeit vergessen! Wenn ich über mein' Noten hock, könn'S neben mir Kanonen abfeuern – ich hör's net!

Also, herein mit Ihnen – ich bin gleich so weit; und machen'S um
Himmels Willen die Türe zu – man erfriert ja! Sieben Grad unter
Null, und das im März: 's Wetter spielt heuer völlig verrückt, scheint
mir. Erst heißt's, es hätt seit Menschengedenken kein' so gelinden
Winter mehr g'habt, und jetzt ha'm mer mit ei'mmal den kältesten
März seit i weiß net wann; am End wer'mer noch zu Ostern Schnee
krieg'n! Gehn'S, seien'S so lieb und legen noch ein Scheit nach, ja?
Ist zwar schon das dritte heut, aber anders geht's halt net; hab eh
schon ganz steifgefror'ne Finger.

So, ich mach uns rasch aan Tee, und dann könn' mer von mir aus
anfang'n. Hinab in den Hades, wie Dante und Vergil! Ham'S die
Noten...?

September achtzehn-siebzehn – so lang schon! Reichlich drei
Jahr und ein halbes! Da weiß ich ja gar nimmer, was ich mir damals z'samm'geschrieben hab! Obwohl ich mich entsinn, daß ich
den *Tartarus* vom Schiller vorher schon einmal versucht hatte... Na,
egal.

Wie steht's, Preisinger – soll'n wir? *Etwas geschwind,* Zwölf-
achtel – da hoff ich bloß, daß ich mich nicht in mein'n eigenen Noten
verlaufen werd...

Ein wunderbar's Gedicht, net wahr? Und auf Ehre: ich wußt gar
nimmer, daß ich mal so ein schönes Lied dazu gemacht hatte! Übrigens, da – ich schenk's Ihnen.

Na was, wenn S i e ' s net hervorgezogen hätten, tät's ja doch in
hundert Jahren noch irgendwo bei mir herumliegen. Und außerdem
haben Sie's verdient wie kein anderer, weil's ja doch kein anderer –
der Vogl höchstens ausgenomm' – so trefflich singen könnte wie gerad Sie. Ich denk jedenfalls, wir wer'n ordentlich *bruit* machen, heut
auf d'Nacht, gelt?

Wie steht's eigentlich draußen am Kanal – Sie sind doch dran vorbeigekommen? Steigt das Wasser noch immer? Gestern waren's fast
acht Schuh... zwei Leichen haben's schon rausgefischt, stand heut
in der Zeitung – einen Bäckergesell'n und eine Stubenmagd, ein
ganz junges Mensch noch:

»Uns hebt die Welle,
Verschlingt die Welle,
Und wir versinken.
Ein kleiner Ring
Begrenzt unser Leben,
Und viele Geschlechter
Reihen sich dauernd
An ihres Daseins
Unendliche Kette.«

Goethes *Grenzen der Menschheit* – Sie kennen's? Gerad als Sie kamen, hab ich den letzten Federstrich dran gemacht. Ich komm halt
doch immer wieder zu i h m zurück, wenn ich mich nach Texten umschau, die für ein Lied taugen könnten. Obwohl, nein – eigentlich
ist es genau andersherum: Ich nehm mir so ein Büchl mit sein'n Gedichten, und plötzlich – ohne daß ich recht wüßte, wie und warum –
hebt's in mir zu klingen und zu singen an. Und wenn i mich dann
hinsetz und anfang, es aufzuschreiben, dann vergeß ich alles um
mich herum.

A propos, da Sie schon einmal hier sind, lieber Freund – hätten'S
nicht Lust, daß wir's einmal primavistier'n? Es ist zwar lang, aber
dafür auch nicht so schwer wie der *Tartarus* – was die Begleitung
angeht, jedenfalls!

Schlapprawolt, Preisinger! Wenn ich nicht genau wüßt', daß Sie's nie
zuvor g'sehn haben, tät ich meinen, Sie hätten's studiert! Im Ernst,
Sie sollten das Bankgewerbe aufgeben und sich ganz der Musik ver-
schreiben – glauben Sie mir: 's gibt kein Theater in Wien, bei dem'S
mit Ihrer Stimme nicht alle Ehre einlegen würden. A solches Juwel
find't man net alle Tage!

Wo ich gerad »Juwel« sag: Ham'S heut in der Zeitung die Sache
mit den Diamantengruben in Ostindien g'lesen? Nicht? Warten'S,
ich hab's hier liegen – hier: Der Juwelenhändler Taverner erzählt,
»daß dasselbe Erdreich, aus dem man alle Diamanten sorgfältig aus-
gegraben, nach einigen Jahren wieder neue Diamanten enthalte, und
glaubt, daß die in der unteren Erdlage verborgen gebliebenen Edel-

steine, gleich einem Samenkorne, neue hervorbringen«. Unglaublich, was? »Man müsse sich daher wohl hüten, das Erdreich nicht
ganz und gar seiner Edelsteine zu berauben, sondern wenigstens
einige Keime zur künftigen Ernte zurückzulassen.« Das wär etwas,
wenn man so ein'n Stein hätt! Man tät ihn in ein Töpferl pflanzen
und vor's Fenster stell'n – und hätt für alle Zeit ausgesorgt!

Aber was soll's: Wir zwei sind ja doch auch so reich genug, gelt?
Sie, Preisinger, mit Ihrer Stimme, und ich mit meiner Musik! Und
wenn's die beiden erst z'samm'bringt...

Wie spät ist eigentlich – müß' mer schon los?

Und wie! Sogar l a u f e n müß' mer – sonst fangen's am End noch
ohne uns an! Je nun, dann bleibt der Walzer für den Diabelli eben
liegen...

Ach, a Schmarr'n eigentlich: Der Diabelli hat ein'n Walzer
g'macht, den wo er an alle Komponisten und Virtuosen in Wien geschickt hat: 's sollt a jeder a Variation dazu schreiben. Und wenn's
fertig ist, will er's als Sammelwerk herausgeben – »Vaterländischer
Künstlerverein« soll's heißen, oder so ähnlich.

Na los, kommen'S – der Walzer kann warten!

———— ❧ ————

Schubert und eine Reihe seiner Freunde verbringen
mehrere Wochen auf dem Gut Atzenbrugg bei Klo-
sterneuburg, etwa 35 Kilometer oberhalb von
Wien; Franz von Schobers Onkel Josef Derffel
hatte als Verwalter des Gutes die Gesellschaft ein-
geladen.

———— ❧ ————

»*S*chober...
Nein-nein, störst net – ich arbeit' zwar, aber komm nur immer
herein, setz dich... egal, wo'st halt Platz find'st.

Magst' ein'n Tee? Nimm dir, nimm dir nur; Tabak müßt' auch
welcher dort liegen, glaub ich.

Was meinst'? Ob ich letzthin den Kupelwieser g'sehn hab? Naa,
seit Atzenbrugg noch nicht wieder...

Wen, den Jenger? Den Jenger auch nicht, nein...

Wie...? Fikrament, Schober, ich bitt dich, sekkier mich net – ich muß mich konzentrier'n, ja? Was ich hier mach, is kein *jeu d'esprit*, wo'st aus ›Witz‹, ›Frosch‹ und ›Kugel‹ ein Gedicht worteln mußt, oder ein'n Deutschen nach aufgegebenen Noten. Du kannst von Herzen gern bleiben, das weißt'; kannst trinken, rauchen, lesen, kannst überhaupt machen, was't willst – aber wenn'st net s c h w e i – g e n kannst, dann kannst' gleich, wie'st 'kommen bist, über die Stieg'n wieder abmarschier'n, verstanden? In aller Freundschaft, aber trotzdem! Ich hab nämlich z'tun (falls't es net bemerkt haben solltest) und keine Zeit, dir lang und breit zu derzähl'n, wen ich die letzten Tag g'sehn hab und wen nicht.

Naa, ich bin net grantig – n o c h net; aber ich werd's gleich, wenn'st mich net endlich arbeiten läßt!

Horch zu, 's paßt w i r k l i c h net, gerad; soll'mer uns nicht lieber auf'd Nacht beim Wasserburger treffen? So um neun, halber zehn?

Ja.

Ja, gut, sag's den andern meinethalben. Um neun also beim Wasserburger, ja... I komm bestimmt.

Servus. Servus, Schober – g'führ'ti... Bis später.

Schober...? Nix für ungut, ja?«

Wird's schon verstehn.

Wo war ich...? Ah ja, ja...

Wie ein Faden – ein Faden geschlichtetes Garn, das abläuft von einer Spule oder Spindel. Den Anfang hält man, und auch das Ende ist schon da, aber's steckt so tief herinnen, daß man's net sieht.

Und wie man aufmerken und Obacht geben muß beim Abwickeln: Ist er zu straff gespannt, zerreißt er, der Faden – nicht straff genug, und er verheddert, verknotet sich. Oder nein, 's sind ja mehrere Fäden, eigentlich, und jeder vom andern verschieden: je einer fürs Violino primo und secondo, einer für die Viole, zweimal viere für Flauti, Oboe, Clarinetti und Fagotti: macht schon elf... vier Corni: fünfzehn... Clarini: siebenzehn... einazwanz'g: Timpani und Tromboni zu dreien... dreiazwanz'g mit Violoncelli und Bassi.

Ein Glück bloß, daß er fort is, der Schober – da braucht's wirklich eine ruhige und geschickte Hand, um daraus ein Muster zu
weben, ohne das Dessin zu verpfuschen!

Wobei's a gute Idee war, denke ich, fürs erste nur den einen, wichtigsten Faden zu nehm' und fortzuspinnen und ihn diesmal nicht erst
im Particell zu notier'n, sondern gleich in die Partitur mit sämtlichen
Akkoladen. Im Kopfe ist sie ja doch ganz und gar fertig, die Sinfo-
nia – da wird's ein Weniges sein, die restlichen Fäden zu spinnen.

Wie lang is jetzt her, daß ich meine letzte Sinfonie fertig-
geschrieben hab, die in C? Drei Jahre wenigstens müssen's sein.
Dann wäre also dieses... die siebte.

Heilige Zahl! Aber ob es mir Glück bringt? Fragt sich...

—— ❧ ——

An Franz

Du liebst mich! Tief hab ich's empfunden,
du treuer Junge, zart und gut;
so stähle sich denn, schön verbunden,
der edle, jugendliche Mut!
Wie immer auch das Leben dränge,
wir hören die verwandten Klänge.

Doch, Wahrheit sei's, womit ich zahle:
Ich bin nicht, Guter, wie Du wähnst;
Du sprichst zu einem Ideale,
wornach Du jugendlich Dich sehnst, –
und eines Ringers schweres Streben
hältst Du für rasch entquoll'nes Leben.

[...]

Doch laß uns treu, bis sich dem Willen
die Bildung und die Kraft gesellt,
als Brüder redlich baun im Stillen

an einer schönern, freien Welt;
sie ist es nur, – der ich gesungen, –
und ist sie, – sei das Lied verklungen!
(Johann Mayrhofer)

⸺ ᴡᴏᴜ ⸺

*A*lso, wie gesagt, lieber Sonnleithner: Seien'S mir nicht bös, daß ich mich gleich nach dem Konzert wieder davonstehl' – ich muß doch herüber zur Renngass'n, um mit dem Herrn von Gymnich mein Lied noch amal zu probiern.

Wissen'S, wenn's der Vogl wär, bräucht'mer gewiß keine Probe; der könnte den *Wanderer* rückwärts im Schlaf, so oft, wie er ihn schon gesungen hat! Während der gute Gymnich – so schön seine Stimme is – mir halt net ganz so sicher im Tempo und in der Intonation scheint.

Vielleicht hätten'S ja auch selber die Zeit, nachher noch zum *Römischen Kaiser* zu kommen und unsrem kleinen Gesellschaftskonzert die Ehre zu geben? Um Viere geht's an, und mein Lied ist das fünfte Stück auf dem Programm.

Am selben Tag zwei Werke – das hätt ich mir gewiß nie träumen lassen! Franz Schubert *qua, là, su* und *giù*: Am End werd ich noch so berühmt in Wien wie der Rossini oder der Herr van Beethoven!

Kommt er, übrigens? Ich mein, wo'S doch heut seine Sinfonie in A spiel'n werden? Und er ist ja doch Mitglied der Gesellschaft – wie ich ja nun auch, dank Ihrer Fürsprache.

No, nein – persönlich kenn ich ihn noch nicht, den Meister; 's hat bislang sich noch nicht einrichten lassen. Obwohl's wahrscheinlich besser wär, wenn er gerad heute n e t kommen würde, der Beethoven – sonst tät ich mich doch a bisserl genier'n für meine kleine Ouvertüre, die ohnehin zwischen seiner Sinfonie und dem Mozartschen *Don Juan* etwa so gute Figur macht wie eine Mücke zwischen zwei Elefanten!

Erfolgreich also – aber was heißt das schon? Daß alles brav zusammenging und, wie man sagt, »beifällig« aufgenommen wurde.

All diese satten, selbstzufrieden glänzenden Gesichter: »Ah, Euer Gnaden – liebste Freundin – habedjehre – Herr von Soundso – Gnädiger Frau untertänigster Diener...« Fressen die Musik in sich hinein wie eine Mehlspeis'!

Wenn's eahna wenigstens so schwer im Magen läg wie Wackersteine – aber net amal das: Der Wiener verdaut alles, ohne die Wimpern zu zucken, und meine Ouvertüre oder die Sinfonie vom Beethoven schmeckt ihnen gerad so gut wie ein kratzerter Landler von irgendeinem Brat'lgeiger... Wirklich – was habe ich zu schaffen mit diesen Leuten?

Oder nein – ich bin doch ungerecht: Nicht m i t , aber doch f ü r diese Leute hab ich was zu schaffen – vieles, alles; wem sonst, wenn nicht ihnen sing ich meine Lieder? Für wen, wenn nicht für sie hier herunten im Tal wär ich meinen Berg hinabgestiegen?

Novemberkälte... das Jahr wird alt, wie's Leben.

W e r versteht denn w e n nicht – sie mich? Ich sie? Keiner keinen: das immer selbe Thema, beliebig zu variieren. Andre Gesichter zwar, aber dieselben Leut: Mit wenig zufrieden – oder ist es mehr, als ich selber weiß?

Was such ich überhaupt: »meine Rosen, meine Freunde, meine Toten, meine Sprache«? Hab sie doch in mir, immer und überall; reiße sie mir vom Herzen und streu's in den Wind, wie meine Lieder – ob's einer auffängt oder nicht von denen da, die schläfrig und behäbig vor sich hin stieren...

Aber einer nur, ein e i n z i g e r – und es wäre Glückes genug!

Nein-nein, es ist schon d i e s mein Land, allem Suchen und Ahnen eines anderen zum Trotz.

———— ❧ ————

Wiener Zeitung: »*Bei Cappi und Diabelli, Kunst- und Musikhändler, am Graben Nr. 1133, sind neu erschienen: Original-Tänze für das Pianoforte, komponiert von Franz Schubert. 9tes Werk. Erstes Heft 1 fl. 30 kr. Zweites Heft 1 fl. 30 kr. W.W.*«

Na, kennt's ihr's wieder? Das will ich meinen, daß ihr's kennt – sind schließlich einer wie der andre euch allein zu Lieb in die weite Welt hinausgekrochen 'kommen, diese Deutschen: verkomponiert und »aufgeschrieben für meine Kaffee-, Wein- und Punsch-Brüderl«, wie's auf dem einen manu propria zu lesen is, das wo ich für den Anselm hing'schmiert hab, wie mer ei'mal ganz grauslich bei ihm versumpft sind.

Warst' net auch dabei, Schober...?

Siehg'st, dacht ich's doch.

Alsdann, richt's enk z'samm' – das nächste halbe Dutzend!

Womit, habedjehre, just ein Dritt-Teil meiner Originaltänze herum wär'!

Schad, daß mer keine Frau'nspersonen hier ha'm, heut – und daß mer überhaupt a bissel eng sind, hier in meinem Luxusquartier; sonst könnt' mer gleich feststell'n, ob's auch was zum Hüpfen und Drahn taugen, die Walzer. No, der Marie Desprez (der wo's gehört, das Haus) wer'n eh die Glasel im Schranke tanzen, denk ich!

Macht nix, macht nix – noch sa'm mer net am End, Frau Freiin!

Ffuhh, ganz schön in Hitze bringt's einen, das Gehämm're! Aber fesch san's, oder net?

Wie mich der Diabelli g'fragt hat, ob ich nicht was an Landlerischen, Deutschen oder Walzern hätt, das ich (in Hinsicht auf den nächsten Karneval) in Druck zu geben geneigt wär, da hab ich einfach alles z'samm'packt, was bei mir im Dreiviertler herumlag; égal fünf oder zehne solcher Sammlungen wären's freilich g'worden, wenn ich's ihm a l l e hergegeben hätt'! Aber so geht's, denk ich, und macht genug her, um mich in Wien als *maître du plaisir* für Weit'res zu empfehlen: »Tanzen Sie stets bei diesem Walzer – werden Sie Russe oder gar Pfalzer!«

Nur daß er zahlt wie a Schwein, der Diabelli: zwölf Dukaten für beide Hefte – fünfzig Gulden Konvention! Erst wollt er gar nur z e h n Dukaten geben, weil ich noch keinen Namen hätt in Wien. (Keinen Namen! Ich – Mitglied der Gesellschaft der Musikfreunde –, ich hätte keinen Namen!) Erst wie er g'sehn hat, daß ich's

Notenpackel ohne weit'res wieder hab einstecken und gehn woll'n, hat er sich auf die zwölf Dukaten eingelassen, der Haberer – und wird an jedem Heft'l gut und gern das Hundertfache von dem verdienen, was es ihn 'kostet hat!

Ein paar von dera Atzenbrugger Deutschen, die wo ich diesen Sommer g'macht hab, sind übrigens auch dabei! Gelt, Schober? Schön war's, dort in Atzenbrugg... Ich werd's auch nicht versäumen, deinem lieben Oheim Derffel ein Exemplar zu schicken – auf daß er uns recht bald aufs neue zu sich lädt!

So – fünfe sind's noch, und dann seid's erlöst! Hernach zum Wasserburger, einverstanden? Und auf jeden einzelnen Tanz einen Punsch!

—— ᘛ ——

1822

*Januar: Schubert hat sein eigenes Zimmer auf-
gegeben und ist zu Franz von Schober in den
»Göttweigerhof« gezogen, Innere Stadt Nr. 1155.*

*T*ja, mein Lieber – da schwimm' sie dahin, unsre schönen Felle:
aus is! Jetzt hat der Domenico Barbaja an der Hofoper das Sagen, mit Allerhöchst kaiserlichem Privileg und einem Zuschuß von
160 000 Gulden Konvention per anno. Ein üppiges Blutgeld, um der
deutschen Oper den Garaus zu machen, findst' nicht? Und der Graf
Pálffy setzt noch eins drauf und verpachtet dem Barbaja das Theater an der Wien – weil, e i n e Bühne wär ja auch nicht genug, wo
doch der Rossini, wie es heißt, im Jahr wenigstens zwei oder drei
ganz neue Opern schafft! Was glaubst', was er uns sagt, der Signor
Barbaja, wenn wir ihm mit unsrer Oper kommen? Ins G'sicht lachen
wird er uns: A d e u t s c h e Oper? Habe die Ehre!

Da – 360 Seiten Partitur, 182 für den ersten, 178 für den zweiten
Akt: wacker, wacker. Makulatur! Mit dem dritten Akt brauch ich
gar nicht erst anzufangen.

»Ja, aber die Introduktion, der Chor – das ist doch gerad wie im
Barbier des auch bei uns in Wien so verehrten und bewunderten
Maestro Rossini…« Nur daß der Chor d a eben »*Piano, pianissimo,
senza parlar…*« singt, und nicht »Still noch decket uns die Nacht.
Schaffet hurtig, gehet leise…«. Und wenn wir uns hundertmal die
Kavatine des Grafen für unsre Arie des Froila zum Vorbild genom-
men haben: »*Ecco, ridente in cielo…*« ist eben was andres als »Sei mir
gegrüßt, o Sonne!«.

Ach, Schober, ich sag' dir: Solang Barbaja hier die Oper dirigiert,
wer'n *Alfonso und Estrella* n i e in Wien in Szene gehn! Und trotz
aller Sensation, die er macht, wird Webers *Freischütz* für lange Zeit
das letzte deutsche Werk gewesen sein, das wir hier gesehn haben –

wo doch sogar der Grillparzer den *Freischütz* nur für einen glücklichen Zufall ansieht und es ansonsten mit Rossini hält.

Mir geht's ja beinah genauso! Die *Zelmira,* die *Elisabetta* – nun
ja; aber der *Barbier* ist doch wirklich köstlich, und mehr noch der
Otello – welch feiner Geschmack in der Instrumentierung! Und wie
neu und anmutig manche Melodien sind! Auf Ehre: ich wollt', i c h
hätte das geschrieben. Und manchem unsrer Komponisten tät es
allemal gut, ein wenig beim Rossini in die Schul' zu gehen.

Na, bravo! Da mach ich mich schon selber zum »Barbajaren« –
das fehlte noch! Täusch dich nicht, Schober: Ich lach zwar, aber mir
ist eher zum Heulen zumute.

Hast' übrigens gehört, daß der Vogl bei der Hofoper kündigen
will? A Schande.

Ach, Schober, Schober – wenn ich dran denk, wie wir letzten
Herbst in Sankt Pölten beisamm' g'hockt haben; du über deinen
Versen und ich an meiner Musik dazu. Weißt' noch, unser Zimmer?
Mit den zwei Ehebetten, dem Sofa neben dem warmen Ofen, dem
Fortepiano? Und wie mer einander abends immer – bei einem guten
Glas Bier und einer Pfeife – referiert ha'm, was wir tags geschafft
hatten. Unsre Schwärmereien... Und jetzt soll das alles umsonst
gewesen sein?!

Nein, so nicht – das wär ja n o c h schöner! So leicht machen wir's
dem Barbaja nicht, ganz Wien zu verwelschen! Mit dem Rossini
nehm ich's allemal auf, meinst' net? Und außerdem wär's a sträfliche
Dummheit, sich geschlagen zu geben, bevor der Kampf noch überhaupt begonn' hat. Laß mich nur erst den dritten Akt fertigschrei-
ben, und dann wer' mer's ihm schon richten, dem Signor Im-
presario: Ich werd den Mosel und den Hofmusikgrafen Dietrichstein bitten, daß sie sich für das Werk verwenden; und den Weigl!
Und den Salieri auch – alle! Und wenn ich bis zum Kaiser müßt! Einheizen wer' mer ihm, dem Barbaja, bis daß er sein Ja und Amen dazu
gibt, unsre Oper herauszubringen!

> In der Wiener Allgemeinen Musikalischen Zei-
> tung erscheint die erste ausführliche Rezension von
> Liedern Schuberts.

»*D*as abermals bei Cappi und Diabelli erschienene Heft neuer Gesänge von Franz Schubert, enthaltend: *Die abgeblühte Linde*, *Flug der Zeit* und *Der Tod und das Mädchen* – das Gedicht zu den beiden ersteren von Herrn Grafen Széchényi, zu dem letzteren von Claudius –, gibt uns die willkommene Veranlassung, sowohl diese als noch weit mehr die früheren in derselben Kunsthandlung erschienenen Gesangstücke dieses für den lyrischen Gesang reich begabten jungen Tonsetzers dem musikalischen Publikum bestens anzuempfehlen und unsere Achtung für sein ausgezeichnetes Talent offen auszusprechen. Nicht leicht wurde einem Komponisten die Gabe, des Dichters Gebilde in dem Gemüte des empfänglichen Zuhörers zur tief ergreifenden Anschauung zu bringen, in so hohem Grade zuteil.

Gleich vortrefflich sowohl im Gesange als in der charakteristischen Begleitung ist *Memnon* und *Antigone und Œdip* (beide von Mayrhofer gedichtet) gehalten. *Memnon* ist, als Gedicht betrachtet, eine von Meisterhand gezeichnete Schilderung eines vom tiefen Grame beherrschten, in sich verschlossenen, erhabenen Gemütes, in dessen sturmerregtes Innere sich ein ahnender Hoffnungsstrahl von jenseits beruhigend senket.

Diese schöne Poesie hat Herr Schubert erhaben und mit ergreifender Wahrheit im Tonsatze wiedergegeben. Die Einleitung zu *Memnon* erinnert an die magischen Klänge des berühmten ägyptischen Standbildes. Kein weibischer Klageton entweiht die düsteren Worte des Heldenkönigs. Der in seinem Inneren brennende Schmerz lodert in wilder Flamme auf, die endlich in begeisterter Ahnung erlischt.

In *Antigone und Œdip* zeigt uns der Dichter den blinden, im Haine der Eumeniden in Schlaf versunkenen Greis, an dessen Seite die liebende Tochter fromme Gebete für den Vater an die Götter sendet. Ödip erwacht, und schmerzlich ergreift ihn die im Traume aufgeregte Erinnerung an seine ehemalige Herrscherpracht. Eine prophetische Stimme in seinem Inneren verkündet ihm den nahen Tod.

Antigones Gebet ist voll kindlich frommen Gefühles in melodischem Stile gehalten und spricht die Gefühle der sich willig zum Opfer für den Vater darbietenden Tochter auf das rührendste aus. Es wird durch zwei mit kurzem Rezitative abwechselnde Zwischentakte, welche das bange Stöhnen des erwachenden Greises auf das ausdrucksvollste schildern, unterbrochen. Wahrhaft königlich und erhaben ist der nun folgende Gesang Ödips gehalten, der mit dem von schauerlichen Akkorden begleiteten Geisterrufe würdig schließt.

Wenn man schließlich die tief ergreifende Behandlung des Gedichtes von Claudius *Das Mädchen und der Tod* in Anschlag bringt, so kann man nicht umhin, der deutschen Tonkunst zu einem Genie Glück zu wünschen, das, in reicher Mannigfaltigkeit sich ausbreitend, den Meisterwerken der deutschen Dichtkunst die höchste musikalische Bedeutung in erschöpfender, nie irrender Charakteristik zu geben weiß.«

— ✽ —

Weber, sie ist fertig – meine Oper ist fertig! Fünf Monate, und jetzt also: Finis! Hier, ich hab mir erlaubt, Ihnen den dritten Akt... Ich stör doch nicht, hoff ich...?

Sie müssen, bitt' schön, verzeih'n, daß ich so einfach bei Ihnen hereinplatze; aber nachdem Sie die übergroße Freundlichkeit hatten, sich letzthin immer wieder nach dem Fortgang meiner Arbeit zu erkundigen, hab ich mir halt gedacht... ich mein', ich wollt Ihnen als einem der ersten... wenn's natürlich jetzt nicht paßt...

Auch nur den dritten Akt – die andern zwei kenn' Sie ja schon. Obwohl ich es kaum wage, dem Meister eines so erhabenen Werkes wie dem *Freischütz* meinen ersten, bescheidenen Versuch als Opernkomponist zu unterbreiten...

Also: ein *Allegro* in d-Moll als Introduktion – Schlachtenlärm: »Hörst du rufen, hörst du lärmen? Siehst du wilde Haufen schwärmen? Weh, das Unglück bricht herein!« Adolfo und seine Mitverschwörer sind in den Palast eingedrungen und siegreich im Kampf gegen Mauregato. (Dabei geht's Adolfo ja gar nicht so sehr

darum, den Tyrannen zu stürzen: Die schöne Estrella ist es – Maure-
gatos Tochter –, nach der ihm verlangt.)
Allegro assai: Sie hat seine Liebe zurückgewiesen? So mag sie sterben! Er zückt einen Dolch:»Wähle Leben oder Tod! Niemand
höret dein Geschrei, weiche meinem wilden Grimme!« Da, in letzter Minute, erscheint Alfonso mit seinen Jägern, die Bedrängte,
Verzweifelte zu schützen – *Allegro molto.* Adolfo wird in Ketten
abgeführt.

Ganz wie in der Realität, übrigens: Wie ich heut in der Zeitung
von den Volkshaufen gelesen hab, die in Madrid (wegen der geplan-
ten Repressionsgesetze) durch die Straßen ziehn,»Fort mit dem König!« brüllen und sogar in die Häuser von einigen Abgeordneten eingedrungen sind, die vor dem Pöbel gerad noch zur rechten Zeit
flüchten konnten, da hab ich wirklich an meine Oper denken müssen. Fragt sich auch, was die Zensur zu all dem sagen wird, was der
Schober und ich uns da zusamm'geschrieben haben.

Franz von Schober, ja – derselbe, dessen Verse »An Carl Maria
von Weber, nach Aufführung des *Freischützen* mit einem Kranze«
gerad in ganz Wien die Runde machen. Ein tüchtiges Libretto, nicht
wahr? Ich hab ihm freilich auch genau gesagt, wie's werden soll!

Aber ob die Oper je in Wien gegeben werden kann, ist fraglich:
Seit der Domenico Barbaja im Jänner das Hoftheater am Kärntner-
tor gepachtet hat, sieht's für die deutsche Oper wahrlich finster aus.
Da wird's wohl bald nur mehr Rossini bei uns geben.

S i e ? Bei I h n e n hat der Signor Barbaja ein neues Werk bestellt? Eine deutsche Oper? Nun, sicher – nach dem Triumph des
Freischütz…

Aber i c h hab halt keinen *Freischütz* vorzuweisen und muß mir
meine musikdramatischen Lorbeern erst noch verdienen: Da wird
er mich schön abblitzen lassen, der Herr Barbaja, wenn ich ihm mit
meiner Oper komm'!

Sicher, ein wenig *alla moda* hab ich mich schon bemüht zu schreiben: Keine gesproch'nen Dialoge, sondern allweil Musik; die
großen Affekte und Arien, die Duette, Chöre, Finali – so italienisch, wie's halt irgend ging, aber eben doch im d e u t s c h e n Geist
gehalten.

Hören Sie, ich weiß, daß sie was taugt, meine Oper. Und Sie und ich, Weber – wir ziehn doch am selben Strick, um den Italienern unsre deutsche Bühne nicht kampflos zu überlassen! Ihr *Freischütz* und meine *Estrella* – womit ich das beileibe nicht zu vergleichen wage –, aber 's sind doch eben beides d e u t s c h e Werke, nicht wahr? Wenn S i e mit dem Barbaja sprechen könnten, daß er vielleicht... Natürlich nicht, bevor I h r neues Werk heraußen ist.

Sie wissen doch, wie so was geht, wenn man keine rechte Protektion hat: Da liegt so eine Partitur über Jahr und Tag achtlos herum, und keinen schert's. Ich bin ja doch in Wien kein ganz und gar Unbekannter mehr; meine Lieder machen *bruit*, wie man sagt, und als Mitglied der Gesellschaft der Musikfreunde...

Übrigens wird dort am kommenden Sonntag im Jahreskonzert ein Quartett auf vier Männerstimmen von mir gemacht: *Geist der Liebe*. Wenn Sie mir die Ehre machten, könnt ich Ihnen gerne ein Billett besorgen.

Ach so, natürlich – das Finale Ihrer *Silvana* wird ja auch gegeben: Da werden'S ja ohnehin dabei sein.

Herr von Weber, ich bitt' Sie: E i n Wort von Ihnen zum Barbaja! Ohne Sie wird's ja doch sonst nie etwas mit meiner Oper...

———— ·~· ————

»... *f*anden sich zu Paris einige hundert Studierende, mit Stöcken bewaffnet, ein, die sich auf den Ruf: ›Es lebe die Nation! Es lebe die Freiheit!‹ zu einer Masse versammelten.«

Zu Paris... Wenn's bei uns in Wien doch nur auch einmal dahin käm! »Abends bildete sich eine ziemlich beträchtliche Zusammenrottung auf dem Platze der Sankt-Eustachius-Kirche. Man hörte Pfeifen und Zischen und beleidigende Spottreden gegen die Missionarien.« Recht so – dem Bonzen- und Pfaffengezücht, wie der Ignaz immer sagt, kann man gar net genug einheizen!

Dem Ferdinand täten freilich die Knie schlottern vor lauter Angst: »Aber Franzl, das geht doch net! Das dürfen's doch net! Das is doch wider das Gesetz! Das wär ja a Revolution!« Immer brav, der Bruder – immer ein gehorsamer Diener für Gott, Kaiser und Vaterland.

Aber daß er sich von mir ein *Tantum ergo* erbittet für s e i n Konzert, das geht, wie?

Das is n i c h t wider das Gesetz, oder?

Und daß er's womöglich wieder als eigne Komposition aufführt, das darf er, der Ferdinand, net wahr?

»Und schön festlich, Franzl, hörst'? Weil's doch fürs Hochamt is! So, mit Blasinstrumenten – am liebsten gleich mit Trompeten, Posaunen und Pauken…«

Na, meinetwegen. Schön festlich, fürs Hochamt – als ob ich nix andres zu tun hätt! Dabei hätt's das *Tantum* in C, das wo ich fertig g'habt hab, für den Zweck gerade so gut getan – auch ohne Flöten und Posaunen; aber nein, 's hat ihm ja nicht gepaßt, dem Bruder – 's war ihm ja nicht feierlich g e n u g ; nur weil's im *Adagio* geht und *pianissimo* anhebt.

Dieser Regen… da wird er eine üble Reise haben, der Herr von Weber, wenn er heut wirklich fort is, wie er's vorgehabt hat. Bis nach Dresden! Selbst mit Eilwagen oder Extrapost sind's wenigstens fünf oder sechs Tage, die er brauchen wird. Derweil unsre Herren Virtuosen über seine Partituren herfall'n wie die Hyänen und sich drum reißen, daß a bisserl von sei'm Ruhm auch für sie abfällt: »Brillante Variationen für das Pianoforte über den beliebten Jägerchor aus der Oper: *Der Freischütz*, von Joseph Schmid.« Ein schöner Dreck wird das sein.

Wenn man doch auch nur fort könnt – egal wohin: nach Dresden – oder nein: nach Paris, mit dem Ignaz – »Es lebe die Freiheit!«. Oder… nach Zséliz.

Dreizehn war die Comtesse – also ist sie heuer sieben- oder achtzehn. Gerad das richtige Alter, um zu heiraten. Und wie schön sie g'worden sein wird, die Karoline…

Ob's noch an mich denkt, manchmal? Wie sie mich immer gefragt und gedrängt hat, daß ich ihr ein neues Stück auf vier Hände machen soll…

Ja, wenn man nur fort könnt'. Hier is doch nix und niemand, was mich zurückhält. Einfach die Türe hinter sich zuschließen, den Brüdern, Eltern und Freunden noch einen Abschiedsgruß, ein liebes Wort, das Ränzel geschnürt, und fort – hinaus aus der Stadt,

in die Ferne, um irgend ein schön'res Land zu finden, »ferne und
ungekannt«...

———— ❧ ————

A h, Schindler – schön, daß ich Sie wieder einmal treff'. Sagen'S,
wie geht es denn dem verehrten Meister – recht wohl, hoff ich
doch?

Gut also – das freut mich; wissen'S, ich hatte mir schon Gedanken
gemacht, nachdem ich drei Tag' nacheinander im Steinerschen Ver-
lagshaus war und ihn nicht gesehn hab, wo er doch sonst wenigstens
zwei-, dreimal jede Woche dort zu verkehren pflegt, der Herr Beethoven.

Sie sind just auf dem Weg zu ihm, sagen Sie? Dürft' ich Sie da
wohl um eine kleine Gefälligkeit bitten: daß Sie ihm dies hier überbringen – mit einem herzlichen Gruße seines ewigen Bewunderers,
der ich bin?

Genau: die französischen Variationen auf vier Hände, deren Widmung anzunehmen mir der Meister die Ehre erwiesen hat. Gerad
komm ich nämlich vom Diabelli, wo ich mir meine Exemplare ab-
geholt habe, und da trifft sich's gut, daß ich Ihnen gleich eines für
ihn mitgeben kann.

Nein-nein, mein lieber Schindler – kein Druckfehler: ich wollt',
es wär einer! Die Variationen sind tatsächlich erst das zehnte Werk,
das von mir gedruckt erscheint. Dabei mögen es an die sechshundert sein, die ich geschrieben hab bis heut.

Weiß Gott, ich hätt ihm gern was andres, Größeres dediziert als
diese Variationen, dem Herrn Beethoven – eine Sonate oder ein
Quartett zuwenigst', oder lieber noch eine Sinfonie; aber wer weiß,
wie lang ich warten muß, bis davon was gedruckt wird...

Das Thema? Eine Romanze der Königin Hortense: »*Reposez-
vous, bon chevalier*« heißt sie, wenn ich mich recht entsinn' – 's ist
schon einige Zeit her, wissen Sie. Das war Anno Achtzehn in Zséliz,
in Ungarn; ich war dort im Sommer einige Monate lang Musiklehrer
der beiden Töchter des Grafen Esterházy, der so freundlich gewesen
war, mir freien Zugang zu seiner Bibliothek zu gewähren, wo ich

eben eines Tages auf dieses Büchel mit Romanzen der Königin Hortense gestoßen bin; und da es zu meinen Obliegenheiten gehörte, den Unterricht mit eigenen, insbesondere vierhändigen Klaviersachen zu gestalten, hab ich halt die acht Variationen gemacht, für die Comtesse Karoline und mich. Wie gesagt, 's ist schon einige Zeit her.

Sagen Sie, Schindler, haben'S auch in der Zeitung von dem schrecklichen Feuer in Wullersdorf gelesen? Mehr als siebzehn Personen, die in den Flammen ihr Leben verloren haben, und dazu die Verwüstung des ganzen Ortes – hunderteinunddreißig Häuser und siebzig Scheunen verbrannt! Entsetzlich, nicht wahr? So ein Unglück...

Übrigens hab ich gehört, daß der Herr Beethoven an einer Messe und an einer neuen Sinfonie arbeitet?

So groß wie zuvor noch keines seiner Werke, sagen Sie? Na, wie groß es auch werden mag – er wird schon keine Mühe haben, einen Verlag dafür zu finden und es aufzuführ'n. Ach, was gäb ich drum, mal einen Blick darauf zu tun! Wo doch gewiß aus jedem Takt der göttliche Funke strahlt, der alle Kompos...

Was lachen'S denn, Schindler? Mir ist es ernst!

Wie – i c h hätte den »göttlichen Funken«? Ich, Franz Schubert? Und das soll e r gesagt haben...?

Geh'n'S, Schindler, Sie machen sich lustig!

Im Ernst, sagen Sie? Nun, dann wär's bei Gott die größte Ehre, die mir je widerfahren ist! Ich kann's trotzdem nicht glauben, daß er so große Meinung von mir hat! Aber egal – bringen'S ihm halt die Variationen, ja? *Mes hommages.*

Oh, Schindler, und sagen Sie ihm, dem Herrn Beethoven, daß ich selbst demnächst käme, um mich ihm vorzustellen, wenn's recht wär – und wenn ich's mich getrau'...

———— ✧ ————

... *e*rlaube ich mir also, dir, geliebtester Bruder, diese Rose zu überreichen – als Zeichen meiner herzlichen und unwandelbaren Zuneigung, etcetera etcetera.

Mäßig, zart und ganz frisch »gepflückt«, notabene: die Drucker-
farbe is noch net amal trocken! Nu, was sagst'?

Ein wackerer Mann, der Friedrich von Hentl – und einer von un-
trügerischem Kunstverstand dazu! Wenn's von der Sorte mehr gäb
in Wien, bräucht ich mir um meine Reputation keine Sorgen zu machen. Erst diese lange Besprechung meiner Lieder, »die sich durch
immer unbestrittene Vorzüge zu dem Range genialer Meisterwerke
erheben und dazu geeignet sind, dem gesunkenen Geschmack wieder aufzuhelfen«, und gleich drauf eine Anfrage, ob der »Hoch-
wohlgeborene Herr Compositeur« eventuell bereit wär, der Zeitung
(zur gefälligen Veröffentlichung als Notenbeilage einer der nächsten
Ausgaben) eines seiner Lieder zu überlassen.

Welche Frage, Bruder – welche Frage! Erst hab ich ihm eins meiner alten Lieder aus der Schlegelschen *Abendröte* geben woll'n – *Die
Berge*; aber dann hab ich mir 'denkt, daß er für sein Blatt ja doch wohl
was ganz und gar Neues haben möcht, der Herr von Hentl; nu, ich
hatte sowieso vorg'habt, noch ein paar weitere Gedichte aus der
Abendröte in Musik zu setzen – oder vielmehr, wie's geschrieben
ha'm: »in reicher Mannigfaltigkeit mich ausbreitend, den Meisterwerken der deutschen Dichtkunst die höchste musikalische Bedeutung in erschöpfender, nie irrender Charakteristik zu geben«.
Hab ich also *Die Rose* genommen, das sechste Gedicht im ersten Teil
der *Abendröte*; und außerdem, in Anbetracht des vornehmlich weiblichen Publikums, das die Modezeitung hält...

Und da ich gerad dabei war, hab ich das nächste – die Nummer
Sieben – gleich mitgenommen: *Der Schmetterling*; glaubst', der
Hentl war ganz verzweifelt, weil er sich net entscheiden konnte,
welches von den beiden er nehmen soll!

Weißt', ich hab schon oft gedacht, daß ich eigentlich nach so vielen Einzelliedern mal einen Zyklus schreiben sollte – so etwas wie
Beethovens *Ferne Geliebte*; was meinst', Nandl: ob die *Abendröte*
vom Schlegel das Richtige wär dafür? Zwei Teile mit jeweils zehn
Gedichten und einer Strophen zum Eingang – das wär'n zusamm'
zweiazwanzig Lieder, von denen ich, wart amal... also, neun hätt ich
schon fertig; mit den beiden neuen – der *Rose* und dem *Schmetterling* – sogar schon elfe.

Die andern kennst' doch, oder? Den *Wanderer* zum Beispiel, der wo das erste Gedicht vom zweiten Teil is: »Wie deutlich des Mondes Licht zu mir spricht...« (Über drei Jahre ist's schon her, daß ich das geschrieben hab.) Oder *Das Mädchen* – ständig zwischen Dur und Moll wechselnd, wie das Auf und Ab der Gefühle: Liebt er mich? Liebt er mich nicht? Nur die Nachtigall weiß es.

Vielleicht sollt' ich den Herrn von Hentl fragen, was er dazu meint.

Oder meinst', ich könnte mich direkt an den Herrn von Schlegel wenden? Er wird ja doch sicher seine *Rose* mit meiner Musik dazu gesehn haben; und seine Wohnung hier in Wien wär leicht herauszufinden. Ob ich ihm ein Exemplar zuschicke...? Ich könnte dann manu propria ein paar der älteren Lieder aus seiner *Abendröte* beifügen...

Nu, egal. Erst mal bin ich froh, daß in dem Hentl seiner Zeitung *Die Rose* gedruckt erschienen ist – das andre find't sich. An Liedern hat's bei mir ja keinen Mangel, das weißt' ja!

——— ✺ ———

*F*reilich gibt's was zu feiern – oder glaubt's ihr vielleicht, bloß weil ihr viere letzthin ein paarmal meine Quartett'ln gesungen habt, tät ich euch heut beim Wichtl freihalten?! Glaubt's wohl am End, ich sei ein Krösus, he?

Ja, wenn's anginge, daß ich im Beisel den Wein mit Musik- statt mit Banko-Noten zahlen könnte – dann wohl! Aber solang der Wichtl sich nur auf die e i n e Musik versteht, die meine Gulden und Kreuzer spiel'n, wenn ich sie aus dem Beutel zieh und auf dem Tisch tanzen laß – so lang braucht's schon einen besonderen Anlaß, daß ich die Zeche auf mich nehm'.

Alsdann habe ich die Ehre und das Vergnügen, den *hic et nunc* anwesenden Herren Barth (Joseph), Tietze (Ludwig), Nejebse (Wenzel) und Nestroy (Johann) – in Anerkennung der unschätzbaren Verdienste, welche die Genannten sich um meine Werke erworben haben, etcetera, etcetera – hierselbst die ersten Exemplare meines (just bei Cappi und Diabelli neu erschienenen und zu habenden)

Opus Elf zu überreichen: Gesänge für vier Männerstimmen, mit
Begleitung des Pianoforte. Auf daß eure Stimmen auch weiterhin
»sanft aus schwellender Brust« gleiten mögen, wie's in der *Nachtigall* so treffend heißt.

Eigentlich hätten's ja v i e r Gesänge sein müssen – einer für jeden von euch; von den Goetheschen *Geistern über den Wassern* zum
Beispiel hab ich irgendwann einmal eine Fassung für Quartett und
Klavier angefang'n gehabt – wenn ich die fertig geschrieben hätt,
wär's genau das Richtige gewesen. Aber *primo* hab ich's – in der heiligen Ordnung, die ich bekanntlich zu halten pflege – so schnell
nicht wiedergefunden, und *secondo* hat der Diabelli darauf gedrängt,
noch vor dem Sommer mit dem Opus herauszukommen; da ist es
halt bei den drei Gesängen geblieben.

Wobei er übrigens geflucht hat wie ein Fiakerkutscher, was ich
ihm da für unverkäufliche Dinge aufgeschwatzt hätte, als er neulich
die Besprechung der Akademie vom Merk gelesen hat: »daß diese
Art von Kompositionen durch die Anstrengung, welcher der erste
Tenorist unterworfen ist, in sich selbst den Keim eines geringeren
Effektes trägt.«

Ganz in deinem Sinne, Barth – hm? Weißt' noch, wie'st über den
hohen Tenor geflucht hast, als wir das *Dörfchen* 's erstemal gemacht
haben?

Beim Sonnleithner war das – erinnerst' dich, Wenzel? Du warst
ja auch dabei, als *basso primo*; Ende Neunzehn oder so muß das gewesen sein, mit dem Götz und dem Umlauff. Nun ist der Umlauff
schon seit mehr als ei'm Jahr fort aus Wien, und der Götz – Gott hab
ihn selig – liegt schon seit drei Monaten unter der Erd'n: »O Seligkeit, daß doch die Zeit dich nie zerstöre…«

Deswegen – versteht's mich nicht falsch, ihr andern –, aber deswegen auch die Zueignung: »In Musik gesetzt und dem Herrn Joseph Barth, k.k. Hofsänger, gewidmet von seinem Freunde Franz
Schubert«. Weil, der Barth ist halt doch der Älteste von uns fünfen,
und man weiß eben nie, was kommt.

Ei was, Tietze – keine Tränen! Ich sag dir was: D u sollst der
nächste sein, dem ich ein Opus dediziere; und der Nejebse und der
Nestroy kriegen – wenn's woll'n – auch jeder eines, auf Ehre!

Ja, Himmelherrgottfikrament noch amal – was macht's denn ihr vier jetzt für Gesichter?! Wo sa'm mer denn hier: auf'm Kirchhof oder im Beisel?! Hocken schniefend und schnaufend vor leeren Gläsern!

Nix da – so leicht kommt ihr mir nicht davon: Wichtl...? Zwei Flaschen vom selben! Und hernach geh'n mer noch auf ein Glasel zum Weintridt, ja? Der hat nämlich ein Klavier in der Wirtschaft stehn – wenn's ihr wißt, was ich meine.

Nach »Schlummerklang« und »Abendsang« ist mir jedenfalls noch ganz und gar nicht zumute!

———— ❦ ————

Sommer / Herbst 1822 (?): Schubert infiziert sich, vermutlich bei einer Prostituierten, mit der Syphilis. Ab Herbst lebt er eine Zeitlang wieder bei seinem Vater im Roßauer Schulhaus, scheint aber dort keine Klasse mehr unterrichtet zu haben.

———— ❦ ————

»*M*ein Traum*.*
Ich war ein Bruder vieler Brüder und Schwestern. Unser Vater und unsere Mutter waren gut. Ich war allen mit tiefer Liebe zugetan. – Einstmals führte uns der Vater zu einem Lustgelage. Da wurden die Brüder sehr fröhlich. Ich aber war traurig. Da trat mein Vater zu mir und befahl mir, die köstlichen Speisen zu genießen. Ich aber konnte nicht, worüber mein Vater erzürnend mich aus seinem Angesicht verbannte. Ich wandte meine Schritte, und mit einem Herzen voll unendlicher Liebe für die, welche sie verschmähten, wanderte ich in ferne Gegend. Jahrelang fühlte ich den größten Schmerz und die größte Liebe mich zerteilen. Da kam mir Kunde von meiner Mutter Tode. Ich eilte sie zu sehen, und mein Vater, von Trauer erweicht, hinderte meinen Eintritt nicht. Da sah ich ihre Leiche. Tränen entflossen meinen Augen. Wie die gute alte Vergangenheit, in der wir uns nach der Verstorbenen Meinung auch bewegen sollten, wie sie sich einst, sah ich sie liegen.

Und wir folgten ihrer Leiche in Trauer, und die Bahre versank. –
Von dieser Zeit an blieb ich wieder zu Hause. Da führte mich mein
Vater wieder einstmals in seinen Lieblingsgarten. Er fragte mich, ob
er mir gefiele. Doch mir war der Garten ganz widrig, und ich ge-
traute mir nichts zu sagen. Da fragte er mich zum zweitenmal er-
glühend: ob mir der Garten gefiele? Ich verneinte es zitternd. Da
schlug mich mein Vater, und ich entfloh. Und zum zweitenmal
wandte ich meine Schritte, und mit einem Herzen voll unendlicher
Liebe für die, welche sie verschmähten, wanderte ich abermals in
ferne Gegend. Lieder sang ich nun lange lange Jahre. Wollte ich
Liebe singen, ward sie mir zum Schmerz. Und wollte ich wieder
Schmerz nur singen, ward er mir zur Liebe.

So zerteilte mich die Liebe und der Schmerz.

Und einst bekam ich Kunde von einer frommen Jungfrau, die erst
gestorben war. Und ein Kreis sich um ihr Grabmal zog, in dem viele
Jünglinge und Greise auf ewig wie in Seligkeiten wandelten. Sie
sprachen leise, die Jungfrau nicht zu wecken.

Himmlische Gedanken schienen immerwährend aus der Jungfrau Grabmal auf die Jünglinge wie lichte Funken zu sprühen, welche sanftes Geräusch erregten. Da sehnte ich mich sehr, auch da zu
wandeln. Doch nur ein Wunder, sagten die Leute, führt in den Kreis.
Ich aber trat langsamen Schrittes, innerer Andacht und festem Glauben mit gesenktem Blicke auf das Grabmal zu, und ehe ich es
wähnte, war ich in dem Kreis, der einen wunderlieblichen Ton von
sich gab; und ich fühlte die ewige Seligkeit wie in einen Augenblick
zusammengedrängt. Auch meinen Vater sah ich versöhnt und liebend. Er schloß mich in seine Arme und weinte. Noch mehr aber
ich. –

Franz Schubert.«

— ❧ —

*Schubert beginnt mit der Partitur-Reinschrift sei-
ner Sinfonie h-Moll, der sogenannten »Unvoll-
endeten«.*

*E*ine gewisse Steife im Genick.
Das Gefühl, wenn ich langsam den Kopf dreh', daß etwas dagegen drückt und ihn festhält.

Beweg ich ihn hingegen schnell und ruckhaft, ist es ein nur kurz, aber tief aufleuchtender, stechender Schmerz, daß es mir schwindelt und fast schwarz wird vor Augen.

Und das dunkle Pochen und Summen des Blutes – wie ein Nachtfalter, der gegen ein geschlossenes Fenster anfliegt, immer und immer wieder...

Ein wenig Fieber wohl auch, und überhaupt ein Gefühl großer Mattigkeit und Schwere: als wär' alles Bewegliche an und in mir – der Kopf, die Beine und Arme, ja selbst Augenlider, Lippen und Zunge –, als wäre all das mit ei'mmal so bleiern und schwer, daß es unendliche Mühe macht, sie zu rühren; als wär es gar nicht m e i n Körper, sondern der eines anderen, Fremden, in den ich hineingeraten bin, und mit dem ich nicht recht umzugehen weiß.

Auch die Gedanken und Sinne scheinen langsamer als sonst zu kreisen – reagieren träge und zäh und ein wenig verloren; wie mich der Vater heut früh mit »Franz« anred't, hat's eine ganze Weile gedauert, bis mir bewußt war, daß ja i c h dieser Franz bin, zu dem er spricht. So wie ich hernach auch wohl eine halbe Minute gebraucht hab, um in dem Gesicht im Spiegel m e i n Gesicht zu erkennen...

Oder jetzt die Hand, die hier auf dem Tisch liegt: m e i n e Hand, ich weiß – und doch ist es mir, als sähe ich sie zum erstenmal; bleich, breit und schlaff wie ein Klumpen Teig, mit kurzen, fleischigen Fingern, die ganz und gar kraftlos scheinen; tappen umher wie blinde, fette Maden, die's einen zu berühren ekelt – so grauslich und fremd, als wär' sie ein eig'nes, lebendiges Wesen außerhalb meiner selbst.

Hört auf!

Ein kleines, weiches, nacktes Tier – schutzlos und schwach –, das ich an den Fäden meiner Gedanken führe wie eine Marionette... nach der Feder greifen lasse... zum Tintenfaß hin – eintauchen – abtropfen... übers Papier...

(Ein leises, unmerkliches Zittern – ein Schauer der gespannten, gehorsamen Erwartung, wie sie der Hund verspürt, der zu seinem

Herrn aufblickt: Was wird er wollen von mir? Was wird er mir be-
fehlen, zu tun?)

Matt und schwer – erschöpft schon von diesem Wenigen –, und
vor einem dieser endlos lange, mühevolle Weg, der sich am Horizont
im Nichts verliert.

Diese Wanderschaft einem Ziel, einer Vollendung entgegen, die
man nie – n i e erreicht.

Dieses Gefühl, als stünde ich neben mir selbst – zufälliger, stum-
mer, unbeteiligter Beobachter eines Menschen, mit dem ich nichts –
aber auch n i c h t s zu schaffen habe. Alles, was dieser da fühlt und
denkt, ist mir so merkwürdig gleichgültig, als wär' es das Denken
und Fühl'n eines Fremden.

Nur diese Hand, die wie ein kleines, weißes Tier übers Papier
huscht – vor und zurück – und die dabei ihre Spur aus Tintenpunk-
ten und -strichen auslegt... wie ein hübsches Muster, das aber doch
gar keinen Sinn ergibt, wenn man darauf schaut.

Und wie schnell – sieh nur, wie s c h n e l l ' s läuft: schon wieder
ein Blatt voll – und gleich das nächste...

Punkte und Kreise und Striche, daß einem ganz wirr davon im
Kopf wird, wenn man bloß hinguckt. So stehe ich neben mir selbst:
schreibe – und sehe mich schreiben, bin – und sehe mich sein.

Aber wirklich – was für ein wunderhübsches Muster das gibt! Ich
müßte doch diesen da einmal fragen, wie er's macht, daß seine Hand
so etwas kann, und ob er's mich und m e i n e Hand nicht lehren
könnte...

Wenn ich nur nicht so müde und matt wär'!

Ich bin krank – ganz ohne jeden Zweifel bin ich ernstlich krank.
Diese bleierne Schwere im Kopf und in allen Gliedern...

D e r da merkt natürlich nix: hockt da am Tisch und schreibt, als
wenn nix wäre! Da könnt ich krepier'n, und es würd ihn nicht
stören – hab ich recht?!

(Der Narr – tut so, als wenn er mich nicht hört, und meint, ich
würd schon von selber a Ruh geben.)

So hör doch mal auf, zu schreiben – hör auf, sag ich!

Siehg'st es – jetzt ist der Faden zerrissen, an dem's gezappelt und
getanzt haben, die Marionetten; und das bleiche Fünf-Finger-Tier

liegt gerad so schlaff und kraftlos da, als wär es tot – gestorben, bevor
noch der Wanderer das Ziel der Vollendung erreicht hat.

Eine gewisse Steife im Genick; Kopfschmerzen, Schwindel, ein
wenig Fieber wohl auch, und überhaupt ein Gefühl großer Mattigkeit und Schwere – mag wohl sein, daß ich krank bin...

———— ◦◦◦ ————

»*M*eine Messe, lieber Spaun, ist geendiget und wird nächstens produziert werden; ich habe noch die alte Idee, sie
dem Kaiser oder der Kaiserin zu weihen, da ich sie für gelungen
halte.«

Oder der frommen, erst gestorb'nen Jungfrau, von der mir
'träumt hat, im Sommer – Christenmensch, der ich bin!

Daß sie mehr als drei Jahre gelegen hat, die Messe, und daß ich
erst jetzt darangegangen bin, sie fertig zu schreiben, hat nix zu sagen. Gar nix! Soll keiner glauben, 's wär, weil ich krank bin. Daß ich
womöglich Angst hätt; daß ich womöglich d e s h a l b meinen Frieden machen wollte mit dem lieben Gott und mein »Credo« winsel,
damit er mich wieder g'sund werden laßt.

Wenn's net besser wird, dann geh ich halt ins Spital, demnächstens; da wer'n's schon zusehn, daß sie mich wieder z'sammbring'n,
die Herren Doctores: Da brauch ich kein' lieben Gott für. *Sanus*,
aber nicht *s a n c t u s*; bin schließlich kein »Sanctinomist« und
Keuschheitsapostel.

Wenn's drei Jahr gelegen hat, die Messe, dann einzig und allein,
weil mir nix eingefallen is dazu, und weil ich andres hab schreiben
woll'n.

Mit dem Komponieren ist es wie mit ei'm Vulkan: Jahre, manchmal Jahrhunderte hält er sich ruhig, und dann – mit ei'mmal: Ffft!
Wie gerad in Italien der Vesuv, was in der Zeitung steht – und mit
gerad so einem Gewitter, »welches sich während des Ausbruchs in
den Aschenwolken gebildet hatte und durch sechsunddreißig Stunden seine Blitze zum Krater schleuderte. An Gestalt und Farbe waren dieselben von den gewöhnlichen verschieden; öfter leuchteten
sie als Sonnen mit aufspringenden Strahlen, die Farbe war bald

äußerst licht, wie Silber, bald glühend rot.« Diese Glut braucht es eben – wie ein alles verzehrendes Fieber, das nur eine starke Natur überlebt.

Eine gottgefällige Natur, tät der Vater sagen – weil doch kein Mensch wahrhaft glücklich sein könne, als der sich immerhin mit dem lieben Gott beschäftige und sich standhaft an seinen heiligen Willen halte:»Sehet die Vögel unter dem Himmel an: Sie säen nicht, sie ernten nicht, und der himmlische Vater nährt sie doch.«

Und brennt ihnen mit dem feinen rötlichen Aschenstaub ihre Augen aus, wie's schreiben, daß man »auf den Feldern die halberstorbenen Vögel mit der Hand ergreifen konnte«.

Vielleicht ist es auch gar kein Fieber, sondern bloß das unnatürlich warme Wetter: Dezember, und's hat vierzehn Grad am Thermometer – da soll sich einer nicht krank fühl'n!

»Und nun, lieber Spaun, lebe recht wohl. Schreibe mir ja recht bald und recht viel, um die unausgefüllte Leere, welche mir deine Abwesenheit immer machen wird, einigermaßen zu tilgen. Dein treuer Freund Franz Schubert.«

1823

Wiener Zeitung: »*Bei Cappi und Diabelli, Kunst-und Musikhändlern, am Graben Nr. 1133, sind neu erschienen und zu haben: Walzer, Ländler und Ecossaisen für das Pianoforte, komponiert von Franz Schubert. Achtzehntes Werk.*«

»*D*ieses jüngste Werk des genialen Tondichters, welcher sich vorzüglich durch Originalität und liebliche Ideen auszeichnet, wird seinen zahlreichen Verehrern gewiß eine angenehme Erscheinung sein.«

Gewiß, eine angenehme Erscheinung – und ebenso gewiß ein Tropfen im Meer! Cotillons von Michael Pamer, »eigens zum Gebrauche bei Hausbällen komponiert«, neun Hefte mit Ländlern und Cotillons von Gruber, »welche er selbst mit ungeteiltem Beifalle in Gesellschaften und auf Bällen vorträgt«, *Rosenhütchen-Walzer* von Faistenberger, *Obersteirische Tänze* von Machin, neue Walzer vom Rohrer, noch neuere vom Pensel, die allerneuesten (versteht sich) vom Herrn Ignaz Moscheles; »*Zelmira*-Walzer«, »*Freischütz*-Walzer« – wenn's allein die Tänz' und Walzer, die heut angezeigt stehn, in die Donau kippen würden, tät sie glattweg über die Ufer treten! Und natürlich sind's a l l e »originell« und zeichnen sich a l l e durch »liebliche Ideen« aus, auch wenn's nicht extra dabei steht. Aber egal: 's wird wohl gerade hinreichen, damit's unseren Galanthommes nicht fad bei immer der gleichen Musik wird, wenn sie sich – der Angebeteten nach – von Ball zu Ball schleppen, wie's die Saison verlangt.

Das wär's überhaupt, daß man den Tänzen gleich eine Instruktion beigeben täte: »Wenn der Herr auf einem Balle sich der Geliebten seines Herzens nahet, kann er sich ungefähr folgender Worte bedienen:

›Mein Fräulein, darf ich mich erkühnen, Ihnen meinen Arm auf eine Tour anzubieten?‹

›Da ich mit niemandem, außer mit Fräulein allein, zu tanzen gesonnen bin, so wage ich es, Ihrer Güte vertrauend, Sie auch um die nächste Tour anzuflehen!‹

Hernach scheue der Herr keine Kosten und lasse sich nicht gereuen der Limonade, Mandelmilch, des Gefrorenen, Zuckerwerks und so weiter, das er vielleicht spendet. Er behandle die Dame dann so, wie sie seine Liebkosungen aufgenommen, und suche nun zu erforschen, ob sie auf dem nächstfolgenden Balle erscheinen werde. Denselben Ball tanze er nur mit ihr, und nun wird er es leicht einsehen, ob er sie interessiert. Ist die Dame nicht, wie er gehofft (oder wie sie doch wenigstens sein sollte), so frage er um die Ursache ihres Mißmutes und ihrer Traurigkeit, suche ihr durch seine Erzählungen und Witze allen Trübsinn zu verscheuchen und bemühe sich, ihr den Ball so angenehm als möglich zu machen.

Schließlich richte er ungefähr folgende Worte an sie: ›Fräulein, diesen heutigen Ball würde ich zum schönsten Teile meines Lebens rechnen, wenn ich mir nun noch schmeicheln dürfte, die Ehre zu haben, Sie nach Hause begleiten zu dürfen!‹ Woraufhin das Fräulein errötend ein ›O ja, recht gern...‹ zu lispeln pflegt.«

»Doch hören Sie – sind das nicht die jüngsten Schottischen vom Herrn Schubert...?«

»Ach, mein Fräulein: Welche Freude, auch S i e unter den zahlreichen Verehrern dieses genialen Tondichters zu finden! So lassen Sie uns diese eine und letzte Tour noch verweilen...«

———— ❧ ————

Allgemeines Krankenhaus, Alservorstadt Nummer 195. Krankensäle, Eingang vom inneren Hof.

Krankenzimmer, alle numeriert, mehr lang als breit, geräumig, hoch, luftig, von beiden Seiten an der oberen Hälfte der Wand Fenster, unten und oben Ventilationen.

Zwanzig bis dreißig Betten, alle von gelb angestrichenem Holze, stehen unter den Fenstern durchgehends zweieinhalb Fuß von-

einander ab und lassen zwischen sich und dem langen, tischähn-
lichen Kasten, der in der Mitte des Zimmers sich befindet, einen
geräumigen Gang.

Neben dem Bette jedes einzelnen Kranken ein Tischchen, auf
welchem sich Medikamente, ein Glas, ein Spucknapf und so weiter
befinden. Über jedem Bette eine schwarze Tafel: die Nummer des
Zimmers und des Bettes, der Name und das Alter des Kranken, der
Tag des Eintrittes, die bisherige Dauer der Krankheit und ihre
Benennung – letztere zuweilen aus besonderen Rücksichten nur
angedeutet –, die inneren und äußeren Mittel und deren Ab-
reichungszeit, die Diät, Stuhlgang, Umschlag, Blasenpflaster und
Aderlässe.

Jedes Krankenzimmer besitzt auch ein Protokoll, worin am Tage
der Ankunft des Kranken dieser Tag, Namen, Alter, Gewerbe des
Kranken, Bettnummer, Krankheit, Entlassungs- oder Sterbetag
angegeben wird.

Also: Februar 1823 – den Tag weiß ich nimmer. Schubert, Franz
Peter. Alt 26 Jahr'. Schulgehilfe – das heißt, nein: Musiker, M u s i -
k e r.

Bisherige Dauer der Krankheit? Drei Monate – wenn nicht vier
oder fünf; ich weiß nimmer.

Erst war's ein kleiner, rötlicher Knoten, im frühen Winter – so
groß wie ein Halb's-Gulden-Stück.

Dann ein Geschwür: hart, aber nicht schmerzhaft – drunten,
wo's angefangen hat; ein zweites unterm Arm, ein andres im Mund.
Hab mir nix bei 'dacht, und sind auch von selbst nach einer Zeit
wieder fort'gangen.

Im November dann die Kopf- und Gliederschmerzen, Fieber –
und immer so müd war ich, so müd.

Und plötzlich überall Flecken, am ganzen Körper: kreisrund und
rot, wie aufgemalt; gejuckt und geschuppt ham's nicht, aber 's wurden immer mehr, und angeschwollen sind's, wie wenn ich mich verbrannt hätt'. Blasen in der Hand und an den Fußsohlen; auch im
Mund und in der Nase hab ich welche g'spürt, und vor allem drunten, vorn und hinten: himbeerrote Blasen und Knötchen; wenn ich
drauf 'drückt hab, sind's gelb geworden oder aufgeplatzt, und 's ist

eine wäßrig-gelbe Flüssigkeit rausg'laufen. Viele sind auch von selber aufg'gangen.

Mit der Zeit – so nach sechs, sieben Wochen – waren's wieder fort; nur weiße Flecken sind z'ruckgeblieben, wo's waren, hier... und da... und da auch.

Gewußt? Nein, ich hab's nicht gewußt.

Geahnt vielleicht, aber gewußt nicht.

Gewußt hab ich's erst, als mir im Jänner büschelweis die Haar ausgingen: erst am Hinterkopf, dann die Brauen – jetzt überall.

Verfaulen werd ich, bei lebend'gem Leib verfaulen: überall, überall, überall, überall!!

Ihre Benennung? Sagen wir: »Haarausfall«, wegen dera besonderen Rücksichten – fragt sich freilich, gegen wen; alle wissen's, alle: Ich seh's doch – jetzt, wo ich's selber weiß! Die Ärzte, die Gehülfen, selbst der Kapuziner, der alle Tag' herkommt: Der Ekel steht ihnen ins Gesicht geschrieben – als ob's mir nicht vor mir selber ekeln würde...

Aber ich brauch kein Mitleid. Keine besonderen Rücksichten, keine Andeutungen, nur die Benennung: syphilitische Krankheit, infolge fortgesetzter Liederlichkeit und Sinnlichkeit.

Der Sterbetag bleibt nachzutragen.

— ❧ —

Aschermittwoch – da kommen's ein bisserl spät, die Herren Sauer und Leidesdorf, mit dem Moscheles seiner *Bonbonnière musicale* – wo doch bis Ostern alle Naschwerk' und Süßigkeiten verboten sind! Statt dessen gibt's Fastenpredigten – trocken Brot für uns arme Sünder: »Denke, Mensch, daß bald auch du...«

Passend zum Wetter: trübe und neblicht, damit's einem auch den letzten Sonnenstrahl aus dem Herzen jagt.

Und ich hätt mich auch besser eilen soll'n mit meinen Walzern.

»Bei dem am heutigen Zwölften des Monats einfallenden Geburtsfeste unseres glorreich herrschenden Kaisers legen allhier sowohl als in sämtlichen k.k. Erbstaaten die getreuen Untertanen, gleichsam wetteifernd, neue Beweise ihrer Liebe, Ehrfurcht und

Verehrung gegen den gütigen Monarchen und das durchlauchtigste Erzhaus an den Tag. Dem zur Geburtsfeier Seiner Majestät um elf Uhr vormittags in der Sankt-Stephan-Metropolitankirche abgehaltenen feierlichen Hochamte werden die Allerhöchste Kaiserfamilie, der k.k. Hofstaat und die Zivil- und Militärbehörden in Gala beiwohnen. Von den hier garnisonierenden Fuß- und Reiterregimentern werden zahlreiche Abteilungen auf dem Stephansplatze und Graben aufgestellt.«

Ob e r das Fasten einhält, der Kaiser? Heut, an seinem Geburtstag...? Ich wette, daß seine Tafel was andres auffährt als Fastenspeis – wenn's nicht gar einen Ball gibt, auf d'Nacht. Soll er! Erstens sieht's keiner, und zweitens – wofür wär er denn der Kaiser, wenn er so leben müßt wie's niedere Volk?

Walzer fürs Pianoforte... Kaiserwalzer... Seiner Allerhöchsten Majestät Franz dem Ersten, Kaiser von Österreich, König von Ungarn und Böhmen, der Lombardei und Venedig, Galizien und Lodomerien, Erzherzoge von Österreich etcetera, etcetera, etcetera... an Seiner Majestät Geburtstage in tiefster Ehrfurcht untertänigst... nein: a l l e r untertänigst zugeeignet.

A Schmarr'n! 's taugt eh nix für den Hof, gerad so wenig wie ich selber: antichambrieren, katzbuckeln und Kratzfüß' machen, damit ei'n aus Allerhöchstem Auge ein gnädiger Blick trifft? Und die Intrigen! Na, ich danke, das überlaß ich gern den andern, sich auf d e m Parkett zu spreizen! Da bleib ich alleweil lieber bei meinen Tänzen.

Zwölf Deutsche samt Coda für das Pianoforte, achtzehn-fünfzehn – acht Jahr schon, und keinen einzigen Kreuzer! Dabei sind's wenigstens hundert Wiener Gulden wert.

Aber dem Diabelli geb ich sie trotzdem nicht, diesem Geldschneider, der sich an keine Abrede hält – und wenn er mir z w e i hundert böte: Da müßt er mir erst einmal zahlen, was er mir für die letzten Walzer noch schuldet.

Ich könnt natürlich den zwölf alten ein paar neue zugeben und's Ganze als Sammlung dem Leidesdorf antragen... Oder sind die zehn Gulden, die der Josef auf der letzten Rechnung »von Cappi und Diabelli erhalten« verzeichnet hat, am End das Geld für die Tänze...?

Ach, daß ich endlich einmal Ordnung bringen könnt in meine Papiere – wo ich mir doch jetzt ein' regelrechten Sekretär leiste, und gar einen beeidigten Regierungsakzessisten und Hofkanzlei-Registranten! Aber 's ist fei' lieb vom Hüttenbrenner, daß er sich erboten hat, mir die Cassa zu führen – wenn's auch net viel ist, was es da zu führen gibt.

Am fünften Feber fünf Gulden: »Schneidermeister Titze an nachträglicher Forderung«? Weiß der Teufel, was das war... Na, egal – 's wird schon seine Richtigkeit haben.

Aber wegen dem Geld für die Walzer werd ich doch nochmal beim Diabelli anfragen.

———— ❧ ————

In einer »Abendunterhaltung« der Gesellschaft der Musikfreunde singt Sophie von Linhart die Uraufführung des Liedes Gretchen am Spinnrade.

Acht Jahre... acht oder neun, ich weiß es schon nimmer. »Wie anders, Franzl, war dir's...«

Jung, ganz schrecklich jung – ein Kind noch! Voller Hoffnung und Mut, verliebt, glücklich... und gesund.

's könnt wieder werden, hat der Doktor gesagt – aber ich glaub's net: Der Wurm nagt weiter, ich spür's ja; die Frucht ist faul, durch und durch. Verderbliche, schleichende, erbliche Mängel.

Und doch war's mir wie eine Auferstehung, daß ich aus dem Krankenhaus heraus bin.

Daß er dem Spaun nie geantwortet hat, der Herr von Goethe. Nur die Lieder zurückgeschickt, ohne eine Zeile.

Ja, d a s wär etwas gewesen: eine Oper nach dem *Faust* zu schreiben! Womöglich nach einem Büch'l, das mir Seine Exzellenz persönlich eingerichtet hätt! Eine d e u t s c h e Oper, um dem gesunkenen Geschmack wieder aufzuhelfen und den Herren Italienern zu zeigen, was wahre Kunst ist!

Er hat's doch gesehn, wie ich's meine, der Herr von Goethe – er hat sie doch in der Hand gehabt, meine Lieder: die Szene im Dom, Gretchens Lied am Spinnrade, den König in Thule – aber 's hat ihm wohl nicht gefallen, daß er's nicht einmal einer Zeile für wert befunden hat.

Jetzt soll er an einem zweiten Faust schreiben, heißt es.

Der König in Thule, achtzehn-sechzehn – auch schon sieben Jahr.

Was liegt denn dabei...?

Ach, schau – find't sich auch d a s wieder: *Blick auf Schuberts Lieder.* »... gibt die Begleitung eine herrliche Grundlage zum herzzerreißenden Ausdrucke in den Tönen... ist die stete Schnur, woran die Perlenreihe der Töne festhält, und kontrastiert durch ihre gleichförmige, dem Gange des Spinnrades ähnliche Bewegung auf die ergreifendste Art gegen die leidenschaftliche Grundstimmung und den Wechsel der Gefühle im Gesange. Eines weiteren Kommentars bedarf dieses Meisterwerk nicht. Nur derjenige, der die ganze Tiefe der Goetheschen Dichtung erfassen und nachfühlen kann, wird sie im Gesange wiederfinden.«

Nun, heut abend also.

Wenn ich denk, wie lang's in meinem Pult gelegen hat, ohne daß es einer hat singen woll'n! Und jetzt klatschen sie Beifall, daß man ganz taub werden könnt davon: »Ein Meisterwerk!«

Ja, f r e i l i c h ein Meisterwerk: »Möge der Funke des Göttlichen noch so tief unter der Asche verborgen glimmen, die vor dem Altare niederbrennt, worauf wir dem Götzen der Sinnlichkeit opfern – er wird auflodern zur hellsten Flamme der Begeisterung, wenn ihn der Hauch des Genies anfacht.«

Und wie's erst klatschen werden, wenn ich nimmer da bin, um's zu hören! Und wenn's all die andern »Meisterwerke« finden wer'n, die noch nie einer g'sehn hat!

Wie spät heuer der Winter ist...

Und immer schneit es – wie ein Bahrtuch, das sich über die Welt legt...

Eine Oper zum *Faust* – auch darüber fällt der Schnee, mit der Zeit.

»Wie anders war dir's«! Acht Jahre? Von da bis hier ist's weit, sehr weit... und allemal weiter als von hier... bis d a h i n .

*D*a hast' dein »Veilchen« z'rück, mein Lieber – mit Dank, Euer Hochwohlgeboren ergebenster Diener, etcetera, etcetera; ich hab mir allerdings erlaubt, a bisserl Musik dazu zu machen, wenn's dir recht is.

Nur daß't aber auch immer so endlos langes Zeug dichten mußt: neunzehn Strophen! Fast achtzig Verse! Da war unter ei'm Dutzend Seiten nix zu machen, hab mir regelrecht die Finger krumm geschrieben! Für ein' ganzen Sonatensatz hätt's gelangt, das Papier! 's ist übrigens auch fast einer geworden, wenn'st genau hinschaust; besonders wegen der ersten Strophe: Als ich nämlich gesehn hab, daß die ersten drei Verse dreimal (mit jeweils ei'm andern Ausgang) bei dir wiederkomm', da hab ich sofort an ein Rondo denken müssen.

Ein Rondo...? Warum eigentlich nicht, hab ich mir gesagt; steht ja schließlich nirgends geschrieben, daß ein Lied net auch ein Rondo sein darf, oder?

Mach'mer also a Lieder-Rondo aus dei'm »Veilchen« – oder a Rondo-Lied, ganz wie'st magst.

Und wenn's ihm net g'fällt, dem Schober – was mach'mer dann?

Je nun, wenn's ihm net g'fällt, hab ich mir gesagt, dann laß'mer einfach den Text fort und schreiben drüber »Rondo für Pianoforte und Violine«: Dann wird's halt gegeigt statt gesungen, das »Veilchen«!

Also bitt schön, was sagt er denn, der Dichter: Is recht so...?

Na, bravo! Ich hab ja immer gewußt, daß't ein Mann von Geschmack bist, Schober – was man ja schon allein daran sieht, daß't m i c h so sehr in dein Herz geschlossen hast! So sehr, daß't mich immer und überall dabei haben willst, überall...

Außer, als ich im Spital war: Da hast' dich rar gemacht; hast wohl Angst g'habt, daß ich dich ansteck', wie? Oder daß ich mich bedank' dafür, daß't mich ü b e r a l l hin mitgenomm' hast? Lassen wir's gut sein.

Auf Ehre, mein Lieber: Vor einem Monat noch hätt ich keinen Pfifferling dafür gegeben, daß ich je wieder auf die Beine komm'. Aber siehg'st es ja: 's geht wieder. Auch wenn ich meist noch gerad so bang und still herumschleiche wie dem Ignaz Castelli seine Helene...

Ein Singspiel, ja. Wer'n ja sehn, wofür's taugt; wahrscheinlich wieder am besten fürs Schubkastel – wo freilich kaum mehr Platz is, so viel wie schon drinnen liegt! Aber man darf halt den Mut nie sinken lassen.

Weißt', Schober: Als ich da so in mei'm Bett lag, im Krankenhaus, da hat mich der Bruchmann besucht und mir ein Gedicht gebracht: *Der zürnende Barde.* Geschrieben hat er's zwar nach der Verhaftung vom Senn, bei der's mich ja auch derwischt und ein'kerkert haben; aber jetzt war's mir gerad so, als hätt er's eigens für mich gemacht gehabt:

>»Wer wagt's,
>Wer will mir die Leier zerbrechen?
>Noch tagt's,
>Noch glühet die Kraft, mich zu rächen!«

N o c h tagt's, Schober, n o c h geb ich mich nicht geschlagen! Und sie sind straff gespannt, die Saiten meiner Leier...

———— ❧ ————

Antrag Johann Baptist Jengers in einer Ausschuß-sitzung des Steiermärkischen Musikvereins Graz: »Mit Berufung auf den § 9 der Statuten erlaube ich mir, den Tonsetzer Herrn Franz Schubert in Wien zur Aufnahme als auswärtiges Ehrenmitglied vor-zuschlagen, weil dieser zwar noch junge Komposi-teur durch seine Kompositionen doch schon den Beweis geliefert hat, daß er einstens als Tonsetzer einen hohen Rang einnehmen werde, und er dem steirischen Musikvereine es gewiß Dank wissen würde, ihn zuerst als Ehrenmitglied eines nicht un-bedeutenden Vereines aufgenommen zu haben.«

Hüttenbrenner – schön, daß't kommst; dann kannst' gleich nachher ein' Brief besorgen.

Ein Betrüger ist er, der Herr Diabelli! Ein Gauner, ein Dieb und ein Schuft, ein elendiger! Aber jetzt is Schluß damit, hörst'?! Nix kriegt er mehr von mir – definitiv nix mehr! Und Geld schon gar nicht!

Wart, ich les dir vor, was ich ihm geschrieben hab, dem G'friser: »Euer Wohlgeboren!« Pack...! »Haben mich durch Ihr Schreiben wirklich überrascht, indem ich nach dem eigenen Ausspruch des Herrn von Cappi die Rechnung gänzlich abgeschlossen wähnte. Da ich zwar schon durch das frühere Verfahren bei Herausgabe der Walzer nicht die allerredlichste Absicht meiner Verleger bemerkte...« – die b e t r ü g e r i s c h e Absicht, hätt ich schreiben sollen, meinst' nicht? – »... so konnte ich mir dieses zweite Benehmen...« – diesen zweiten B e t r u g! – »... auch erklären, woraus Sie sich, meine Herren, wieder sehr natürlich erklären können werden, warum ich mit einem andern Kunsthändler in ein dauerndes Verhältnis getreten bin.« Er wird schon wissen, was ich meine, wo doch gerad heute Sauer und Leidesdorf meine neuen Lieder angezeigt haben.

»Nicht recht begreif ich übrigens die Angabe einer Schuld von 150 Gulden Wiener Währung, indem die Copiatur der Oper nach Ihrem Ausspruche nur auf 100 Gulden sich belief.« Lügen tun's, sobald's nur's Maul aufmachen!

»Doch dem sei, wie es wolle, so glaub ich, daß der so äußerst geringe Verkaufpreis der früheren Sachen, so wie jener der Fantasie zu 50 Gulden, jene mir ungerecht auferlegte Schuld längst getilgt hat.« Wenn ich denk, daß ich ihm die Pianoforte-Fantasie für so ein' Schandpreis überlassen hab, könnt ich mich heut noch dafür ohrfeigen!

»Indem ich aber sehr zweifle, daß Sie diese z u menschliche Gesinnung hegen...« – als das Vieh, das er is! –, »... so mache ich Sie höflichst aufmerksam, daß ich die gerechte Forderung von zwanzig Exemplaren der letzteren und von zwölf der früheren Hefte zu machen habe, und die noch gerechtere der 50 Gulden, welche Sie mir wirklich auf eine gar feine Art zu entlocken wußten. Rechnen Sie dieses gütigst zusammen, und Sie werden finden, daß m e i n e Forderung nicht nur die größere, sondern auch die gerechtere ist, welche ich aber dennoch nicht gemacht haben würde, wenn S i e mich nicht so unangenehm daran erinnert hätten. Da die Schuld, wie Sie gefälligst einsehen werden, auf diese Weise schon längst getilgt war, so kann also auch von Herausgabe von Liedern ganz und gar keine Rede sein, welche Sie abermals nicht wohlfeil genug taxieren konnten, indem ich gegenwärtig für ein Heft 200 Gulden bekomme...« – und nicht hundert, wie er's mir zahlt, der Gauner!

»Zum Schlusse muß ich Sie noch ersuchen, mir meine sämtlichen Manuskripte sowohl der gestochenen als der ungestochenen Werke gefälligst zu senden. Mit Achtung, Franz Schubert, Compositeur.« Na, was meinst'? Ich find, ich bin noch viel zu freundlich gewesen!

Sei so lieb, Hüttenbrenner, und bring's ihm gleich vorbei, dem Mistvieh – und am besten wird sein, du bringst die Manuskripte gleich mit, hörst'?

———— ❦ ————

Nach dem 10. April 1823: »Der von seiner k. k. Majestät allergnädigst bestätigte Musikverein in der Steiermark, welcher durch Ausbildung und Vervollkommnung der Tonkunst auf dem Blumenpfade geistiger Vergnügungen das Ziel moralischer Veredelung, religiöser Erhebung der Gemüter im Vaterlande zu erreichen strebt, gibt sich die Ehre, Euer Wohlgeborn Herrn Franz Schubert in voller Würdigung Ihrer bereits allgemein anerkannten Verdienste als Tonkünstler und Tonsetzer hiermit die Ernennung zum auswärtigen Ehren-Mitgliede durch gegenwärtiges Diplom bekannt zu geben.«

———— ❦ ————

»*E*ine Fantasie ist ein Tonstück, worin der Komponist den Fittichen seines Erfindungsgeistes eine ganz freie Schwungkraft erlauben kann...« Große Neuigkeit: gerad so, mit a bisserl anders gedrechselten Worten, hat's in der Anzeige vom Diabelli gestanden! Na, seh'n mer erst mal weiter.

»... die seltsamsten Formen zur möglichsten Einheit verbinden... weit weniger gebunden durch die Unterschiede, welche die Arten

des Stils trennen... den Zauber einer eigenen, bunten Welt zu ent-
falten... als reißender von hindernden Dämmen befreiter Strom...«
Phrasen, nichts als Phrasen! Man könnt meinen, er hätt ein Gedicht
schreiben woll'n und keine Rezension!

»Ein solches Tonstück ist aus diesem Grunde wohl am meisten
geeignet, die Gefühle, welche den Tonsetzer bei der Erschaffung
desselben beseelten, getreu in sich aufzunehmen und wiederzu-
geben, ja es kann füglich als ein Spiegel seiner Tiefe angesehen werden. Da nun ein Tonsetzer wie Herr Schubert...« – Na, endlich
kommt er zur Sache! – »... ein Tonsetzer wie Herr Schubert, der
schon früher in seinen allgemein geschätzten Liederkompositionen
ein tiefes Gemüt verriet, mit einem solchen Seelengemälde auftritt, kann es der musikalischen Welt nicht anders als erfreulich
sein.«

Oha, er schmeckt arg süß, der Wein! Da tät's mich wundern,
wenn er nicht gleich zum bitt'ren Wermut greifen würde.

»Die oben angezeigte Fantasie beginnt im *Allegro con fuoco*. Den
Eingang bezeichnet ein einfacher, kurzer Satz, welcher dem ganzen
Tonwerke zur Unterlage dient und – fast neckend – bald ver-
schwindet, bald wieder ganz unerwartet, aber stets überraschend ans
Licht tritt... Ein Adagio, worin der Verfasser in lieblichen Melodien
hervortritt... dem Klavierspieler Gelegenheit gibt, seine Fertigkeit
auf die glänzendste Weise zu erproben...«

Ah, wußt' ich's doch: »Der Tonsatz ist ziemlich rein, nur sei es
erlaubt, dem geschätzten Verfasser zu bemerken, daß er in Hinsicht
der guten Akkordenfolge hier und da doch zu weit gegangen und
selbe nicht jedem Gehör erträglich sein dürfte.«

Und was, bitt schön, ist mit der »ganz freien Schwungkraft der
Fittiche meines Erfindungsgeistes«?! Nicht weit genug , sag ich –
noch immer nicht weit g e n u g !

Im »Spiegel meiner Tiefe«, geschätzter Rezensent, scheiß ich
drauf, was »dem Gehör erträglich sein dürfte«!

———— ❦ ————

Mein Gebet

Tiefer Sehnsucht heil'ges Bangen
Will in schön're Welten langen;
Möchte füllen dunklen Raum
Mit allmächt'gem Liebestraum.

Großer Vater! Reich dem Sohne,
Tiefer Schmerzen nun zum Lohne,
Endlich als Erlösungsmahl
Deiner Liebe ew'gen Strahl.

Sieh, vernichtet liegt im Staube,
Unerhörtem Gram zum Raube,
Meines Lebens Martergang
Nahend ew'gem Untergang.

Töt es und mich selber töte,
Stürz nun alles in die Lethe,
Und ein reines kräft'ges Sein
Laß, o Großer, dann gedeihn.

Frz. Schubert

———— ❧ ————

*Franz von Schobers Schwester Sophie heiratet in
Heiligeneich bei Atzenbrugg den Geometer Johann
Ignaz Zechenter.*

*H*abe die Ehre, liebes Fräulein Sophie – oder soll ich schon
»Madame« sagen, damit'S Eahna dran gewöhnen könn'n?
Wissen'S, Sie glauben gar net, wie gerührt ich gewesen bin, als
mir der Franz gesagt hat, daß Sie mich unbedingt auch ha'm dabei haben woll'n, heute; obgleich, so a ganz klein's bisserl gehör
ich ja fast zur Familie, gelt? Wo mer uns doch schon so lang kenn'n
tun.

Und daß die Hochzeit gerad hier auf dem Schloß gefeiert wird,
das is mir a ganz besondere Freude. So a schöne Zeit ha'm mer hier
immer g'habt, die letzten Jahre, wo ich noch gesund g'wesen bin: die
Spiele, die Scharaden, die Landpartien nach Aumühl, die Bälle und
all das; nu ja, und die Musik natürlich, die Musik...
    Wissen'S, Fräulein Sophie, diese Sommer hier auf Atzenbrugg,
die war'n vielleicht die schönsten, die wo ich je g'habt hab. »Feste«
ha'm mer sie genannt, unsere Zusammenkünfte – und das waren's
ja auch wirklich: Feste, wie's kein Kaiser und kein König's net hat
feiern könn'n!
    Und heute soll's Ihnen und Ihr'm Herrn Bräutigam zu Ehren ge-
rad so ein Fest werden, ja? Und wenn's ein'n Ball gibt auf d'Nacht...
    O nein, noch immer nicht – das Tanzen überlaß ich gern den an-
deren, wenn nur die andern m i r das Spielen überlassen! Nur, mit so
ein paar elenden Deutschen oder Schottischen ist es ja noch nicht getan, net wahr; ich mein', wenn – mit Verlaub – so ein liebes Men-
schenkind wie Sie zur Hochzeit lädt, dann wär's ja doch a Schand',
wenn man als Gast net mehr zu bieten hätte als a paar lumperte
Tänze! Da muß man doch zuwenigst' ein Blumengebinde beischaffen, wenn man dem Fräulein Braut seine Aufwartung macht.
    Je nun, zu ei'm ganzen Gebinde hat's bei mir freilich net gelangt;
Sie wissen ja, daß ich kein Krösus bin. Aber immerhin d i e s e e i n e
Blüte, verehrtes Fräulein Sophie, hab ich doch vorzuweisen – und
möcht' ich mir erlauben, Ihnen zum heutigen Tage zu überreichen,
nebst aller herzlich guten Wünsche. Nehmen'S also dies *Vergiß-*
meinnicht entgegen als Zeichen meiner tiefen, unverbrüchlichen
Freundschaft – und tun'S gerad so, wie's Liedel heißt: Vergessen'S
mich net!
    Na, Franz – da schaust', was? Das hätt'st' wohl nicht im Traum
gedacht, daß ich deine Blumenballade ausgerechnet deiner Schwester zur Hochzeit schenken könnte!
    Sie müssen nämlich wissen, Fräulein Sophie, daß ich vor ein paar
Wochen seine *Viola* vertont hab – er hat's Ihnen vielleicht erzählt?
    Na, jedenfalls war er so gerührt, Ihr Bruder, daß er mir gleich
ein'n ganzen Stapel seiner Blumenverse überlassen hat, damit ich mir
die eine oder andre Blüte herauspflück'. (Wir ha'm ja schon in so

manchem Garten gewildert, der Franz und ich – wobei es meistens
i c h war, der sich in den Dornen verfangen hat...)
     Egal! Jedenfalls hoff' ich sehr, das Blümlein wird Ihnen g'fallen;
und wenn nicht – dann muß ich halt doch z'rück ans Klavier, um
wenigstens s o meinen Kratzfuß zu machen – habe die Ehre!

———— 〜〜 ————

»A ber jetzt, Signor Barbaja, diesmal gilt es! *Alfonso und Estrella*
war nicht nach Ihrem Sinne? Fürs Theater nicht wirklich
geeignet? Gemessen am *Fidelio* und an Webers *Freischütz* unbrauchbar gar?
     Dann aber jetzt den *Fierabras*, mein lieber, hoch und tief sowie
auch kreuz und quer verehrter Signor Domenico Barbaja: Heroisch!
Romantisch! Und deutsch!
     Jajajajaja, Sie ha'm schon recht gehört: d e u t s c h – eine deut-
sche, heroisch-romantische Oper in drei Akten!
     Und was den Stoff betrifft: ein Ritterroman, womit – das werden
Sie zugeben – bei unserm Wiener Publikum bereits die Hälfte des
Erfolges sicher wär.
     Wie denn: Und was ist mit der neuen Oper, die'S beim Weber
bestellt haben, mit der *Euryanthe*?
     Ta-ta-ta, s e h r w o h l läßt sich das vergleichen, zumal – ich bitte
dringend, dies zu bedenken – die Madame von Chézy, die dem Weber das Büchel schreibt, zuvor noch nie etwas auf das Theater gebracht hat, wohingegen ich mich (in aller Bescheidenheit) rühmen
darf, mich der Mitarbeit eines höchst erfahrenen Theatermannes
versichert zu haben: des Herrn Josef Kupelwieser, kaiserlich-könig-
licher Hofopern-Sekretär im Theater nächst dem Kärntnertore.
     Sie sehen also selbst, Signor Barbaja: Diesmal gibt's nix, was
meiner Oper im Wege stünde – es sei denn, meine Musik! Aber an
der, mein lieber Barbaja, an d e r werden'S ja wohl kaum etwas zu
kritisieren haben!«
     So, genau s o müßt ich mit ihm reden, mit dem Kerl: net bitten –
fordern! Entschieden und meiner Sache sicher: So und so wird's
gemacht und nicht anders!

Aber's geht halt nicht. Der Schober, d e r wär frech genug, so aufzutreten – aber ich? Nie und nimmer: »... habe die Ehre, Euer Hochwohlgeboren, meine Oper zu senden mit der Bitte, mir Hochderselben Meinung darüber gütigst mitteilen zu wollen.« Und sage auch noch »Dankeschön!«, wenn Sie's ablehnen!

Nu, sicher – ein Schiller oder Shakespeare ist er nicht, der Josef Kupelwieser – dann bin schon eher ich ein Beethoven oder Weber! Aber ist denn für den Erfolg einer Oper die Musik am End nicht wichtiger als der Stoff und die Verse? Was macht's denn, daß die Wiener nicht genug kriegen vom *Barbier* oder vom *Freischütz*: doch nicht die Büch'l, sondern die Musik!? Hauptsach', es gibt ein paar geschickte Szenen drinnen, wo die Leute was zu schau'n und zu staunen haben – den Rest laßt getrost des Komponisten Sorge sein.

Wirklich, diesmal gilt es – dies letzte Mal.

Die Kraft ist hin, oder zumindest nicht mehr die, die einmal war; und irgendwann ist man es leid, aus jeder Schlacht geschlagen heimzukehren. Gut also, dieses eine Mal noch: »Fort zum Siegesreigen!« So glücklich wie für den *Fierabras* standen die Zeichen noch nie.

Wenn's aber w i e d e r nicht gelingt, dann schwöre ich der Oper ab, auf Ehre!

———— ❧ ————

*D*em Letocha also, ah ja; und – was hat er gesagt, der Herr Oberkommissar? Kommen'S, Kupelwieser, spannen'S mich nicht auf die Folter, ich bitt' Sie!

Wer wird's lesen – der Zettler? Der Zettler, das is gut...

Ich bräucht' mir keine Sorgen zu machen: 's würd' passieren? *Omissis deletis* zwar, aber er säh *in principio* keinen Grund, weshalb die Aufführung nicht gestattet werden würde? Fffh, w i e d e r ein Schritt weiter!

Aber *omissis deletis*: Hat er was gesagt oder wenigstens angedeutet, was wird gestrichen wer'n müssen?

Alle Hinweise auf »Frankreich« und die »Franken« – so, so; und desgleichen der Zusatz »hispanischer Admiral« bei der Person des Maurenfürsten Boland.

Nun, nichts Großes also.

Freilich versteh ich's – 's könnt ja einer meinen, der Boland sei so ein liberaler Spanier wie der Campillo oder dieser Guerillaführer Santa Rania, die's mit den Revolutionären halten und partout nicht leiden woll'n, daß die Allianz und Frankreich den Hispaniern vorschreiben, wer auf ihrem Thron sitzt – Ferdinand der Siebte, König von fremden Gnaden! Und obendrein Gefangener seiner eigenen Minister!

Gehn'S, Kupelwieser, das weiß doch alle Welt; und in den Zeitungen steht nix anderes, spaltenweise! Kein Wunder, daß er Angst hat, der Herr von Metternich, daß einer auch bei u n s die Fahne des Aufruhrs hissen und – im Namen der Konstitution – Gedankenfreiheit oder sonstwelchen Liberalismus fordern könnte.

»Die Feinde zu hassen ist Rachegebot.« Ein kluges Wort, Kupelwieser, fürwahr ein kluges Wort: gilt's doch in b e i d e Richtungen; gerad so, wie immer b e i d e Seiten sich auf Gott und ihr Recht zu berufen pflegen.

Haben'S gelesen, was da heut in der Zeitung stand, über die Einführung des spanischen Botschafters an dem französischen Hofe...? Hier – daß »Gott die gerechteste Sache bisher sichtbar beschirmt hat und ihr auch seinen ferneren Schutz nicht versagen wird«. Und daß Seine Majestät, »stark durch die Reinheit Seiner Absichten und jene der Souveräne, Seiner Verbündeten, fest entschlossen sind, die Waffen nicht eher niederzulegen, bis sie Spanien das Glück, seinem Könige die Freiheit und Europa die Ruhe wiedergegeben haben, deren es die Unordnungen im Vaterlande des Herrn Botschafters zu berauben drohten«.

Sie nicken – aber wenn es gerade a n d e r s herum wäre? Wenn es gerade die französischen Waffen wären, die Spaniens Glück und Europas Ruhe störten?

Keine Angst, Kupelwieser – Revolutionär bin ich keiner; obgleich...

Als wenn die Absichten der Liberalen, in Spanien mit Priesterherrschaft und Inquisition, Despotismus, Rückständigkeit und alledem aufzuräumen, nicht genauso »rein« wären wie die des Königs, ebendiesen Freiheitsdrang zu ersticken!

Nein-nein, 's is nix, nur mein Kopf schmerzt... das wendische
Wetter wohl.

Nu, ich bin froh, wenn ich erst fort bin aus Wien – da wird's schon
besser werden, denk ich.

Morgen abend wohl, um halber zehn mit der Eilpost nach Linz;
der Herr Hofopernsänger Vogl hat mich heuer wieder eingeladen,
ein paar Wochen mit ihm im Steirischen zu verbringen.

Mit ihm und dem *Fierabras*, no freilich – wo mer jetzt des Zen-
sur-*Excudaturs* ja wohl sicher sein könn'n.

Wir schaffen es, Kupelwieser – ich sag's Eahna, wir schaffen es:
Ganz Wien wird unsre Oper sehn!

———— ❧ ————

*S*chreiben müßt ich eigentlich... dem Kupelwieser, dem Schwind,
dem Ludwig Mohn – dem Schober vor allem, bevor er weg is nach
Sankt Pölten: ihm nochmals alles Glück zu seinem Unternehmen
wünschen.

Und dem Doktor Schaeffer notabene: Daß, wie mir scheint, seine
Medizin einige Wirkung zu tun anfängt; daß ich hier, seinem Rat
folgend, in jeder Hinsicht sehr einfach lebe, fleißig spazierengehe,
viel (wenngleich nicht allzu gut) schlafe, mäßig trinke und esse, Walter Scotts Romane lese und viel an meiner Oper komponiere; daß
ich mich also alles in allem ziemlich wohl befinde – bereit sozusagen, dem Göttergrimm zu trotzen und dem Sturm und Schlachtruf
des Lebens zu folgen, sobald ich nach Wien zurück bin.

Nur, daß es ja doch gar nicht stimmt. »Ziemlich wohl« – ja, so
wohl sich einer eben befinden kann, der fast bezweifelt, ob er je
wieder ganz gesund wird.

Und auch das stimmt nicht einmal: Das Blut drängt zum Kopf,
daß er zerplatzen möcht', die Flecken, Blasen und Geschwüre, der
kalte Schweiß, der stumpfe Blutgeschmack im Mund: Ich spür's ja,
ich w e i ß, daß ich nimmer ganz gesund werd'! Braucht mir keiner
was vorlügen darüber.

Wenn ich daliege, nachts, und nicht schlafen kann und darauf
horch', wie der Lebenssaft in mir kreist – langsam und schwer; wenn

ich im Dunkeln mit der Hand über die bewußten Stellen geh; wenn ich…

Nicht dran denken.

Der Schaeffer hat schon recht: Arbeiten, Komponieren ist das beste, was ich tun kann, um die Gespenster zu verscheuchen.

Nur daß sie sich halt nicht verscheuchen l a s s e n !

Stehn alleweil da herum wie Statuen und glotzen mich an aus ihren kalten Augen.

Locken, drohn, warnen, lachen mich aus – und erstarr'n sofort, sobald ich hinschau.

Los doch, bewegt euch!

Du da, ich kenn' dich doch wieder: warst doch sonst nie so steif und stumm? Red'st' nimmer mit mir?

Oder du – komm, gib mir deinen Arm: Um die vierzig Kreuzer soll's mir net leid tun.

Ach, du bist auch da, d u ? Was, bist' gekommen, he – um meine Schmach und Schand' zu sehn? Um mir das letzte Geleit zu geben, da hin… hinab…?

Nur nicht so schnell, es eilt mir nicht damit!

Erst müssen auch die andern dasein, all die andern; darf keiner fehlen, wenn es so weit is'. Ihr kommt ja alle mit, hört ihr? Ihr alle!

Gespenster?

Altvertraute Gesichter: was sollte ich vor ihnen erschrecken.

Jetzt, wo manch andrer meine Gesellschaft eher scheut, sind sie mir fast willkommen; die letzten, die noch bei mir bleiben, treu – die mit mir wachen und warten. Sie reden nicht, rühr'n sich nicht.

Aber lieber doch so als das ganz und gar Mit-sich-alleine-Sein, das mir drohte, wenn ich sie verscheuchen tät'.

Bleibt nur, bleibt. Ich steh derweil hier und schau hinaus – hinab aufs wilde Getümmel des Lebens, hinauf auf den gleichmütigen Zug der Wolken; als ob mich alles nichts mehr anging'.

So sind wohl schon viele zum Philosophen geworden, *in extremis*!

Vielleicht seh ich alles schwärzer, als es wirklich ist. Der Vogl

meint auch, die eine Woche, die ich hier bin jetzt, hätte mir sichtbar
gutgetan. Und wenn erst mal die Oper fertig is...

— ❧ —

*Herbst 1823: Nach seiner Rückkehr aus Steyr zieht
Schubert zu seinem Freund Josef Huber – Innere
Stadt Nr. 1187*

— ❧ —

»*L*öblicher Musikverein! Für das mir gütigst übersendete Eh-
ren-Mitglieds-Diplom, welches ich wegen langer Abwesen-
heit von Wien erst vor einigen Tagen erhielt, danke ich verbindlichst.
Möchte es meinem Eifer für die Tonkunst gelingen, dieser Aus-
zeichnung einst vollends würdig zu werden. Um auch in Tönen
meinen lebhaften Dank auszudrücken, werde ich mir die Freiheit
nehmen, dem löblichen Vereine ehestens eine meiner Sinfonien in
Partitur zu überreichen.
Mit ausgezeichnetster Hochachtung
Eines löblichen Vereines dankergebenster bereitwilligster Diener
Franz Schubert.
Wien am 20. September 1823.«

— ❧ —

*E*in Spiel?
Ein s c h ö n e s Spiel, fürwahr: nicht ganz so funkelnagelneu
zwar, wie's der Dichter uns versprochen hat, aber doch höchst
unterhaltsam und amüsant. Für den, der bloß zuschaut, jedenfalls.
Wie der Bursche auf der Gass'n, gestern: ein junger blonder Bursche – gerad wie der Müllersknecht –, der aus ei'm Beisel kam. Is hin
und her getorkelt, wie a B'soffener, daß't Leut stehngeblieben sind
und gegafft haben – höchst unterhaltsam und amüsant, net wahr?
Die Augen verdreht hat er, aber kein' Muckser getan, kein' einzigen: nicht einmal, wie er mit sei'm Kopf vor die Latern' g'laufen is.
Wie's da gelacht haben, alle mitanand'! Nur wie er dann hinfallt, der

Bursche, und Blut aus sei'm Mund läuft, und wie's auf ei'mal das
Messer sehn, das ihm im Rücken g'steckt is – nur d a ham's nimmer
gelacht...

»In jedem klaren Bach« – in jedem trüben auch.

Auch das gehört zum Spiel, daß man nicht weiß, wohin und an
wen man gerät. Und daß es oft die traulichsten Häuser mit den
blanksten Fenstern sind, in denen das Verderben lauert.

Wie hat er g'sagt, der Schober? »Brauchst keine Sorge haben: Die
kenn ich, für d i e steh ich ein – die is pumperlg'sund! Schau dich
bloß um, wenn'st bei ihr in der Kammer bist: der Boden, die Möbel,
das Bettzeug – blitzsauber alles; da siehg'st gleich, daß't bei d e r
keine Sorgen haben brauchst...«

O ja, vollauf genug hab ich nun – meinem »rauschenden Freund«
Schober sei Dank!

Und der Hund hat auch bloß gelacht, wie ich ihm erzählt hab,
was seine Hübschlerin mir ang'hängt hat. (Wobei's freilich nicht
einmal sicher ist, daß wirklich d i e es war; genauso könnt's die Pepi
Pöckelhofer g'wesen sein, hat der Schober g'meint.)

Nur merkwürdig is s c h o n, daß – wie ich neulich, als ich aus
dem Spital 'kommen bin, noch einmal zu der Kammer 'naufsteige –,
daß mir da eine ganz andere die Türe aufmacht. Und wie ich frag',
wo die wär, die hier letzten Herbst das Zimmer g'habt hätt: »Wer?
Wie heißt's? Wie hat's ausg'sehn, sagen'S? Und was wolln'S von der?
Naa...« Sie wohnt seit zwei Jahren hier und weiß net, wen ich mein –
ich hätt mich wohl im Haus geirrt. Dabei war's dieselbe Kammer mit
denselben Möbeln – blitzsauber, traulich, blank.

»Gehabt euch wohl und amüsiert euch viel« – aber beklagt euch
nicht, wenn das Spiel anders ausgeht, als ihr euch gedacht habt.

Wenn es nur mit der Therese was geworden wär: Sie war ja doch
die einzige, die ich so recht von Herzen lieb g'habt hab – oder
jedenfalls die einzig e r r e i c h b a r e...

Je nun, das Mühlrad dreht sich, und dem Burschen, der hinein-
gerät, bleibt eben nix als grobe Sinnlichkeit!

Na, so etwas, der Doktor Bernhardt – sei'n'S mir gegrüßt, lieber Freund und Arzt! Heut reißen ja die Visiten gar nimmer ab: Wissen'S, daß Sie schon der vierte sind?

Erst is mein Bruder Ferdinand gekomm', um mir zu sagen, daß unser Schubertscher Stammbaum ein neues Zweiglein namens Andreas Theodor aufzuweisen hat, da meine Frau Stiefmutter heut früh um halber neun glücklich von einem kleinen Buben genesen is.

Dann der Leopold Kupelwieser, um mir Lebewohl zu sagen – weil er doch heut mit seinem Russen ab nach Rom reist und mich gestern beim Abschieds-Bacchanal der Freunde in der »Krone« schmerzlich entbehrt hat.

Kaum war der fort – der Schwind: ob ich wohl soweit wieder beisammen wär', um wenigstens h e u t e auf d'Nacht mitzugehn und die Abreise unsres lieben Kuppel in einem gehörigen Trankopfer zu beklagen.

Und jetzt also Sie, lieber Doktor! Wenn das so weitergeht, komm ich heut g a r nimmer zu meinen Müller-Liedern!

Ansonsten ist es immer dasselbe mit mir. Sie sehn's ja selber, wie ich hier lieg': seit vier Tagen jetzt wieder – und wer weiß, wie lang noch.

Wenn's wenigstens ein'n Schimmer von Besserung gäbe – aber trotz Ihrer Arznei, die ich doch brav und gewissenhaft einnehm', hat sich im Grunde, seit ich aus dem Spital bin, nix geändert, so daß ich schon manchmal fast glaub, ich werd gar net wieder g'sund.

Ein Glück bloß, daß der lange Huber – so tölpisch er sonst is – mich derart gut umhegt und umsorgt.

Wissen'S, lieber Bernhardt: bisweilen könnt ich mir vor Verzweiflung und Mutlosigkeit die Haare raufen – wenn mir noch welche geblieben wär'n! Wie finden'S übrigens die Peruck'n – fesch, net wahr? So kann ich mich zumindest heraus und unter Leute begeben.

Es ist merkwürdig, wissen Sie: Daß ich hier lieg auf meinem Krankenbett, als wär ich aus der Welt herausgefallen. Draußen is kühl und neblicht, um fünfe schon wird's dunkel in der Stadt – und ich lieg hier und schreib meine Lieder von Frühlingsglück und Sonnenschein und Bachgeriesel. Und dann bin ich plötzlich nicht mehr hier beim Huber in meinem Zimmer an der Stubentor-Bastei, sondern sitze mit meiner Liebsten »traulich im kühlen Erlendach beisammen«, und's ist Sommer (und nicht November)... und ich bin – gesund.

Ich denk dann so bei mir, wenn mir die Melodien so leicht zufallen, als hätt ich sie immer schon in mir g'habt, und sie kämen nur jetzt halt hervor – ich denk dann, ich selber wäre dieser Müllerbursch' aus den Gedichten: Es wär meine eig'ne Geschichte – auch wenn sie ein anderer erzählt und in Verse gesetzt hat. Mein eigenes Leben – und am Ende wohl auch mein eigener Tod.

Können Sie das verstehn, lieber Bernhardt? Oder ist es nur das Fieberphantasieren eines Kranken...? Aber selbst w e n n es so wäre: Das Glück, das ja (bei allem Leid) a u c h darinnen liegt, ist es allemal wert, die Wirklichkeit gegen diese Phantasie einzutauschen!

Sie, Doktor, wissen ja, wie's zu meinem Kranksein gekommen ist – wo ich meine Haare gelassen hab, gewissermaßen. Sehn'S – ich will mich net rechtfertigen vor Ihnen: aber auch d a s war letztlich nix anderes als eine Verwechslung der Wirklichkeit mit der Phantasie; wie wenn ich brackiges, fauliges Wasser getrunken und mir dabei eingebildet hätt', es wäre der köstlichste Wein. Manchmal sind eben selbst meine Lieder nicht stark genug, mich aus dem dumpfen Einerlei des Hier und Jetzt herauszusingen.

Nachklang oder Vorspiel – das frag ich mich...

Jedenfalls ein ziemlicher Mißton. Und so oder so werd ich ein anderer sein, wenn ich je wieder auf die Beine komm.

Ich sähe also wirklich zu schwarz?

Sie meinen ernstlich, ich sei auf dem besten Weg der Genesung?

Beiläufig vier Wochen noch vielleicht, und ich wär' ganz wieder hergestellt?

Ach, lieber Freund: wenn's wahr wäre – wenn's doch bloß wahr wäre!

— ❧ —

In einer »Abendunterhaltung« der Gesellschaft der Musikfreunde singt der Bassist Josef Preisinger die Uraufführung des Liedes Der Zwerg.

*T*ja, lieber Freund: »Im trüben Licht verschwinden schon die Berge...« Dann wollen wir mal sehn, daß unser *Zwerg* und seine treuebrecherische Königin nicht allzu kläglich Schiffbruch erleiden, heut.

An Interessenten dürft es eigentlich keinen Mangel haben, nachdem der Leidesdorf mir g'sagt hat, der Notenverkauf des Opus wär seit Juni ganz erstaunlich gut gewesen; wobei sich freilich fragt, ob's die Leut wegen dem *Zwerg* 'kauft haben – oder nicht doch eher wegen der *Wehmut*, meinen'S nicht auch?

Nicht, was die Verse anbetrifft, versteht sich: da ist das eine gerad so herrlich wie das andre; aber die Musik der *Wehmut* ist wohl etwas angenehmere und leicht're Kost für unsre Wiener als der *Zwerg*.

»Und auch der Mensch entschwindet und vergeht...«

Wissen'S, Herr von Collin, als der Preisinger vor beiläufig zehn Tagen bei mir war und mir gesagt hat, er wolle heut wohl in der zweiten »Abendunterhaltung« den *Zwerg* vortragen – und ob ich ihn nicht begleiten wolle? –, da hab ich noch gedacht: Was soll's! Mag er doch singen, was er will, der Preisinger; ich lieg hier nieder auf den Tod und erleb's eh nimmer – so elend war's mir.

Merkwürdige Gedanken geh'n da einem durch den Kopf, wenn man meint, es ginge ans Sterben: Erinnerungen an Gewesenes, was man längst vergessen geglaubt hat.

Der Doktor Bernhardt zum Beispiel – Ihr verehrter Herr Schwiegervater, dessen ärztlicher Kunst ich es verdanke, daß ich heut d o c h wieder auf den Beinen bin –, der werte Doktor also kam zu einer seiner Visiten mit einer halben Flasche feinstem Tokajer: als Medizin, hat er g'meint! Und es war gerad derselbe Wein, den's gab, als ich zum erstenmal bei Ihnen war, und den ich seither nie wieder getrunken g'habt hab – und plötzlich war alles wieder da.

Wissen'S noch, lieber Collin? Das muß so Anno Neunzehn oder Zwanzig g'wesen sein: Sie hatten den Spaun gebeten, mich und den Vogl einmal in Ihr Haus zu bringen, um einem kleinen Kreis eigens geladener Kunstfreunde einige von meinen Liedern vorzustellen. Der Doktor Bernhardt war damals auch zugegen, und der Patriarch Pyrker, die Herren Hofräte Mosel und Hammer, der Graf Moritz

Dietrichstein, die Madame Karoline Pichler – lauter hochwichtige und berühmte Herrschaften, deren Bekanntschaft und Förderung ich Ihnen, lieber Herr von Collin, zu danken habe.

Erinnern Sie sich, wie der Mosel ein übers andre Mal kopfschüttelnd ausrief, so etwas sei ihm sein Lebtag noch nicht vorgekommen?

Und wie Ihre liebe, gnädige Frau sich nicht lang hat bitten lassen, mit mir das kleine *Nachtgesang*-Duett zu machen, das ich nach einem Ihrer Gedichte in Musik gesetzt hatte?

Wissen Sie, lieber Collin: auch wenn ich für m i c h manchmal gedacht hab, in der letzten Zeit, es wär wohl gar net schlimm, wenn's ein Ende nähme – für solche Freunde wie S i e möcht' ich wohl schon noch ein wenig weiterleben!

Haben'S eigentlich letzthin etwas von Ihrem Vetter gehört, vom Spaun? So ein treuloser Gesell! Kein Brief und kein Wort, seit der Vogl und ich ihn im Sommer in Linz besucht haben! Er weiß wohl nicht einmal, wie nah am Grabe ich gewesen bin...

Und Ihnen hat er also auch nicht geschrieben? Teufel auch, er wartet wohl, der Barbar, daß wir ihn wieder mit einer gedichteten und komponierten Epistel mahnen, wie letzten Jänner: »Und nimmer schreibst du? Bleibest uns verloren, ein starr Verstummter, nun für ew'ge Zeit?« No, ewig schad' is jedenfalls, daß er heut net da is, unser lieber Spaun...

Ach, wie ich übrigens gestern beim Leidesdorf war, hab ich den Anton Schindler getroffen und ihn gebeten, dem Herrn van Beethoven meine höflichste Empfehlung und ein Billett für das heutige Gesellschaftskonzert zu überbringen – wo er ja doch an unserm *Zwerg* (wegen dem zitierten Schicksalspochen aus seiner c-Moll-Sinfonie) einen gewissen mittelbaren Anteil hat. Glaub allerdings kaum, daß er kommen wird; er geht ja fast gar nimmer unter Leute, der Meister, und soll inzwischen gar nix mehr hören, hat mir der Schindler g'sagt, und daß man nur noch schriftlich mit ihm konversier'n kann.

So, da sa'm mer!

Wenn ich geahnt hätt', letzte Woche, daß ich heute d o c h so weit wieder beisammen bin, hätt ich dem Preisinger wohl zugesagt, das

Lied selber zu begleiten; daß er's nun selber singen u n d spielen wird – so schwer es ist... ich weiß fei net, ob das gut gehn wird.

Na, egal – is eh zu spät, jetzt! Kommen Sie, Collin – stell'n wir uns einfach so, als wenn mer mit dem Ganzen nix zu tun hätten!

—— ❧ ——

Geh, d u ?! Das hätt ich fei net 'glaubt, daß i d i c h amal wiederseh'...

Obgleich: hätt mir's ja denken können, daß't dich hier heraußen in Grinzing umtust – wo so viele fesche Mannsbilder sind, wie?

Bleib!

Was willst' denn gleich wegrenn', wo mer uns doch gerad erst wiederg'funden ha'm – bleib, sag ich! I will ja nix von dir – a bisserl reden bloß; scharmutzier'n kannst' nachher immer noch, mit wem'st magst.

Gut schaust' aus. Frisch und g'sund – a blitzsauberes Mädel, auf d'Ehre!

Veilchen, stimmt's? Oder sind's Reseden? Weißt' ja: i kenn mi' net aus damit.

A neiches Kleid hast' auch; und Ohrgehänge wie a Madam'. No ja, freilich – aan anständiges Mensch wie du muß sehn, wo's bleibt: Das kost' schon was, daß't einen über dich laßt – da is a neiches Kleid net z'vui bezahlt!

Schad – wirklich schad, daß i bloß mei' Musik und kaa Geld wie Häckerling g'habt hab: Sonst wär'st gewiß mit mir geblieben, oder?

Sagst ja nix.

Freut's di' net, daß't mich siehg'st?

Hast' wohl g'meint, i wär scho' längst hinüber...

Jetzt schau dir d e n an – den Feldjäger, da herüben: Wie der dich anstarrt! Der tät wohl gar zu gern sein' Flinten in dein Futeral stoßen, meinst' net? Und jetzt blinzt er dir sogar zu, als wär er schon dein Kavalier...

I s er's, am End...?

Nu, 's kann ja noch werden. Schmuck, so a Uniform, find'st' net? Wie alles blitzt und glänzt – da macht man auch für wen'ger als ein Ohrgehäng' die Beine breit! Muß halt ein andrer Freier doppelt zahl'n, nicht wahr? So einer wie ich, der nix is und nix vorstellt.

Bleib, hab i g'sagt – i bin no' net fertig mit dir!

Entsinnst' dich noch: meine Lieder, die ich dir immer hab vorsingen soll'n? Schöner als alle Blumen und alle Schätze wert wären sie dir, hast' allweil g'sagt. Und wie'st immer gejuchzt, in die Hände 'klatscht und dich 'freut hast, wenn i mit ei'm neichen an'kommen bin – daß ich fast hätt' glauben mögen, du meinst es treu und ehrlich mit mir armem Narr'n...

Wie ich dann im Krankenhaus war, in der Alservorstadt, hab i reichlich Zeit und Muße g'habt, haufenweis' neue Lieder zu machen; sind freilich net so munter wie die alten.

Kranke Lieder, ja... rechte Spital-Ausgeburten.

Kannst' es dir denken, weshalb ich hab in's Spital müssen, wie?

Hast' es scho' g'habt, wie mer's erstemal zusamm' g'west sind? Oder hat's dir erst hernach einer ang'hängt – einer von den vielen, von denen'st dich vor, nach und neben mir hast pudern lassen...

So gib doch Antwort, du dreckerte Hur'!

Möcht' wissen, wie vielen du es seither n o c h vermacht hast, weil's deine Jauchegrub'n für a Venusgrotte g'halten haben...

Wenn'st so daliegst, weißt', bei dera Syphilitikern, in dei'm stinkerten, eitrigen Bett – wenn dir büschelweis' die Haar ausgehn – wenn'st dich ein ums andre Mal fragst, weshalb gerad d i r das hat passier'n müssen...

Gebetet und geflucht hab ich, g'weint wie a klein's Kind, geschrien, gebettelt – was weiß ich was alles; und tausend Eide hab i g'schwor'n, daß i dich haamdrah', wenn ich nur erst wieder draußen bin – daß i dich abstech' und ausbluten laß wie a Sau, die'st ei'mal bist!

Bis i dann ruhig geworden bin – ganz ruhig. So ruhig, daß einmal schon der Arzt gemeint hat, ich wär tot...

Weißt', wie das is, wenn einer tot is?

Wenn das verfluchte Herz mit ei'mal nimmer schlägt?

Wenn die fiebrig-heiße Haut auf ei'mal grau und kalt, das Auge starr und glasig wird?

Die Finger wie im Krampf ins Laken gekrallt und ein dünner Faden Speichel, der aus dem weit aufgeriss'nen Mund fließt – so weit, daß einem oft das Kinn muß hochgebunden werden, damit's hernach net gar zu grauslich ausschaut.

Und ein Gedünst von Kot und Schweiß und ranzigem Wachs, das die Fliegen anlockt...

Geh.

Geh schon, geh – mach, daß't fortkommst: zu dei'm Jäger oder sonst wem.

Und brauchst' ka Angst ha'm, daß i dir was antu. Wofür denn, wo i doch noch leb?!

Da – hast aan Fünfer: trink a Glas'l auf mein Wohl, wenn'st magst – aber geh jetzt, troll dich.

Laß mich allein.

———— ❧ ————

Ah, der Herr Kupelwieser – servus, servus: Besuch des Henkers beim Delinquenten, wie? Haben wohl Angst, ich könnt' Eahna d o c h noch davonlaufen?

Das wär etwas, gelt: daß ich mit ei'mmal verschwinden täte – weg und fort; nicht aufzufinden. Wo der Schubert steckt? Keine Ahnung. Vielleicht gestorben...? Acht Tage vor der Premiere! Da wären'S fein angeschmiert – Sie und Ihre Emilie Neumann und Ihre heillose Madame von Chézy und Ihr exzellenter Graf Pálffy; da könnten'S Ihre *Rosamunde* mitsamt der Chöre, Musikbegleitung und Tänze in'n Wind schreiben!

Aber keine Sorge: Nachdem ich mich (in meiner taperten Gutmütigkeit) nun einmal hab bereden lassen, Ihnen zur Lieb und Ihrem G'spusi zum Benefiz die Komposition zu übernehmen, steh ich im Wort – und das pfleg' ich zu halten. Ganz abgesehn davon, daß die Chézyn in der ihr eignen Umtriebigkeit schon überall herumerzählt hat, der »rühmlich bekannte, talentvolle Tonsetzer Schubert« tät' zu ihrem neuen Schauspiel die Musik machen.

Wobei ich am End noch Glück g'habt haben werd, wenn's kein Geld von mir verlangt, dafür, daß sie mir so eine Reklame macht!

Ham'S die Notiz im letzten Kunstjournal gelesen: »Frau von Chézy versteht ihren Vorteil«? Daß sie den guten Carl Maria von Weber »noch vor der wirklichen Aufführung der Oper *Euryanthe* ziemlich ernstlich, sogar durch Advokaten, hat besprechen lassen, bis er ihr sechshundert bare Taler hat auszahlen müssen, in Hoffnung des Gewinns, welchen dieses Werk von allen Theatern einbringen werde«. Da sind die hundert Wiener Gulden, die der Pálffy m i r zahlt für die *Rosamunde*, geradezu fürstlich!

Wobei der habsüchtige Geschäftssinn von der Chézy nicht einmal das Schlimmste is'; ich wollt', ich selber hätt auch nur ein Zehntteil davon... Und auch, daß sie ein derartig unreinliches Frauenzimmer is, daß man ihr Kommen schon von weitem riechen kann – auch d a s mag stör'n, wen will: mich nicht. Aber ihre Verse, Kupelwieser – ihre Verse!

Ich weiß nimmer, von wem ich's gehört hab – waren nicht sogar S i e das? –, daß sie quasi ständig in Versen schwelgt, die Chézy, und derer in jeder freien Minute schockweise zu Papier zu bringen pflegt? Ja, und so sind's eben auch, die Verse: als könnt sie die Tinte nicht zurückhalten. Eine gewisse poetische Inkontinenz, wenn Sie wissen, was ich meine – wenn auch nicht so schlimm, natürlich, wie die Regen- und Wassermassen, die jetzt auf Sizilien ganze Städte ins Meer fortgerissen haben, und in denen Hunderte von Menschen elendiglich ersoffen sind.

Sie wissen nix davon? 's steht heut in der Zeitung – hier: »Die herabstürzenden Wasserfluten bildeten gewaltige Ströme, überschwemmten die nahen Dörfer, verheerten und rissen alles, was ihnen im Wege stand, mit sich fort. Ein Teil von Messina wurde von den wütenden Fluten überschwemmt und drei Ellen hoch mit Schlamm und Morast angefüllt. Viele Einwohner wurden ein Opfer dieser furchtbaren Geißel; die Anzahl der bereits aufgefundenen und beerdigten Leichname beträgt bereits 331.« Schrecklich, nicht wahr?

Na, jedenfalls kann ich Sie beruhigen, Kupelwieser: Meine Musik wird rechtzeitig fertig sein für nächsten Samstag. Und da's die hundert Gulden unabhängig davon gibt, ob das Stück gefällt oder nicht...

Bleibt bloß zu hoffen, daß Ihre Emilie 's zu schätzen weiß, was Sie für sie getan haben – nicht daß sie Ihnen am End d o c h noch einen Korb gibt!

— ❦ —

>»K.K. priv. Theater an der Wien. Zum Vorteile der
>Dlle. Emilie Neumann: (Mit aufgehobenem Abon-
>nement:) Zum ersten Male: Rosamunde, Fürstinn
>von Cypern. Großes romantisches Schauspiel in
>vier Aufzügen, mit Chören, Musikbegleitung und
>Tänzen, von Helmine von Chézy, geborene Freiin
>Klencke. Musik von Herrn Schubert.«

*A*lso gut, Kupelwieser – also gut, also gut: hab ich mich also getäuscht. Ist die *Rosamunde* also d o c h ein gutes Stück und kriegt Erfolg statt dem *four*, den ich erwartet hab: keinen tät's mehr freu'n als mich, das können'S mir glauben! Aber bloß, weil's die Ouvertüre *en bis* akklamiert haben, wär ich mir da n i c h t so sicher – ganz abgesehn davon, daß gerade d i e ja eigentlich gar nicht dazu gehört.

Aber sie macht sich recht ordentlich, nicht wahr? Besser als vor der *Estrella*, jedenfalls, wo ich sie eh zu aufhauerisch fand. So war's letzthin wohl fast ein Glück, daß ich keine Zeit mehr g'habt hab, für heut auf d'Nacht eine neue zu schreiben.

Aber wie gesagt: die Ouvertüre allein bürgt noch lang nicht dafür, daß es so bleibt. Es tät mich wundern, wenn sich nicht die Webe-rianer abgeredet hätten, der Madame Chézy und mir heut das Fiasko der *Euryanthe* heimzuzahl'n: i h r, weil's meinen, ihr unseliges Li-bretto wär schuld an dem Durchfall, den die Oper gehabt hat, und m i r, weil der Weber (in seiner verletzten Eitelkeit) überall herum-erzählt hat, daß ich in den schweren Massen seiner *Euryanthe* wenig Gemütliches finde.

Warten Sie's ab, lieber Freund: die *Rosamunde* wird's büßen…

Eh, was hab ich gesagt?! Nach dem ersten Aufzug gleichgültiges, eisiges Schweigen, und jetzt im zweiten die ersten Proteste: fein geplant, muß ich sagen! Wobei es nicht allein die Weberianer sind, die da rumoren...

Außerdem: sie ha'm ja recht, die Leut': Die Madame Vogel singt einfach gräulicht!

Eine Sängerin, deren Stimme wackelt wie eine Mehlspeis', Tänzer, die über ihre eignen Füße stolpern, und Schauspieler, die in weiser Voraussicht des Mißerfolges ihre Rollen gar nicht erst gelernt haben, daß man den Souffleur am lautesten von allen hört: *bravo*, sag ich – *archibravo*!

Wenn's wenigstens ein Spektakelstück wär, damit das Volk was zu gucken hätt – aber nicht einmal d a s !

Und kommen'S mir nicht damit, daß die Ausstattung nur wegen der halsbrechenden Eile wär, mit der's die *Rosamunde* in Szene gesetzt haben. Das Ganze ist einfach ein Dreck, das G a n z e ...

Und ein unterirdischer Geisterchor, der unmöglich zu vernehmen is, weil der Rott als Gift kochender Fulgentius auf der Bühne ein solches Getöse veranstaltet, daß man sein eignes Wort nicht hört! Dabei war gerade dieser Chor nicht übel...

Was is nu', Kupelwieser: Sie sagen ja gar nix mehr? Was is nu' mit dem »Erfolg«?!

Wissen'S was: Wenn i c h die Damoiselle Neumann wär – ich tät die *Rosamunde* hernehmen und's Ihnen so lang um die Ohren hau'n, bis Ihre Watsch'ln so rot sind wie dem Demmer sein Kostüm!

Aber was reg' ich mich auf: Die hundert Gulden hab ich – alles weitere soll mir egal sein; ein Mißerfolg mehr oder weniger...

—— ❧ ——

1824

*B*ogner – na, da schau her! Daß't auch mal wieder zu mir findest.

Besser geht's, s e h r viel besser. Komm, hock dich nieder – hast doch ein bißchen Zeit, oder? Und laß dich vom Schlafrock nicht täuschen: 's ist nur, weil ich den ganzen Morgen gearbeitet und noch keine Zeit gefunden hab, mich anzukleiden. Deinen Mantel kannst' da aufs Bett legen – und dein Flötenkasterl auch.

Der Schwind hat geplaudert, gelt? Gib's ruhig zu.

Ach, geh, erzähl mir nix: Du hast doch dein Blaserohr nicht einfach nur so mitgebracht!

Siehg'st – wußt ich's doch! Da will man einem schon mal eine Überraschung machen...

Unsinn! Außerdem kommst' gerade recht: Ich hätt dich sowieso gebraucht – mir sind da so ein paar Dinge aus der Feder geflossen, bei denen ich meine Zweifel hab, daß du sie auf deinem Stockerl blasen kannst.

Ob's was Brillantes is'? Ein *Rondo brillant*?

Brillant schon – s e h r brillant sogar –, aber ein Rondo ist es nicht.

Nein, und auch keine Sonate.

Das glaub ich gerne, daß't neugierig bist! Na, dann pack's schon aus, dein Stockerl – bin ja selber gespannt, wie's klingt. *Andante* im Vierer – ich geb zwei Takte vor.

Na, erkennst du's wieder...?

Natürlich sind's Variationen – was denn sonst; aber ob du das Thema errätst, will ich wissen.

Nein-nein-nein-nein, nachgucken gilt nicht! Kommst nicht drauf?

Ah, siehg'st es: die *Trocknen Blumen* aus den Müller-Liedern, genau.

Warum gerad d i e s e s Lied? Je nun, 's ist mir halt in die Finger geraten, als ich nach einem Thema gesucht hab. Und außerdem...

Gefällt's dir nicht?

Freilich, bis dahin kann's jeder Schulbub spielen. Aber jetzt, Bogner – jetzt paß auf!

So – weiter bin ich noch nicht; hast mich gerad, als du kamst, beim Schluß-*Allegro* gestört.

Na, und...? Das hätt'st auch nicht geglaubt, gelt? Daß ich genauso brillant und virtuos komponieren kann wie der Moscheles oder der Kalkbrenner, wenn ich nur will? Übrigens bravo: Du hast dich ja wirklich tapfer geschlagen, mein Lieber – und obendrein *prima vista*! Hab selber eine ganz trockene Kehle gekriegt. Da, mag'st auch einen Apfel?

Obwohl's ja höchst gefährlich sein soll, wie heut in der Zeitung steht. Wegen dem Ausbruch der Cholera – hast es nicht gelesen? Wart, hier: »Die Krankheit verbreitet sich ohne Unterschied unter allen Volksklassen und Professionisten und greift ebenso die Schwachen wie die starken Leibeskonstitutionen an. Diejenigen, so sich dem übermäßigen Genusse von Früchten hingeben, sollen derselben eher unterliegen als andere. Die Krankheit äußert sich zuerst durch Übelbefinden und heftigen Schmerz im Magen und in den Eingeweiden, begleitet von Erbrechungen und anfangs gelblichen, später schwärzlichen Auswürfen. Leichenfarbe verbreitet sich über den gänzlich entkräfteten Kranken.«

Vorerst nur in Ägypten und Zypern – kannst also ruhig weiteressen!

Und dann hinaus mit dir, damit ich weiterarbeiten kann; ich will heut noch mit der letzten Variation fertig werden.

— ❧ —

»*H*err Joseph Spurny, Tonkünstler, alt zweiundzwanzig Jahr, sterbend überbracht ins allgemeine Krankenhaus.« Und ich hust' mir auch die Seele aus dem Leib – seit Wochen schon.

Wenn das vierzehntägige Fasten und Zuhausebleiben nichts hilft, wird's womöglich bald heißen: »Herr Franz Schubert, Tonkünstler, alt siebenundzwanzig Jahr...«

Wo Schwind nur bleibt? Er wollt doch sicher gekommen sein... Tabak hab ich kaum mehr, Kaffee ist gar keiner mehr da, und Wein für einen Punsch auch nicht; und einen Hunger hab ich – könnte glatt einen halben Ochsen verschlingen! Hoffentlich denkt er dran, mir wenigstens ein paar Semmeln mitzubringen.

Und draußen schneit's immer noch...

Der Beethoven soll auch an mehreren neuen Quartetten schreiben, hat mir der Schuppanzigh erzählt, und eines soll auch in a-Moll stehen. Wenn schon – er hat schließlich die Form und die Tonart nicht für sich gepachtet, der Herr van Beethoven! Er schreibt s e i n e Quartette, ich m e i n e. Wer's eins mit dem andern vergleichen will, kann das gerne tun. Wird wohl eh niemandem einfallen...

Bah, jetzt spritzt und spuckt auch noch die Feder... Wie der Herr, so's G'scherr! Aber zum Ins-Reine-Schreiben hat's keine Zeit, und ein Kopist kommt zu teuer; na, egal – der Schuppanzigh wird meine Krähenfüße schon lesen können. Beim Beethoven, hat er mir gesagt, soll's in den Partituren noch tausend-und-dreimal schlimmer aus-schau'n.

Also los, Franzl: wacker voran, und keine Ausflüchte – in fünf Wochen ist das Konzert!

Ob mich der Schwind am End doch vergessen hat...?

Rastralpapier ist auch nicht mehr viel da – und nachher schelten's mich dann wieder, daß ich immer auf abgerissenen Zetteln schreib! Irgendwo hab ich doch noch ein paar Bogen g'habt... Heilige Un-ordnung... ah, da! Fürs *Allegro* müßt es gerade genügen.

So, fertig! Schwind, wenn'st jetzt nicht kommst, fang ich auch noch den zweiten Satz an! Und außerdem bist d u schuld, daß ich jetzt meinen Branntwein pur trinken muß und nicht zum Punsch ver-längern kann...

»Großer Gesellschaftsball in dem neu dekorierten Apollo-Saale... Den Freunden des geselligen Lebens einen genußreichen Abend zu verschaffen ist der Zweck dieser Unternehmung, in der Hoffnung, dieses Ballfest, zu welchem sich bereits mehrere distinguierte Zirkel subskribierten, zu einem der angenehmsten zu machen. Herrliches Arrangement des schönen, großen und soliden Lokales, imposante Beleuchtung des großen Tanz- und Speisesaales, Ausführung mehrerer Konversationstänze...«

Halt's enk z'samm! Neue Tänze sollt' ich schreiben, und keine Quartette! 's wird noch so weit kommen, daß in den Auslagen der Musikalienhandlungen mehr Walzer als Sonaten paradieren.

Freilich, wenn's gut geschrieben ist – immer noch besser als diese Rondos, Rondinos und Rondolettos über irgendwelche *airs favoris*, am liebsten aus Rossini. Hat so ein Stückerl erst Erfolg gehabt – gleich stürzen sich die Herren Komponisten drauf und reißen und zerren dran herum, ob nicht ein bißchen von dem Ruhm für sie abfiele! Nichts als brillanter Glitzerkram, und drunter gehn's in Lumpen einher! Da – die ganze Zeitung ist wieder voll davon!

Ach, zum Teufel, Schwind – wo bleibst' denn? Werd ich denn den Branntwein a u c h von der Liste meiner Fastenspeisen streichen müssen?

's ist fast ein Wunder, daß noch keiner hingegangen ist und meine *Rosamunde* nach *airs favoris* durchstöbert hat... Je nun, dann werd' ich's wohl selber tun müssen: »Franz Schubert, *Andante* über den beliebten Entre-Act aus *Rosamunde*, für Quartett gesetzt vom Komponisten.« Sag noch mal einer, ich wüßt mich nicht recht zu verkaufen!

Nur, sehr brillant ist's leider nicht geworden – da müssen's schon den Herrn Kalkbrenner bemühen oder den Herrn Legnani, wenn's für Gitarre sein soll. Ich bin der Schubert, und der ist nun einmal nicht so ein Glitzerkrämer.

Der Schwind kommt heut nimmer mehr, da wett' ich! Auch gut – werd ich halt mein *Andante* fertig schreiben. Der Schuppanzigh wird nicht schlecht staunen, wenn er morgen statt des e i n e n versprochenen Satzes gleich deren zweie kriegt!

———— ✦ ————

Ah, Schwind... Grüß dich Gott, grüß dich Gott... Wie geht's? Immer gut? Das ist fein... fein...

Nein, bleib nur – störst net; aber laß mich weiterschreiben, ja...? Nimm dir Tee, steht da... da drüben; ich schwelg' drin, sag ich dir! Tabak liegt auch welcher dort... Ja...

Mir? Mir geht's besser, v i e l besser: Ich fühl's richtig, daß sich die Krankheit gebrochen hat. Die neue Behandlung vom Doktor Bernhardt scheint anzuschlagen. Bloß das Fasten, das er mir verschrieben hat, kommt mich hart an: Alleweil hab ich Hunger... na, egal: 's sind eh nur mehr vier Tage...

Hmm...? Das? Ein Oktett – für den Grafen Troyer...

Den Obersthofmeister beim Erzherzog: derselbe, ja...

Nein, ohne Pianoforte; Quartetto und Baß, Horn, Fagott und Klarinett' – weil er doch Klarinett'n spielt, der Graf Troyer.

Fünf Sätze, oder vielleicht auch sechs.

Horch zu, Schwind: Du weißt, wie gern ich dich um mich hab, aber wenn'st net bald aufhörst, mir Löcher ins Fell zu fragen, setz ich dich ohne Gnade vor die Türe – verstanden? Über drei Wochen soll's aufgeführt werden, und ich steck immer noch im ersten *Allegro!* Die Haare würd ich mir raufen, wenn ich schon wieder welche hätt'! Aber immerhin brauch ich die Perück'n nicht mehr: Ist doch allerliebst, mein Schneckerlanflug, find'st net? So, und jetzt stör' mich nicht mehr: Bleib oder geh, ganz wie'st magst – aber reden tu ich kein Wort mehr mit dir! Wenigstens bis zum *Adagio* muß ich heut noch kommen...

———— ❧ ————

Wiener Zeitung: *»Bei Sauer und Leidesdorf, Kärntnerstraße Nr. 941, ist neu erschienen:* Die schöne Müllerin. *Ein Zyklus von Liedern, gedichtet von W. Müller. Für eine Singstimme in Musik gesetzt mit Klavier-Begleitung von Franz Schubert. [...] Unserer Meinung getreu, daß jedes gelungene Werk die empfehlendste Lobrede in sich selbst trägt, enthalten wir uns bei diesen Liedern am liebsten aller emphatischen Anpreisung, und bemerken bloß,*

daß es dem rühmlich bekannten Tonsetzer in die-
sen Liedern in vorzüglich hohem Grade gelungen
ist, die Neuheit seiner Melodien mit jener Faßlich-
keit zu verbinden, wodurch ein musikalisches
Kunstwerk sowohl den Kunstkenner, als auch den
gebildeten Musikfreund gleich einnehmend an-
spricht.«

———— ❦ ————

Und Finis!
Sauber, Franzl, sauber – sechs Sätze, und einer schöner als der
andre! Und was hast' dir zur Belohnung verdient? Ein Festmahl: a
Krügerl Bier und a halb's Pfund Braten, und danach ein Pfeifchen!

O jemine, Bier is ja gar keins mehr da, denk ich gerad – von wegen der Lumperei gestern nacht… na, egal. Wo hat denn der Huber
das Fleisch hing'legt… 's muß doch hier irgendwo… ah!

Bäh, nix als Zuwaage und Einraum – net amal gut genug für eine
Supp'n! Und weiß der Teufel, von w a s für ei'm armen Viecherl das
her kömmt: von aan Ochsen jedenfalls nicht, da wett ich… Kein
Hund tät das fressen woll'n! Und zwanzig Kreuzer verlangen's für
den Dreck: Der Marktaufsicht anzeigen müßt' man das Pack!

Kein Bier und kein Braten – auch gut: wo ich eh Diät halten soll.
Na, wenigstens Tabak ist noch genug. Laß'mer also das *Allegro* und's
Adagio beiseit'n und komm' gleich zum dritten Satz!

Nur daß mir halt doch a bisserl flau is, wenn ich so gar nix ess'; wenigstens eine Mundsemmel müßt doch noch da sein, und wenn ich
mir dazu ein Glaserl Tee mach… Außerdem ist der Tabak auf leeren
Magen das reinste Gift: Im Kopf geht's herum wie ein Mühlrad, im
Gedärm zwickt und zwackt es, und speiübel wird ei'm auch davon.

Was war das, was heut wieder in der Zeitung stand, von wegen
dem *Cholera morbus*…? »Was die Symptome dieser Seuche betrifft,
so überfällt sie den Unglücklichen in einem Augenblicke, ohne vor-
hergehendes Übelbefinden, und verzehrt ihn einem Feuer gleich,
das bei einem heftigen Sturme ausbräche.« Na, servus – da kann ich
ja am End von Glück sagen, daß i mich seit Wochen schon fast s t ä n -
d i g übel befind! »Gewaltsames Erbrechen, begleitet von einer hef-

tigen Diarrhöe und unleidlichen Schmerzen im Unterleibe, enden gewöhnlich im Verlauf einiger Stunden mit dem Tode.« Da denkt einer, 's geht ihm so gut, daß er leicht achtzig Jahr alt werden sollt', und plötzlich...

Hart wie a Stein is, die Semmel – net amal, wenn ich's in Tee tauch, will's weich werden, das Luder! Eine schöne Wirtschaft: kein Bier, kein Braten und dazu a Semmel, mit der man glattweg ein' Nagel in die Wand hau'n könnte – wirklich: ein Festmahl! Wenn ich zu d e m Thema Variationen hätt schreiben solln, täten's freilich anders klingen als das *Andante* vom Oktett.

Siebzig, dreiasiebzig, sechsasiebzig Kreuzer – 's hilft alles nix – muß ich euch eben d o c h ins Caféhaus tragen: Sonst beiß ich vor lauter Hunger dem Schwind noch ein Ohrwatschel ab, wenn er nachher vorbeischaut! Und baden gehn könnt ich bei der Gelegenheit auch gleich.

———— ༨ ————

In seinem zwölften Subskriptionskonzert bringt Ignaz Schuppanzigh mit seinem Quartett im Saal »Zum Roten Igel« das Streichquartett a-Moll zur Uraufführung.

Ja, freilich war's gut. Etwas langsam vielleicht, aber gut – sehr rein und zart, gerad wie's sein soll. Famos ham's gespielt, die viere; und vor allem der Ignaz Schuppanzigh. Immer, wenn ich ihn seh und hör', wund'r ich mich, wie dieser Fleischberg mit sein' Wurschtelfingern es schafft, so eine himmlische Musik zu machen; wo man doch denken könnt, er tät seine Geigen zertatschen, wenn er's nur in die Hand nimmt. Obgleich: wer m i c h sieht, würd' ja wohl auch net glauben woll'n, daß in solch ei'm »Schwammerl« a solche Musik steckt, so viel Empfindung.

Was sagst', Schwind – neben ei'm C h i n e s e r hast' gesessen? Und der fand's »affektiert und ohne Stil«? Soll er – 's kratzt mich nicht.

Naa, ich hab' nix.

Nu, was? Soll ich ein' Juchzer ausstoßen und auf die Händ'

laufen, weil's mein Quartett gespielt haben? Dafür hab ich's doch
gemacht, daß es gespielt wird – also!

Geht's, seid mir nicht bös; mir ist halt fad heut – ich weiß auch
nicht, warum.

Wohin geh' mer eigentlich? Zum »Wasserburger«? Das is recht.
Ihr werd't sehn: Ein oder zwei Glasl von dem Herrn Leopold sei'm
Tokajer, und ich hüpf' wieder über Tisch' und Bänke.

Der Schuppanzigh hat übrigens gemeint, daß er vielleicht doch
das *Menuetto* hätte wiederholen soll'n, wo's doch so ein' großen Beifall erhalten hat.

Ja, freilich freu' ich mich, daß die Leut so applaudiert haben. Sogar die beiden Rezensenten, die da g'wesen sind, ha'm ihre Händ'
ineinander gepatscht – habedjehre! Nachher hab ich gehört, wie's
miteinander gered't haben: daß man das Werk öfter hören müßte,
um es gründlich beurteilen zu können; aber daß es, bitt' schön, als
Erstgeburt doch nicht zu verachten sei. Als Erstgeburt! Nachdem
ich ein Dutzend und mehr Quartette daheim im Schubkastel liegen
hab – als Erstgeburt!!

Gerad wie der Herr Schuppanzigh, als ich ihm die Noten gebracht hab: »Ah, da schau her, Schubert – versuchen'S Eahna jetzt
auch amal als Instrumental-Compositeur?« Jetzt auch amal!

Sicher, ich hab ja seit wenigstens sieben Jahr'n kein Quartett mehr
geschrieben g'habt; und er ist ja erst seit Jänner letzten Jahres wieder aus Petersburg zurück, der Schuppanzigh. Aber's tut halt weh,
daß die Leut hier in Wien so gar nix davon wissen, was ich mach'.

I wo, ich hab ihn in dem Glauben gelassen: Jawohl, hab ich gesagt, ich wollt mich »jetzt auch amal« – wie der Herr Beethoven –
an einem Quartett versuchen, nachdem ich übrigens gerad etwas
größeres Instrumentales geschrieben hätte – ein Oktett für Bläser
und Streicher; ob er mir vielleicht die Ehre erweisen würde, es einmal anzuschaun?

Und w i e er g'schaut hat, der Herr Schuppanzigh! Es wär ja gerad so gut wie das berühmte Septett vom Beethoven, hat er gemeint.
Und daß es ihm fast leid wär', daß er mein Oktett nicht schon eher
gesehn hätte: Sonst hätte er's gleich für das heutige Konzert aufs
Programm gesetzt (wo's nun doch den Beethoven gespielt haben).

Aber erstens ham's dafür eben mein Quartett gemacht, und zweitens hat er mir versprochen, daß er demnächst auch das Oktett in einem seiner Abonnementskonzerte aufführ'n will, der Schuppanzigh.

Ja, freilich freut's mich! Aber ich mein' halt nur, es sollte viel öfter sein, daß meine Musik gespielt wird. Weil, ich weiß ja nicht… aber wenn ich erst tot sein werd, dann hab ich ja nix mehr davon…

Ah, der »Wasserburger«! Na, dann Prosit – auf meine »Erstgeburt«!

———

»25. *März.* Schmerz schärfet den Verstand und stärket das Gemüt; da hingegen Freude sich um jenen selten bekümmert und dieses verweichlicht oder frivol macht.

Aus dem tiefsten Grunde meines Herzens hasse ich jene Einseitigkeit, welche so viele Elende glauben macht, daß nur eben das, was sie treiben, das Beste sei, alles übrige aber sei nichts. Eine Schönheit soll den Menschen durch das ganze Leben begeistern, wahr ist es; doch soll der Schimmer dieser Begeisterung alles andre erhellen.«

———

»27. *März.* Keiner, der den Schmerz des andern, und keiner, der die Freude des andern versteht! Man glaubt immer, zueinander zu gehen, und man geht immer nur nebeneinander. O Qual für den, der dies erkennt!

Meine Erzeugnisse sind durch den Verstand für Musik und durch meinen Schmerz vorhanden; jene, welche der Schmerz allein erzeugt hat, scheinen am wenigsten die Welt zu erfreuen.«

———

»28. *März.* Die höchste Begeisterung hat zum ganz Lächerlichen nur einen Schritt, so wie die tiefste Weisheit zur krassen Dummheit.

Mit dem Glauben tritt der Mensch in die Welt, er kommt vor Verstand und Kenntnissen weit voraus; denn um etwas zu verstehen, muß ich vorher etwas glauben; er ist die höhere Basis, auf welche der schwache Verstand seinen ersten Beweispfeiler aufpflanzt.

Verstand ist nichts als ein analysierter Glaube.«

———— ❧ ————

»29. *März.* O Phantasie! Du höchstes Kleinod des Menschen, du unerschöpflicher Quell, aus dem sowohl Künstler als Gelehrte trinken! O bleibe noch bei uns, wenn auch von wenigen nur anerkannt und verehrt, um uns vor jener sogenannten Aufklärung, jenem häßlichen Gerippe ohne Fleisch und Blut, zu bewahren!«

———— ❧ ————

»Um *zwei Uhr nachts.* Beneidenswerter Nero! Der du so stark warst, bei Saitenspiel und Gesang ekles Volk zu verderben!«

———— ❧ ————

»M. *Signor Leopoldo Kupelwieser pittore tedesco. Recapito al caffè grecco Roma.*

Lieber Kupelwieser! Schon längst drängt' es mich, Dir zu schreiben, doch niemals wußte ich wo aus wo ein. Doch nun beut sich mir die Gelegenheit durch Smirsch, und ich kann endlich wieder einmal jemandem meine Seele ganz ausschütten. Du bist ja so gut und bieder, Du wirst mir gewiß manches verzeihen, was mir andere sehr übelnehmen würden. – Mit einem Wort, ich fühle mich als den unglücklichsten, elendsten Menschen auf der Welt. Denk Dir einen Menschen, dessen Gesundheit nie mehr richtig werden will und der aus Verzweiflung darüber die Sache immer schlechter statt besser macht, denke Dir einen Menschen, sage ich, dessen glänzendste Hoffnungen zunichte geworden sind, dem das Glück der Liebe und Freundschaft nichts bieten als höchstens Schmerz, dem Begeisterung (wenigstens anregende) für das Schöne zu schwinden droht, und frage Dich, ob das nicht ein elender, unglücklicher Mensch ist? – ›*Meine Ruh ist hin, mein Herz ist schwer, ich finde sie nimmer und nimmermehr*‹, so kann ich wohl jetzt alle Tage singen, denn jede Nacht, wenn ich schlafen geh, hoff' ich, nicht mehr zu erwachen, und jeder Morgen kündet mir nur den gestrigen Gram. So freude- und freundelos verbringe ich meine Tage, wenn nicht manchmal Schwind mich besuchte und mir einen Strahl jener vergangenen süßen Tage zuwendete. – Unsere Gesellschaft (Lesegesellschaft) hat sich, wie Du wohl schon wissen wirst, wegen Verstärkung des rohen Chors im Biertrinken und Würstelessen den Tod gegeben, denn ihre Auflösung erfolgt in zwei Tagen, obwohl ich schon beinahe seit Deiner Abreise sie nicht mehr besuchte. Leidesdorf, mit dem ich recht genau bekannt geworden bin, ist zwar ein wirklich tiefer und guter Mensch, doch von so großer Melancholie, daß ich beinahe fürchte, von ihm mehr als zuviel in dieser Hinsicht profitiert zu haben; auch geht es mit meinen und seinen Sachen schlecht, daher wir nie Geld haben. Die Oper von Deinem Bruder (der nicht sehr wohl tat, daß er vom Theater wegging) wurde für unbrauchbar erklärt und mithin meine Musik nicht in Ansprache genommen. Die Oper von Castelli, *Die Verschwornen*, ist in Berlin, von einem dortigen Compositeur komponiert, mit Beifall aufgenommen worden. Auf diese Art hätte ich also wieder zwei Opern umsonst komponiert. In Liedern habe ich wenig Neues gemacht, dagegen versuchte ich mich in mehreren Instrumentalsachen, denn ich komponierte zwei Quartetten für Violinen, Viola und Violoncelle und ein Oktett und will noch ein Quartetto schreiben, überhaupt will ich mir auf diese Art den Weg zur großen Sinfonie bahnen. – Das Neueste in Wien ist, daß Beethoven ein Konzert gibt, in welchem er seine neue Sinfonie, drei Stücke aus der neuen Messe und eine neue Ouvertüre produzieren läßt. – Wenn Gott will, so bin auch ich gesonnen, künftiges Jahr ein ähnliches Konzert zu geben. Ich schließe jetzt, damit ich nicht zuviel Papier brauche, und küsse Dich tausendmal. Wenn du mir über Deine jetzige begeisterte Stimmung und über Dein sonstiges Leben schreiben würdest, so freute nichts mehr Deinen treuen Freund Frz. Schubert.

Meine Adresse wäre dann: An die Kunsthandlung: Sauer et Leidesdorf, weil ich Anfangs Mai mit Esterházy nach Ungarn gehe.
Lebe wohl! Recht wohl!!«

————— ✐ —————

» *T* euerste Eltern! Kurz nur einige Zeilen, um Ihnen Nachricht
zu geben, daß ich glücklich in Zséliz angelangt bin und mich
recht wohl befinde. Graf Esterházy, der mich (ebenso wie die Gräfin
und die beiden Comtessen) mit aufrichtiger Herzlichkeit begrüßt
hat, war so gütig, mich dieses Mal nicht im Inspektorat zu logieren,
sondern im Schlosse selbst mir ein eigenes, fein ausgestattetes
Wohnzimmer anzuweisen; hier sitze ich auch und schreibe diese
Zeilen, wobei ich durchs Fenster einen freien Blick in den schönen
Garten hinaus genieße. Auch lud der Graf mich ein, die Mahlzeiten
fortan nicht mit dem Gesinde, sondern an der Familientafel einzu-
nehmen, für welche Ehre ich mich natürlich geziemend bedankt
habe. Daß außerdem mein monatlicher Appoint von fünfundsiebzig auf einhundert Gulden Konvention erhöht wurde, darf mir ein
weiterer Beweis der liebevollen Wertschätzung sein, derer ich mich
hier erfreue.«

Ansonsten – kein Wort; sie würden's eh nicht versteh'n und
höchstens in den Schmerz meiner Wunden saures, ätzendes Mora-
lin träufeln.

Daß ich mich für den unglücklichsten Menschen halte, weil der
bewußte anziehende Stern, der mir hier strahlt, so unerreichbar fern
ist? »Kein Mensch kann wahrhaft glücklich sein, als der sich immerhin mit dem lieben Gott beschäftiget.«

Daß ich bald jeden Mut verlier', weil es doch für die trüben Umstände meines Lebens keine Hoffnung auf Besserung gibt? »Dürfen, ja sollen wir die unschuldigen Lebensfreuden froh und mit
dankbarem Gemüte zu Gott mäßig genießen, so müssen wir aber
auch in trüben Umständen den Mut nicht sinken lassen.«

Daß meine Gesundheit ganz und gar dahin ist? »Auch Leiden
sind eine Wohltat Gottes und führen den, der standhaft ausharret,
zum erhabensten Ziel.«

Hört doch auf mit eurer Weisheit – was versteht denn i h r !
Jedesmal, wenn ich neben ihr am Pianoforte sitz' und etwas auf
vier Hände mit ihr spiel, durchfährt mich ihre Nähe wie ein Blitz-
schlag: das Rascheln ihres Kleides... ihre Hand, die flüchtig die
meine streift... oder ihre Schulter... der Duft ihres Haars... ja, sogar der Geruch ihres Schweißes, wenn sie – erhitzt vom Spiel oder
von einem Ausritt zurück – ins Zimmer tritt... Und wenn sie mir
bei Tisch ein Obst reicht, schmeckt's mir doppelt süß, weil ich
mein', im Apfel ihre Hand zu küssen. Doch nie so nah, als wenn
ich...
    »An neuen Werken wäre vornehmlich eine große Sonate in C auf
vier Hände zu nennen, an der ich arbeite und welche für die jüngere
der beiden Comtessen und mich selbst bestimmt ist.«

—— ❦ ——

S chrecklich! Einfach ein schrecklicher Mensch, dieser Graf! Wie
  er ihr den ganzen Abend schöne Augen gedreht hat, der armen
Comtesse – so ein eitler Pfau und Stutzer, widerlich!
    »Reizend! So ganz charmant! Wie allerliebst! Wenn Madamsell
mir die Ehre erweisen wollten...« Als ob er nicht gemerkt hätt', daß
er sie ständig hat erröten machen mit seinen plumpen Komplimenten. Oh, wie hätt ich dazwischenfahren und dem Gecken meine
Meinung pfeifen mögen...
    Ein Glück bloß, daß der von Schönstein da war, sonst wär's nicht
auszuhalten gewesen. D a s heiß ich mir einen Mann von Adel und
Verstand!
    Scheint übrigens auch den Grafen nicht gerade in sein Herz ge-
schlossen zu haben, der Herr Baron von Schönstein – nach einigen
Bemerkungen zu schließen: recht so! Und famos, wie er sie ihm entführt hat: Der Herr Graf habe doch gewiß nichts einzuwenden, daß
er die Comtesse ans Pianoforte bitte, um die Noten umzuwenden –
er habe sich seit Wochen darauf gefreut, hier im Esterházyschen
Hause mit seinem l i e b e n   F r e u n d Schubert einige von dessen
Liedkompositionen durchzugehen!

Wie's dem Herrn Grafen gefallen habe, dies Lied?
»Doch, doch – recht hübsch und angenehm.«

Nun, das sei wohl zuwenig gesagt: Herrn Schuberts Lieder zählten unzweifelhaft zu den genialsten Schöpfungen, die er in dieser Art kenne; aber Herr Graf seien vielleicht kein Freund der Tonkunst...?

Worauf der alte Esterházy noch eins draufsetzt: Seit er meine Sachen kenne, wolle und könne er nicht mehr auf sie verzichten, und es sei ihm ein ganz ausgesprochenes Vergnügen gewesen, daß ihm *notre ami Schubert* das gerade gehörte Lied (nebst dreier weiterer, nicht weniger gelungener) »ehrfurchtsvoll gewidmet« habe.

Worauf natürlich unsrem Gräflein nichts andres übrigblieb, als Bewunderung zu heucheln und um weitere Kostproben meiner Kunst zu bitten!

Und dieses...?
»Nun, freilich – der kriegerische Ton des Reiters sei recht gut getroffen... Was *à propos* das Kriegshandwerk betreffe, so...«

Aber bevor noch das Gräflein dazu kommt, auf andere, ihm offenbar vertrautere Gefilde abzuschweifen, meldet sich die Gräfin zur Stell': Sie entsinne sich eines Liedes über die Sprache der Blumen, das ihr als besonders lieblich noch im Ohre klinge...

Tja, und damit war's g a n z aus! Jedem fielen wenigstens zwei oder drei meiner Lieder ein, die unbedingt gehört werden wollten – und der Geck saß dabei, kriegte 's Maul nimmer auf und mopste sich! Selbst der junge Graf Albert (mit seinen zehn Lenzen) erinnerte sich an ein Lied, das ihm immer so gut gefallen habe und in dem von einem »Fischer mit der Rute« die Rede gehe.

Nun, und ob denn der Herr Graf nicht auch etwas singen oder spielen wolle?

Er bedaure sehr, allein, er sei nicht recht bei Stimme, und was das Spielen betreffe, so verstehe er sich lediglich aufs »Tarteln« und auf die »Mariage« – und meint auch noch, er habe wer weiß was Geistreiches gesagt! Wirklich ein ganz und gar schrecklicher Mensch.

Aber wie sich dann zuletzt die Comtesse Karoline ans Instrument gesetzt und ihre Schwester begleitet hat, da hätt ich weinen mögen – so weh, so wunderbar weh war's mir ums Herz.

Und dennoch – alles ist fad.

Selbst ein Abend wie heut, der mir doch Grund genug sein müßte, glücklich zu sein, läßt nichts als einen faden, schalen Nachgeschmack zurück; gerad so, wie wenn ich nachts unters Dach und zur Pepi Pöckelhofer ins Bett steig' – wie eine Sau, die sich im tiefsten Dreck suhlt und dabei zu den Sternen 'naufschaut! Freilich, d i e weiß nix davon, daß ihre Zeit bemessen ist; während unsereins ständig die geschwung'ne Sense blinken sieht und horcht, wie die Uhr rieselt – die Sandkörner zählt.

Kein Leben ist das, verflucht kein Leben!

Daß doch einer käme und allem ein Ende machte, allem.

Sei doch barmherzig, lieber Tod, und komm – hol mich heraus aus der Welt, die mich gefangenhält...

———— ❧ ————

„*H*erzensließber Bruder! ,Nun endlich einmal ein Brief vom Ferdinand! – Das ist ein fauler Mensch, ein kalter Kerl, der sich um seinen Bruder erst nach so vielen Wochen bekümmert!' – So denkst Du vielleicht von mir. – Aber laß es gut sein und zürne nicht auf mich."

»Geliebtester Bruder! Daß es mich wirklich etwas kränkte, daß ich sowohl von Haus als auch von Dir erst so spät ein Schreiben bekam, kannst Du mir aufs Wort glauben.« Wenn er wirklich so viel an mich denkt, wie er sagt...

„Deine Gesellschaft wird mir so manchesmal vergegenwärtiget; indem ich nun angefangen habe, Deine Quartetten wieder zu spielen. (Diese bei mir statthabenden Quartetten sind folgendermaßen besetzt: Violino I^{mo} von mir, Violino II^{do} vom Br. Ignaz, Viola vom Freund Mayßen, Violoncello von unserm lieben Schwager Schneider.)"

Na, da schau her! »Über Deine Quartetten-Gesellschaft wundere ich mich um so mehr, da Du den *Ignaz!!!* dazu zu bewegen vermochtest.« Wirklich, daß der Ignaz sich bereit erklärt hat, unterm Ferdl die zweite Geige zu übernehmen... Na, er wird sich wohl sein Teil denken. »Aber besser wird es sein, wenn Ihr Euch an andere Quartetten als die meinigen haltet, denn es ist nichts daran, außer daß sie vielleicht Dir gefallen, dem alles von mir gefällt. Die Erinnerung an mich ist mir noch das Liebste dabei.« Die Erinnerung...

„Und alle Wochen wenigstens einmal vernehme ich von der Uhr bei der ungarischen Krone so manches aus Deiner Komposition. Diese Uhr überraschte mich nicht wenig, da ich sie das erstemal bei einem Mittagsmahle so unvermutet einige Deiner Walzer spielen hörte. Ich fühlte mich in diesem Augenblicke so sonderbar; ich wußte nicht, wie mir war; ich wurde dadurch ganz und gar nicht erheitert; es durchfuhr vielmehr meine Seele, mein Herz so ein banger Schmerz, so eine Sehnsucht; – Melancholie warf endlich ihren Schleier darüber, und unwillkürlich entrollten mir –.”

Ach Bruder, Bruder – soll ich dir schreiben, daß ich selbst heiße Tränen vergossen hab, als ich das las...? Um mein eignes Geschick – um mich... um s i e und um mich...

»War es bloß der Schmerz über meine Abwesenheit, der Dir Tränen entlockte, die Du Dir nicht zu schreiben getrautest? Oder fühltest Du beim Andenken an meine Person, die von ewig unbegreiflicher Sehnsucht gedrückt ist, auch um Dich ihren trüben Schleier gehüllt? Oder kamen Dir all die Tränen, die Du mich schon weinen sahst, ins Gedächtnis? Dem sei nun, wie es wolle, ich fühle es in diesem Augenblicke deutlicher, Du oder niemand bist mein innigster, mit jeder Faser meiner Seele verbundener Freund! – Damit Dich diese Zeilen nicht vielleicht verführen, zu glauben, ich sei nicht wohl oder nicht heiteren Gemütes, so beeile ich mich, Dich des Gegenteils zu versichern. Freilich ist's nicht mehr jene glückliche Zeit, in der uns jeder Gegenstand mit einer jugendlichen Glorie umgeben scheint, sondern jenes fatale Erkennen einer miserablen Wirklichkeit, die ich mir durch meine Phantasie (Gott sei's gedankt) soviel als möglich zu verschönern suche.«

Aber's geht nicht – Bruder, hörst'? Es geht nicht!

Die schöne Phantasie, ja – 's hält gerad so lang, wie ich mit der Comtesse am Pianoforte sitz' und ihr meine Musik ins Herz hinein spiel. Willst' wissen, wie die Wirklichkeit ausschaut? Wie die Pepi Pöckelhofer schaut's aus: Außen rund und g'sund, aber drinnen faul und wurmstichig – weißt schon, was ich mein'. Und d o c h kriech ich immer wieder auf d'Nacht zu ihr in die Zofenkammer – um elend, wie ich bin, mir vorzustell'n, es wär die andere...

Nein, Bruder, das schreib ich dir nicht – selbst d i r schreib ich's nicht. Sonst würd'st am End erschrecken, wie finster es in deinem Franzl ausschaut.

»Man glaubt, an dem Orte, wo man einst glücklicher war, hänge das Glück, indem es doch nur in uns selbst ist, und so erfuhr ich zwar eine unangenehme Täuschung und sah eine schon in Steyr gemachte Erfahrung hier erneut, doch bin ich jetzt mehr imstande, Glück und Ruhe in mir selbst zu finden, als damals.«

Glaubst' mir, Bruder?

Ich rat dir, glaub mir nicht – ich lüg dir was vor: Es g i b t kein Glück und keine Ruh, weder in noch außer mir; 's gibt nur diese ewig unbegreifliche Sehnsucht, die mich niederdrückt.

»Als Beweis dessen werden Dir eine große Sonate und Variationen über ein selbst erfundenes Thema, beides zu vier Hände, welche ich bereits komponiert habe, dienen. Die Variationen erfreuen sich eines ganz besonderen Beifalls.«

———— ᘏᕝᘐ ————

W ie – morgen schon müssen der Herr Baron wieder fort?! Und lassen mich hier ganz allein zurück! Aber Sie kommen doch bald wieder, net wahr? Recht, recht bald, hoff ich – sonst fall ich gänzlich der Verzweiflung anheim, die ja beinahe das Los jedes verständigen Menschen ist in dieser miserablen Welt. Andrerseits – was sollten wir auch mit dem Glück anfangen, nicht wahr? Da Unglück noch der einz'ge Reiz ist, der uns übrigbleibt!

Freilich ist's Unsinn! Ich bitt Sie, achten'S gar net darauf, was ich so vor mich hin schwadroniere! Verzeihen'S, daß ich mir die Freiheit nehme, lieber Herr von Schönstein – aber ich hab Sie halt so

recht von Herzen liebgewonnen, daß Sie mir ganz entsetzlich fehlen wer'n, wenn'S morgen abreisen...

Gerad so, wie mir die Freunde fehl'n, die ich in Wien zurückgelassen hab: der Moritz Schwind, der Kupelwieser (der nächstens
aus Italien zurückkomm' wird), Mayrhofer, Schober, Vogl – na, Sie
kenn' sie ja. Wären wir nur beisammen, es sollte mir jedes Mißgeschick nur leichte Ware sein; so aber sind wir getrennt – jeder in
einem andern Winkel –, und d a s ist eigentlich mein Unglück. Ich
bin nun einmal nicht geschaffen dafür, allein und nur für mich zu
sein...

Holla, hören'S das, Herr Baron...? Die Júdith is' das – eine Hiesige, die in der gräflichen Küche werkelt; singt wieder eins von ihren
ungarischen Liedern...

Von dera Text versteh ich zwar ka aanz'ges Wort, aber die Musik – die Melodien: Manchmal hock ich a ganze Stund'n hier und
horch ihr zu, der Júdith.

D a s Lied hab ich fei noch nie von ihr gehört...

Ganz weh wird's ei'm davon ums Herz, nicht wahr? Wie ein
Schwarm süßer Erinnerungen an eine schöne, glückliche Zeit, die
nimmer wiederkehrt: die Zeit, wo ich mit meinen Freunden traulich beisammensaß und jeder von uns seine »Kunst-Kinder« den
andern mit mütterlicher Scheu aufdeckte – nicht ohne einige Sorge
das Urteil erwartend, welches Liebe und Wahrheit aussprechen
würden. Die Zeit, wo einer den andern begeisterte und so alle ein
vereintes Streben nach dem Schönsten, Höchsten in der Kunst
beseelte...

Verstehn Sie, Schönstein – es muß einer dasein, mit dem man
sich austauschen kann! Der einem Pro und Contra gibt, in aller
Freundschaft, und einem sagt, ob das, was man geschaffen hat,
dem kritisch-liebevollen Aug und Ohr des Freundes standhält!
Einen F r e u n d , verstehn Sie? Nicht der Graf oder die Gräfin (so
freundlich sie mir auch begegnen), und – und auch die Comtessen
nicht...

Wenn Sie fort sind, morgen, sitz ich wieder allein hier im tiefen
Ungarlande, ohne auch nur e i n e n Menschen zu haben, mit dem
ich ein gescheites Wort reden könnte. Könn'n Sie sich denken, daß

299 Zséliz – Donnerstag, 2. September 1824

meine Heiterkeit da doch oft getrübt ist und daß ich manchmal sehr elende Tage verlebe?

Diese endlosen trüben Stunden, wenn ich allein in meinem Zimmer hock' und dieses tatenlose, unbedeutende Leben, welches unsre Zeit bezeichnet, an mir vorüber- und durch mich hindurchrinnt; wenn ich einfach nur da sitz und vor mich hin starre – leer, ausgehöhlt, unfähig, auch nur einen klaren Gedanken zu fassen, zu kraftlos, aufzustehn und fortzulaufen.

So schlimm war's einmal schon, daß ich vor lauter Verzweiflung zu dichten angefangen hab:

»O Jugend unsrer Zeit, du bist dahin!
Die Kraft zahllosen Volks, sie ist vergeudet,
Nicht einer von der Meng' sich unterscheidet,
Und nichtsbedeutend all' vorüberzieh'n.

Zu großer Schmerz, der mächtig mich verzehrt,
Und nur als Letztes jener Kraft mir bleibet;
Denn tatlos mich auch diese Zeit zerstäubet,
Die jedem Großes zu vollbringen wehrt.

Im siechen Alter schleicht das Volk einher,
Die Taten seiner Jugend wähnt es Träume,
Ja spottet töricht jener gold'nen Reime,
Nichtsachtend ihren kräft'gen Inhalt mehr.

Nur dir, o heil'ge Kunst, ist's noch gegönnt
Im Bild die Zeit der Kraft und Tat zu schildern,
Um weniges den großen Schmerz zu mildern,
Der nimmer mit dem Schicksal sie versöhnt.«

Miserable Verse, ich weiß – lachen Sie ihn ruhig aus, Ihren Schubert!

Wie gesagt: ich schwadroniere bloß – und freue mich, daß einer da ist, der mir zuhört.

Na, immerhin ein Glück, daß ich für morgen und die nächsten Tage, wenn Sie fort sind, Besseres zu tun hab, als andre *Klagen an das Volk* zu dichten: Das Lied, das die Júdith da vorher gesungen hat, will mir nimmer aus dem Kopf...

———— ✥ ————

Servus, Gahy! Zurück aus Zséliz, ja freilich – seit fast einer Woche schon; hat dir der Schwind denn nix gesagt davon? Der Herr Baron von Schönstein war so freundlich, mich zur Mitreise in seiner Vierspänner-Equipage einzuladen; und zwar sa'm mer nicht auf dem Postweg gefahr'n, sondern die kürzere nördliche Strecke über Diószeg nach Preßburg.

Bequem war's, kannst' dir denken – obgleich, zuletzt a bisserl kalt und zugig, weil nämlich: das Fenster, das wo am Rückteil des Wagens is', hat den Wind nimmer recht abg'halten, nachdem ich mit mei'm Arm a falsche Bewegung 'macht und die Scheib'n einitatscht g'habt hab!

Nu hat mich mein Wien also wieder! Ich hätt ja auch schon längst bei dir vorbeischau'n woll'n, nur daß ich halt beim besten Will'n noch keine Zeit g'habt hab. Zumal ich mich erst amal wieder herußen in der Roßau installieren mußte.

No, fürs erste wohn ich nun eben doch wieder bei mei'm Vater, bis sich – recht bald, hoff ich allerdings – was andres find't...

Wie's war, und wie ich mich fühl'? Sieh'gst es nicht? Sieh mich doch an: pumperlg'sund und himmlisch leichtsinnig – so gut wie lang nimmer geht's mir! Nix mehr von Krankheit, aber dafür den Kopf so voll von Musik, daß ich oft gar nicht so schnell hab schreiben könn'n, wie mir die Melodien ein'kommen sind.

Da, schau nur her, was ich dir mit'bracht hab: eine große Sonate, zwei Divertissements, Variationen, Polonaisen, Märsche – alles »ungarische Früchte«, und alles auf vier Hände! Wie steht's – hätt'st' Lust?

Ach Gahy, Gahy – auch d a s hat mir gefehlt, dort herunten in Ungarn: das »Vierpfoteln« mit dir!

Nur daß't net glaubst, am End, ich hätt's gar aus lauter Sehnsucht für d i c h gemacht, die ganzen Sachen hier – bild dir nix ein: Die

sind allesamt für meine Lektionen gewesen, für die jüngere Esterházysche Comtesse, die Karoline. Alles – alles nur für sie... die beste und liebste Schülerin, die ich hab.

Ich hätt ja eigentlich sogar bis Mitte November bleiben soll'n, in
Zséliz – bis der Herr Graf mit seinem ganzen Hausstand zurück-
kehrt nach Wien; aber wo sich die günstige Gelegenheit mit dem
Baron ergeben hat... Und dann war mir auch zuletzt, als würd das
Essen dort mir nicht bekommen – als hätt ich was Verkehrt's im
Magen, was Giftiges vielleicht sogar.

Außerdem, verfluchtes Ungarn: Ich bin und bleib nun mal a Wiener und gehör h i e r hin, und sonst nirgends! Ganz abgesehn davon, daß ja auch immer einer da sein muß, um auf euch Schlawiner
aufzupassen, daß ihr net völlig aus dem Ruder lauft.

Komm, Gahy – mach'mer noch eins, willst'? Den ersten Satz vom
Divertissement...

No, immerhin hast' nix verlernt in den fünf Monaten, die wo ich fort
gewesen bin. G'fallt's dir?

Den Ungarn auch, denen ich's vorgespielt hab – nur daß ich denen ihrem musikalischen Geschmack net so ganz traue; schon gar,
wo's lauter Melodien von i h n e n sind, die ich da herg'nommen und
zusamm'geschrieben hab, so daß sie allein aus Nationalstolz Beifall
'klatscht haben. Freilich, wenn's dir auch g'fallt, wird's wohl wirklich net ganz schlecht geraten sein.

———— 〰 ————

W er, sagst', will mich sprechen, Peperl – ein Herr? Ein Herr mit
einem sooo großen Kasterl? Und er hat dir net 'sagt, wie er
heißt oder was er will?

Nu, wie groß is denn das Kasterl – so groß, daß... daß deine
Puppe drin Platz hätt, die Liesl?

Uii, viel – ganz viel größer also!

Am End gar so groß, daß't dich selber darin verstecken könnt'st?
Soso...

Na, dann muß es ja ein ganz wichtiger Herr sein, der mich da besuchen kommt – wenn er ein so großes Kasterl mit hat; da muß ich ihn wohl empfangen, meinst' net auch? Obgleich ich gerad heut eigentlich niemand hab sehn woll'n, um endlich die vierhänd'gen Märsche ins Reine zu schreiben...

Ja, mei – der Vinzenz Schuster: D a s also is der Herr »mit dem sooo großen Kasterl«, den mir die Josepha avisiert hat!

Siehg'st, Pepi, da hab' ich doch recht g'habt – das ist nun wirklich ein ganz wichtiger Herr, der Herr Schuster: Weil, nämlich, sobald's bei unsern musikalischen Übungen (wo'st ja ab und an schon mal hast zuhören dürfen, net wahr?) – wenn's da also was auf der Gitarre'n zu spiel'n gibt, dann müss'mer alleweil den Herrn Schuster bitten, daß er mit sei'm großen Kasterl kommt. Und ich denk, er wird auch was ganz Wichtiges zu besprechen haben – wenn er doch heut extra mitsamt seinem Kasterl zu mir in die Roßau heraus'kommen ist... also, geh, Peperl, und laß uns derweil, ja?

Huh, lieber Freund, da haben'S aber tiefen Eindruck gemacht auf meine kleine Schwester, Sie und Ihr Kasterl! Josepha, ja – die jüngste Schubertin; und meine liebste Freundin, überdies.

Aber sagen'S, Schuster – das Kasterl da scheint mir in der Tat recht groß geraten für Ihre Gitarre: Sind'S womöglich unter die Violoncellisten gegangen, seit mer uns das letztemal g'sehn haben?

Wie: »Ja und nein«...?!

Kommen'S, spannen'S mich net auf die Folter – was is darinnen?

Ein Stauffersches Gitarren-Violoncell'? Auch *guitare d'amour* oder »Arpeggione« geheißen?

No, den Johann Staufer kenn ich schon, und seine Instrumenter – aber von dera... wie heißt's noch? Also, von dera »Arpeggione« hab ich noch nie etwas gehört, bislang.

Sogar die Leipziger *Allgemeine Musikalische* hat schon was gebracht darüber? Zeigen'S amal: »... der Form nach den gewöhnlichen Gitarren ähnlich, nur von größerem Umfange, mit sechs besponnenen und Darmsaiten bezogen, welches aber nicht mit den Fingern gegriffen, sondern mittelst eines Bogens gestrichen wird.« Und gestimmt ist sie wie?

In Quarten vom großen E aufwärts, ah ja; eine Art »Streich-

gitarre« also – hmm.».... nähert sich an Schönheit, Fülle und Lieblichkeit des Tones in der Höhe der Oboen, in der Tiefe dem Bassett-
horne, ist ganz besonders geeignet zur vorzüglich erleichterten Ausführung der chromatischen Passagen, selbst in Doppelgriffen, und
wird von allen Sachverständigen als eine wünschenswerte Kunst-
bereicherung angerühmt.«

Je nun – tja, was soll ich sagen, dazu... zunächst einmal nicht uninteressant, scheint's – diese »Arpeggione«. Und Sie, lieber Schuster, haben sich also zum Evangelisten (oder wenigstens Apostel)
dieser neuen Erfindung bereit gefunden?

Sogar zum Autor einer Anleitung zum Erlernen des Instruments,
die der Diabelli demnächst drucken wird – ah ja... Nun, gewiß – das
braucht's ja auch, wenn's einer spielen soll.

Aber sagen'S: gibt's noch andere – »Nothelfer«? Ich mein, wie
steht's denn mit unsern Komponisten: Hat denn schon einmal jemand was für dieses Instrument geschrieben – oder soll etwa m e i n
Stück den Anfang machen?

Gehn'S, Schuster – ich bin doch kein Depp! Wenn'S heut am Al-
lerheil'gentage mitsamt der Stauferschen Violoncellgitarren eigens
aus der Stadt zu mir heraus in die Roßau 'kommen sind, dann ja wohl
nicht allein, um mir das Instrument zu zeigen, oder? Geben'S ruhig
zu, daß ich Ihnen was komponieren soll!

Na, lassen'S amal hören, was sie kann, Ihre famose »Arpeggione«. Versprechen will ich nix; aber wenn's mir g'fallt, dann kann's
gut sein, daß ich mich überreden laß – solang's net gleich ein ganzes
Konzert oder a ausgewachsene Sonat'n sein muß...

———— ✥ ————

Wie alles zerrinnt – vergeht, zerfällt und stirbt... daß man sich
in den Nebel – so dicht er steht – schon einhüllen möcht' wie
in ein Leichentuch.

»Unser Leben währet siebenzig Jahr«? Er lügt ja, der Psalter: gerad einmal fünfavierzig Jahr alt ist er g'wesen, der Herr Matthäus
von Collin – und liegt doch seit gestern tot darnieder! Daß eben d e r
dahin mußte...

Und glauben, daß dort oben einer wär, der alles weiß und tut und alles vorbestimmt hat, vom Anfang der Zeiten; oder ist es doch Zufall, w e n Gottes Kugel trifft auf der Kegelstatt…?

So oder so: welch ein makabres Spiel, das immer – früher oder später – mit dem Tode endet, sosehr man sich auch spreizt und müht. Warum dann überhaupt versuchen, daß man ein kleines Stück Unsterblichkeit erhascht? Gelesen, gekeltert, geschenkt und getrunken – und nix, gar nix bleibt vom Wein des Lebens, wenn einer erst dahin ist! Höchstens ein fader, schaler Nachgeschmack: War da nicht wer…?

Ein Ton, ist er erst einmal angeschlagen, schwingt seine Zeit – und ist vorüber und verklungen, eh man es sich versieht.

»Triumphmarsch zum feierlichen Einzuge Ihrer königlichen Hoheit, der Frau Prinzessin Sophie Friederike von Bayern. Für das Pianoforte auf vier Hände komponiert von Leopold Eustachius Czapek.« Nicht ungeschickt: dergleichen wird – so armselig es auch sein mag – doch immer seine Liebhaber und Käufer finden. Der größte Schund wird ja dankbar und »treugehorsamst« angenommen in Wien, solang nur ein allerdurchlauchtigster, allergnädigster, allerhöchster, allgeliebter Name darauf steht. Und ist so schnell vergessen und verlor'n wie alles andere: ein *Grand Concertino pour le Violon* von Joseph Böhm, eine Kantate und zwölf Lieder von Friedrich August Kanne, vom Leopold Jansa konzertierende Variationen über ein Thema von Mozart, vom Hummel zwei *Rondolettos en Valse pour le Pianoforte* – was wird denn einmal bleiben von alldem?

Und trotzdem glaubt ein jeder – ich selbst ja auch –, er hätt' mit seiner Kunst (so es denn eine ist) der Flüchtigkeit der Zeit ein kleines bißchen Dauer abgetrotzt. Oder gar Unsterblichkeit? Man darf ja heut schon froh und dankbar sein, wenn solche Sachen noch das nächste Jahr erleben, bevor's der ständig wechselnden Mode zum Opfer fallen und an der Auszehrung oder Entkräftung krepier'n!

Und der Sonate, die ich dem Vinzenz Schuster schreibe, wird's – fürchte ich – nicht anders gehen: komponiert, gespielt, gedruckt vielleicht – und schon vergessen; erstickt von anderem, das ebenso verzweifelt nach dem Erfolg der Stunde schnappt wie ein Fisch auf dem Trockenen...

Fürwahr ein reicher Fang: Was wehrst denn d u dich? Und zuckst und zappelst um dein Leben? So einen wie d i c h find' mer allemal im Netz!

Nein, eben nicht – das eben n i c h t : Das wär zu leicht, wenn ein jeder égal wüßte, daß das Zappeln und Sich-Wehren keinen Sinn macht!

Nicht e i n e n Ton erlaß ich euch!

Und wenn das Spiel auch mit dem Tode endet: ich biete kein Remis und geb's erst d a n n verloren, wenn der König fällt!

—— ❧ ——

1825

Wiener Zeitung: »*Bei Cappi und Kompagnie, privil. Kunsthändlern, am Graben Nr. 1122, sind zu haben: Tanz-Musikalien für den Karneval 1825. Deutsche Tänze und Ecossaisen für das Pianoforte verfaßt von Franz Schubert. 33stes Werk. Preis 1 fl. 30 kr. Wien. Währ.*«

*B*rrr… dieser ständige Nordwestwind kann einem gerad'wegs das Herz aus dem Leibe pusten! Da würd das dickste Tuch nicht helfen, und mein alter fadenscheiniger Frack schon gar nicht. Werd' ich wohl doch einen Teil von dem Geld, das mir der Cappi gezahlt hat, auf einen neuen Mantel verwenden müssen.

Das wär's überhaupt: Wenn ich meine Ecossaisen in Ellen gewebten Tuches umrechne! Wie viele Takte dann wohl aufs Achtel oder Viertel gehn? Ob ich mit zehn oder elf Schottischen wohl genug für einen Mantel hätt'…?

Was denn – nicht genug? Für den Kragen müßt es noch einer mehr sein? Na, dann bitte!

Anderthalb Gulden für sechzehn Deutsche und zwei Schottische – gerade mal fünf Kreuzer pro Tanz. Vielleicht hätt ich doch darauf bestehen sollen, daß der Cappi z w e i Lieferungen zu j e e i n e m Gulden draus macht, wie bei den Wiener Walzern vom Lickl.

Oder da – die drei Polonaisen vom Czerny: Fünfavierz'g Kreuzer nimmt der Mechetti für jede einzelne; »… eignen sich als angenehme Unterhaltungsstückchen für jede Klasse von Spielern.« Und meine Deutschen etwa nicht?!

Abscheuliches Wetter! Die nasse Kälte geht einem durch und durch. Und wie schnell und finster die Wolken ziehen, fast zur Erde gesenkt – als ob alles im ganzen Umkreise nur eine einzige Masse

wäre. Bestimmt wird's auf d'Nacht wieder stürmen und aus allen
Schleusen regnen.

Wenn nur die Donau nicht weiter steigt: Über fünf Schuh hoch
steht das Wasser schon wieder im Wiener Kanal. 's fehlt gerade noch,
daß es bei uns so eine Überschwemmung gibt wie in Rußland: Sogar die Residenz des Zaren soll net verschont geblieben sein, schreiben's...

Hilft nix – ich werd' noch ein Scheit nachlegen, und wenn der
Vater mich hundertmal einen Verschwender schilt und mir jeden
Kreuzer vorrechnet, den ich ihn koste.

Ist ohnehin höchste Zeit, daß ich wieder fortzieh von hier und
mir eine eigene Wohnung such'. Ich muß morgen unbedingt mit
dem Schwind reden, ob das Zimmer beim Georg Kellner auf der
Wieden noch frei ist, von dem er mir erzählt hat.

Und auf die Halbflasche Tokajer in der Lenkayschen Weinstube
mit'm Moritz und dem braven Bauernfeld freu ich mich schon
die ganze Woche! Danach wird er sicher wieder zu Hönigs gehn
woll'n, der Schwind, um der Nettl den Hof zu machen – die ihm
doch einen Korb geben wird, da wett ich! Na, mir soll's gleich sein;
ich hock mich halt daher und spiel meine Deutschen, während
der Moritz der Anna etwas vorgirrt und -gurrt wie ein verliebter
Tauber.

Ach, schau an: Morgen wird im Stadthaussaale zur Mehlgrube
öffentlicher Ball gegeben – na, da sollt's mich wundern, wenn es mit
dem Besuch bei Hönigs etwas würde. Das wär das erste Mal, daß
die Anna und ihre Mutter eine Tanzlustbarkeit ausließen! Armer
Schwind – wo er doch die ganze Woche von nix andrem redet als
von seinem lieben Schatz Nettl, und daß er sie am Sonntag wiedersieht!

Je nun – wird unser enttäuschter Cherubino eben wieder ein Glas
Punsch nach dem andern hinunterstürzen und mir versichern, er
fühle sich total vernichtet und hätte nicht übel Lust, sich auf der
Stelle zu erschießen!

Schad eigentlich, daß bei den Bällen immer nur Orchester aufspielen; wenn ich meine Tänze einmal d o r t unterbringen könnte,
wär's mir schon nicht unlieb...

Aber sie sind und bleiben halt fürs Pianoforte gesetzt, so wie die Walzer vom Strauß und vom Lanner eben nicht aufs Klavier taugen: Jeder wie er kann und mag!

Sechzehn Deutsche und zwei Ecossaisen – das sollte ja wohl reichen für einen neuen Mantel – m i t Kragen, versteht sich! Und für ein paar hübsche Messingknöpfe will ich meinetwegen auch noch ein oder zwei Schottische drauflegen...

———— ❦ ————

*B*auernfeld, siegh'st, was i c h seh? Die Bläser und Fiedler von der Oper – woll'n die etwa zu uns? Wart nur, die haben lang schon eine Lektion verdient...

Habe die Ehre! Und was verschafft uns das Vergnügen?

Oha – M e i s t e r Schubert: Das wird mich wohl teuer zu stehen kommen, wie? Seid's doch sonst nicht so höflich...

Schluß mit den Schmeicheleien, braucht's mir keinen Honig ums Maul zu schmieren. Heraus damit: Was gibt's?

Für Bläser? Na, freilich hab ich schon einmal für Bläser geschrieben – so ein Oktetterl, wenn ich mich recht entsinn'; ist aber ein'ge Zeit schon her. Weiß auch gar nimmer, wo die Noten geblieben sein mögen. Und's wär eh nix für euch gewesen!

Ach, was Neues soll ich komponieren?

Eigens für euch?

Mit recht vielen Soli?

I c h ? Für e u c h ?

Nein.

Für euch schreib ich nix. Durchaus nicht.

Ihr – Künstler so gut wie ich? Darauf noch ein Glas Punsch – dank dir, Bauernfeld!

So, und jetzt hört mir mal genau zu, ihr »Künstler«: Musikanten seid ihr, weiter nix! Der eine beißt in das Messingmundstück seines hölzernen Prügels, der andere bläst sich die Backen auf an seinem Waldhorn: Nennt ihr das K u n s t ? Ein Handwerk ist's, eine Fertigkeit, die Geld einbringt, und damit holla! Künstler – ihr! Wißt ihr nicht, was der große Lessing sagt? Wie kann einer sein ganzes

Leben lang nichts tun, als in ein Holz mit Löchern beißen! Das hat
er gesagt – oder was Ähnliches! Gelt, Bauernfeld?
    Ihr wollt Künstler sein? Bläser und Fiedler seid ihr alle mit-
einander!
    Ich bin ein Künstler, ich!
    Ich bin Schubert, Franz Schubert, den alle Welt kennt und nennt!
Der Großes gemacht hat und Schönes, das ihr gar nicht begreift!
Und der noch Schöneres machen wird – fragt den Herrn Lachner
hier: gelt, Bruder, gelt? Das Allerschönste! Kantaten und Quartette,
Opern und Sinfonien! Denn ich bin nicht bloß ein Ländler-
Compositeur, wie's in der dummen Zeitung steht und wie's die
dummen Menschen nachschwatzen – ich bin Schubert! Franz Schubert! Daß ihr's wißt! Und wenn das Wort Kunst ausgesprochen
wird, ist von mir die Rede, nicht von euch Würmern und Insekten,
die ihr Soli verlangt, die ich euch niemals schreiben werde – ich weiß
wohl warum!
    Ihr kriechenden und nagenden Würmer, die mein Fuß zertreten
sollte – der Fuß des Mannes, der an die Sterne reicht – *sublimi feriam
sidera vertice*: Übersetz ihnen das, Bauernfeld!
    An die Sterne, sag ich, während ihr armen blasenden Würmer
euch im Staube windet und mit dem Staube als Staub verweht und
vermodert!
    Ach, ihr Spitzbuben! Gib mir noch einen Punsch, Bauernfeld...
    Ihr seid doch die intrigantesten Schlingel von der Welt, auch ge-
gen mich! Habt die Lektion gründlich verdient – obwohl's mich
reut.
    Na, nix für ungut – ich werd euch die verlangten Soli schrei-
ben. Und du wirst sehn, Bauernfeld: Sie küssen mir noch die Hand
dafür – ich kenn das Volk!

— ❦ —

*Schubert bezieht ein Zimmer im zweiten Stock des
Hauses Nr. 100 in der Vorstadt Wieden; seit Ende
1821 lebt er das erstemal wieder allein.*

— ❦ —

» *H* orch! friedlich ertönet das Glöcklein vom Turm«... das Glöckchen von den Piaristen... dim-dim, dim-dim – immer auf C... Nordwind also, sonst könnt man's nicht hören bis hier. Dann wird's bald wieder kälter werden; wenn nicht gar Schnee fällt, so grau wie die Wolken herabhäng'.

Dim-dim – jetzt war's eher wie ein Cis oder Des... nein, doch wohl ein C; der Ton changiert, wenn's von so weit her klingt.

So viele Wohnungen schon hab ich g'habt, und eine jede klingt anders, macht eine andre Musik.

Aber was läuten's denn eigentlich – um diese Stunde ist doch keine Andacht? Ob einer von den alten Mönchen im Sterben liegt? Oder ein junger am End...?

Geh, ich werd ja noch ganz melancholisch! Sie leben und sterben ja gerad wie wir Bürgersleut': die einen alt, die andern jung; so geht's halt zu in der Welt – und wer weiß schon, wer bei alldem das bessere Teil hat: die da drinnen im Kloster, oder wir hier draußen in der Welt. Das weiß eben keiner, keiner: Man spürt ja doch immer nur das e i g n e Schicksal drücken.

Ein F jetzt? Ja, ein F...

Ganze Opern könnt man darüber schreiben, wie's unter vielen Kutten oder Nonnenschleiern ausschau'n mag, wieviel Leid sie verbergen. Das Mönchlein, das mit hohler Wange und gesenktem Blick sein »Dona nobis pacem« psalmodiert – und doch für sich selbst nie Frieden find't. Oder die junge Nonne, die in ekstatischer Verzückung ein »Alleluja« anstimmt: Ums irdische Lebensglück betrogen vielleicht, weil's für die Jüngste zu keiner Mitgift mehr gelangt hat; oder vom Liebsten enttäuscht und verlassen, »und finster die Brust, wie das Grab«!

Nix mehr... 's hat aufgehört zu läuten.

Ja, wenn man den Menschen ins Herz blicken könnt', wie durch ein Fenster – da tät sich wohl so mancher Abgrund auf, daß es einem grausen würd! Aber es ist schon gut so, wie's ist; ich wollt ja auch nicht, daß einer sehen würde, wie's in m i r ausschaut...

Ach, zum Teufel mit diesen schwarzen Gedanken! Kommt alles nur von der Krankheit her – und davon, daß ich so lang nix geschrieben hab!

Und wenn ich schon die Freunde seh, wie's mit ihrer Leichen-bittermiene kommen, als ob's einen Sterbenden besuchen täten: »Servus, Schubert – wie geht's denn immer? Besser heut? Bist wie-der fleißig?« – und schau'n mich dabei an, daß ich vor Selbstmitleid am liebsten losheulen würde!

Und w i e gut's mir geht! Und w i e fleißig ich bin! Jeden Tag ein neues Lied – eins nach dem anderen, wie ein Uhrwerk: Schlag auf Schlag; wenn ich ein Stück fertig habe, fang ich gleich ein anderes an.

Und ein jedes höchst vortrefflich! Stand ja sogar in der Zei-tung: »Die Vortrefflichkeit von Schuberts Liedern ist bereits so allgemein anerkannt, daß selbe kaum einer Anempfehlung mehr bedürfen.«

Seht ihr, d a s ist die Kunst: daß man bei so einem Lied in eben fünf Dutzend Takten eine ganze Welt erschafft! Hoffnung und Verzweiflung, »milder Wind« und »Sturmes Heulen«, Liebe und Verzicht – alles in einem, alles in einem... Unten das Pochen des Basses, in der Mitt'n die schönsten Harmonien, darüber der Ge-sang – das immer Gleiche, das doch immer ein Anderes, immer ein Neues ist: wie das Leben...

Nur f ü h l e n muß man's halt, das Leben! Da liest man zum Bei-spiel, ein Knabe sei vor vier Tagen »in Verlust geraten. Derselbe heißt Joseph R., ist bei zehn Jahre alt, von starkem Körperbaue und groß auf sein Alter; er hat blonde Haare, blaue Augen, kleinen Mund, am Halse ein Narbe.«

Seht ihr ihn?

Nicht?

Ich schon – gerad so deutlich wie den Schwind, wenn er durch die Türe tritt! Deswegen bin i c h ja auch ein Künstler, während i h r ... – na, egal.

Und weiter: »Wer von diesem Knaben Wissenschaft erhält, wird hiermit ersucht, in der Leopoldstadt Nr. 539 im ersten Stock der besorgten Mutter gegen eine gute Belohnung und Vergütung aller Unkosten die Nachricht zu geben.«

F ü h l t ihr ihre Sorge?

Ihre Angst?

Ihre Hoffnung, sobald die Treppe knarrt – weil's doch einer sein könnte, der Nachricht von ihrem Sohn bringt, oder sogar der Knabe selbst?

Ihre Enttäuschung, wenn die Schritte vorübergehn, ohne anzuhalten?

»Herr Gott im Himmel, mach, daß ihm nix g'schehn ist, dem Joseph! Hätt ich ihn doch bloß nicht a l l e i n gehen lassen!« Aber er ist halt schon »bei zehn Jahre alt«, der Joseph, und obendrein stark und »groß auf sein Alter«.

F ü h l t ihr, wie er der Mutter trotzt, die ihn nicht allein gehen lassen will?

Wie er sich – männlich stolz auf die erkämpfte Freiheit – nicht einmal nach der Mutter umdreht, die am Fenster steht und ihm nachblickt?

Und nun ist er in Verlust geraten...

»Hat ihn denn gar niemand gesehen seitdem? Ach, hundert Gulden wollt' ich dem geben, der mir sagen könnt', was aus meinem Kind geworden ist!« Eine gute Belohnung...

Da – ein Fiaker... er hält unterm Tor... (»Ich werd ihn bezahlen«: Vergütung aller Unkosten.) Wenn's nur jemand ist, der...

Die Schritte: der Joseph?

Nein, ein anderer Tritt...

»Herr Gott im Himmel, mach, daß ihn einer g'funden hat... und daß er noch lebt!«

D a s ist die Kunst: in acht Zeilen einer Annonce, in sechzig Takten eines Liedes eine Welt zu erschaffen, das Leben zu f ü h l e n.

Man nimmt es mit sich. Alles nimmt man mit sich: die ganze Welt. Ob sie einem leicht oder schwer wiegt – gleichviel.

Und jetzt laßt mich in Frieden, alle miteinander, mit euren besorgten Gesichtern – ich muß arbeiten!

———— ⚜ ————

Wie so etwas wird... Gestalt nimmt und wird, was es sein soll... Wenn man das w ü ß t', wie so etwas wird...

Nur daß es heraus muß, weiß man; daß es sich vor- und heraus-
drängt und -windet – sich gebiert – sich Gehör verschafft – sich vor
ein'n hinstellt und sagt: »Schau her – da bin ich!«

Wer: »ich«?

»Ich« Lied?

»Ich« Sonate, »ich« Quartett, »ich« Sinfonie?

»No, eben i c h ...«

Und weiß selber nicht, was es ist...

Ein Klang – ein Akkord – eine Linie – ein Ton... ein Ton, der sich
fortbewegt: hinauf – herunter – nach da, zurück, nach dort – zer-
fließend...

Nein, nicht einmal das: ein Tropfen Tinte an der Spitze einer
Feder, der aufs Rastralpapier fällt. Bald so leise, daß man's kaum
spürt – bald klopfend wie Regen ans Fenster – bald laut und mit solchem Getös', daß man meint, es wär der Einschlag einer Kanone.

Im Kopf, net wahr – alles im Kopf! Wie der Punkt des Archi-
medes: »Gib mir einen Punkt, wo ich hintreten kann, und ich will
die Welt aus ihren Angeln heben.« Ein gedachter, *aus*gedachter
Punkt... ein »Kopf-Punkt«, gewissermaßen... wie ja der Punkt
auch – ein Kopf ist, ein Notenkopf...

Nein-nein, nicht »ist« – n o c h nicht: w e r d e n kann, vielleicht.

Erst einmal ist's nur ein Punkt – was immer er in sich birgt, wie
der Same den Baum: »Da bin ich, schau her – ein Tropfen Musik...
liege da, auf dem Blatt – zerfließe – werde aufgesaugt – trockne ein –
bin und bleibe.«

Braun... dunkelbraun, wie getrocknetes Blut.

Nur: wie so etwas wird, weiß ich halt nicht!

Wird – oder ist...?

Etwas i s t , das immer schon da war...?

Freilich war's immer schon da – a l l e s war immer schon da, so
oder anders.

Und drängt sich plötzlich vor und heraus – eine flüchtige Erinnerung: ein Bild, ein Duft, ein Wort, ein Blick, ein Stern – was auch
immer. Ein Blatt im Gezweig – ein Körnchen Staub oder Sand auf
dem Weg, über das man achtlos hinweggeht – ein Tropfen Wasser in
einem Fluß oder See oder Meer, der sich (durch wer weiß welche

magische Kraft) verwandelt hat in diesen Tintentropfen auf dem leeren Rastralpapier-Blatt – in diesen Punkt, der nun da liegt – ist und bleibt – und mich anstarrt...

Ein kleines, ungewisses »Ich«, das nix von sich selber weiß: nicht, von wo's kommt – nicht, wie's hier hergeraten is – und schon gar nicht, wo's hin soll.

Liegst da und wartest ab, was nun weiter geschehn wird mit dir, hm?

Ob'st Hals oder Kopf oder Balken wirst, oder B oder Kreuz, oder sonst was?

Brauchst' keine Angst haben – ich tu dir nix.

Gerade das wirst' werden, was't immer schon warst – bevor du dich hierhin verlaufen hast: gerade d a s ...

Nur laß mir Zeit – Zeit, mich zu erinnern.

Wenn ich die Augen schließe, vielleicht...?

Bloß, daß da so viele Punkte sind, in meinem Kopf – so viele... die tanzen und springen – und laufen – und fallen – steigen – auf- und davonfliegen... andre folgen einander – verbinden sich – bilden Linien – ein ganzes Heer, eine ganze Armee von Punkten, die aufmarschiert, als wenn's in den Krieg ginge!

Nicht so, ich weiß – nicht s o !

Bloß wie – wie?! Wenn man nicht weiß, wie so etwas wird...

Wo bleiben überhaupt die Bilder, die ich seh'? Die gehörten Töne, die geatmeten Düfte, die gespürten Berührungen – wo bleibt all das?

Dringt ein in mich – geht in mir auf – wird Teil von mir... wie wenn ich den Tropfen zurückgießen könnte ins Meer. Ich bin das Gefäß, in dem die Welt ihre Erinnerungen aufbewahrt; ein irdener Krug – gefüllt bis zum Rand –, aus dem es hervorquillt und sprudelt und sprüht und strömt...

Tropfen – Myriaden und Abermyriaden von Tropfen, in allen Formen und Farben! So viele sind es, so viele – genug, um bis ans Ende der Zeit zu fließen.

Ob d i e s das Geheimnis der Ewigkeit ist: daß nichts verlor'n-geht von dem, was ein Mensch als Erinnerung bewahrt?

Daß das Netz aus Punkten und Linien, aus dem unser Leben geflochten ist, ein immer gleiches – ewiges – Muster bildet?

Und wenn auch nicht ich – das Gefäß – unsterblich bin, so doch diese Tropfen, von denen ein jeder wohl eine ganze Welt in sich birgt: Strömend und fließend vom Anbeginn der Zeit bis zu ihrem Ende.
Wie so etwas wird?
N i c h t s »wird« – a l l e s ist und war immer schon da und bleibt.
Nicht suchen – finden: das ist die Kunst.
Sich erinnern.
Ordnung bringen in die zufällige, willkürlich angesammelte Fülle des Gehörten, Geseh'nen, Gelebten.
Den Faden entwirren, daß er glatt und gefügig abläuft vom Knäuel.
Den Punkt bestimmen, von dem aus sich die Welt aus den Angeln heben läßt.
Ton um Ton das Erinnerte zusammenfügen – k o m p o n i e r e n : Linien, Klänge, Akkorde – Tropfenspuren. (Übrigens geht die Feder alleine ihren Weg übers Papier.)
»Sinfonie. März Achtzehn-Fünfundzwanzig. Franz Schubert manu propria. _Alla breve_. Corni, in C. _Andante_.«
Wenn man nur wüßte, wie so etwas wird...

——— ❧ ———

N aa, gerad amal den ersten Satz – eine elende Viecherei, so eine Sonate! Und am End is es dann doch wieder für nix und wieder nix, weil entweder i c h nicht fertig werd', oder aber keiner's hören will.
Hast' schon die Zeitung gesehn heut? Der Franz Schober is gestorben.
Kein Witz – ich schwör's dir!
Da schaust', gelt? Das hätt'st nicht gedacht, daß mir das so gar nichts ausmacht, wie?
Na, wo ich ihn doch gar nicht gekannt hab! Hier: »Franz Schober, Taglöhner, alt 66 Jahr, am Spitelberg Nr. 114, an der Entkräftung.«
Ein schlechter Scherz, ich weiß. Aber mir war selbst ganz anders, als ich den Namen gelesen hab; 's gibt schon komische Zufälle.

Ach ja, und das kaiserliche Theater is abgebrannt.

In Petersburg – wo dachtest denn du?! Wart, hier – ich les es dir vor: »Das Sankt Petersburger neue Theater, das erst am 1. Januar eröffnet wurde, ist bereits am 14. März zwischen zehn und elf Uhr abends bis auf den Grund wieder abgebrannt. Es war ganz von Holz, jedoch sehr elegant und geschmackvoll in unglaublich kurzer Zeit aufgebaut worden und eigentlich noch gar nicht ganz vollendet.« (Gerad wie meine neue Sonate: sehr elegant und geschmackvoll, aber noch nicht ganz vollendet.)

»Die Ursache der Entstehung des Feuers ist bis jetzt unbekannt und um so unbegreiflicher, als wegen der großen Fasten seit mehreren Wochen gar nicht darin gespielt worden war.«

Vielleicht, daß es einer angezündelt hat? Ein Petersburger Compositeur zum Beispiel, dem's zuviel geworden ist, daß sie immer nur Rossini gegeben haben, und nix von ihm? Das könnt man doch verstehn, meinst' nicht?

»Das Haus brannte mit außerordentlicher Schnelligkeit so rein weg, daß nur noch ein Kohlenhaufen zu sehen ist. Die Glut war so groß, daß selbst Mantel und Kleider der jenseits des Kanals die Fontanka stehenden Personen davon versengt wurden. An Dekorationen und Utensilien ist wenig oder gar nichts gerettet worden.« Das nenn ich ordentliche Arbeit, was? Bei uns wär bestimmt irgendwer dazwischengefahr'n, b e v o r alles verbrannt wär'.

Ach, komm – ich weiß ja selber nicht, was heut mit mir ist; 's gibt halt so Tage, wo einem alles fad wird und wo nix gelingt.

Ach, und n o c h was, du Tänzer vor dem Herrn: Am 17. gibt's ein' öffentlichen Maskenball in den Redoutensälen, ausgerichtet »von der Gesellschaft adeliger Frauen zur Beförderung des Guten und Nützlichen, um ihre wohltätigen Zwecke wie bisher genau erfüllen zu können«. 's reicht ihnen wohl nicht, daß sie sich im Karneval kostümier'n und die Hax'n verrenken, wie? Die reinste Tanzwut!

Obwohl, ich scher' mich ja auch nicht um die Saison, wenn mir so ein Schottischer oder Deutscher in'n Sinn kommt.

Ja, so ein Deutscher, das is keine große Sache: Da hockt man sich hin, und – hast-du-nicht-g'sehn? – schon is er fertig.

Wenn's doch mit den großen Dingern gerad so leicht ginge, mit den Sinfonien und Quartetten und Sonaten. Aber wie man sich auch dreht und kehrt, um einen neuen Weg zu finden – immer is e r schon dagewesen. Wie soll denn da einer was Rechtes machen, nach d e m ?

Und wenn man's trotzdem versucht, kommen's gleich an mit ihrem: »Ja, aber der Beethoven...« Und dann läßt man's halt liegen.

Aber dieses Mal nicht! Die Sonat'n, die wo ich jetzt mach' – an der soll keiner ein »Ja, aber...« finden könn'n!

Als ob ich mir das nicht noch bei j e d e r vorgenommen und gesagt hätte...

――― ―――

Schon wieder so ein roter Fleck... und da noch einer – nein, zwei sogar!

Gestern waren's noch nicht da...

Kreisrund, wie aufgemalt; und a bissel angeschwollen sind's auch.

's geht also wieder los – wenn's überhaupt je aufgehört hat.

Sie könn' mir viel erzählen, die Ärzte: Ich s e h doch, daß es immer noch da ist! Und daß ich dran krepieren werd', früher oder später...

Früher – oder später? N o c h jedenfalls nicht.

Vor zwei Jahren war's dasselbe, und n o c h leb ich.

Am End ist es ganz normal, daß die Flecken ab und zu wiederkommen – weiß man's? Zumal die Haare... fest am Kopfe sitzen, wie sich's gehört; wenn nicht sogar dichter als früher. Wenn'st so weitermachst, Franzl, wirst' noch ein Apoll – so schön! Dann paß nur auf, daß sich die Damoiselle Müller nicht etwa in dich verschau'n tut!

Ja, wenn s o eine wie die Sophie Müller was von mir wissen wollte – alles, was ich bin und hab, würd ich ihr zu Füßen legen. Wie sinnig sie alles versteht, was ich ihr von meinen Sachen zeig': E i n e n Blick nur braucht's auf die Noten zu werfen, und schon singt sie's herunter mit ei'm Ausdruck und Gefühl wie keine sonst – am herzlichsten von allen: wie ein Engel!

Das is freilich was andres als diese geleckten Frauenzimmer mit ihren Artigkeiten, mit ihren affektierten »Ah!«s und »Oh!«s. Von der Musik verstehn's nix, und was sie mir an Komplimenten sagen, geht ihnen nicht von Herzen. Die Sophie dagegen... Kein Wunder, daß ich mich dermaßen dran gewöhnt hab, sie wenigstens ein- oder zweimal die Woche draußen in Hietzing zu besuchen.

Ich bin schon neugierig, was sie sagen wird, wenn ich ihr morgen die ersten Sachen aus dem Scott bringe: »Triumph, er naht« – oder: Er naht, der Triumph...?

Wenn ich dran denk, was der Rossini neulich mit seiner *Donna del lago* für ein' Erfolg gehabt hat, hier, daß alle Welt nur mehr Scottsche Romane lesen wollte: Da müßt es doch mit dem Teufel zugehn, wenn mir der Sauer und Leidesdorf oder der Artaria nicht wenigstens 200 Gulden Konventionsmünze dafür zahlen, wenn ich Ihnen die sieben Stück aus der *Jungfrau vom See* bring – daß ich einmal im Leben Geld hätt' wie Häckerling!

Man könnt' sogar mit der Herausgabe dieser Lieder eine andere Manipulation machen als die gewöhnliche und's mit zweierlei Text drucken – den deutschen vom Adam Storck und dazu das englische Original. Indem sie den gefeierten Namen des Scott an der Stirne tragen, könnten sie auf diese Art sicher mehr Neugierde erregen und würden mich wohl auch in England bekannter machen – wenn nicht sogar in Amerika...!

Im Rhythmus tät's égal passen: »Er ist uns geschieden vom Berg und vom Walde« – »*He is gone on the mountain, he is lost to the forest*«...

Wenn nur mit dera Hundsfotten von Kunsthändlern etwas Honettes zu machen wäre! Aber dafür hat schon die weise und wohltätige Einrichtung des Staates gesorgt, daß der Künstler ewig der Sklave jedes elenden Krämers bleibt.

———— ❦ ————

*E*in Albumblatt? Mit Vergnügen – aber ich weiß net recht, was. Einen Deutschen oder Ländler...? Oder ein' Schottischen...? Wie g'fallt Eahna beispielsweise der hier, Fräulein Netty...

Na, freilich kennen'S den: Er gehört zu den dreien, die wo ich
letzten Sommer in Ungarn gemacht hab.
    Das geht nicht? Oho, ich versteh schon: 's soll was ganz und gar
Neues sein, hm? Was noch keiner je g'sehn hat und was nur Ihnen
allein gehört. Also...

Zufrieden? Dann bin ich's auch! »Franz Schubert manu propria...«
    Nu, und – was ist mit euch: Bauernfeld? Und vor allem du,
Schwind? Wollt ihr mich am End alleine lassen mit meinem armseligen Walzer? Ihr seid mir vielleicht schöne Freunde!
    Auf Ehre, Fräulein Netty: Ich würd mir's an Ihrer Stelle schwer
überlegen, ob ich mit solchen Laffen wie den beiden da weiter
Umgang pflegen tät'! Woll'n Sie's nicht lieber mit m i r als Verehrer
versuchen anstatt mit diesem »Schwindigen« Burschen?
    Schaun'S nur, wie er rot wird, der Cherubino!
    A propos – hat er Ihnen wenigstens seinen *Figaro* schon gezeigt?
Sind sie nicht einzig und herrlich, die Blätter? Mein Lebtag hab
ich nichts Schön'res gesehn! Und so einer muß Mandelbögen und
Schilder malen – wenn das ka' Schand is!
    Obwohl, 's hat ja auch sein Gutes bisweilen – gelt, Schwind?
Wie'st neulich dem Stellwagenführer das Schild gemalt hast und er
dir aufs ausgemachte Honorar das Fäßlein Wein zugelegt hat – ech-
ten Retzer, Fräulein Anna, vom allerbesten! Mir brummt heut noch
der Schädel von dera Lumperei...
    Aber nochmal zum *Figaro*: Haben'S Eahna entdeckt darauf, als
Barbarina...?
    O jemine, jetzt ist s i e ' s , die rot wird!
    Komisch bloß, daß der Cherubino, der mit der Barbarina in der
Laube steckt, dem Moritz so gar nicht ähnlich schaut...
    Na, Bauernfeld, was meinst' – is jetzt das Fräulein Netty röter,
oder unser Schwind?!
    Na geht's, seid's net eingeschnappt – man wird ja wohl noch a
bisserl sein' Spaß machen dürfen, unter so lieben und vertrauten
Freunden! Wo ich doch selbst nicht völlig heil bin.
    Ach, nix Besondres; ich schlaf halt schlecht und hab kein' großen

Appetit, das is alles. Wenn ich erst beim Vogl in Steyr sein werd, wird's mir schnell wieder pumperlg'sund sein.

Sag, bist' mir noch böse, Schwind...? Schau, das Fräulein Nettel lächelt schon wieder – verzeihst' mir a u c h meinen dummen Spott-Teufel? Dann hol ich nämlich auch die beiden neuen Lieder vor, die ich mitgebracht hab.

Hier, das eine: *Im Walde* heißt es, oder eigentlich *Im Walde hinter Falkenhagen*; aus dem *Poetischen Tagebuch* von Ernst Schulze – die Sophie Müller hat mich drauf gebracht und mir das Büchel hergelieh'n.

»Ich wand're hin, ich wand're her...« Es ist nicht sehr fröhlich, was? Eher zum Verzweifeln. Aber ich sag ja – mir ist nicht besonders wohl seit einiger Zeit; und wenn's halt drinnen so duster ausschaut...

's wird wirklich Zeit, daß ich für ein paar Wochen fortkomm' aus Wien!

Das andre Lied ist sogar n o c h finst'rer: *Totengräbers Heimwehe*, vom Nikolaus Craigher; wollt ihr's trotzdem hören?

Na, gut also, von mir aus – aber ich hab euch gewarnt gehabt!

Tja, das war'n also die beiden neuen Lieder...

Aber keine Sorge: So elend, daß ich mich nach dem Tod sehnen täte, bin ich noch lang nicht!

Und überhaupt – was soll'n denn die traurichten Mienen?! Das wär doch kurios, daß wir nix zum Lachen hätten – oder wenigstens etwas, worüber man sich so recht von Herzen freuen kann. Wie ist es, Bauernfeld: Hast' nicht ein paar Verse aus einer neuen Komödie im Kopf? Oder du, Schwind: Wie wär's mit einer Stegreifkarikatur von mir?

Und ich spiel euch dazu ein halb' Dutzend Deutsche!

––––– ❦ –––––

*E*in unterirdischer Weg unter dem Bette der Themse, zwölfhundert Fuß lang und fünfzig Fuß unterm Wasser her – Jessas, und w a s noch! Am End werden's noch ein' Tunnel unterm Ärmelkanal durchgraben!

»Die Einfahrt wird eine hinreichende Breite haben, daß zwei Wagen einander ausweichen können… Für die Fußgänger eine Wendeltreppe in dem inneren Raum eines Brunnens… Damit aber das Mauerwerk dem Drucke der anliegenden Erde um so sicherer widerstehe, werden die beiden Gänge nach allen Seiten gewölbt und jeder also wie ein hohler Zylinder geformt sein (der Boden jedoch flach)… Von den zehn Fuß, die jeder Gang im Lichten haben wird, sind sechs für den Fahr- und vier für zwei Fußwege (Trottoirs) bestimmt.«

Und wenn er ein' Riß kriegt, der Zylinder? Und auf ei'mmal das ganze Wasser einfließt? Oder überhaupt das Ganze ineinand' kracht? Na, m i c h bekäm' jedenfalls nie und nimmer einer da hindurch – weder zu Fuß noch im Wagen! Wozu gibt's denn Brücken, frag ich mich? Auf was für Ideen die Leut kommen…

Nu ja, und wenn schon: Ich sollt' mich besser um meine e i g n e n Ideen scheren, damit ich endlich diese Sonat'n fertig krieg, diese verflixte! Seit dreiahalb Wochen mindestens schreib ich daran herum.

Also gut, wo sa'mer denn: Ein erster Satz *Moderato* in C-Dur – mit a paar Anleihen beim Herrn van Beethoven seiner fünften Sinfonie, halten zu Gnaden –, und ein zweiter Satz *Andante* in c-Moll, der kei'm andern was zu verdanken hat als alleine mir selber! Bis dahin also – gut und schön. R e c h t gut und s e h r schön sogar, möcht ich meinen.

Segue das Menuett, wie sich's gehört: *Allegretto* in As – reichlich weit weg vom C-Dur… aber dafür is es in Takt 18 auch schon in A gelandet und kriegt statt der vier B's drei Kreuzerln! Dann zurück… Ges-Dur – und *accelerando*: Des – Fes – As – A – D…

Wenn's je gedruckt wird, werden's mich wieder wegen der »bizarren und gesuchten Harmonien« ins Gebet nehmen, die Herren Rezensenten, wegen meines – wie war das? ach ja: meines »plan- und zwecklosen Herumschweifens«! Ansonsten: a u c h gut und schön – im Duktus wie ein Spiegelbild zum ersten Satz… höchstens a bisserl lang.

Und nu – wie jetzt weiter?

Hast' dich wieder verlaufen beim Herummodulier'n, was? Jetzt steckst' da oben auf Fis und find'st nimmer zurück! Außerdem: achtzig Takte ist w i r k l i c h ein bißchen reichlich für so ein Menuetterl...

Na, egal – das wird sich schon finden: etcetera, etcetera also.

Und das Trio?

Gis-Moll im selben Zeitmaß – ein »Landlerischer«...

Bleibt das Finale – *Allegro* in C, im Zweiviertel.

Wobei ich ja einigermaßen stolz sein kann, daß ich ü b e r h a u p t bis hierher gekommen bin und nicht schon – wie so oft – im e r - s t e n Satz aufgehört habe, gelt? Aber davon wird's auch nicht leichter...

Ein Rondo... ein Finale is immer ein Rondo – außer, wenn's halt k e i n e s is!

Franzl, du artest aus! Am End machen's auch noch so ein Büchel über dich wie das vom Doktor Graser »Über die vorgebliche Ausartung der Studierenden«, um »die Veranlassungen zu den möglichen Verirrungen der studierenden Jugend in unserer Zeit von mehr als einer Seite darzustellen und die Mittel an die Hand zu geben, wie diesem Übel am zweckmäßigsten abzuhelfen sei«.

A Schmarr'n!

Wobei's zu den »möglichen Verirrungen« beim Komponieren eines Sonaten-Rondos wenigstens so viele Veranlassungen wie Noten gibt – und d e m Übel is n i c h t abzuhelfen.

Also, pack' mer's an!

Aus... aus is!

Hic Rhodus, hic salta? Ich tät ja herzlich gerne springen – aber wohin, bitt' schön? *Da steh ich nun, ich armer Tor* – und rette mich in Zitate!

Je nun, 's is halt alleweil leichter, ein' Deutschen zu machen als so eine Sonat'n.

*H*immel noch amal, wo hab ich denn die Noten hingeschlunzt...
Moritz, hast' die Noten von meiner Sonat'n gesehn?

Na, die neue, die wo ich gestern auf d'Nacht fertig gemacht hab –
du weißt schon! H i e r auf die Kommod'n hab ich sie g'legt gehabt,
das weiß ich genau – auf die Hemden! 's is doch nicht möglich, daß
sie fort sind...

Naa, net die – die in a-Moll mein ich; nu such doch, Moritz,
such – ich fleh dich an; mer ha'm ja doch keine Zeit mehr! Jessas,
fast achte schon – und um halber zehn geht der Eilwagen nach Steyr
ab, ob ich drin sitz oder nicht: Wenn ich zu spät komm', sind meine
elf Gulden zum Teufel!

Hast's? Gott sei Dank! Und wo ham's gesteckt?

Wie, im Koffer – in m e i ' m Koffer, sagst'? Hatt' ich sie doch
schon hereingepackt g'habt...

Es is schrecklich mit mir, was? Aber ich verreis' halt so selten,
daß ich gar keine rechte Übung hab in solch profanen Dingen wie
Fahrpläne studiern, Billetteln kaufen, Koffer packen...

Weißt d u übrigens, wie das mit den Ritt-, Trink- und Schmier-
geldern is? Ich hab zwölf Kreuzer pro Station gerechnet – das muß
doch reichen, oder?

Also, a letztes Mal noch: Frack, Gehrock, Beinkleider – meinst',
dreie wer'n genügen...? – Gilets, Hemder, Hals- und Sacktüchel,
Fußsäckeln, a zweit's Paar Stiefel... a halbes Dutzend neuer Lieder,
für'n Vogl – und die neue Sonat'n für mich selber!

Weißt', vielleicht werd ich Gelegenheit haben, a kleine Akademie
zu veranstalten – die Linzer Ottenwalts ha'm so was angedeutet;
und da hätt ich halt was ganz Neues zu bieten. Vielleicht nicht
alle vier Sätze, aber doch wenigstens das *Andante* mit den Variationen...

Weißt', Moritz – singen muß man so etwas; die Tasten müssen
unter den Händen zu singenden Stimmen werden, sonst gibt's nix;
ich versteh's übrigens net, daß auch so viele ausgezeichnete Klavierspieler das vermaledeite Hacken nicht bleiben lassen, das doch weder das Ohr noch das Gemüt ergötzt: Ich kann das auf den Tod nicht
ausstehn, sag ich dir.

So – der Koffer is zu! Wieviel Zeit ha'm mer jetzt noch...?

Na, 's reicht gerad. Wenn's nur aufhören tät' zu regnen: Wenn die Straßen in solch ei'm Zustand sind, wird der Wagen mit den üblichen zweiazwanzig Stunden Fahrt kaum auskomm' – und der Vogl wartet morgen abend um sieben an der Post in Steyr auf mich. Gut immerhin, daß ich seinem Rat gefolgt bin und einen Sitz im Innern des Wagens genommen hab, auch wenn's pro Station zwölf Kreuzer teurer kommt als am Vorderteil.

Den Passierschein hab ich hier, die Billetteln auch – 's Geld – der Koffer... na, dann also los jetzt – auf nach Steyr!

———— ❧ ————

Vogl...?
Schläfst' oder hörst' mich, Vogl...?

Nix Wicht'ges, nein; nur, daß ich dir noch einmal sagen wollte, wie gut's mir geht – so gut wie lang nicht mehr. Wenn's net so höllisch heiß wär hier und so viele teuflisch beißende Gelsen hätt, würd ich meinen, ich wär im Paradies!

Wohin ich schau, verspüre ich des Lebens Poesie – während, in Wien...

Es ist doch überhaupt ein wahres Elend, wie in Wien überall alles zur faden Prosa sich verknöchert, find'st' nicht auch? Und wie die meisten Leute dabei ruhig zusehn oder sich sogar wohl dabei befinden, wie sie ganz gemächlich über den Schlamm in den Abgrund glitschen. Je nun, aufwärts geht's freilich schwerer...

Ach, Vogl – wenn ich denk, daß mer wenigstens drei Monate vor uns ha'm, in denen's für mich nix zu rechnen und zu richten gibt als nur nach Lust und Laune!

Weißt', die letzte Zeit in Wien war gräßlich, ganz und gar schauderhaft; seit ich im Feber mein Zimmer im Fruhwirthschen Haus auf der Wieden bezogen g'habt hab, war's mir so elend, daß ich fast gemeint hab, ich komm gar nimmer wieder auf die Beine.

Nu ja, das alte Leiden – sicher. Jedenfalls hab ich mich ganz (oder doch f a s t ganz) zurückgezogen von allem – wie so ein verwundetes Viecherl, das in sei'm Bau hockt und seine Wunden leckt. Und so zuwider, wie ich mir selber war, so zuwider bin ich am End auch mit den andern g'worden. Sogar mit dem Schwind hab ich mich gezankt und zerstritten g'habt.

Hier dagegen – hier ist alles anders, und das Gewesene scheint mir so fern, so lange her zu sein, als wär's gar net wahr. Höchste Zeit war's, daß ich fort'kommen bin aus Wien. Auch die Musik, die mir hier im Kopf herumgeht, ist eine andere: leichter, heller, freier... ich weiß nicht, wie ich's sagen soll.

Na, verzeih, daß ich dich mit mei'm Gered' vom Schlafen abhalt' – ich hör schon auf. 's war auch bloß, weil ich dir sagen wollt', wie g u t ' s mir geht, jetzt und hier.

Vogl, schläfst' schon...?

Naa, ich auch noch nicht; wenn ich so dalieg', spazier'n in meinem Hirnkastel die schönsten Sachen auf und ab – Opern, Sinfonien, Lieder, Sonaten...

Sag, was ich noch fragen wollte: Wer'n mer denn auch nach Schloß Ebenzweier zu den Clodis kommen? Und in Gmunden beim Kaufmann Traweger wohnen? Weil doch der Herr Traweger so ein besonderer Freund von Vokalchören ist, wie'st mir erzählt hast, hab ich mir gedacht, ich könnt ihm eine Freude machen, wenn ich eigens für ihn was schreiben tät, was meinst'? So ein Quartettl is ja keine große Sache, wenn man den richtigen Text dazu find't; so eine Serenade oder Nachtmusik – das wär doch was, oder?

Nu brumm nicht, ich geb ja schon a Ruh! Bis morgen, Vogl – gute Nacht bis morgen...

———— ✤ ————

Im Auftrag Schuberts sendet Anton Diabelli zwei Prachtexemplare des gerade bei ihm erschienenen Opus 19 (mit den »dem Dichter verehrungsvoll gewidmeten« Liedern An Schwager Kronos, An Mignon *und* Ganymed) *an Johann Wolfgang von Goethe nach Weimar. Den beiliegenden Brief, auf den Goethe ebensowenig antwortete wie im April 1816 auf den Brief Josef von Spauns, dürfte Schubert noch vor seiner Abreise nach Steyr und Gmunden im Verlag hinterlegt haben.*

»*E*uer Exzellenz! Wenn es mir gelingen sollte, durch die Widmung dieser Komposition Ihrer Gedichte meine unbegrenzte Verehrung gegen Eure Exzellenz an den Tag legen zu können und vielleicht einige Beachtung für meine Unbedeutenheit zu gewinnen, so würde ich den günstigen Erfolg dieses Wunsches als das schönste Ereignis meines Lebens preisen. Mit größter Hochachtung Ihr ergebenster Diener Franz Schubert.«

Berlinische Zeitung: »*Wir freuen uns sehr, das Publikum benachrichtigen zu können, daß Madame Milder uns die gefällige Zusicherung erteilt hat, in ihrem heutigen Konzerte Goethes ›Erlkönig‹ und ›Zuleikas Gesang‹ aus dem westöstlichen Divan, beide von Franz Schubert komponiert, zu singen.*«

*S*ag einmal, Vogl, die Anna Milder – du kennst sie doch lang und gut genug: Meinst', sie mag meine Sachen w i r k l i c h ? Weißt', ich kann gar nicht glauben, daß eine so große und berühmte Sängerin wie die Milder –

No, sakrawolt, freilich bist d u noch zehnmal größer und berühmter! Aber das is schließlich was anderes, daß't alleweil meine Lieder singst – wo wir zwei doch die besten Freunde von der Welt sind, während mich die Madame Milder ja gar net kennen tut. Meinst' denn, sie könnt' was tun für mich in Berlin?

Ich hab ihr ja letztens ein paar Lieder geschickt und die Oper vom Schober, aber von der *Estrella* hat sie mir gleich zurückgeschrieben, daß sie's net brauchen könnte; daß es ihr unendlich leid wär, bemerken zu müssen, daß das Buch dem Berliner Geschmack nicht entspreche, weil man da die große, hochtragische Oper gewöhnt sei oder die französische komische Oper. Und daß ich nach diesem beschriebenen Geschmack gewiß selbst einsehen täte, daß *Alfonso und Estrella* durchaus kein Glück in Berlin machen würde.

Daß die Estrella nix für sie wär, hab ich mir schon gedacht g'habt; einmal ist die Partie zu jung und zu hoch für sie, und zum andern versteht sie sich ja eher aufs Dramatische als aufs Lyrische, die Milder. Aber die Lieder haben ihr ganz offensichtlich gefallen – ich hab dir doch ihren Brief gezeigt, oder?

Nicht? Wart, ich hab ihn bei mir… (Solche Briefe, weißt', kriegt unsereins nicht alle Tage.) Hier – hier is er: »Mein verehrtester Herr Schubert!« schreibt sie, »so viele Lieder, die Sie mir dedizieren wollen, kann mir nur höchst erfreulich und schmeichelhaft sein. Suleikas zweiter Gesang, den ich mit unendlichem Vergnügen erhalten habe, ist himmlisch und bringt mich jedesmal zu Tränen. Es ist unbeschreiblich; allen möglichen Zauber und Sehnsucht haben Sie da hineingebracht, sowie im erstern Gesang der Suleika. Zu bedauern dabei ist nur, daß man alle diese unendlichen Schönheiten nicht dem Publikum vorsingen kann, indem die Menge leider nur Ohrenschmaus haben will.«

Aber wenn's wirklich meine Lieder so »himmlisch« findet, wie sie schreibt, die Milder, dann könnt sie's doch wenigstens v e r - s u c h e n , etwas davon dem Berliner Publikum vorzusingen, find'st' nicht? Ich mein', was die Menge h a b e n will, is e i n e Sache, und eine a n d ' r e is es, was man ihr g i b t !

Oder meinst', es is alles nur Gerede, was sie mir geschrieben hat? Ich würd ihr nämlich gerne die zweite *Suleika* dedizieren, wenn's in Druck geht…

———— ❧ ————

» *T*euerste Eltern! Mit Recht verdiene ich den Vorwurf, den Sie mir über mein langes Stillschweigen machten, allein, da ich nicht gerne leere Worte schreibe und unsere gegenwärtige Zeit wenig Interessantes darbietet, so werden Sie mir's verzeihen, daß ich erst auf Ihr liebevolles Schreiben etwas von mir vernehmen lasse. Sehr erfreute mich das allerseitige Wohlbefinden, zu dem ich, der Allmächtige sei gepriesen…« (Damit der Vater nicht meint, ich hätt' des lieben Gottes ganz und gar vergessen!) »…auch das meinige hinzufügen kann. Ich bin jetzt wieder in Steyr, war aber sechs Wochen in Gmunden, dessen Umgebungen wahrhaft himmlisch sind und mir sehr wohl taten.«

Und komponiert hab ich wie lang nicht mehr – frisch und frei, hell und klar wie die Bergseen (in ihren doch unergründlichen Tiefen) und glitzernd wie die Sonne, die sich drinnen spiegelt! Aber das, Herr Vater, dürft' Sie wohl weniger interessier'n als meine Frömmigkeit...

»Wenn Sie mich bald mit einem Schreiben beglücken wollen, so wird es mich noch hier treffen, indem wir – der Herr von Vogl und ich – nur zehn bis vierzehn Tage verweilen und dann die Reise nach Gastein antreten, einem der berühmtesten Badeörter ungefähr drei Tage von Steyr entfernt. Auf diese Reise freue ich mich außerordentlich, indem ich dadurch die schönsten Gegenden kennenlerne und wir auf der Rückreise das wegen seiner herrlichen Lage und Umgebungen berühmte Salzburg besuchen werden.«

Die beste, allerbeste Medizin gegen jegliche Art von Melancholie, Hypochondrie und Milzsüchtigkeit! Das müßte mei'm Herrn Bruder mal einer sagen – oder schreiben: »Den Ferdinand und seine Frau samt Kinder lasse ich schönstens grüßen; er wird gewiß schon wieder siebenundsiebzigmal krank gewesen zu sein und neunmal sterben zu müssen geglaubt haben – als wenn das Sterben das Schlimmste wäre, was uns Menschen begegnen könnte. Könnte er nur einmal diese herrlichen...« nein, besser: »diese göttlichen Berge und Seen schauen, deren Anblick uns zu erdrücken oder zu verschlingen droht, er würde das winzige Menschenleben nicht so sehr lieben, als daß er es nicht für ein großes Glück halten sollte, der unbegreiflichen Kraft der Erde zu neuem Leben wieder anvertraut zu werden.«

Kein unbedingt christlicher Gedanke, das: weiß Gott, zum Prediger taug' ich nicht!

»Und nun muß ich das Geschwätz endlich enden. In Erwartung einer baldigen Antwort verharre ich mit aller Liebe Ihr treuester Sohn Franz« – der nunmehro hingeht und – ganz seinem christlichen Gemüt gemäß (und in gehörigem Latein) – ein höchst erbauliches *Canticum ad bibendum* anstimmt!

———— ⚘ ————

Schön ist das – so schön, so unaussprechlich schön! Wie die Berge immer mehr in die Höhe steigen: wie eine von Riesen erbaute Stadt – eine unabsehbare Reihe von Zinnen, Zacken, Türmen und Dächern. Rings um das Tal herum stehn's – als Wächter über uns hier herunten, daß nichts unsern himmlischen Frieden stört.

Wie es wohl wäre, dort oben – einer von ihnen zu sein?

Einsam vom Gipfel herabzuschau'n auf das satte Grün der geschwungenen Matten, auf denen im wechselnden Licht die Sonnenflecken tanzen, auf die rostbraunen Tupfen der Häuser, auf das dunkle Band der Tannen und Föhren – die Hänge hinauf, bis sich die Farben im Ocker, Grau und Schwarz des Gesteins verlieren. Und darüber glänzt und blitzt alles noch weiß.

Noch? Wohl immer liegt Schnee dort. Die schweren Wolken ziehn wie Nebelgeister über die Gipfel hin – hoch über den Scheiteln der Berge, als fürchteten sie, sich an ihnen zu stoßen oder zu reißen. Merkwürdig, daß es so fern ist – und scheint doch so nah, als könnte man mit der Hand danach greifen. So nah wie die ungeheure Felswand, die hart an der Straße senkrecht in die rasende Höhe ragt und fürchterlich auf den Wanderer herabblickt.

's ist überhaupt alles so riesenhaft groß, daß einem im ersten Augenblicke einigermaßen das Herz zu schüttern droht – als ob's einen fast erdrücken wolle, oder zu sich hinabreißen in die Tiefe der Schlucht...

Und doch: was geht von dieser entsetzlichen, fürchterlichen, schreckenvollen Majestät für eine Kraft aus – eine Kraft, wie ich sie lang nimmer verspürt hab in mir! Als wäre ich tatsächlich s e l b s t einer dieser Berge – von Ewigkeit her fest in der Erde verwurzelt, das Haupt zu den Wolken gereckt –, um in den Klang dieser gewaltigen Natur mit einzustimmen.

— ❦ —

Vogl – habedjehre, liebster Freund und Podagrist! Ich sag dir, du hätt'st mitkomm' sollen: Ein herrlicher Spazierweg war das. Weißt', daß man das Werffner Gebirgen sehn kann, so klare Luft is'?

Nu, andrerseits bist d u ja schließlich net hier, um in der Gegend herumzuspazier'n.

Und – warst' wenigstens schön brav und hast dein Wasser getrunken?

Schlägt's an, die Kur?

Tut's noch arg weh, da...?

Ei-ei-ei – da zieht er ein Gesicht, als wenn er in ein'n sauren Apfel beißt, kaum daß ich ihn anrühr'! Dabei hätt ich g'meint, daß't nach vier Tagen hier in Gastein wieder herumspring'n und -hüpfen kannst wie ein junger Gott, oder doch wenigstens wie der Herr Taglioni!

Du lachst?

Horch zu, Vogl, das g'fallt mir net – das g'fallt mir g a r net; du mußt es schon a bisserl ernster nehm', das Kuren – sonst hülft's nix, sag ich dir: sonst wirst' dei' Gicht bestimmt net los!

Ja, freilich red ich wie a Dokter: Was glaubst' denn, weshalb ich sonst hier bei dir bleib', hm? Dabei sollt ich gerad heut eigentlich in Wien sein – wo's doch heut in Maria Trost mei' Mess'n spiel'n...

»A *neue* Messe«, hat's in der Anzeige im Theaterblatt geheißen – dabei ist sie gut und gern zehn Jahre alt! Ich weiß schon gar nimmer, ob es Anno Fünfzehn oder Sechszehn war, daß ich sie geschrieben hab – für den Lichtentaler Regenschori Holzer, weißt'? Nur daß sie eben j e t z t erst »neu erschienen« ist, beim Diabelli. So lang kann's manchmal gehn! Und wäre das Konzert net g'wesen, heut – wer weiß, wie lang sie n o c h gelegen hätte...

Das *Tantum ergo* und die beiden Offertorien übrigens desgleichen, die sogar noch älter sind: Wenn der Ferdinand – mein Bruder – ihm nicht ordentlich zugeredet hätte, dem Herrn Diabelli, daß er die Sachen unbedingt v o r dem heutigen Konzert herausbringen soll, weil das doch einigen *succès* für den Verkauf verspricht, dann wär'n leicht noch amal zehn Jahr ins Land gegangen, bevor er sich entschlossen hätte!

Und dann steht »Eigentum der Verleger« drauf – wobei ich nicht mal sicher bin, daß er mich rechtmäßig bezahlt hat dafür, der Diabelli! Und jedenfalls ist e r der einzige, der jetzt ein'n Profit hat von alldem.

Weißt', Vogl – wenn ich net überquer läg mit ihm seit zwei Jahren, könnt ich vielleicht noch etwas einfordern – so aber...

Dieses Kunsthändler- und Verlegerpack: Banditen, einer wie der andere!

Ach, übrigens, eh ich's vergeß: Die Frau Witwe Mozart hab ich getroffen, unterwegs – die Madame Nissen: Sie empfiehlt sich und hofft, dich bald einmal bei ihr zum Tee zu sehn.

Aufgetan wie immer, ja – und eine Stimm' hat's wie ein Reibeisen, find'st' net auch? Kaum zu glauben, daß sie einmal die Frau vom Mozart und a Sängerin gewesen is.

Was mich freilich intressieren tät', is, wen's bei dem Konzert heut als Sopran genommen haben. So schwer, wie die beiden Solo-Offertorien sind – und erst das *Benedictus* aus der Mess'n: e i n falscher Ton, und das Ganze ist geschmissen, sag ich dir! Ich hab sogar schon dran gedacht, wenigstens für das *Benedictus* ein Alternatim zu machen, das nicht eine ganz so virtuose Stimme braucht.

Na, wart'mer erst mal ab, wie es heut gegangen sein wird; und wie d u, mein Lieber –

Jessas, s o weh tut's?! Dabei hab ich dir doch bloß ein' ganz ein' kleinen Klaps gegeben – hab doch nicht ahnen könn'n, daß't gleich vor Schmerz zusamm'fahr'n wirst!

Je nun, wertester Herr Hofopernsänger – da werden wir wohl die tägliche Wassereinnahme erhöhen müssen: ab zur Quelle!

———— ❦ ————

N un schau sich das einer an – hingeschmiert, als wär ein Eichkater über das Papier g'laufen! „Lieber Freund! Ich weiß kaum, ob Du die Züge dieses kennst, der Dir da schreibt, und ob Du nicht zur bessern Orientierung zu der Unterschrift Deine Zuflucht nehmen mußt: Wisse es also: ich bin der Bauernfeld."

Na, wart' – dir werd ich...

»Wirklich war mir Dein Geschreibsel nicht mehr im Gedächtnis, die alles zerstörende Zeit und Deine bis zur Grobheit schnelle Hand haben es so weit gebracht. In letztem Falle denk ich Dir's gleich zu tun« – bloß daß ich statt deines Eichkatzels, lieber Freund, »mein gutes Roß, frisch sonder Ruh und Rast«, über den Briefbogen traben lasse, wie's im Gedicht von dem Schulze heißt, das wo ich gerad fertig gemacht hab.

„Ich grüße und küsse Dich herzlich – jetzt aber gleich zum Allernotwendigsten, denn Du mußt diesen Brief so bald als möglich bekommen, und in einer ¼ Stunde muß er auf die Post." Was freilich das Geschmier erklärt…

„1t schreibe sogleich, ob Du Dein Zimmer behalten willst, denn Dein Hausherr fragt in einem fort; –

zweitens: Moritz Schwind und ich machen Dir die Proposition, ein ordentliches Quartier zu nehmen und uns alle drei zusammenzustecken; bist Du es zufrieden, so bestätige es mit einem holden Ja.

3tens Selbiger Plan wird aber nicht sogleich ausgeführt, sondern erst im Oktober oder November. Ich werde bis dahin bei Schober wohnen und Du irgendwo. Ich bitte Dich, antworte nur *sogleich* auf alles dieses, und *klar und deutlich*…"

Mit Bauernfeld und Schwind zusamm'?

Wenn's ernsthaft wär – das könnt schon angehn. Poet, Maler und Musiker selbdritt: ich seh schon die Idylle vor mir!

Aber trotzdem – gerad, wo ich seit ei'm halben Jahr erst endlich wieder mal alleine wohn'…

»Was das Quartier im Frühwirtischen Hause anbelangt, so bin ich gesonnen, es zu behalten; seid auf jeden Fall einer oder alle zusammen so gut, ihm in meinem Nahmen 25 fl. W.W. zu geben und zu versichern, daß ich Ende Oktober gewiß komme. – Was unser Zusammenleben betrifft, so wäre mir's zwar sehr angenehm, da ich aber dergleichen Junggesellen- und Studentenpläne schon kenne, so möchte ich nicht gerne, daß ich am Ende zwischen zwei Stühlen auf der Erde säße. Sollte sich indessen was G'scheites finden, so gibt es ja immer noch Mittel, mich von meinem Hausherrn auf gute Art zu trennen.«

„Wie geht's Dir, Dichter-Freund…"

Naa, das ergibt kei'n Sinn… „dickster – d i c k s t e r Freund", heißt's! Jessas, 's ist ja wirklich kaum zu entziffern.

„Wie geht's Dir, dickster Freund? Ich denke, Dein Bauch wird zugenommen haben; Gott erhalte ihn und lasse ihn gedeihen! Schober

ist in Atzenbrugg; Schwind ging gestern dahin; ich werde ihm wahrscheinlich bald folgen, aber nur auf wenige Tage. Schreibe mir nur
gleich. Lebe wohl, lebe wohl, lebe wohl! Wenn Du mir fein ordentlich schreibst, so werd ich Dich vielleicht mit einem verständigen
und gehaltreichen Briefe bedienen. Dein Freund Bauernfeld.”
    »Ja, schreibe mir, aber was G'scheit's, etwa ein musikalisches
Gedicht. (?)! Lebe wohl! Dein Schubert. Grüße mir alle Freunde.«
    Das wäre dies.
    Der Brief an den Ferdinand liegt allerdings auch noch da und war-
tet drauf, daß ich ihn fertig schreib.
    Egal – die Lieder aus den *Lacrimas* sind dringender! Denn wenn
es dabei bleibt, daß ich nach Linz geh und nach Steyregg, zu den
Weißenwolffs: Die Gräfin Sophie wird mir ewig böse sein, wenn ich
nicht wenigstens e i n neues Lied dabei hab, das für ihre Stimme
paßt: »Und recht dramatisch, lieber Schubert, ja? Sie wissen doch –
m i c h brauchen'S nicht zu schonen: Bis hoch zum C geht's allemal...«
    Na, wir wer'n ja sehn!

———— ❧ ————

> Wiener Zeitung: »*Neueste Tänze für das Piano-
> forte zum Karneval 1826, welche bei Anton
> Diabelli und Kompagnie, Kunst- und Musikalien-
> händlern, am Graben Nr. 1133, erschienen, und
> bei K. Lichtl in Pest um denselben Preis zu haben
> sind:* Valses sentimentales pour le Pianoforte
> composées par François Schubert. Œuvre 50. [...]
> Galoppe et Ecossaises pour le Pianoforte com-
> posées par Fr. Schubert. Œuvre 49.«

*D*er erste Schnee – früh fällt er, heuer... Und nächsten Sonntag
ist schon der erste Advent, ab dem der Kaiser – bis zum Feste
der heiligen drei Könige einschließig – alle öffentlichen und priva-
ten Bälle *tempore sacrato* untersagt hat.
    Da kommt er wieder amal reichlich spät heraus mit seinen Kar-
nevalstänzen, der Diabelli; a bisserl eher, und's hätt sicher noch gelangt, damit's bereits im Voradvent gekauft und gespielt wer'n.

(Ganz abgesehn davon, daß d i e s e schon seit gut zwei Jahr'n bei
ihm gelegen haben.) Gerad für die Freitanz-Abende und Hausbälle
ist doch j e t z t Saison und nicht erst im Jänner, wenn's an die großen
Maskenbälle und Redouten geht!

Hier zum Beispiel: Heute »wird ein großes Elisabeth-, Cäcilia-
und Katharinen-Ballfest in dem ganz neu dekorierten und ver-
größerten Saale zum Schaf am Schottenfeld abgehalten« – natürlich
o h n e meine *Valses sentimentales*, die da doch wirklich hätten
g'spielt wer'n können! Von den Fünfkreuzer- oder Greißler-Bällen
ganz zu schweigen...

Nu, ja – was soll's: Meine fünfzig Gulden hab ich, und mehr
hätt's eh net 'geben; und mit dem Diabelli mach ich sowieso keine
Geschäfte mehr.

»Reine Arzneimittellehre von Samuel Hahnemann... Handbuch
der Diätetik für alle Stände, oder kurze und allgemein faßliche
Darstellung der Kunst, sich durch eine einfache und naturgemäße
Lebensweise gesund zu erhalten, seine Wiedergenesung von Krank-
heiten zu befördern und ein glückliches und hohes Alter zu erreichen. Nach den Grundsätzen der Homöopathie abgefaßt von
Caspari.« Was immer das sein mag: Homöopathie – Vielleicht, daß
ich d a s einmal versuchen sollte...?

Nur daß wohl, fürcht' ich, Wein und Tee und Tabak, Krapfen und
G'selchtes nicht eben zu dem »einfachen und naturgemäßen Leben«
zählen, das der Autor meint. Und außerdem: Mir geht's doch gut –
so gut wie lang nimmer, sogar; was soll ich da an Krankheit denken?!
Wenn's wirklich wiederkommt, ist noch früh genug...

Was soll die Philosophie: Da leben doch die Ballwütigen, die im
Casino, beim Sperl oder sonstwo Nacht um Nacht durchdrah'n,
sehr viel weniger gesund als unsereiner – als ob der flüchtige Wirbel
eines Walzers Unsterblichkeit verhieße!

Tanzt ihr nur, tanzt: Ich will euch gerne aufspielen dabei – richt's
enk' z'samm', daß der Holzboden zittert unter euern Füßen! Seid's
lebensfroh und herzensfrank, so sehr und so lang ihr mögt – am End
müßt's ihr ja doch, einer wie der andre, hinab in die Grube.

Ich denk schon manchmal, ich hätt mich g a n z aufs Tänze-
schreiben kaprizier'n soll'n – so wie der Lanner oder der Strauß;

's ist doch ein dummer Ehrgeiz, etwas anderes zu wollen – ein zweiter Mozart oder Beethoven zu sein.

Dann wär ich heute irgendwo Kapellmeister – in der *Goldenen Biene* vielleicht, oder im *Schwarzen Bock*… oder womöglich gar in so ei'm feinen Etablissement wie dem Dommayer oder dem Apollo-Saal, wer weiß? Ich hätt jedenfalls gewiß mein sich'res Ein- und Auskommen und bräucht mir net wegen dem Diabelli seinen Betrügereien grätzen.

Wär' das ein Glück?

E i n Glück sicher – aber m e i n e s doch wohl nicht. Auch wenn ich gerne weiter meine Tänze schreib – Erholung von der Pflicht, gewissermaßen, Größeres zu tun!

———

Wiener Zeitung, *Freitag, 9. Dezember 1825:* »*Bei Cappi und Kompagnie, k.k. priv. Kunsthändlern, am Graben Nr. 1134, ist soeben erschienen: Das äußerst wohlgetroffene Porträt des Kompositeurs Franz Schubert, gemalt von Rieder. 3 fl. W.W. Der geniale Tonsetzer, der Musikwelt rühmlichst genug bekannt, welcher besonders mit seinen Vokal-Kompositionen seine Zuhörer so oft entzückte, erscheint hier, durch die Künstlerhand des Hrn. Passini in Kupfer gestochen, in sprechendster Ähnlichkeit, und wir glauben daher, den zahlreichen Freunden und Verehrern Schuberts eine willkommene Gabe dargebracht zu haben.*«

———

*E*in neuer Marsch auf vier Hände, ja. Auf expresse Bestellung vom Pennauer – eine *Grande Marche Funèbre, composée à l'occasion de la mort de S.M. Alexander I*ʳ *Empereur de toutes les Russies* – etcetera, etcetera. Wobei's von mir aus auf den Tod von sonst wem sein könnt', wenn's ihn nur drucken und er mir a bisserl Geld einbringt. Und der Pennauer hat schon gesagt, ich sollte gleich ein' zweiten machen: *Héroïque* und *à l'occasion du Sacre des* neuen Zaren – denn wo der eine sich verkaufen täte, tät's der andre auch.

Trotzdem, Gahy – nein, ich bin kein politischer Mensch; eigentlich nicht, nein.

Schon, weil's sich nicht empfiehlt, in Zeiten wie diesen, nicht wahr? Weil, w e n n ich ein politischer Mensch wär, dann könnt es leicht passier'n, daß mich die Sedlnitzkyschen Sbirren ein z w e i - t e s m a l derwischen täten – wenn'st weiß, was ich mein'. Ich hab dir doch erzählt, daß sie mich einmal schon ein'kerkert und vorgeführt haben – damals, vor beiläufig fünf Jahren, als der Senn verhaftet worden is. M i c h haben's zwar wieder laufen lassen, aber ihn – den Senn – ham's vierzehn Monate lang festgehalten und hernach ins Exil verwiesen, nach Tirol. Um ein Exempel zu statuieren, hieß es, und weil doch »die Ausbrüche des bösen Geistes im Ausland uns gebieten, Sorge zu tragen, damit unser Staat vor den Greueln des politischen Fanatismus bewahrt bleibe«! Und um »die Nachahmung des deutschen Burschenwesens durch einige Studenten der Wiener Universität« im Keime zu ersticken.

Du hast ihn nicht gekannt, den Senn, oder? Ein Prachtmensch! Geradlinig, aufrecht und ehrlich – schon als Jüngling, als wir zusamm' im Konvikt gewesen sind – und überdem ein wahres poetisches Gemüt und Talent. Ein Gerechter – was sich, wie gesagt, in Zeiten wie diesen nicht empfiehlt.

Wie's ihm wohl gehen mag, in Tirol…?

Und ob er noch manchmal an seinen Schubert denkt…?

Überhaupt, Gahy – die Politik: Man spreizt sich und buckelt, sucht seinen Weg durch das Partei'ngewirr, muß ständig Obacht geben, allerhöchst droben nirgends anzustoßen – und was kommt raus dabei, am End? Nix, gar nix: alles bleibt, wie's ist und immer war, und wir in unsrer lächerlichen, dummen Ohnmacht meinen, wer weiß etwas bewegt und verändert zu haben. Selbst wenn jetzt in Rußland der eine Zar dahin ist und ein neuer kommt – oder wenn der Preußenkönig stürbe, oder meinethalben auch u n s e r Kaiser – der Staat, den sie repräsentieren, überlebt's alle, sie wie uns – die Höchsten wie die Niedrigsten.

Und d a f ü r sollte man sich in die Politik werfen? Na, ich danke!

Außerdem: wozu auch etwas ändern, frag ich dich? Das Volk in seinem blöden Biedersinn ist's doch zufrieden! D i e spür'n es nicht, daß und wie sehr's die Freiheit hierzulande in Fesseln gelegt haben, die Metternich und Compagnie.

Frag doch mal jemanden wie meinen werten Bruder Ferdinand, ob e r was anders haben möchte, als es ist – wenn er net womöglich gleich stirbt vor lauter Angst, daß't ihm überhaupt mit einer solchen Frage kommst!

Der Ignaz – mein ält'ster Bruder, weißt: der mit dem Buckel – der Ignaz, der is fei aus ei'm andern Holz geschnitten; der sagt alleweil, was er denkt, der Ignaz, und läßt sich's von keinem net vorschreiben – weder vom Kaiser noch vom lieben Gott, net amal von unserm Vater!

Ich weiß noch gut, wie mer damals, wie der große Kongreß war, hier in Wien, und wie der Napoleon von Elba gefloh'n und nach Frankreich zurück is – wie mer damals heimlich den Pariser *Moniteur* gelesen und uns die Ohren heiß geredet ha'm von wegen der Verfassung, die er hat ausgeben woll'n, der Napoleon.

Ist lange her.

Und der Ignaz is auch ruhiger geworden, mit der Zeit, und hat das Politisieren drangegeben.

Freilich, wenn nochmal einer käm' wie der Napoleon – d a n n vielleicht tät sich etwas ändern, ändern l a s s e n. Aber bis dahin, mein Lieber – bis dahin hat es ja doch keinen Sinn, etwas zu versuchen.

Nein-nein, m e i n e Politik ist und bleibt die Musik, sag ich dir. Und d a r i n bin ich freilich Revolutionär wie keiner sonst in Wien!

—— ✺ ——

1826

Tagebuch Eduard von Bauernfelds: »Würstelball bei Schober. Schubert mußte Walzer spielen.«

»Spiel!«
Wie ein Tanzbär, der auf Befehl auf die Hinterbeine steigt und sich brummend im Kreise dreht, bis die Leut lachen und ein paar Kreuzer hinwerfen.

An die Kette gelegt, mit ei'm Ring durch die Nasen – da, wo's besonders empfindlich is; wo's besonders weh tut, wenn man dran zerrt.

Rechts herum, links herum – *eins*-zwei-drei, *eins*-zwei-drei… Ein falscher Schritt, und der Führer läßt ihn die Spitz'n vom Stock kosten, die scharf ist wie ein Messer.

»Schau nur, wie liab er is! So possierlich – und so folgsam.«

Bloß wehe, er reißt sich einmal los, der Bär…

»Vorwärts, jetzt – spiel!«

Kunststücke!

Ein' grimassierenden Possenreißer für ihre armseligen Salonaden wollen's haben – einen, den man vorführ'n kann, weil er doch g a r so nette Sachen macht; und den man nachher, wenn's genug gewesen ist und alle ihren Spaß g'habt haben, zurück in seine Ecke schickt, wo er keinen mehr stört: »Troll dich! Warst brav…«

Wie wär's: Soll ich mir in Streifen die Haut vom Leibe schneiden, um euch zu unterhalten?

Mit bloßer Hand die Glut im Ofen schüren, bis es nach verbranntem Fleisch stinkt?

Die Augen und's Herz herausreißen, daß ich nix mehr seh' und fühl'?

»Pfui, wie garstig! Gehn's, Herr Schubert, spiel'n's uns doch noch was…« Als ob das was so anderes wär'…

Links herum, rechts herum – und unter jedem Ton quillt ein Tropfen Blut hervor...

Heissa, juchhe! Sa'm mer wieder lustig, gelt? Ein Hoch auf die fröhliche Gesellschaft – wer heut kein' Rausch kriegt, ist ein Spielverderber!

Punsch her!

Wein!

Branntwein!

Und Musik!

Und dann nichts wie fort – zurück in den Käfig, in die dunkelste Ecke: braucht schließlich keiner zu seh'n, wie der Bär seine Wunden leckt.

Laßt mich in Ruh, sag ich – laßt mich doch endlich in Ruh!

Und dann liegst' da.

Allein.

Wach – entsetzlich wach.

Hörst, ob sich was regt...?

Nix.

Wartest, daß einer kommt...?

Niemand.

Ein Wort nur!

Ein Blick!

Ein leiser, kaum spürbarer Hauch von Leben!

Stumm, und blind, und tot – dein Auftritt ist vorbei.

Aber m o r g e n, ja...?

Morgen wieder.

Und wenn nicht morgen, dann übermorgen – nächste Woche – wann immer ihr wollt!

Hört ihr – wann immer ihr wollt!

Ich spiel ja, ich spiele, ich spiele – spiele...

———————

*D*a – da ist es wieder! Hörst'...?

Ein... ein Tanz – ein Menuett... nein: so feierlich und so gemessen, daß es mehr Prozession ist als Tanz – wie ein gespenstischer

Reigen altertümlicher Gestalten aus ferner, längst versunkener Zeit: Hörst' es…?

Näher kommen sie, immer näher – und immer staccato im Baß, Oktaven und immer staccato…

Kostüme aus dunklem Gold seh ich, Kleider aus Atlas und Seide… gepuderte Zöpfe und lange, knochendünne Spinnenfinger…

Jetzt sind sie fast da!

Ein Schritt – und noch einer – und noch einer: starr und schwer, als lasteten Jahrhunderte auf ihren Schultern…

Schritt… um Schritt… um Schritt… Unerbittlich und ohne eine Miene zu verziehen.

Wie kalt es ist! Kein Hauch bewegt die Kerzen…

Was lockst du mich mit Versprechungen, die du dann doch nicht hältst?

»Die Ewigstummen, Ewigbleichen verheißen und versagen nie.«

Sind wieder fort.

's ist einem gleich wärmer – und die Kerze flackert auch wieder.

Da wundern sie sich alle, woher ich meine Lieder nehm – wo ich doch bloß in meine Träume zu schau'n brauch'.

Aber wer weiß: vielleicht ist es am End gerade umgekehrt, und es sind meine Lieder, aus denen meine Träume kommen…?

Oder es war'n doch ein oder zwei Glasl zuviel von dem Glühpunsch, den's gestern abend auf der Müllerschen Gesellschaft gab… Aber recht gemütlich war's doch wieder, und die neuen Lieder sind allesamt ordentlich akklamiert worden – sogar das *Tiefe Leid*, das doch eher für die stille Kammer als für einen Salon taugt.

»So recht aus dem Herzen? Na, h e u t gerad nicht, aber manches Mal schon – oft genug sogar.

Überhaupt: glaubt's ihr denn, daß ich meine Lieder komponieren könnte, wenn ich ihre Stimmung nicht selbst schon einmal erfahren hätte?

Aber keine Angst, Fräulein Sophie – h e u t , wie gesagt, zieht mich gar nichts dahin, wo wir doch hier eine so angenehme Gesellschaft sind. Und wenn's denn wirklich mal so weit kommen sollte, daß ich ›dort viel lieber hausen will als in der unbeständ'gen Welt‹, dann schick ich Ihnen gleich ein Zetterl, daß Sie mich aufmuntern kommen!

So, jetzt aber genug der schauerlichen Lieder: Ich hab Ihnen ein Quartetto mitgebracht, das allemal besser für uns paßt! Sie, Sophie, übernehmen mit der Betty den ersten Sopran, die Gretl und die Lotti den zweiten, der Jenger mag den Tenor machen, und wenn der Herr Baron so freundlich sein wollen, den Basso zu markieren, wären wir gerade genug...

> ›Wer Lebenslust fühlet, der bleibt nicht allein,
> Allein sein ist öde, wer kann sich da freu'n?
> Im traulichen Kreise, beim herzlichen Kuß,
> Beisammen zu leben, ist Seelengenuß!‹

Und den ›herzlichen Kuß‹, den woll'n wir danach bei einem Pfänderspiel auslosen.«

Schon wahr, daß »Alleinsein nur Sehnsucht und Schmerz erzeuget« – wobei so eine Geselligkeit wie gestern freilich auch ihre Tücken hat: befriedigt zwar das Herz, aber erzeugt Kopfweh und wirre Träume – geschieht mir nur recht!

Weiß übrigens der Teufel, wann und wie ich nach Haus gekommen bin. Ob mich der Jenger gebracht hat...?

Und hab ich eigentlich die Lieder und das Quartett wieder mitgenommen?

Ja – da liegen's ja.

Liegt überhaupt so einiges herum...

Franz, mit deiner heiligen Unordnung muß es ein Ende haben – mach eine »unheilige Ordnung« draus, und du wirst dich gleich besser fühlen.

Der Stapel da zum Beispiel – muß herausgefallen sein, als ich in aller Eile ein paar Noten für die Sophie zusammengeklaubt habe: ab ins Regal damit – hoppla!

Auf der Riesenkoppe…?

D a s sind die schlimmsten Gespenster, die einem aus der eigenen Vergangenheit begegnen: Wenigstens acht Jahre ist es her, daß ich das Lied geschrieben hab, und keiner hat's je gesehn oder gesungen.

Das muß gewesen sein gleich, nachdem wir mit dem Vater vom Himmelpfortgrund in die Roßau gezogen sind… »Anno Achtzehn« – tatsächlich bald acht Jahre!

Ach, schau: und d a s findet sich auch einmal wieder – das kleine Menuett, nach dem der Bruder damals so gesucht hat…

———— ⚮ ————

Im Hause des Tenors Josef Barth findet die private
Uraufführung des Streichquartetts d-Moll »Der
Tod und das Mädchen« statt.

Nicht einmal über die Exposition ist er hinausgekommen, der famose Herr Ignaz Schuppanzigh! Und bis daher hat's bei ihm – bei den drei andern auch, aber doch vor allem bei ihm – so viele falsche Tön' gehagelt, daß g'nug dagewesen wär'n, um a neu's Quartettl damit zu schreiben!

Na, egal. Er hört halt mittendrin auf, schaut mich an und sagt: »Brüderl!«

»Brüderl«, hat er g'sagt, »das läßt sich net spielen – das is ka' Quartett, das is überhaupt nix! Laß gut sein und bleib du bei dei'n Liedern.«

Ah, denk ich bei mir – das läßt sich net spielen? Nehm' mit einem freundlichen Habedjehre meine Noten und geh gerad'wegs in die Schönlaterngass'n zu den beiden Hacker-Brüdern.

»Da!« hab ich gesagt und ihnen die Stimmen hing'legt – »der Schuppanzigh meint, 's läßt sich net spielen. Habt's Lust, ihm und mir das Gegenteil zu beweisen? Nehmt den Josef Hauer für die zweite Geig'n und den Bauer von der Oper fürs Violoncell, und wenn's ihr soweit seid, veranstalt' mer eine Soiree und spielen's ihm vor, dem Herrn Schuppanzigh!«

Na, hast es ja g'hört, jetzt: L a ß t es sich spielen oder nicht?
Und i s es a Quartett oder nicht?
Also!
Zweimal probiert ha'm mer's Ganze – zweimal bloß, und's
klingt, als ob die Viere hier ihr Lebtag nix andres studiert hät-
ten!
Ja, das tönt freilich anders als dem Herrn Schuppanzigh sein'
elende Geig'n – d a s heiß ich mir Quartett gespielt! Wirklich zu
schade, daß er sich im letzten Moment hat entschuldigen lassen, der
Herr Schuppanzigh; ich hätt doch zu gern sei' G'sicht gesehn, wenn
er's gehört hätt'. Am End wär er noch drauf gekommen, beim
Hacker-Karl und beim Hauer Lektionen zu nehmen!
Wißt's was: Gleich morgen werd ich das Quartett zum Matthias
Artaria tragen und's ihm zum Druck anbieten. Er hält nämlich
große Stück auf mich, der Herr Artaria – und nicht nur auf meine
Lieder: Wo er mir gestern erst dreihundert Gulden für eine Klavier-
sonat'n und ein Divertissement auf vier Hände bezahlt hat, da sollte
ihm das Quartett wenigstens ebensoviel wert sein, glaubt's ihr
nicht? 's wär doch gelacht, wenn ich nicht endlich einmal frei käm
von den Liedern und Tänzen. Irgendwann werden's schon sehn, daß
der Schubert m e h r kann als das!
Kommt's, macht mir die Freude und spielt noch amal das Finale –
wo ich doch gestern Geburtstag g'habt hab, wär's das schönste
Geschenk, das ich mir denken könnt'...

So, ihr Lieben: und jetzt ab mit uns, ins Beisel – das muß gefeiert
werden, das Quartett; wo's schon sonst nicht viel zu feiern gibt,
wenn ich an die Zeitung denk von heut: nix als Schauer- und Kata-
strophenmeldungen.
No, hier zum Beispiel – die Sache mit den Sklaven: »... wurde der
Kapitän Blais, das Schiff ›Hippolyt‹ führend, dabei ertappt, als er an
der Küste von Afrika Sklaven einhandeln wollte; man brachte ihn
nach Saint-Louis, wo er wegen Sklavenhandels zum Verluste seines
Kapitänsrechts und das Schiff samt Ladung zur Einziehung verurteilt wurde. Er appellierte aber an den obersten Gerichtshof des
Senegal, welcher, da drei Richter für und drei wider den Appellan-

ten stimmten, zu dessen Gunsten entschied, ihn freisprach und Schiff und Ladung zu restituieren befahl.«

Juristerei! Da treten's die Würde und die Freiheit der Menschen mit Füßen, und so ein Sauhund wie dieser Kapitän kriegt auch noch Recht! Aber Gott-sei-Lob-und-Dank ist der Geist Napoleons noch nicht g a n z verschwunden, in Frankreich: »Der königliche Prokurator trug auf Kassation dieses Urteils an, da aus den Bestimmungen des Gesetzes vom 15. April 1818 hervorgehet, daß jeder irgend mögliche Anteil, den man, wo und wie es auch sei, an dem Geschäfte des Sklavenhandels hat, die gesetzlichen Strafen nach sich ziehet, dieser Handel mithin nicht bloß in dem wirklichen Verkauf von Sklaven und in einer den Eintausch von Negern beabsichtigenden Unternehmung besteht, vielmehr ein Verbrechen ist. Der Hof erklärte den Bescheid des Obergerichts am Senegal für null und nichtig und befiehlt, die Sache dem Pariser Gerichtshof zu überweisen.«

Aber schlimmer noch, find ich, ist, was das *Journal de Saint-Petersbourg* über den Aufstand meldet, den's gegen den neuen Zaren angezettelt haben: »Die Ereignisse des 26. Dezembers haben ein schreckliches Komplott enthüllt. Menschen, des Namens Russen unwürdig, schmiedeten es im Finstern. Sie führten die Ermordung der kaiserlichen Familie, Anarchie, Plünderung alles Eigentums, Niedermetzelung der ruhigen Bürger im Schilde. Dergleichen Pläne konnten allerdings in keinem Falle in ihrer ganzen Ausdehnung ausgeführt werden; allein schon der bloße Versuch dazu würde großes Unglück herbeigeführt haben, und wenn jemals Strenge unerläßlich war, wenn jemals das öffentliche Wohl ernste und schleunige Maßregeln erheischte, so ist es bei dieser traurigen und wichtigen Veranlassung der Fall. Seine Majestät der Kaiser haben auch gleich in den ersten Tagen eine eigene Untersuchungskommission niedergesetzt.

Die Geständnisse der auf der Tat betretenen Verschwörer und die Entdeckung einer Gesellschaft, welche seit langer Zeit eine revolutionäre Explosion vorbereitete, haben zahlreiche Verhaftungen notwendig gemacht, um der Verschwörung auf den Grund zu kommen und aller ihrer Fäden habhaft zu werden. Die Regierung besitzt die tröstende Hoffnung, bald ans Ziel der Maßregeln, die sie zu diesem Ende ergreifen mußte, gelangt zu sein; sie kennt alle Geheimnisse einer ruchlosen Sekte, alle Pläne der Verschwörer, und sie wird sie, sobald der jetzt eingeleitete Prozeß beendet sein wird, bekanntmachen. Unter den verhörten Individuen sind einige glücklicherweise unschuldig befunden und auf der Stelle in Freiheit gesetzt worden; andere, noch sehr jung, haben sich in die Sekte aufnehmen lassen, ohne den Zweck derselben zu kennen und die Folgen ihrer leidigen Unvorsichtigkeit zu begreifen. Sie fühlen nun, unter den grausamsten Gewissensbissen, in welchen Abgrund sie gestürzt werden sollten.«

Schlimme Zeiten...

———— ❧ ————

»*B*ericht über das Befinden Seiner Majestät des Kaisers... erkrankten in der Nacht vom 9. auf den 10. März plötzlich und wurden von einem entzündlichen Fieber befallen, gegen welches sogleich alle erforderlichen Heilmittel angewendet wurden.« Erst der russische Zar und jetzt der Kaiser. Das fehlte gerad noch, daß auch der Kaiser stirbt.

»In der Nacht vom 11. auf den 12. verschlimmerten sich die Zufälle der Krankheit und das Fieber, so daß kein ruhiger Schlaf stattfinden konnte. Morgens am 12. trat zwar eine Erleichterung ein, welche aber nicht andauernd war, und gegen Mittag wurde es nötig, noch einen Aderlaß vorzunehmen.«

Den Schweizerhof, auf den die Fenster Seiner Majestät hinausgehn, ham's schon gesperrt, und über'n Burgplatz dürfen die Wagen nur mehr ganz langsam roll'n; und die Trommeln der Wache werden auch nicht mehr gerührt.

Ganz still is.

Die Leut sind alle in den Kirchen und beten, »um von Gott die Genesung des geliebten Landesfürsten zu erflehen«, wie's heißt – von der Allmacht Gottes: »Doch kündet das pochende Herz dir fühlbarer noch Jehovas Macht, des ewigen Gottes, blickst du flehend empor und hoffst auf Huld und Erbarmen.«

Weil, wenn der Kaiser stirbt, dann gibt's keinen mehr, der den
Metternich noch bremsen könnte – wo der ja ohnehin schon glaubt,
die ganze Welt allein zu regier'n!

Ich schwör's dir: Dann wird bei uns auch noch das l e t z t e
Hälmchen Freiheitskraut ausg'rupft werden. 's wächst ja eh nix
mehr, seit Karlsbad – weder hier noch drüben in Deutschland. Und
wo sich wirklich noch ein Pflänzlein im verborgenen hat retten
können, da is es nur eine Frage der Zeit, bis sie's aufspür'n und
zertrampeln.

Am schlimmsten ist's an den Universitäten – da, in Tübingen
zum Beispiel: »Um jede Erinnerung an die früher hier bestandenen
Verbindungen unter den Studierenden zu vernichten, wurde durch
einen öffentlichen Anschlag das Tragen von Mützen und Kleidungsstücken aller Art, von Pfeifenquasten, Hosenträgern und
dergleichen, an welchen die Farben der früher hier bestandenen Verbindungen sichtbar sind, bei vierundzwanzigstündiger Gefängnis-
strafe und Konfiskation der bezeichneten Gerätschaften den
Studierenden verboten.«

Oder in Leipzig, wo die Polizei Hausdurchsuchungen vorgenomm', Papiere beschlagnahmt und vier »als vorzüglich verdächtig
Erschienene« verhaftet hat – aufgrund weiß der Teufel welcher
»Verdachtsgründe, daß die gesetzwidrigen burschenschaftlichen
Verbindungen unter den Studierenden, der dagegen wiederholt
verfügten Maßregeln unerachtet, noch nicht als völlig unterdrückt
anzusehen seien«.

Verbieten, vernichten, verhaften, unterdrücken – wenn der Kaiser stirbt, sag ich dir, stirbt die Freiheit gleich mit.

So einem wie dem Ernst Schulze hätten's gewiß auch die Flügel gestutzt – wenn er nicht schon tot wär'; nur achtundzwanzig
Jahr alt ist er g'worden: Lungenschwindsucht. A Jammer! Schad,
daß ich ihn net gekannt hab; ich denk, wir hätt' einander gerad
so gut verstanden, wie ich mich mit'm Körner verstanden hab.
Und sein *Poetisches Tagebuch* ist übervoll an den herrlichsten
Gedichten.

Tja, da werden's die Tonkünstler-Akademie nächsten Samstag
(mit dem Händelschen *Salomon*) wohl absagen, wo es jetzt dem

Kaiser so schlecht geht – wenn's nicht gleich alle Theater zusperr'n; schad, ich wollt' eigentlich hingegangen sein.

Brrr – Schluß aber jetzt: nix als schwarze Gedanken! Weißt', was die beste Medizin dagegen is? Die Musik!

Wenn er ei'm schon nicht von a u ß e n kommt, der Lebensmut, dann muß man eben i n n e n nach ihm Ausschau halten!

— ❦ —

A n Seine Majestät den allergnädigsten Kaiser.
Euer Majestät!
Allergnädigster Kaiser!

In tiefster Ehrfurcht waget der Unterzeichnete die gehorsamste Bitte um allergnädigste Verleihung der erledigten Vize-Hofkapellmeisters-Stelle und unterstützt sein Gesuch mit folgenden Gründen:

1. Ist derselbe von Wien gebürtig, der Sohn eines Schullehrers und 29 Jahre alt.
2. Genoß derselbe die allerhöchste Gnade, durch fünf Jahre als Hofsängerknabe Zögling des k.k. Konviktes zu sein.
3. Erhielt er vollständigen Unterricht in der Komposition von dem gewesenen ersten Hofkapellmeister Herrn Anton Salieri, wodurch er geeignet ist, jede Kapellmeisters-Stelle zu übernehmen.
4. Ist sein Name durch seine Gesangs- und Instrumentalkompositionen nicht nur in Wien, sondern in ganz Deutschland günstig bekannt; auch hat er
5. fünf Messen, welche bereits in verschiedenen Kirchen Wiens aufgeführt wurden, für größere und kleinere Orchester in Bereitschaft.
6. Genießt er endlich gar keine Anstellung und hofft, auf dieser gesicherten Bahn sein vorgestrecktes Ziel in der Kunst erst vollkommen erreichen zu können.

Der allergnädigsten Bittgewähr vollkommen zu entsprechen wird sein eifrigstes Bestreben sein.

Untertänigster Diener Franz Schubert.«

— ❦ —

»*L*ieber Bauernfeld! Bald sieben Wochen bist' nun fort aus Wien und fehlst wirklich sehr. Bleibe doch nicht so lang aus, es ist sehr traurig und miserabel hier – die Langweiligkeit hat schon zu sehr um sich gegriffen. Auch von Schober (der des längeren krank gewesen) und von Schwind hört man nichts als Lamentationen, die viel herzzerreißender sind, als die wir in der Karwoche gehört haben. – In Grinzing war ich, seit Du fort bist, kaum einmal, mit Schwind gar nicht... Aus allem diesen kannst Du Dir ein schönes Sümmchen Lustigkeit zusammendividieren.

Nachdem ich seit Mai gar nichts gearbeitet, habe ich übrigens nun ein neues Quartetto begonnen, das ganz erstaunlich lang und groß zu werden scheint.

Was sonst soll ich schreiben – daß' wieder regnet? Daß überhaupt alle Tag nix als Regen is und das Thermometer kaum je über zehn Grad klettert? Das Wetter ist hier wirklich fürchterlich, der Allerhöchste scheint uns gänzlich verlassen zu haben, es will gar keine Sonne scheinen. Juni, und man kann noch in keinem Garten sitzen – schrecklich! fürchterlich!! entsetzlich!!! für mich das Grausamste, was es geben kann! Auch ist die Absicht, daß Schwind und ich mit Spaun nach Gmunden gehn und uns mit Dir ein Rendezvous geben, wie wir's vorgehabt haben, ganz aus der Welt. Ich kann unmöglich nach Gmunden oder irgendwo anders hinkommen – ich habe gar kein Geld, und es geht mir überhaupt sehr schlecht. Ich mache mir aber nichts daraus und bin lustig. Nun, oder doch jedenfalls so lustig, wie's eben sein kann – was eigentlich nichts andres heißt, als daß ich ganz auf den Hund bin.

Am wenigsten spür ich freilich davon, wenn ich in meinen Noten stecke; weshalb wohl auch das erwähnte Quartetto immer länger und länger gerät, weil ich keine Lust hab, damit aufzuhör'n und in die langweilige Lebensprosa zurückzukehren. Übrigens ist es fürs erste das getreue Abbild des gräßlichen Wetters: grau und trübe Wolken, die umeinander über'n Himmel ziehn, mit einem ordentlichen Blitz und Donnerwetter hier und da. Nun, Du wirst's ja sehn, wenn Du wieder in Wien sein wirst.

Ich bitte Dich, komme sobald als möglich! Dein Schubert.«

Zweiazwanz'g Grad hat's, und der Himmel is blau – na, dann scheint's ja endlich vorbei zu sein mit diesem Hundswetter, diesem elendiglichen; wurd' aber auch Zeit.

Hoffentlich bleibt's morgen so heiter – ich hätt' gut und gern Lust, mit Schwind und Schober einen kleinen Gang nach Grinzing heraus zu tun: einmal wieder frei atmen, nach so vielen miserablen Wochen.

Nur, e r s t wird das Quartetto fertig geschrieben, versteht sich! Vielleicht gelingt's ja, daß ich zum guten Schluß doch noch ein bißchen Junius-Sonnenschein hineinkrieg' – wenigstens ins Finale, nachdem's in den andern Sätzen nur alleweil geregnet, gehagelt und gestürmt hat!

Und lang sind's geworden – so lang!

Allein das Scherzo hat, glaub ich (mit'm Trio gerechnet), an die zweimal hundert Takte. Als ob ich darauf aus wär', dem Herrn van Beethoven Konkurrenz zu machen, dessen neuestes Quartetto, wie mir der Schuppanzigh g'steckt hat, sieben Sätze haben und an eine volle Stunde lang sein soll.

No, ich hab an meinen vieren gerad genug; und viel weniger als eine Stund werden d i e auch nicht sein, wenn's ordentlich gespielt und nicht gehetzt wird.

's fragt sich bloß, wer's hören will – hier in Wien, wo die Leut oft schon nach z e h n M i n u t e n anfang'n, mit den Füßen zu scharr'n, weil's eahna fad wird...

Alles nur die Schuld vom Wetter, von dem hundsmiserabligen: Wär's besser gewesen, die letzten Wochen, hätt ich mich kürzer gefaßt!

Schad nebenbei, daß auch am Montag noch so kühl und trübe gewesen ist – ich hätt' dem Vogl von Herzen den allerschönsten Sonnenschein gewünscht für den besondern Tag. Daß er sie nun also wirklich und wahrhaftig geheuratet hat, seine Kunigunde Rosa – sakrawolt, ich hätt's nicht geglaubt, daß der alte Hagestolz mit seinen bald sechzig Jahr'n doch noch in den Hafen der Ehe einfährt.

Wieder ein abgeschlossenes Kapitel, mithin. Nun wird's gewiß nicht mehr dazu kommen, daß er mich einlädt, ihn sommers nach

Steyr zu begleiten, wie letztes Jahr noch. Na, solang er sich nur nicht ganz aus unserer Gesellschaft zurückzieht…

Wer übrigens alles da war, bei der Hochzeit; ich hab gar net g'wußt, daß er s o hoch angeschrieben ist, der Vogl – auch beim Adel. 's hätt bloß noch gefehlt, daß Ihre Majestäten ihm die Ehre erwiesen hätten! Aber wer weiß: vielleicht wären'S ja tatsächlich gekommen, wenn'S nicht gerad in Wels oder Lambach gewesen wär'n…?

Ah, nein: in Neubau, »wo der Kaiser und die Kaiserin in erwünschtestem Wohlbefinden eintrafen und im Gasthause ›Zum grünen Baum‹ zu speisen geruhten. Dortselbst wurde eine Pyramide errichtet, welche eine mit Blumengirlanden eingefaßte Inschrift: ›Dem wiedergenesenen Vater!‹ zierte.« Tja, die einen genesen, die anderen nicht…

»Im Vorhause des Gasthauses waren Kinder aufgestellt, deren jedes einen Blumenkranz in der Hand hielt, in dessen Mitte ein Buchstabe glänzte. Im Zusammenhange mit obiger Inschrift waren die Worte zu lesen: ›Von hocherfreuten Kindern.‹ Zur Seite standen zwei Mädchen mit Fahnen und in deren Mitte ein Jüngling mit dem von einem Kranze umgebenen ›Vivat!‹. Nach einem Aufenthalte von dreiviertel Stunden…« (– der das Städtchen Neubau ein kleines Vermögen gekostet haben wird –) »… wurden Ihre Majestäten von diesen Kindern bis zum Wagen begleitet und setzten, unter Vivat-Rufen von den herzlichsten Segenswünschen aller tief gerührten und erfreuten Anwesenden, die Reise nach Merchtrenk fort.«

Ganz so feierlich ist's freilich nicht zugegangen beim Vogl seiner Hochzeit – aber dafür lustiger!

Man könnt natürlich auch h e u t schon nach Grinzing.

Na, dann spute dich, Franzl: e r s t das Quartetto, das steht einmal fest! Und wenn'st dann dein »den 30. Juni Achtzehn-Sechsazwanz'g« manu propria darunter stehn hast – d a n n meinetwegen!

An Karl Nägeli, Zürich: »Euer Wohlgeboren haben mich durch Herrn Carl Czerny mit dem ehrenvollen Auftrag bekannt gemacht, für Sie eine Sonate fürs Pianoforte zu schreiben, welche Sie in eine Sammlung verschiedener Klavierkompositionen (unter dem Titel: *Ehrenpforte*) mit einzurücken gedenken, indem Sie durch meine a-Moll-Sonate mit mir befreundet wurden. Nicht nur die günstige Aufnahme dieser Sonate, sondern auch Ihr mir höchst schmeichelhafter Wunsch machen mich ganz bereit, Ihrem Verlangen, sobald Sie wollen, Genüge zu leisten.

In diesem Falle müßte ich Sie doch ersuchen, mir das Honorar, welches in 120 Gulden Konventionsmünze besteht, in Wien voraus anzuweisen.

Übrigens war es mir sehr angenehm, mit einer so alten, berühmten Kunsthandlung in Korrespondenz getreten zu sein.

Ich verbleibe mit aller Achtung Ihr ergebener Franz Schubert.«

———

Wiener Zeitung: »*Bei Cappi und Czerny, privil. Kunsthändlern, am Graben, Nr. 1134, ist neu erschienen: Sechs Polonaisen für das Pianoforte zu vier Händen, komponiert von Franz Schubert. 61stes Werk.*«

... Zehn, fünfzehn, siebzehn, neunzehn – drei Gulden und neunzehn Kreuzer. Slakrawolt, 's wär nicht einmal genug, daß ich mir meine eignen Noten kaufen könnte, die der Cappi um zweimal zwei Gulden anbietet!

Ich sollte endlich einmal lernen, hauszuhalten – er hat gut reden, der Ferdinand! Womit denn, bitt' schön, wenn doch nix hereinkommt?! Im Feber die fünfazwanzig Gulden vom Herrn von Pratobevera für das Melodram, das wo ich für sein' Vater gemacht hab, im April die dreihundert Wiener Gulden vom Artaria für das ungarische Divertissement und die Sonate – und seither nix, rein gar nix mehr! Wie soll denn da einer haushalten, möcht ich wissen?!

Nu ja, ich könnt' mir natürlich das Essen g a n z versagen – und nicht nur einen Tag übern anderen, wie ich's im Prinzip ja eh schon tu'. Jessas, ein Fiakergulasch, ein Teller Selchfleisch oder ein Tafelspitz – ich weiß schon gar nimmer, wann ich so etwas das letztemal g'habt hab!

Oder Schlickkrapfeln, wie's die Mutter immer gemacht hat: gekochtes Beuschel, Kalbfleisch und Kapaun – mit einem Wiegemesser fein z'samm'geschnitten; a Messerspitzen Salz dazu. Dann Schweineschmalz, das man in einer Kasseroll'n ausläßt, um fein geschnitt'ne Zwiebeln, Petersilie und Semmelbröseln darinnen zu schwenken, bevor man das Gehäcke zugibt und überm Feuer laßt. Gewürzt mit Pfeffer, Limonienschale und gestoßener Muskatblüte. Hernach kühlt man's ab, rührt drei (oder besser noch: vier) Eier darunter und setzt das Ganze auf dünne, ausgeradelte Fleckeln von Nudelteig, schlägt den Rand über Kreuz und läßt's in kochender Rindsuppe ziehen. Stell mir nur einer einen Teller Schlickkrapfeln hin, und ich würd nicht einmal mit dem Kaiser tauschen woll'n!

Aber mit drei Gulden und neunzehn Kreuzern is halt nix mit solchen Schmausereien. Da heißt es schon zufrieden sein, daß ü b e r h a u p t was auf 'm Teller liegt – und wenn's nur ein Kanten trocken Brot ist.

Dabei ist es ja nicht so, daß ich nicht genug schaffen würd, um halbwegs schlecht und recht zu leben – nur daß sich halt die Herren Kunsthändler mit dem Bezahlen sehr viel schwerer tun als ich mit dem Komponieren. Wenn ich denk, daß ich mich seit bald drei Tagen nur von Tee ernähr', weil's zu was anderem nicht langt – derweil mir der Thaddäus Weigl noch hundert Gulden für die beiden Liederhefte schuldet, die seit April heraus sind! Und vom Cappi hab ich auch noch zweimal fünfzig Gulden zu kriegen – für den Rückertschen Greisengesang und jetzt für die Polonaisen.

Und wenn man hingeht und sein rechtens fälliges Geld verlangt, dann paßt's gerad nicht, oder die feinen Herren lassen sich gleich ganz verleugnen – die Bagahsch!

Bin ja mal neugierig, was der Wohlgeborene Herr Nägeli in Zürich über mich entscheidet; die Honneurs seines Auftrags, mit einer Sonate fürs Pianoforte an seiner *Ehrenpforte* mitzuarbeiten, wüßt' ich wohl zu schätzen – mehr aber noch die hundertzwanzig Konventionsgulden Honorar, die dabei herauskämen: doppelt soviel, wie mir der Artaria für ein Gleiches zahlt.

Ich verlang' z u v i e l ?

Nur weil ich hier in Wien z u w e n i g krieg', hab ich doch meinen Wert und Preis: Darunter geht's nun einmal nicht, Herr Nägeli!

Nur daß ich mir für meinen Wert und Preis nix kaufen kann – und also wieder mal dem Schwind die Ehr' erweise, mich auf d'Nacht zu Tisch zu laden!

Womit dann immerhin für h e u t der Magen a Ruh' gibt.

———— 🙰 ————

> Wiener Zeitung: »*Bei Ant. Diabelli und Komp.,
> Kunst- und Musikalienhändlern am Graben
> Nr. 1133, sind neu erschienen:* Trois Marches mi-
> litaires *pour le Pianoforte à 4 mains, composées par
> François Schubert. Œuvre 51.*«

No was – freilich *militaires*: Du kennst doch mein kriegerisches Gemüt und weißt, daß ich all'weil nix lieber tu als bei der Hofburg dem Kaiser sein'n Soldaten beim Exerzieren zuzuschau'n; ja, daß ich wohl am liebsten s e l b e r so a fesche Uniform hätt' haben und auch mitmarschier'n und -exerzier'n woll'n, wenn's mich nur gelassen hätten!

Wie – ich mach Witze: Hab ich dir nie erzählt, wie schon im zartesten Knabenalter in mir der Drang zum Militär erwacht ist? Und wieviel Müh meine armen Eltern g'habt haben, mich davon abzuhalten, daß ich mich als Freiwilliger meld', wie mer gegen den Bonaparte gezogen sind?

Er glaubt's – bei Gott, er glaubt mir's! Ewig schad, daß't jetzt nicht dein Gesicht sehn kannst, Gahy – so a bled's hab ich schon lang nimmer g'seh'n!

Nu komm, grantel net – 's tut mir ja schon leid, daß ich mir ein'n Spaß mit dir gemacht hab. Aber im Ernst: hast' etwa wirklich

gemeint, es wäre m e i n e Idee gewesen, das mit den »M i l i t ä r -
märschen«?! Da mußt' schon, bitte sehr, den Diabelli fragen, was er
sich dabei gedacht hat – ich hab nix zu schaffen damit.

Überhaupt, daß er j e t z t damit herauskommt, der Herr Diabelli – nachdem's seit ich weiß nicht wieviel Jahren bei ihm her-
umgelegen haben, die drei Stückerl. Warum nicht eher, frag ich
dich?

Hat wohl gemeint, es brächt ihm kein'n Profit, wie?

's tät sie keiner haben woll'n, die Sachen von diesem »François
Schubert«?

's tät keiner die zweiahalb Wiener Gulden zahl'n dafür?

Aber jetzt, wo die anderen Kunsthändler einiges *à quatre mains*
von mir gemacht haben – erst der Artaria, dann der Leidesdorf, und
zuletzt der Weigl und der Cappi – und wo sich dies, wie's scheint,
nicht allzu schlecht verkauft: j e t z t fallt's ihm ein, dem Herrn Diabelli, daß er ja a u c h seit Jahr und Tag noch etwas auf vier Hände
von mir liegen hat, was er nun eigentlich erscheinen lassen könnte:
Als *Propriété des Editeurs*, versteht sich – damit der Herr Compositeur nicht meint, er hätt noch was zu kriegen dafür!

Bah, da mag doch gleich der Blitz hereinfahr'n – wie in die Herde
Kühe, da in Ungarn: hast es g'lesen, heute? Vieradreißig Stück Vieh
auf einen einzigen Einschlag – wacker!

Da siehg'st es einmal, w i e kämpferisch und militärisch ich mich
geb', wenn's um diesen Hundsfott von Diabelli geht! Ein Jammer,
daß der Künstler doch ewig der Sklave solcher elenden Krämer
bleibt.

Zum Teufel jedenfalls: so klamm wie heuer hat's schon lang nimmer ausg'schaut in mei'm Säckel – 's wird höchste Zeit, daß wieder
mal a Geld hereinkommt!

Na, soll'n's von mir aus »Militärmärsche« heißen – die Leut
wer'n schon von selber merken, das nicht viel Militärisches darinnen is.

Weißt', Gahy, ich denk oft, daß's ganz gut is, daß keiner in so
einem Stück Musik lesen kann wie in ei'm Buch. Diese Märsche hier
zum Beispiel: du weißt ja, wann ich sie geschrieben hab – wann...
und für wen!

Wie ein Fenster zur Seele – verstehst', was ich meine? Zu einem großen, dunklen Raum, in dem alles Platz find't, was so zusammenkommt mit der Zeit: Worte, Bilder, Töne, Düfte – dies ganze Gewirr aus Erinnerungen...

Hier ein Sommerspaziergang, da eine welke, blasse Blüte; dort hinten ein Brief, den man immer hat schreiben wollen; eine zufällige, zärtliche Berührung; der bittersüße Geschmack einer überreifen Frucht; ein Lichtstrahl, der sich in einem Spiegel bricht; das nächtliche Plätschern eines Springbrunnens im Park; vorne ein hohes, halbrundes Fenster mit Sprossen, vor dem ein Pianoforte steht; ein vorsichtig, schüchtern angeschlagener Akkord...

Da liegt nun all das, halb schon vergessen, verstaubt; träumt vor sich hin – träumt sich z u r ü c k , dahin...

Und plötzlich, weißt du – wir brauchen uns bloß ans Klavier zu setzen und diesen Marsch hier spiel'n – plötzlich fängt alles in dem Raum an, sich zu bewegen – wird wieder lebendig – streckt seine Glieder – springt auf – ruft meinen Namen – schreit – verlangt, daß ich aufmach'...!

Glaub mir, Gahy: Es ist gut, daß keiner lesen kann in der Musik.

Und daß ich der einzige bin, der den Schlüssel hat zu diesem Raum.

Selbst Lieder, weißt du: Worte, Verse, Strophen – all das hat einen klaren Sinn, gewiß; meint dieses oder jenes. Und wird doch oft ganz etwas anderes durch die Töne, die ich dazu gesetzt habe. Etwas Neues, Eigenes... etwas, das selbst dem Dichter fremd und unverständlich ist – das nur m i r gehört, der ich als einziger den Schlüssel habe zu dem Raum meiner Musik.

Aber es ist nicht gut, zu oft dort hineinzugehen.

Es macht einem schwere Gedanken, zieht einen fort aus der wirklichen Welt – lockt einen zurück in eine Zeit und an einen Ort, wo alles Sich-Erinnern schmerzt...

—— ❦ ——

» Seiner des Herrn von Probst, Kunsthändler, Wohlgeboren in Leipzig.

Euer Wohlgeboren!

In der Hoffnung, daß mein Name Ihnen nicht ganz unbekannt ist, mache ich hiermit höflichst den Antrag, ob Sie nicht abgeneigt wären, einige von meinen Kompositionen gegen billiges Honorar zu übernehmen, indem ich sehr wünsche, in Deutschland soviel als möglich bekannt zu werden. Sie können die Auswahl treffen unter Liedern mit Pianoforte-Begleitung – unter Streichquartetten – Klaviersonaten – vierhändigen Stücken etc. etc. Auch ein Oktett habe ich geschrieben für zwei Violinen, Viola, Violoncello, Contra-Basso, Klarinett', Fagott und Corno. In jedem Fall es mir für eine Ehre schätzend, mit Ihnen in Korrespondenz getreten zu sein, verbleibe ich, in Hoffnung einer baldigen Antwort, mit aller Achtung Ihr Ergebener Franz Schubert.«

»An die Kunsthandlung Breitkopf et Härtel in Leipzig.

Euer Wohlgeboren!

In der Hoffnung, daß mein Name Ihnen nicht ganz unbekannt ist, mache ich hiermit höflichst den Antrag, ob Sie nicht abgeneigt wären, einige von meinen Kompositionen gegen billiges Honorar zu übernehmen, indem ich sehr wünsche, in Deutschland soviel als möglich bekannt zu werden. Sie können die Auswahl treffen unter Liedern mit Pianoforte-Begleitung – unter Streichquartetten – Klaviersonaten – vierhändigen Stücken etc. etc. Auch ein Oktett habe ich geschrieben. In jedem Fall würde es mir eine besondere Ehre sein, mit einem so alten, berühmten Kunsthandlungs-Hause in Verbindung zu treten. In der Erwartung einer baldigen Antwort verbleibe ich mit aller Achtung Ihr ergebener Franz Schubert.«

———— 🙰 ————

Leopold Kupelwieser heiratet Johanna Lutz.

» Geht's, fort mit euch – das is heut m e i n Platz, am Klavier: da red's keiner mir her, und kriegt keiner mich fort! Das wär

ja n o c h schöner, wenn zu meines Meisters Kuppel Hochzeitsfest
ein andrer aufspiel'n täte als sein allerliebster ›Schwammerl‹!

Am End käme noch eine von den Damsellen auf den Gedanken,
m i c h zum Tanze zu bitten...

Nein-nein, verrenkt's i h r euch ruhig die Beine, und laßt m i r
die Sorge drum, euch ganz alleine die Musik dazu zu machen.

Das einz'ge wär', wenn unsre frisch ›verkuppelte‹ Frau Meisterin, wie's der Schwind so treffend in seiner Brautrede gerad genannt
hat – wenn also das gewes'ne Fräulein Lutz uns die Ehre eines kleinen Liedes geben wollte? Ich hätt' da nämlich eines, was ganz famos zu Tag und Anlaß passen täte: *Hänflings Liebeswerbung*, vom
Friedrich Kind.

Wie steht's, liebste Braut des liebsten Freundes: Hätten'S
Lust?«

»Ja-ja, das Hochzeitmachen – ahidi! – scheint heuer ja wohl ganz
entschieden *à la mode* zu sein bei uns: im Jänner erst der Streinsberg und die Isabell von Bruchmann, dann hat's im Juni unsern
lieben Vogl derwischt (von dem's wohl keiner mehr geglaubt
hätt'), und heut also sind der Kuppel und die Johanna Lutz an der
Reih'.

Schon recht, schon recht – weil aller guten Dinge schließlich dreie
sind, wie's heißt.

Nur daß mir keiner kommt und meint, i c h müßte a u c h einmal dahin – womöglich gar als nächster hier im Kreis – und aus dem
Trio der Vermählten ein Quartetto machen.

Ich glaube freilich kaum, daß einer daran auch nur d e n k t – am
eh'sten wär ich's selber, der solchen Grillen nachjagt...

No, was is jetzt – halt's enk z'samm', und los geht's, weiter!«

Wie sie sich drehn... als gäb's nix andres auf der Welt als diesen
Tanz – als diesen Augenblick, in den alles zusammenfließt...

Der verlorene, ferne Glanz ihrer Augen...

Die Münder lächelnd gespitzt: schaut mich an – ich lebe!

Das Haar, das an der Stirne klebt...

Die Hand in die Hüfte gestemmt...
Ein Fuß, der unterm Kleid hervorspringt wie ein kleines Tier; und
dann und wann sogar ein Strumpf, der sich um eine feste Wade
schmiegt...
Ein schwerer, brünstiger Duft – nach Puder, Veilchen, Schweiß...
Und immer wieder dieser Blick: schaut her, i c h bin's! Die Zeit
steht still – ich l e b e!
Ist d a s das Glück – sich so zu drehn, daß alles andre nimmer
zählt?
Wie eine Wut – als könnten's beim Walzen und Sich-Drehn der
Zeit die Feigen weisen...
Dieselbe Seligkeit – lachend und schluchzend zugleich –, wie
wenn der Wein ihnen zu Kopfe steigt: Glück und Unglück in einem,
Mut und Übermut – und ist doch alles bloß ein Spiel. Wie ging noch
das Couplet, das wo ich letzter Tag beim Heurigen gehört hab? »A
bisserl Lieb und a bisserl Treu und a bisserl Falschheit is all'weil
dabei...«
Nichts zählt als dieser Rausch, jetzt – und morgen ist alles ver-
gessen.
Und ich?
»Geh, Franzl, spiel uns was!« Gewiß... und kaum, daß ich die
Finger über das Pianoforte tanzen lass', ham's mich vergessen.
»Spiel uns was, spiel...« Freilich – wozu auch sonst wär ich da-
bei?
Nur daß ihr halt – so sehr ihr euch auch dreht – in m e i n e n Tanz,
in meine e i g' n e n Träume net hineinpaßt...

———— ❧ ————

Schubert verläßt – wahrscheinlich wegen seiner
katastrophalen Finanzlage – die Wohnung im
Fruhwirth'schen Haus in der Vorstadt Wieden und
zieht wieder für einige Monate zu Franz von
Schober in das Haus Innere Stadt Nr. 765.

———— ❧ ————

S paun – sei mir willkommen, liebster Freund!
Aber nein, g a r nicht störst du – im Gegenteil: Hast' a bisserl
Zeit? Na, siehg'st – ich auch; also komm – komm her und setz dich,
und laß uns, wenn'st magst, bei einer gemütlichen Pfeif'n und ei'm
Tee gemeinsamen Erinnerungen nachgehn, ja?

Je nun, hast' recht – sie hat schon ihren Grund, die Nostalgie: 's
ist nämlich, daß mein Vater heut das »Schwarzrössel«-Haus verkauft, weißt': das Schulhaus am Himmelpfortgrunde, wo ich (außer
den Jahren im Konvikt) fast meine ganze Kindheit und Jugend
lang gelebt hab, bis wir Anfang Achtzehn in die Roßau 'zogen
sind. Da ist mir eben so, als müßt ich vieles, was ich dort zurückgelassen hab, noch einmal ins Gedächtnis rufen – es konservier'n,
gewissermaßen, damit's nicht etwa mit verkauft wird und ver-
lorengeht.

Albern, net wahr? Zumal ja doch das meiste von dem, woran mich
dieses Haus erinnert, eher d e r Art ist, daß ich wohl besser daran
tät, es zu vergessen!

Und überhaupt sollt ich mich ja wohl freuen, daß ich ganz un-
verhofft zu ein'gem Geld komm, auf die Art: weil mir von
Kaufschilling und Schlüsselgeld doch gut und gern zweihundert
Gulden Konventionsmünze zustehn – aus dem Erbteil meiner
Mutter, das im Urbarium fürg'merkt ist für mich und meine
Geschwister.

Ich sag's dir, Spaun – das Geld brauch ich so dringend wie
nie! Der Probst zögert, ob und was er drucken soll von mir –
wo doch, wie er g'schrieben hat, »der eig'ne, sowohl oft geniale als
wohl auch mitunter etwas seltsame Gang meiner Geistesschöpfun-
gen in unserem Publikum noch nicht genugsam und allgemein
verstanden« würde, und die Breitkopf-und-Härtel'sche Kunsthandlung ha'm mich fei gleich g a n z aufsitzen lassen, indem's mir
für meine Sachen nicht einmal den Dreck- und Hungerlohn bieten, den ich hier in Wien krieg', sondern bloß eine Anzahl freier
Exemplare als Vergütung. Wie soll denn da einer leben, frag' ich
dich?!

Es is schon s o weit 'kommen, daß ich meine letzte Sinfonie dem
österreichischen Musikverein zu dedizieren gedenke – in der vagen

Hoffnung, daß wenigstens von d o r t der eine oder andre Gulden kommt...

Nein – o nein, mein Lieber: so war's n e t gemeint! Laß stecken, deinen Beutel! Gerad d u hast mir bei Gott mehr und öfter g'holfen als sonst einer, und ich versprech dir, daß ich – wenn's denn wirklich einmal ganz und gar keine Hoffnung mehr geben sollte –, daß ich mich dann getreulich und zuerst an d i c h wend'.

Aber ich denk, mit dem Geld vom Hausverkauf wird's noch a bisserl Zeit haben bis dahin – mit dem Geld meiner Mutter, die ja a u c h in diesem Haus gelebt hat und gestorben is...

Komisch, gelt? Seit bald zehn Jahren bin ich fort aus dem Himmelpfortgrund, hab seither keinen Fuß mehr in das Haus gesetzt und kaum je einmal dran zurückgedacht, wie's da und damals war.

Und doch hat's mir ein'n solchen Stich gegeben, wie der Vater mir letzthin sagt, daß er das »Schwarzrössel«-Haus demnächst verkaufen wolle.

Gerad mir, der ich doch immer bloß herumgezogen bin und nirgends lange Wurzeln geschlagen hab – gerad m i r kommt's plötzlich vor, als wär ich nun, wo dieses Haus verkauft wird, mit ei'mmal heimatlos geworden.

Und komisch auch, daß all das Traurige und Schlimme, was ich dort erlebt hab – der Tod der Mutter, die ständ'gen Streitereien mit dem Vater, die erste Schulgehülfen-Zeit... Jessas, wenn ich denk, wie's mich gepiesackt und gequält ha'm, die ABC-G'friser! Komisch, aber all das ist fort.

Nicht vergessen, das nicht; aber so weit fort halt, daß es irgendwie nimmer zählt. Das Gute hingegen, das is so lebendig und so nah, als wär es gerade erst gewesen.

Und so viele kleine, nichtige Erinnerungen: das Ticken eines Heimchens, kurz bevor ich einschlaf'... ein Sonnenstrahl, der in die Kammer fällt und sie gleichsam in zwei teilt. (Wobei ich mir immer vorgestellt hab, ich dürfte nie von meiner Seite über die leuchtende Linie hinweg in die andere Seite treten, weil sonst was ganz unsagbar Furchtbares passieren würd'!) Der Geruch nach Bratäpfeln... ein Bild von unserm Kaiser, das – immer a bisserl

schief – in der Schulstub' hängt... ein Glockenton, der von der
Lichtentaler Kirche 'naufklingt...
    Siehg'st, Spaun – das alles ist da, für immer: unverloren.
»Unverkäuflich«, sozusagen! Und für alle Zeiten festgeschrieben – hier, in dieser Sonat'n, von der ich gerad den ersten Satz fertig
g'schrieben hab: für alle Zeiten...
    Wenn'st magst', Spaun, spiel ich's dir komplett vor – nur, ich
warn' dich: k u r z is es gerade nicht!
    Aber wenn sie dir gefällt, die Sonate, dann soll sie auch dein sein:
ich möcht dir ja so viel Freude machen, als ich nur kann...

— ⚓ —

»*A*n den Ausschuß des österreichischen Musikvereins.
Von der edlen Absicht des österreichischen Musikvereins, jedes Streben nach Kunst auf die möglichste Weise zu unterstützen,
überzeugt, wage ich es, als ein vaterländischer Künstler, diese meine
Sinfonie demselben zu widmen und sie seinem Schutz höflichst
anzuempfehlen.
    Mit aller Hochachtung Ihr ergebener Frz. Schubert.«

— ⚓ —

»*An Herrn Vinzenz Hauschka k.k. Rechnungsrat,*
Kassier der Gesellschaft [der Musikfreunde].
Dem Tonsetzer Herrn Franz Schubert ist als ein
Beweis der Erkenntlichkeit der Gesellschaft der
Betrag von Einhundert Gulden Konventions-
Münze bewilliget worden, den Sie ihm mittels bei-
liegenden Schreibens überschicken und in Ausgabe
stellen wollen.
Vom leitenden Ausschusse
Wien am 12. Oktober [1]826
[gez. Raphael Georg von] Kiesewetter.«

— ⚓ —

*Schubert bezieht ein Zimmer in einem Haus auf
der Bastei beim Karolinentor; er lebt dort zum
dritten- und letztenmal allein.*

*U*nd die verdammten roten Flecken sind auch wieder da: die
treu'sten Freunde, die wo ich hab, scheint's!

— ⋙ —

1827

Tagebuch Franz von Hartmanns: »*Wir gingen zu
Spaun, wo wir mit Gahy zum Frühstück einge-
laden waren. Man war da recht lustig und gemüt-
lich, und dann spielte Gahy 2 herrliche Sonaten von
Schubert und dessen Deutsche [...]. Nach der 1ten
Sonate kamen auch Enderes und Schober dazu.
Schober bezeigte sein Mißfallen über die Sonaten
und disputierte fast mit Spaun.*«

Das kann ich mir denken – 's ist all'weil dasselbe: Sobald der
Schober irgendwo dazukommt, plustert er sich auf wie ein
Pfau und verkündet die größten Dummheiten, als wär's das Evan-
gelium!

»Nun ja, gewiß recht brav und artig, dem Schubert seine Sonaten – aber viel zu lang! Eine dreiviertel Stund' und mehr: ich bitt'
euch, wer soll denn das anhör'n? Und hernach liegen's einem gerad
so schwer im Magen wie eine ganze Schüssel Mehlspeis! Geht's, laßt
doch das fade Zeug beiseite – der Gahy soll uns lieber ein paar
von den *Belles Viennoises* spiel'n; d a s kann er wie keiner, unser
›Schwammerl‹!«

Ach, Schober – wenn'st nur nicht immer a l l e s sein wolltest –
nicht nur Prophet, sondern Gott selbst! Als ob es neben deinen
Orakeln keine andere Religion, keine Sitte, keine Beschränkung
gäbe...

Der Enderes, der Schwind und die beiden jungen Hartmanns
sind dir wohl noch treu ergeben, aber der Spaun ist schon immer
gleich bös, wenn nur dein Name fällt; wärst' nichts als ein eitler
Blender, hat er mir neulich gesagt, und daß es ihm leid täte, daß i c h
mit einem wie dir so viel Umgang hätt'. Am End verdirbst du's dir
noch mit allen.

Daß dir meine Sonaten und überhaupt meine ernsteren Sachen
nicht gefallen, ist zwar schad, aber dein gutes Recht; nur daß du dir
gleich daraus – wie zur Begründung deiner ästhetischen Orakel – ein
philosophisches System erfinden mußt...

»Dramatisch muß eine Sonate sein! Alle Abgründe der menschlichen Seele müssen sich auftun! Ein wildes Auf- und Abschwellen
der Leidenschaften – als ob man seine Brunst mit einem Weibe
stillt – na, ihr wißt schon! Aber unser ›Schwammerl‹ weiß es
halt nicht, und deshalb sind seine Sonaten eben so... so jung-
fräulich!«

Aber diesmal ist es dem Gahy und vor allem dem Spaun dann
d o c h zuviel geworden mit seinen Rodomontaden. Schad, daß ich
nicht dabei war, wie's ihn herabgekanzelt haben – ich hätt zu gern
sein Gesicht gesehn!

Obwohl, wer weiß – womöglich hätt ich doch wieder für ihn Partei ergriffen. Er ist ja doch bei alledem ein herzensguter Kerl und
Freund, der Schober...

Aber meine Sonaten laß ich mir von ihm trotzdem nicht
schlechtreden – ich weiß, was sie wert sind! Vielleicht sind's »jung-
fräulich«, aber an Kraft und Dramatik fehlt's ihnen deshalb noch
lange nicht!

Und zu lang? Gerad so lang, wie's muß!

Das hat der Gahy auch gemeint und gleich zum Beweis das
Allegro meiner zweiten Sonate gespielt.

Ganz kleinlaut soll er geworden sein, der Schober, als Spaun und
die andern sich gar nicht genug tun konnten, das Werk zu loben und
ihn einen tauben Narren zu schelten, daß er die Schönheit dieser
Musik nicht merke. Sogar die beiden Hartmanns, die doch sonst
dem Schober jedes Wort nachbeten, fanden die Sonate »herrlich«
und meinten, sie wär' (bei so reicher Erfindung) für ihren Geschmack eher zu kurz als zu lang ausgefallen; und das sei nun freilich
doch noch etwas anderes als die *Belles Viennoises*...

N o c h einmal den *Erlkönig*?!
Weil draußen so ein schöner Westwind stürmt und die Wolken
vor sich her treibt? Ach geht's, laßt's mich in Frieden – ich mag
nimmer, und der Vogl auch nicht, gelt?

Schober, zeig doch mal lieber die zwei Büchel her, die'st gerad im
Herkommen beim Wallishausser gekauft hast: *Der lustige Gesellschafter in frohen Zirkeln* und *Der Rätselschmied in munterer Freunde
Kreise* – lauter Scharaden, Rätsel, Logogryphen und Spiele! Na, wär
das nix...?

Nu, also gut – e i n m a l noch; aber nur, wenn der Vogl mitmacht.
I c h sing heut nicht...

Halt! Weißt' was, Vogl? Laß uns lieber *Nacht und Träume* machen. Ich weiß auch nicht, warum, aber ich muß heut schon den
ganzen Tag an den armen Collin denken...

Wie lang ist dein Vetter jetzt schon tot, Spaun – zwei Jahre waren's im November, nicht wahr? Mit gerad einmal fünfavierz'g –
aber wer weiß, was unsereinem bevorsteht...

Nein-nein, 's ist nichts – ein bißchen Melancholie, die gleich
vorübergehen wird. Also, Vogl, bist' so weit?

So, ihr Lieben – jetzt langt's aber! Her mit den Bücheln, Schober,
und keine Ausflüchte, hörst'?

Warte, da liegen sie ja... holla: »*Der feine Gesellschafter*. Ein treuer
Wegweiser für junge Leute, sich in Gesellschaft und im Umgange
beliebt zu machen, und sich in allen vorkommenden Fällen gut und
richtig zu benehmen. Nebst einer Anleitung zum Tranchieren und
Vorlegen und einem Anhange ganz neuer Gesellschaftsspiele und
Pfänder-Auslösungen.«

Hört, hört – unser lieber Schober will unter die feinen Leute!

Naa, Finger weg – jetzt hab i c h ' s .

»Erstes Kapitel: Das Wesen der Gesellschaft von gutem Ton; die
geselligen Tugenden; die bestehenden Gebräuche und die Notwendigkeit, mit diesen sich bekannt zu machen.« S e h r notwendig, versteht sich!

»Zweites Kapitel: Das Äußere des Mannes von gutem Ton und die Eigenschaften, welche bei dem ersten Anblick für ihn einnehmen.« Brauchst du bei u n s nicht, mein Lieber: Wir sind deinen Anblick gewohnt!

Finger weg, sag' ich!

»Drittes Kapitel« – oho, ganz etwas Wichtiges: »Die Frauen. Vorteile, welche ein junger Mann aus dem Umgange mit ihnen zieht. Rücksichten, die man ihnen schuldig ist. Viertes Kapitel: Besuche. Fünftes Kapitel: Gesellschaftliche Zirkel, Unterhaltung. Sechstes Kapitel« – aufgepaßt, das ist jetzt für uns gedacht: »Das Spiel, hauptsächlich die kleinen Gesellschaftsspiele. Wohlanständigkeit, welche man dabei zu beobachten hat.«

Ja, is' es bei uns denn je anders als wohlanständig zugegangen? So a Schmarr'n – das Kapitel könn' wir getrost auslassen.

»Siebentes Kapitel: Gastmahle. Gegenseitige Obliegenheiten der Gäste und des Wirtes« – hast' gehört, Spaun? »In Anwesenheit des Herrn Compositeurs Schubert ist zu beobachten, daß diesem sein Punschglas nie leer bleiben möge.«

Natürlich steht's hier – glaubt ihr, ich flunkere euch etwas vor?! »Vorschriften, wie man eine Tafel gehörig anzuordnen hat, und wie der Wirt mit Anstand sich dabei benehmen muß.« Soll ich dir's vorlesen, Spaun, oder hast' unseren Imbiß schon angeordnet?

Ah, famos – dann können wir ja die Kapitel acht, neun und zehn ohne weiteres überspringen und gleich die »Anleitung zum Tranchieren und Vorlegen« studieren: »Gekochtes Rindfleisch. Rindfleisch nach der Mode. Kalbs-Nierenbraten.« Hmm, mir läuft schon das Wasser im Munde zusammen! »Lendenbraten. Spanferkel. Lamm und Zickelchen…«

Ich hör' ja schon auf!

Kurz und gut, liebe Freunde: ein hochwichtiges, höchst verdienstvolles, allerhöchst zu empfehlendes Büchlein, dieser *Feine Gesellschafter*! Und bitt' schön: »Nach dem Französischen«!

So, und weil ihr so brav zugehört habt, werd ich doch noch ein wenig das Pianoforte traktieren; ich brauch aber den Gahy dafür – 's ist etwas auf vier Hände…

O nein, Vogl – d u jetzt wieder?
  N o c h ein Lied!?
Schrecklich mit dir, wenn'st gar so gut aufgelegt bist: Findest nie
ein Ende! Und wenn die andern Hunger haben und gar nix mehr
hören wollen...?
  Na, schon gut, schon gut – aber ein einziges und allerletztes, ja?
Und nicht den *Erlkönig!*
  Sag du, was't willst, Vogl.
  Das *Abendrot* vom Lappe? Einverstanden – und danach wird
ordentlich geschmaust, getoastet und gespielt!

———— ❦ ————

> *Mittwoch, 24. Januar 1827:* »*Mit allerhöchster*
> *Entschließung vom 22ten d.M. haben Seine Maje-*
> *stät den Hoftheaterkapellmeister Josef Weigl zum*
> *k.k. Vizehofkapellmeister mit den systemisierten*
> *Genüssen zu ernennen geruhet. [...] Man stellet in*
> *der Anlage sämtliche Gesuche den Kompetenten*
> *zurück.*«

———— ❦ ————

»*H*errn Franz Schubert Wohlgeboren eigenhändig zu übergeben. *Credo in unum Deum!* Du nicht, das weiß ich wohl,
aber das wirst Du glauben, daß Tietze heute abend beim Vereine
Deine *Nachthelle** singen wird, wozu Dich Nanette Fröhlich mit-
telst der drei mitfolgenden Billetts einladet, die ich die Ehre habe,
Dir, des großen Schnees wegen, im Wege des Kaffeehauses zur lu-
stigen Plunzen zu übermitteln. Dein wohlaffektionierter Gönner
Walcher.
  * Nachthelle bedeutet hier nicht Somnambulismus, Clair-
voyance, ausgeschlafener Rausch usw., sondern Gedicht von Seidl,
Musik von Schubert, für obligaten, verdammt hohen Tenor, mit
Chor, wobei ich zum zweiten Tenor engagiert bin und mir zu dem
Ende bereits ein superbes Kipfel vom Badner Bäcker bestellt habe,
der die besten machen soll. Anmerkg. des Verfassers.«

Na, servus! Wenn's auf d'Nacht ebenso lustig zugeht wie im Walcher sei'm Brief...!

»Bocklet – na, das ist mir aber eine Freude, daß't trotz des Schnees hergefunden hast! Nu, immerhin ist es bei uns noch nicht so arg wie in der Schweiz, wo der Schnee teils dreißig Fuß hoch liegt, wie's heut in der Zeitung geschrieben haben – hast' es auch gelesen? Und daß der Postenlauf bis sechzig Stunden lang völlig unterbrochen war!

Wie steht's – hast' noch Zeit und Lust auf ein' Punsch beim Bogner? Tietze, Walcher, Jenger und die andern kommen auch.

Und sag einmal, was macht mein Rondo?

Ist der Slawjk kräftig am Üben?

Und hat's dir schon die Finger verdraht?

Was treibst' überhaupt h i e r, wo'st eigentlich brav und artig z'Haus und am Pianoforte geblieben sein solltest; paß auf: Für jede falsche Note mußt' mir ein' Kreuzer zahl'n – und am End bin ich Millionär! Das wird dich lehren, den Schubert um ein Virtuosenstück zu fragen!

Aber sag einmal, Bocklet – auf deine Ehr': Meinst du, der Slawjk ist der Richtige? Ein Paganini ist er ja nicht gerade, auch wenn er manchmal so tut; der Herr Schuppanzigh hat mir neulich auch gesagt, daß er gar nicht versteht, wie der Slawjk mit seinem unreinen Spiel so großtun würd.

Hast' übrigens dem Schuppanzigh seine »Musikalische Anzeige« für die sechs Quartett-Unterhaltungen g'sehn? Von mir wird auch was aufgeführt werden – das Oktett, das ich vor ein paar Jahr'n für den Grafen Troyer gemacht hab.

Aber nochmal wegen dem Slawjk: Ich hab halt Sorge, daß er mir mein Rondo zuschanden geigt, wenn er's dieser Tage mit dir beim Artaria vorträgt – es bleibt doch dabei, oder?

Siehg'st! Und gerad wo's der Artaria nächstens als *Rondeau brillant* drucken will...

*H*eut?
Heut oder ein' andern Tag – ist alles eins: Einmal muß es ja doch sein.

Ist auch nicht weit – ein paar Schritte nur, und man ist hinaus... hinüber... und hinter einem weht der Schnee die Spur zu, eh man sich's versieht; daß einem keiner folgt...

Fragt sich bloß, wer einem folgen sollte – dahin.

Von denen, die v o r einem gelaufen sind, sieht man sie auch nicht mehr, die Spur.

Nur ein leises Knistern in den starren Zweigen – als ob einer spricht... oder singt... oder... spielt...

Gehn – und träumen...

Die Augen schließ' ich wieder – und aus ist der Traum.

Ein Narr, wer glaubt, im Winter den Mai zu finden – oder im Leben das Glück.

Nur, d a s Lied wollen's nicht hören: nicht d i e s e Töne, sondern angenehmere, freudenvollere.

Das Krähen der Hähne und das Schreien der Raben? Taugt nix, taugt nix...

Ja, aber die Wirklichkeit...?

Pfui über die Wirklichkeit: die Kunst!

Wie war das, was der Schober neulich vorgelesen hat? »Der Zweck der Kunst überhaupt ist doch kein anderer, als dem Menschen eine angenehme Unterhaltung zu verschaffen und ihn so von den ernstern oder vielmehr den einzigen ihm ernsten Geschäften, nämlich solchen, die ihm Brot und Ehre im Staat erwerben, auf eine angenehme Art zu zerstreuen.« Und wer nicht nach ihrer Pfeife tanzt, den lassen sie allein – allein und mit weit aufgeriss'nen Augen in die Irre gehn...

Aber sie gehn alle in die Irre, alle: Egal, welchen Weg ihr einschlagt – ihr geht in die Irre!

Nur ich, hört ihr? Ich nicht!

Mir kann keiner was vormachen!

Meine Lieder wer'n bleiben – wenn ihr alle längst fort und zu Staub geworden seid, wer'n s i e noch da sein, meine Lieder! Und gerad die, die ihr nicht habt hör'n wollen.

Tja-ha, wenn ihr mitgegang'n wärt – wenn ihr mich nicht hättet
alleine laufen lassen: Vielleicht wär ich gnädig gewesen und hätt euch
ein Körnchen abgegeben von meiner Ewigkeit. Aber so? S o seid's
am Ende i h r, die den falschen Weg genommen habt – den Weg ins
Nichts!
Ich sag euch: Ein paar Schritte nur, und ich bin so weit fort von
euch wie die Sterne am Himmel! Bleibt ihr nur, wo ihr seid – ich muß
weiter, weiter...
Weiter? Ich dachte...
Ich dachte, ich hätt' etwas gehört von der Straße her...
Es ist fort...
Einen Moment lang dacht ich, es wär mir d o c h einer gefolgt.
Man hätte ein Stück Weg's nebeneinander her laufen können – re-
den, über dieses und jenes... sich das Alleinsein vertreiben... sich
aneinander wärmen... aber es war nichts.
Nur ein ferner Ruf, ein Schatten. Wohl ein Hund, der irgendwo
gebellt hat; der Schnee, der von einem Dach herabrutscht, oder ein
morscher Ast, der unterm Reif bricht.
Kein Mensch.
Keiner, der einen fragt, wer man ist, woher man kommt, wohin
man geht; sie ist weit weg, die Welt – die Welt der anderen, der Men-
schen – so weit wie's Morgenlicht vom Abendrot, wie der Greis vom
Jüngling... wie ich – von mir.
Auf dieser ganzen Reise...
Ein paar Schritte nur, dacht ich – aber es ist ja nur der Beginn von
allem; man ist wohl fort, aber noch lang nicht da... wenn man über-
haupt je d a hin kommt.
So müde bin ich, so müde – als wenn ich mein Leben lang
gewandert wär'.
Ausruhn möcht ich – nur einen kleinen Augenblick lang; mich
dort hinhocken; mich in den Schnee einrollen wie in eine warme
Decke; schlafen...
Aber's geht ja nicht – gerad' d a s geht nicht! Sonst...
Hast g'hört? Man hat wieder einen g'funden, auf dem Feld hin-
ter der Landstraße – erfror'n!
Na, so: von kleiner, rundlicher Statur, gegen dreißig Jahre alt,

Brille... a Perück'n hat er 'tragen, und bekleidet war er mit einem alten schwarztüchenen Frack, ei'm gestreiften Pantalon, einer schwarztüchenen Weste und einem mittelfeinen Hemde. Und da ihn keiner kennt hat, haben's ihn ins Allgemeine Krankenhaus gebracht, den Leichnam, damit er dorten gerichtlich beschaut wird: Friede seiner Seele!

Weißt', er muß dort draußen schon a ganze Zeit gelegen sein, bevor's ihn g'funden haben: Ganz zerhackt is er schon g'wesen und die eine Hand bis auf't Knochen abgenagt – von dera Kräh'n...

Also weiter.

Ich kann zu meiner Reisen nicht wählen mit der Zeit: muß selbst den Weg mir weisen in dieser Dunkelheit.

Ein paar Schritte nur, ein paar Schritte...

Halte dich tapfer! Einmal mußt es ja doch sein.

's ist, wie wenn ich meine Noten schreib: 's zieht einen vorwärts, Takt um Takt – Schritt um Schritt...

Wenn ich nur nicht so schwer an meinen Liedern trüge. Wie Steine liegt's mir auf dem Herzen, ziehn mich hinunter... hinüber... und keiner, der mir tragen hülfe, keiner...

Selbst wenn ich sie aufschreib' – sie bleiben an mir häng'n; klammern sich fest wie die letzten Blätter am dürren Ast.

Abschütteln muß ich sie, herunterwerfen vom Gezweig meiner Seele – sonst kann ich nicht weiter! Mag sie der Wind davontragen – ausstreuen übers Land, daß sie wie Samenkörner niedergehn und Frucht tragen.

Und wenn's dann aufblühn, irgendwann, soll'n andere sie pflücken.

Aber's geht ja nicht: Zu kalt ist es, so bitter kalt; der Samen erfriert, erstickt im Schnee... verdorrt... und stirbt.

Ich muß sie weiter tragen, meine Lieder; muß sie schützen und warm halten; 's wär doch schad um sie, oder?

Und achtgeben muß ich, daß die Krähen's net aufpicken...

Wenn ich's schaff', sie über den Winter zu bringen... sie – und mich... 's ist ja doch die letzte Hoffnung, die mir bleibt.

———— ❧ ————

Zensurfreigabe für drei Lieder nach Texten von Johann Friedrich Rochlitz: Zur guten Nacht, Alinde *und* An die Laute.

Ah, Bauernfeld – und? Ham's nix auszusetzen g'habt, die Herren Excudatoren? Sehr schön, sehr schön.

Wen hast' denn gesprochen – den Herrn Schodl selbst?

A komischer Vogel, findst' net? Ich muß immer an eine Schleiereule denken, wenn ich ihn seh': Ein notabene höchst possierliches Tier, solang's net seinen spitzen Schnabel in ein unschuldiges Mäuserl hackt! Just wie so ein Zensor.

Na, so kann ich's jedenfalls gleich morgen zum Haslinger tragen: Der wartet wahrhaftig schon lange genug drauf.

Und dank dir noch einmal, daß't für mich zum Revisionsamt 'gangen bist – 's wär mir wirklich leid gewesen, wenn ich mein Geschreibsel hätt unterbrechen müssen, wo ich gerad so schön im Zuge war.

Freilich hab ich's fertig – glaubst', ich schreib ewig an so einem Lied'l herum?

Ta-ta-ta-ta – willst' wohl: Pfoten weg! D a s da kannst' dir anschau'n: die Romanze des Richard Löwenherz aus dem *Ivanhoe*, die der Vogl neulich beim Spaun gesungen hat – warst ja dabei; ich hab's noch einmal neu geschrieben.

Weißt', nach den zweihundert Gulden Konventionsmünze, die mir der Artaria damals für die sieben Scott-Lieder aus dem *Fräulein vom See* gezahlt hat, hätt ich nicht übel Lust, ihm a zweites Packerl Scottischer Gesänge anzubieten.

Hast' eigentlich schon was vom Burgtheater g'hört wegen dei'm *Leichtsinn aus Liebe*?

Unsinn – freilich werden sie's annehmen, da wett ich mit dir: wo doch a gutes Lustspiel heut fast so selten geworden ist wie a gute Oper.

Übrigens, gibt's da nicht irgendwo eine Szene, wo der verliebte Held seiner Angebeteten ein Ständchen bringt?

Nein? Schad'.

Ach, Bauernfeld – wenn's dein Stück erst auf der Hofbühne

herausgebracht haben, dann soll's auch wohl mit unsrer Oper noch
etwas werden, mit dem *Graf von Gleichen*! Wirst sehn: wir beide
wer'n den Wienern zeigen, was w a h r e Poesie und Kunst vermag –
solang uns nur die Zensur nicht derzwischenfahrt wie der Fuchs
unter die Hühner! Abwarten...

Na, und d u wart's auch ab – ich werd's dir gleich schon zeigen,
das neue Lied!

Also, ein Ständchen gibt's nicht in deinem Lustspiel, hast' gesagt? Und wie steht's mit der obligaten Szene, in der das Schicksal
die Liebenden trennt: E r irrt, beklommen und dem Wahnsinn
nahe, durch Wald und Flur – oder nein: am Meer, unbedingt am
Meer muß es sein; und jeden, der seinen Weg kreuzt, fragt er: »Hast'
mein Liebchen nicht gesehn?«

Du mußt schon entschuldigen, aber ich kann halt an nix anderes
mehr denken als an Schauspiele und Opern. Und selbst so ein kleines, unschuldiges Lied wie die *Alinde* vom Rochlitz – immer mein'
ich, was für eine schöne Arie daraus werden könnt'.

»Nun finde, nun finde«: Als ob ein jeder, der nur treu genug
sucht, finden tät'...

Was ist übrigens mit dir, mein Lieber? Mit beinahe fünfazwanzig
wär's an der Zeit, daß du dich umtust; sonst bleibst' am End allein –
schau m i c h an!

Hockst' da heraußen auf der Landstraße in deiner »Spelunke«
und dichtest Lustspiele über Leichtsinn aus Liebe, aber verstehst
davon gerad so viel wie – wie der Herr Zensor Schodl von der Literatur!

Glaub mir, Bauernfeld: 's ist nicht gut, daß der Mensch allein sei –
sogar gegen die Natur ist es, gewissermaßen! Du bist a fescher
Bursch, hast ein sicheres Auskommen als Konzeptspraktikant, wirst
demnächst wohl gar als Hofdichter Furore machen, und Mangel an
anmutigem weiblichen Umgang hast' auch nicht: Hör auf deinen
Bertl und heirate!

Ich? Geh, das kannst' nun wirklich nicht vergleich'n – wer bin
denn i c h schon: ein armer Musikant!

Ich werd' wohl im Alter wie Goethes Harfner an die Türen schlei-
chen und um a Stückerl Brot betteln müssen – derweil du daheim

dein Kind wiegst: Da hast' das Lied, das wo ich heut gemacht hab! Die Verse kennst' ja wohl...

Gefällt's dir?
Ach, was – 's ist halt ein gutes Gedicht. Und wenn'st noch mehrere von der Art hast – das heißt, nein: keine Gedichte mehr, mein Lieber! Den *Graf von Gleichen* sollst' fertig machen, verstanden? Uns're Oper!
Ab nach Hause, auf der Stell'! Und daß't mir heut abend ins *Bierhaus Eisenstadt* wenigstens die erste Szene mitbringst – sonst ist es aus mit der Freundschaft! Du kommst doch, oder?
Schober, Spaun und die beiden Hartmanns wer'n auch da sein, und wenn das Pianoforte dort nicht z u sehr aus dem Ton ist, hätt ich wohl Lust, den Chor *Zur guten Nacht* vom Rochlitz zu probier'n – wo doch der Herr Schodl so freundlich war, sein *Excudatur* drunterzusetzen!

———— ❦ ————

Schubert gibt sein Zimmer auf der Karolinentor-Bastei auf und zieht wieder zu Franz von Schober in das Haus »Zum blauen Igel« (Innere Stadt Nr. 556/557).

Ob's recht wär, fragst'? Und groß genug? Na, geh: zwei Zimmer für mich allein, und dazu noch die Musikkammer – das ist ja der reinste Palast!
Auf Ehre: so feudaliter hab ich mein Lebtag noch nicht gewohnt!
Was übrigens den Zins betrifft: a Geld hab ich zwar gerad wieder einmal keines, aber ich hab mir 'denkt, daß ich dich vielleicht anders entgelten kann.
Red net – ich werd doch noch wissen, was ich meinem Gastherrn schuldig bin?!
Da, nimm – für jedes Zimmer eines: als Acconto, sozusagen. Und du gibst mir gefälligst Bescheid, wenn ich sie abgewohnt hab, die beiden Lieder.

Übrigens Kompliment: die beiden Gedichte sind famos, mein Lieber! Wo ich sie gelesen hab, ist mir gleich die Musik dazu eingekommen – so muß es gehn, wenn etwas Vernünftiges dabei herausschaun soll!

Und der Schluß: »Als wenn der allerbeste Freund mich in die Arme schließt« – das ist fein, Schober, daß't alleweil beim Verseschmieden an mich denkst!

Oder ist d e i n Jäger am End derselbe, der in meinen Müller-Liedern herumspukt...?

Und wenn schon, ist auch alles eins: Dein Jäger ist weder der erste, noch wird's der letzte sein, der sich in mei'm Rastral verfängt. 's ist halt wie mit den Fischern und Schiffern: Von denen gibt's ja auch schon so einige in meinen Liedern – wart einmal: da sind die zwei vom Mayrhofer... einer von Schlegel... ein oder zwei vom Baron Schlechta... von Salis-Seewis auch einer, glaub ich... Goethesche auch wenigstens drei oder viere...

Was schaust' denn wie so ein begoss'ner Pudel? Wenn ich du wär', tät ich mich freu'n, daß ich mich in derart illustrer Gesellschaft befind'!

Außerdem: ein jedes Gedicht ist anders, und deins läßt sich mit keinem andren net vergleichen. Und wie beim *Jägerlied* war's mir auch hier, als ob die Musik schon in deinen Versen drinsteckte und ich sie nur herausschreiben müßt' – das Schwellen der Wogen am Gestade, das Segeltuch, das der Wind gegen den Mast schlägt, die sturmgepeitschten Wellen...

Wie ist es übrigens: Kommst' heut wieder mit zum *Anker*? Spaun und Enderes wer'n da sein – Gahy und die beiden Hartmanns wohl auch, wenn's rechtzeitig von dem Picknick bei der Frau von Pratty z'rück sind; und vor allem der Luigi Lablache will kommen, sobald's Theater aus ist. Ich hab ihm nämlich ausrichten lassen, daß ich vielleicht was für ihn hätte.

Eine alte Schuld, wenn'st so willst! Seit er damals den Basso secondo im *Gondelfahrer* mitgesungen hat – wart' amal, das war... das muß Anno Vierazwanz'g gewesen sein, im Herbst Vierazwanz'g – na, jedenfalls weißt' ja, wie sehr er mich mag und meine Lieder und daß er mir seit Jahren zusetzt, ich sollt' doch eigens für ihn –

expresse – etwas schreiben; Canzonette, Ariette – in Italienisch, versteht sich. (Daß er allerdings nach bald drei Jahren hier bei uns in Wien noch immer kein Deutsch spricht...) Egal.

Jedenfalls hab ich mir 'denkt, daß es d r e i Canzonen sein müßten – eine lyrische, eine dramatische und eine komische –, damit er sich von allen Seiten zeigen kann; und die dritte, die komische, ist halt gerad fertig geworden: *Il modo di prender moglie*, »Die Art, ein Weib zu nehmen«. Willst' hören?

Justament ihm auf den Leib geschneidert, meinst' nicht?

Ich seh schon, wie er die Augen rollt, der Ludwig Lablache: »*Che cos'è...? Tre ariette... per m e, Signor Schubert? Me dedichi le sue ariette?! O caro, carissimo – che gioia, che onore! Sono contento, tanto contento...*«

Ich freu' mich schon drauf, wenn er's das erstemal singen wird: 's ist ja doch eine herrliche Stimme.

Du, da kommt mir eine Idee: Ich hätt Lust, rasch noch ein kleines Quartetterl zu machen für heut auf d'Nacht – net zu schwer und ohne Piano, damit wir's im *Anker* primavistier'n können. Ich hab doch da neulich ein' Text g'habt... »Wein und Liebe«, glaub ich... da – da ist er:

> »Liebchen und der Saft der Reben
> teilen meines Herzens Glut
> und beseligen mein Leben:
> sie ist reizend, er ist gut.
>
> Liebchen macht den Wein mir werter,
> sie kredenzt so freundlich ihn.
> Auch mein Liebchen strahlt verklärter,
> wenn ich voll des Nektars bin.«

's wär fei der erste Besuch im *Anker*, wo mer n e t »voll des Nektars« nach Haus wanken täten!

Also los: *Lebhaft...* vier Viertel... sagen wir: D-Dur, *forte...*

*H*abt's ihr die Beine gesehn – seine Beine? Ganz grau waren's und vom Wasser aufgetrieben wie Schläuche. Und mit dem wirren Haar, das ihm schweißnaß an der mächtigen Stirn klebt, schaut er aus wie ein alter, auf den Tod kranker Gott – wie ein gestürzter Titan oder Olympier. Wobei gerad in diesem kargen, armselig ausgestatteten Zimmer im Schwarzspanierhaus die Schönheit des Kopfes und die himmlische Würde des Meisters ganz besonders wirken, findet's ihr nicht auch?

Ja-ja, ich red' zuviel, ich weiß; ich hab halt Angst, zu ersticken, wenn ich's net heraus laß...

Und Sie sagen, die Ärzte hätten keine Hoffnung mehr, Schindler – gar keine?

Vier, fünf Tage also noch – eine Woche vielleicht, höchstens zweie...

Was alles noch in seinem Kopf stecken mag, an Musik: Werke, wie's die Welt noch nicht gesehn hätte – und nun für immer verloren, wenn er sie mit ins Grab nimmt!

Verzeiht's mir das Pathos, und überhaupt das Gerede – aber es ist doch furchtbar, daß er – ausgerechnet e r – dahingeht! Man muß es doch in die Welt hinausschrei'n: der Beethoven stirbt! Der Beethoven! Der Größte von allen!

Denn er i s t doch nun einmal der Größte – trotz aller manchmal bizarren Manieren, die ich ja an seinen Sachen oft genug kritisiert hab: das wißt ihr. Die Lücke, die sein Tod in die Musik reißt, wird keiner je füllen können – keiner.

Was meinen'S, Schindler: hat er mich noch erkannt?

Ich hab auf dem Tisch meine Lieder liegen sehen, die Sie ihm im Feber so freundlich g'wesen war'n, ihm zu bringen – die *Iphigenia*, die *Allmacht*, die *Grenzen der Menschheit*, die *Junge Nonne*... Und er hat sie alle studiert – a l l e ?

Und wirklich mit freudiger Begeisterung, wie Sie mir erzählt haben, lieber Freund?

Und es hätt' ihm unendlich leidgetan, mich nicht schon früher kenn'gelernt zu haben?

Wenn ich denk: Damals, wie ich ihm hab meine Aufwartung machen wollen und ihm danken für die so freundliche Annahme der

Widmung meiner französischen Variationen auf vier Hände – damals ist er gerade aus gewesen, der Herr van Beethoven; und hernach hab ich halt nie mehr wieder den Mut aufgebracht...

Ich bin gewiß, wir hätten einander verstanden – glauben'S nicht auch, Schindler?

Mein Gott, ich red' ja, als wenn er schon tot wär'!

Wie er mich angeschaut hat – so tief und warm... Ich glaub schon, daß er mich erkannt hat. Und ich hab fast g'meint, er wollte mir etwas sagen, wie's so um seinen Mund gespielt hat; als ob er hätt' sprechen w o l l ' n und nur nicht mehr k ö n n e n , der Meister...

Wie: ich würde es noch weit bringen und noch viel Aufsehen machen in der Welt? D a s sollte er gesagt haben: »Der Schubert wird noch viel Aufsehen machen in der Welt«?

Unsinn, Schindler – erzählen'S mir keine Fabeln!

Bei Ihrer Ehre, sagen Sie?

Noch viel Aufsehen in der Welt...

Kalt is es, findet's ihr nicht auch? Um null Grad wohl – und die Wolken hängen tief und trüb, als ob's noch einmal schneien wollte.

Nun, dank Ihnen, Schindler, daß Sie's uns ermöglicht haben, den Besuch heut; ich werd ihn mein' Lebtag net vergessen, diesen Tag. Und, bitte: sagen'S mir, wenn's etwas Neues gibt – lassen'S mich gleich wissen, wenn... wenn alles vorüber ist.

Wer, frag ich mich, wird der nächste sein, von uns...?

— ❦ —

Ludwig van Beethoven, der am 26. März gestorben war, wird auf dem Währinger Ortsfriedhof beigesetzt. Schubert nimmt als einer von sechsunddreißig Fackelträgern an dem Leichenbegängnis teil – »sämtlich in Trauerkleidern mit weißen Rosen- und Liliensträußern, befestigt am Arme durch die Flöre, und mit brennenden Wachsfackeln«.

— ❦ —

> *Am selben Tag werden zwei Werke Schuberts in zwei verschiedenen Wiener Konzertakademien aufgeführt.*

Ja, wer d a s einmal gedacht hätte: daß meine Musik doch einmal solch einen Zuspruch find't, daß sie sich drum reißen, die Herren Konzertgeber!

Der erste, der 'kommen is', war der Lewy – der J o s e f Lewy, weißt': der jüngere der beiden Waldhorn-Brüder vom Theater am Kärntnertor.

Nu, ich hab gleich gemerkt, daß da was im Busche steckt – so höflich, wie der war: »Habe die Ehre, lieber Freund... Ihr untertänigster Diener, verehrter Meister... wenn ich's wagen dürfte, Ihre kostbare Zeit...« – na, du kannst dir's denken!

Also: ich hätte doch die Freundlichkeit g'habt, vergangenen Dezember zu seiner und seines Bruders Eduard Akademie eine Ouvertüre beizusteuern, welche beim Publikum ganz ausgesprochenen Beifall gefunden hätte; und nun gäb's heuer wieder eine Akademie im *Roten Igel*, im Musikvereins-Saale – ob ich da nicht wieder...?

»Ja, schon gern«, sag ich, »sicher – aber was...?«

Nun, sagt er, der Eichberger habe ihm von einem herrlichen vierstimmigen Gesang erzählt, den ich nach Seidls *Grab und Mond* gesetzt hätte; und da der Eichberger und drei andere Herren – der Ruprecht, der Preisinger und der Borschitzky –, da diese viere also sich freundlicherweise bereit gefunden hätten, bei der Akademie mitzuwirken und einige Quartette zum besten zu geben...

Und das alles, weißt', in einem Tonfall, als ob er vor dem Kaiser persönlich stünde!

»*Grab und Mond*?« sag' ich; da käm er leider zu spät, da ich es bereits fest dem Josef Merk für d e s s e n Akademie zugesagt hätte. Aber er habe dennoch Glück, da ich just ein neues Quartett in Arbeit hätte: *Das stille Lied*, nach einem Gedicht vom Gottwalt...

»Wunderbar! Ganz herrlich! Ein Meisterwerk!« Kurz: der Lewy fährt alles auf, was ihm an Lob und Begeisterung einkommt; aber irgendwie spür ich, daß er was andres erwartet g'habt hat, eigentlich.

Und richtig: »Schade freilich, daß es *Das s t i l l e Lied* heißt...

weil, sonst hätt ich Sie zu bitten gewagt, ob's nicht ein bißchen weniger ›still‹ möglich wär...?«

Und dann is er schließlich damit herausgerückt, was er w i r k - l i c h von mir will, der Schlawiner: ein Männerquartett zwar, aber eines mit vier Hörnern dabei, bitt' schön!

Na, servus – so was hat man nicht gerad fertig im Schubkastel liegen, nicht wahr?

Wann denn die Akademie wär, frag ich – am 22. April? Nun ja, versprechen könnt ich nix – aber ich würd's halt versuchen.

Ich hab natürlich schon genau g'wußt, daß ich's schaff, aber a bisserl zappeln lassen wollt ich ihn doch, den Lewy – daß er nicht denkt, er braucht nur zu rufen, damit ich losspring!

Gut, also.

Der Lewy is wieder fort, ich hab gerad die ersten Takte für den Seidlschen *Nachtgesang im Walde* aufs Rastralpapier geschmiert – klopft es an der Tür: der Ludwig Tietze.

»Servus, Franzl – wie geht's denn immer? Stör' ich? Was machst' Schönes? Neue Lieder, hoff' ich...? *Nachtgesang*... für mich?«

Der reinste Wasserfall! Nu, ich stell' mich brummig: »Schlecht geht's. Freilich störst'. Schön is es nicht – n o c h nicht –, und da's kein Lied wird, is es auch nicht für dich – so, jetzt weißt' alles. Wenn'st einen *Nachtgesang* von mir haben willst, kann ich dir höchstens ein' alten anbieten, den wo ich mal nach einem Gedicht vom Kosegarten ausg'setzt hab.«

Na, was sag ich: Des Rätsels Lösung war, daß der Tietze gerad an demselben Tag und um dieselbe Stunde, wo die Akademie von den Lewys is', seinerseits in einer Akademie vom Leopold Jansa seinen Auftritt zugesagt hat und nun wollte, daß ich ihn am Pianoforte begleite! Am liebsten hätt er natürlich a u c h was Neues g'habt dafür, aber schließlich ha'm wir uns auf den Scottschen *Norman* geeinigt.

Na, ich bitt dich – wenn d a s nicht gelungen ist: Drüben im *Roten Igel* sing'n und blasen sie »Sei uns stets gegrüßt, o Nacht!«, während gleichzeitig im Landhaussaale der Tietze verkündet: »Die Nacht bricht bald herein...« – und beides pünktlich um einhalb Uhr mittags!

»*D*a der leitende Ausschuß der Gesellschaft der Musikfreunde des österreichischen Kaiserstaates mich würdig gefunden hat, zum Mitglied des Repräsentantenkörpers der löblichen Gesellschaft zu erwählen, so erkläre ich hiermit, daß ich mich durch diese Wahl sehr geehrt fühle und den Pflichten derselben mit vielem Vergnügen unterziehe.

Franz Schubert Compositeur.«

— ⚓ —

*W*as denn, s c h o n wieder?! Gib's zu, Schober: du hast heimlich ein Abkommen gemacht mit dem Wirt, daß't für jeden Abend, den'st uns alle ins *Schloß Eisenstadt* abschleppst, freigehalten wirst!

Na, egal – von mir aus gerne! Der Gahy kommt g'wiß auch mit – wenn ich seine leuchtenden Augen recht interpretier', was?

Aber heda, halt, hier geblieben – so schnell geht's nicht! Erst der Ernst, dann der Spaß: Übermorgen ist die Hochzeit vom Bruchmann, und der Gahy und ich woll'n a bisserl *à quatre mains* spielen zum Anlaß – ihr stört's uns gerad beim Probier'n. Bevor mer nicht durch sind damit, muß das *Schloß Eisenstadt* gefälligst warten.

Von mir aus hockt's euch hin und hört zu – oder geht voraus, ganz wie ihr mögt.

He, 's *Trio* fehlt doch noch – Schober, ich spaß nicht: Stell gefälligst sofort die Noten wieder her, sonst...

Geh', sekkier' mi' net – was soll ich denn mit dem Blatt'l!

Oha, es sei denn... Is etwa was drinnen von d i r ?

Am End gar was von dir und m i r ?

Na, d a s freilich is was andres!

Nu, was – ich sei ein feiner Freund, daß ich dir nix erzählt hab: Ich hab's doch s e l b e r nicht g'wußt, daß es heut schon beiliegt – wo mir doch der Johann Schickh gesagt gehabt hat, es sei für nächste Woche! Du weißt doch: Seit mich die Gesellschaft der Musikfreunde vor zwei Wochen zum Mitglied ihres Repräsentantenkörpers gewählt hat, bin ich ein berühmter und vielbeschäftigter

Mann geworden; da kann ich mich fei net mehr um jede Note kümmern, die's von mir drucken!

Aber im Ernst, zeig schon her – is schön geworden?

Trost im Liede von Schober, in Musik gesetzt von Schubert... Wie lang is das her, jetzt: zehn Jahre, oder?

Aber weißt', mein Lieber, so alt wie's ist, das Lied'l – es ist mir immer noch eines der liebsten, die wo ich gemacht hab: und weißt' auch, warum? Weil deine Verse mir damals ganz direkt und geradewegs ins Herz gefahren sind! Und's is ja wirklich so: »Es gehört zu meinem Leben, daß sich Schmerz und Freude eine.«

Es freut mich, daß der Schickh unter den dreien, die ich ihm gebracht hab, gerade d i e s e s rausg'sucht hat.

Wie – noch eines? Hat er z w e i e gedruckt?

Tatsächlich: *Wandrers zweites Nachtlied* is' auch dabei!

Da siehg'st es: Kaum daß man a bisserl berühmt wird in Wien – eine öffentliche Person, gewissermaßen –, da renn' einem die Verleger die Türe ein! »Warte nur, balde – drucken's dich auch!«

Hat ja schließlich lang genug bei mir gelegen, dies Lied; ich weiß noch, wie ich's gemacht hab – damals, wie ich so krank gewesen bin...

's ist aber doch merkwürdig, daß es am End immer meine düstersten Sachen sind, die sich die Leut' herauspicken – als ob sie's merken täten, daß ich fürs Fröhlichsein nicht recht geschaffen bin. Dabei hätt ich gedacht, so etwas wie die *Fischerweise* vom Schlechta müßte dem Schickh in seine Zeitschrift viel eher passen als ausgerechnet das Goethesche *Nachtlied*.

Na, also gibt's heut jedenfalls doppelt Grund, zum *Schloß Eisenstadt* zu ziehn – schlakrawolt noch amal! Und komisch: kaum, daß ich dran denk, is mir schon ganz flau im Magen, und der Hals brennt und is trocken, als wär einer mit'm Schleifrad'l darübergefahr'n!

Aber 's *Trio*, Gahy – das *Trio* und das Dacapo von der *Marche*! Meinst', wir ha'm noch die Kraft? Ich mein': net, daß't uns verdurstest.

Komm, du Kamel – vorwärts, marsch! Ich wittere schon die Oase...

> Wiener Zeitung: »*Bei Thadd. Weigl, Kunst- und Musikalienhändler in Wien, am Graben Nr. 1144 (neben dem König von England), ist ganz neu erschienen:* Andantino varié et Rondeau brillant *composés pour le Pianoforte à quatre mains (sur des motifs origineaux Français) par François Schubert.* Œuvre 84.
> *Bei Ant. Diabelli und Komp. sind erschienen: Vier Polonaisen für das Pianoforte zu vier Händen, komponiert von Franz Schubert. 75tes Werk.*«

*D*as *Andantino varié* und das *Rondeau brillant*, die ich vor fast genau drei Jahr'n in Zséliz gemacht hab – und gleich darunter die vier Polonaisen: neun Jahre alt, auch fast genau, und auch beim Esterházy komponiert.

Wie sie da stehn – als wären sie aus einer Zeit; gewissermaßen Zwillinge, »ganz neu erschienen und zu haben« für jeden, der es kauft und spielt.

Die sechs Jahre, die dazwischen liegen?

Nichts. Als hätt sie's nie gegeben.

Sechs Jahre – eine Ewigkeit!

Aber vorbei ist vorbei: 's verschwimmt eh alles in eins, wenn man zurückschaut. Weiß ja bisweilen selber nimmer, wann genau etwas war, so nah und fern zugleich erscheint mir manches Bild.

Ein Überrock von blauem Cotillon, mit Atlas und seidenen Schnüren verziert; ein Hut von Gros-de-Naples – war das beim ersten oder zweiten Mal?

Ein silberhelles Lachen: »Geh'n'S, lieber Schubert – Sie machen sich einen Spaß mit mir!« Wann? Ich erinnere mich nicht.

Eine kleine Hand, die sich auf meinen Arm legt; ein rascher, koketter Blick, aus den Augenwinkeln heraus; ein Kleid, das verrutscht und – einen winzigen Moment, eine Ewigkeit lang – den Knöchel eines Fußes enthüllt; ein vager Duft nach Reseda und Veilchen; ein schmollender Mund: »Warum haben Sie eigentlich m i r noch nie etwas gewidmet?«

Wirklich, ich weiß es nicht mehr! Es fließt alles ineinander – wie ein Dunst, der abends aus den Wiesen aufsteigt und alles einhüllt;

als ob die sechs Jahre zwischen dem Sommer Achtzehn und dem Sommer Vierundzwanzig nie gewesen wären – die sechs Jahre zwischen Hoffnung und Verzweiflung, zwischen Gesund- und Kranksein, zwischen Leben und Tod.

Variationen, gerad wie im Leben: der immer gleiche Weg, den man geht – und ist doch selber immer ein anderer.

Was würd ich sagen, wenn ich auf diesem Weg heut d e m begegnen würde, der ich vor neun Jahren war: »Halt ein – du gehst in die Irre«?

Ich denk, ich tät ihn nicht einmal erkennen – so fremd bin ich mir selbst geworden.

Außerdem, was heißt schon »in die Irre«: Würd ich denn irgend etwas anders machen, wenn ich's noch einmal zu entscheiden hätte? Kaum.

Die Linien des Lebens – einander zu- oder voneinander wegstrebend, sich kreuzend, sich berührend... bis alle im letzten Punkt zusammenfließen, im Schlußakkord; wie ein Kontrapunkt, eine Fuge: ändert man auch nur einen Ton, fällt alles auseinander.

Und ich?

Der anziehende bewußte Stern, dem ich vertraut, der mich geleitet hat, war bloß ein Irrlicht. Nun steh ich irgendwo zwischen Anfang und Ende und find mich nicht mehr zurecht – ein verlaufener Hund, wie der heut in der Zeitung: »weiß mit braunen Flecken an der rechten Seite und einem rotledernen Halsbande mit weißplattiertem Schilde. Dem Finder werden fünf Gulden Wiener Währung als Belohnung gegeben.« Für mich freilich tät keiner auch nur einen Kreuzer zahl'n...

Aber egal – weiter, nur weiter; nur eines zählt: daß man nicht steh'nbleibt.

Ist es denn wichtig, w a n n genau man w o gewesen ist? Vergangen ist vergangen – ganz gleich, wie lang.

Und die Werke, die man hinter sich zurückläßt, bleiben wie eine klingende Spur.

———— ❧ ——

»Schubert sorgt unablässig für die Befestigung seines Rufes als Liederkomponist. Er verdient ihn auch in vollstem Maße. Seine Kompositionen besitzen Originalität, Charakter, Wahrheit und Gefühl.« Nun bitte – wenigstens einer, der's versteht!

»Da ist keine Note unnütz, und die unbemerkbarste Veränderung im Akkord oder in der Bewegung bewirkt oft den herrlichsten Effekt. Referent glaubt, diese Lieder von Johann Gabriel Seidl unter Schuberts beste Tondichtungen zählen zu dürfen.« Darf er, darf er – ich wär der letzte, der ihm widersprechen täte!

»Die Gedichte sind ein neuer Beweis für die lyrische und echt musikalische Natur der Poesien dieses Dichters, der seit einiger Zeit in unsern Konzerten und Deklamationen völlig einheimisch geworden ist. Es fände sich in den beiden Bändchen seiner Dichtungen noch manche Ausbeute für Liederkomponisten, die nicht bloß Ton*setzer*, sondern auch Ton*dichter* sind.« Zu spät, meine Herren Kollegen: Seit er meine Lieder kennt, will der Seidl seine »Flinserln«, wie er's nennt, von keinem andern mehr vertont haben als von mir!

Ja, der Seidl... lang sind's her, die Zeiten der »Ludlamshöhle«. O jemine, wenn ich an die feuchtfröhlichen Gelage denk, zu denen mich die »Ludlamianer« ab und an geladen haben! Und unsere wein- und bierseligen Träume von der Würde einer vaterländischen Dichtkunst und Musik...

Wie hat er immer gesagt, der Seidl? »Solang das österreichische Land so herrlich, die österreichische Sprache so herzlich, das österreichische Herz und Gemüt so mitteilsam sind – so lang kann's mir an Stoff nicht fehlen! Und wenn der Schubert hier mir einst die Ehre gibt, zu meinen Versen seine Töne zu setzen, dann braucht's ihr euch um das Gedeihen unsrer vaterländischen Kunst keine Sorgen zu machen!«

Ein Jüngling von nicht einmal zwanzig war er, der Seidl – und heut, drei Jahre später nur, ist er Herausgeber des *Aurora*-Almanachs und einer der ersten Dichter Wiens.

Nur für die Bühne taugt er wahrhaftig nicht. Wenn ich noch an den *Kurzen Mantel* denk' – sein erstes Stück, zu dem ich ihm damals die Musik hab machen sollen: ein »dramatisches Volksmärchen mit Chören, Gesängen und Tänzen« –, so ein Schmarr'n! Und seine

Unzertrennlichen, die's hernach am Theater an der Wien gegeben haben, war'n auch – was die Kunst des szenischen Aufbaus betrifft – eher ein Trauer- als ein Lustspiel.

No, wer weiß, wie viele Leut von m e i n e n Bühnensachen gerad dasselbe sagen...

Nur wo's um unsre Lieder geht, da beißt uns keine Maus ein' Faden ab: da sa'm mer unter dera Besten, die es gibt in Wien!

Fragt sich bloß, wie lang er uns in Wien erhalten bleibt, der Seidl: Jetzt, wo ihm das Schottengymnasium sein Lehramtszeugnis ausgestellt hat, wird er wohl jeden Posten nehmen, der sich ihm bietet – egal wo's ihn hin verschlägt; schon damit er seine Therese Schlesinger heiraten kann.

's geht ihm gerade so wie mir damals, als ich m e i n e Therese hab heiraten woll'n und als ich mich nach Laibach beworben hab: Von der Kunst allein läßt sich halt keine Familie gründen...

Vorbei.

Ich wünscht' ihm, daß er glücklicher wär, der Seidl – glücklicher als ich, der ich »in meinem Kämmerlein sitz« und »mich so manchen Tag quäle«, um meine Lieder in die Welt hinaus zu streu'n – wie welke Blätter in den Wind...

——— ᘒ ———

*N*a, was soll ich euch sagen: Der Vogl hat sich net lang bitten lassen, als er gehört hat, w e m da ein Ständchen gebracht werden sollte –

Jessas, das *Ständchen* – da hab ich doch völlig drauf vergessen! Samstag, den 11. August ha'm mer doch heut, oder...?

Slakrawolt, da hätt ich auf d'Nacht heraußen in Döbling sein sollen, bei der Louise Gosmar ihr'm Geburtstag – statt daß ich hier mit euch bei *Eisenstadt* hock' und diskurier' und sauf'!

Na, servus – da wird die Anna Fröhlich mir aber's Köpferl waschen, wenn ich ihr wieder unter die Augen tret': wo ich's ihr doch fest versprochen g'habt hab, daß ich komm'!

No, weil's doch mein *Ständchen* sing' werden, die Pepi Fröhlich mit der Anna ihr'n Schülerinnen, und weil ich gesagt hab, daß ich jedenfalls kommen und vielleicht sogar das Pianoforte spiel'n würde.

Hab ich euch nix erzählt davon?

Also, die Damoiselle Gosmar – die Tochter von dem Zucker-raffinerie-Eigner, genau –, die Louise Gosmar also is a Schülerin von der Anna Fröhlich, und a gute Freundin von ihr obendrein, so daß sich die Anna's zur Gewohnheit gemacht hat, ihr alleweil zum Ge-burts- oder Namensfeste ein kleines Konzert auszurichten. Und weil's mit dem Grillparzer so gut steht, die Anna Fröhlich, muß der ihr jedesmal gefällig sein und für den Festtag der Gosmar ein kleines Gedicht fabrizier'n – so.

Und wie ich nun neulich bei den Fröhlich-Schwestern in der Spie-gelgass'n g'west bin, is die Anna gleich auf mich zu, hat mir ein Blattl in die Hand gedrückt und g'sagt, ich müsse ihr das unbedingt in Musik setzen.

»No, geben Sie's einmal her«, hab ich gesagt, mich ans Klavier ge-lehnt und durchgelesen, was der Grillparzer sich da für die Gosmar zusamm'gereimt hat: *Ständchen*. Ich sag euch – es war, als hätt er die Musik gleich mit hineingedichtet, so schön!

Ob's gehn würde, hat sie mich gefragt, die Anna Fröhlich – und war ganz ungläubig, als ich ihr gesagt hab, ich hätt es schon: Es sei schon fertig, ich müßt es nur mehr aufschreiben.

Ich sollt' aber an die Pepi denken, hat sie mir noch hinterher-gerufen, und ein schönes Altsolo hineingeben.

So tief drinnen hab ich gleich gesteckt in den Versen vom Grill-parzer und in meiner Musik, daß ich gar nimmer gefragt hab, wer (außer der Pepi Fröhlich) denn eigentlich singen soll, bei dem *Stän-dchen*.

Nu, und wie ich's ihr dann drei Tage später bringe – gesetzt für Männerchor *a quattro*, Altsolo und Klavier –, da schaut's mich ganz verdattert an, die Anna Fröhlich: Wie um alles in der Welt ich denn auf die vier M ä n n e r stimmen verfallen sei?

»Nein, Schubert«, sagt's, »nein, wirklich, aber so kann ich es doch gar nicht brauchen; es soll doch eine Ovation lediglich von den Freundinnen der Gosmar sein! Gehn'S, sei'n'S so lieb – Sie müssen mir den Chor für F r a u e n stimmen machen...«

Als wenn ich nix andres zu tun g'habt hätt'! Die vier Stücker fürs Pianoforte etwa, von denen's erste schon skizziert ist...

Egal – mußt' es halt warten: Freundschaft geht vor! Und außerdem, gar so groß war die Mühe schließlich nicht, den Chor für Frauenstimmen umzuschreiben.

Ja, und heut auf d'Nacht wird's nun zum erstenmal gesungen, das *Ständchen* – und ich hock' hier und habe völlig drauf vergessen!

Sie hat schon recht, die Anna Fröhlich: Man kann sich wirklich nicht auf mich verlassen, selbst wenn ich n o c h so sicher zugesagt hab, zu bestimmter Zeit irgendwo zu erscheinen; kaum, daß ich unterdessen jemand find', der mich auffordert, ihn ins Caféhaus zu begleiten, ist alles andere vergessen!

Na, prosit! Sie wer'n auch o h n e mich zurande komm', da heraußen in Döbling...

— ◆ —

Und die *Allgemeine Theaterzeitung* hat a u c h ein'n Kritiker geschickt g'habt, stell dir vor – und das zu einer simplen Zöglingsprüfung!

Ich weiß sogar schon, was er schreiben wird – weil, ich hab nämlich meine Lauscher g'spitzt, wie er mit dem Kollegen von der Dresdner *Abendzeitung* beisamm' gestanden is: »Der Franz Schubert, tjaja... Hat einen guten Klang bei uns in Wien, der Name ›Schubert‹, tjaja... Stehen hoch in der Gunst des Publikums, seine Werke; bergen sich durchaus unter dem Rosenschleier der Originalität und des Gefühls, tjaja... Kann ihn nur noch fester stellen, dieser Vokalchor – hat's durchaus der Natur und deren untrennbarer Gefährtin abgerungen: der Schönheit, tjaja... *Gott in der Natur* – höchst gediegen, die Komposition, wirklich höchst gediegen – tjaja, der Schubert...«

Paßt's auf, genau so wird's in der Zeitung stehn – höchstens, daß er die »tjaja«'s weglassen wird!

Wie, Jenger – was sagst': ich hätt ja nun wohl doch noch meinen Frieden mit der Religion gemacht? Meinst' das im Ernst? Und bloß

wegen dem bissel »lieben Gott«, den'st heut von mir zu hör'n bekommen hast?

Pfui, Jenger – was denkst du da von mir! Solltest mich wirklich
besser kennen, hätte ich gemeint.

Frag doch die andern hier, wie ich's mit der Religion halte – den
Spaun oder den Schober, den Clodi, den Sauter, den Hartmann
Primo oder *Secondo*: Frag, wen'st willst, und alle wer'n's dir sagen,
daß ich gerad so viel Religion hab wie... wie... nu, wie das Bier-
hausschild, unter dem wir hier so traulich beisammen sitzen: Wie
Der Wolf, der den Gänsen predigt – auf dein Wohl!

Ansonsten, was den lieben Gott betrifft, so stehn wir – er und
ich – nicht erst seit heut auf bestem Fuße miteinander. Ich werd dir
was sagen, mein Lieber: Von frühester Kindheit an hat man mir den
lieben Gott bei jeder möglichen und unmöglichen Gelegenheit so
nachdrücklich unter die Nasen gerieben, daß ich noch heut davon
verschnupft bin und gleich niesen muß, wenn's irgendwo in seinem
Namen zugeht – das ist das eine.

Das andre is', daß ich deswegen lang noch nicht so ein ver-
kommener Gesell ganz ohne Religion bin, wie's manchmal den
Anschein haben mag; nur daß ich mich halt nie zum Andächtig-
sein f o r c i e r e . Wenn ich aber d o c h einmal unwillkürlich über-
mannt werde von dem Gefühl der Frömmigkeit, dann sträub' ich
mich auch nicht – dann soll's wohl schon die rechte und wahre
Andacht sein.

Wir haben uns prächtig arrangiert, der liebe Gott und ich: E r
läßt es regnen oder stürmen oder schnei'n, treibt die Wolken über'n
Himmel, läßt die Sonne scheinen und die Blumen blühn, schickt
Frühling, Sommer, Herbst und Winter – kurz: ist zuständig für die
meteorologischen und sonstigen Naturerscheinungen –, und ich,
i c h mach halt die Musik dazu, wie's gerade kommt.

E r red't m i r nicht rein und i c h i h m nicht: wir lassen einander
völlig freie Hand.

Und manchmal kann's sogar passieren – ganz selten zwar, aber
manchmal eben d o c h –, daß ich so bei mir denk: Er wird schon
aufpassen auf mich, der liebe Gott, er wird mich schon behüten;
schon weil er's fei schade fänd', meine Musik nimmer zu hören...

Nur daß alles das eben nix, aber auch g a r nix mit der Art von
»Religion« zu tun hat, wie die Pfaffen sie uns predigen – sie die
Wölfe, wir die Gänse. M e i n e m lieben Gott bin ich schon überall
begegnet, nur an einem Ort noch nie: in der Kirche!

Aber genug davon jetzt – laß lieber noch ein paar Viertel Heurigen kommen: a u c h eine Gottesgabe! Und ehrliches Trinken und
Singen wiegt jedes Gebet auf, find'st' nicht?!

———⚯———

»... *i*st von hier nichts anderes als immer zu berichten –
außer, daß gestern die Hinrichtung des raubmörderischen
Grafen Severin von Jaroszinski statthatte, welche heut den Haupt-
gesprächsstoff bildet in Wien.

Der Graf – gewesener Obrist der polnischen Legion, Ritter
mehrerer Orden, Gutsbesitzer in Österreichisch-Polen und Kreis-
marschall daselbst – der Graf Jaroszinski also war, trotz seines
Leugnens, überführt worden, im Feber in der Inneren Stadt den
Professor Blank mit vielen Dolchstichen durchbohrt und getötet zu
haben – einen siebzigjährigen, allgemein geachteten Priester; Ziel
dieser verabscheuungswürdigen Bluttat war es, die reichlichen Obligationen des Ermordeten an sich zu bringen und zu verwechseln –
was letzthin dem Mörder zum Verhängnis wurde, da sein Opfer die
Nummern der Wechsel in seinem Testamente genau verzeichnet
hatte.

Das zu erwartende Todesurteil, welches das Gesetzbuch für ein
solches Kriminalverbrechen vorsieht, wurde dem Mörder am vergangenen Montag, dem 27. Auguste richtig verkündet – zuerst im
Ratssaale des Kriminal-Gerichtsgebäudes, hernach auf dem Platze
davor, woselbst das Urteil öffentlich verlesen wurde und welchen
eine unermeßliche Volksmenge besetzt hatte, wie man eine solche
früher bei einem solch traurigen Ereignisse nie gesehen hatte. Als der
Arzt dem in Ketten vorgeführten Jaroszinski am Tore des Gerichts-
gebäudes stärkende Tropfen reichen wollte, dankte er demselben
mit den Worten: ›Ich fühle mich stark genug.‹ Auf der Bühne zeigte
er sich sehr gleichgültig gegen alles und sagte zu dem neben ihm

stehenden Büttel während des Verlesens des Urteils: ›Das Zeremoniell dauert lange; mir scheint, der Herr Gerichtskommissär kann nicht recht lesen.‹

Glaube übrigens nicht, daß ich dies Wissen eigenem Ansehen oder -hören verdanke; es ist nur, daß hier im Blau-Igel-Hause eine Handlungsbuchhalters-Witwe wohnt, welche mit dem Gerichtskommissär verschwägert ist und es sich zur Aufgabe gemacht hat, uns andere Mieter – ob wir woll'n oder nicht – an ihren demgemäß genauen Kenntnissen teilhaben zu lassen.

Schon um fünf Uhr morgens war gestern ganz Wien lebendig, und zahllose Scharen strömten zu Fuße, zu Pferde und in Wagen nach dem Richtplatze oder den Straßen, welche der Zug berührte, um die letzten Augenblicke eines Mannes zu beobachten, der vor einem halben Jahr noch eine so glänzende Rolle gespielt hatte, in den ersten und vornehmsten Häusern Wiens Zutritt fand und gerne gesehen wurde.

Um sieben Uhr trat der Gerichtskommissär, nachdem er dreimal an die Tür gepocht hatte, in das Zimmer des Grafen und bedeutete dem Delinquenten, daß es Zeit sei, ihm zu folgen. Jaroszinski warf einen durchdringenden Blick nach dem Kommissär, machte noch einen starken Zug aus seinem Tabakrohr, blies dem Kommissär eine Wolke von Rauch in das Gesicht, forderte ein Gläschen Schnaps, stürzte es aus, warf das Glas an die Wand und ging ohne Furcht und Zittern, und ohne das ihm vom Priester dargereichte Kruzifix zu nehmen, zu dem auf dem Platze stehenden Wagen, den er so leicht bestieg, als ob es sich um eine Lustfahrt handelte.

Auf dem langen Wege vom hohen Markte über den Lugeck, Bischofgasse, Stephansplatz, Kärntnerstraße, durch die Vorstadt Wieden bis zum Richtplatze vor der Matzleinsdorfer Linie gebärdete er sich teils ungestüm, teils benahm er sich ruhig und starrte wild vor sich hin. Das Kreuz, welches ihm der Priester öfter reichen wollte, schob er stets von sich fort. Später sagte er zum Priester: ›Ich hoffe doch, meine Familie wird solchen Einfluß genommen und solche Schritte getan haben, daß ich das Ganze nur als ein Gaukelspiel betrachten kann.‹

Am Richtplatze, wo beiläufig 50 000 Menschen versammelt waren, angekommen, stieg er ohne zu wanken vom Wagen, blickte gleichgültig nach der Volksmasse, trat – seiner Umgebung nicht achtend – zum Karren hin, schlug das Wasser ab, ging dann, die Hände in die Hosentasche steckend, einige Male auf und nieder und betrachtete, ohne eine Miene zu verändern, den Galgen. Als der Scharfrichter sich ihm näherte und ihn mit der gewöhnlichen Folge um Verzeihung bitten wollte, daß er sein Amt handeln müsse, fiel ihm Jaroszinski mit den Worten in die Rede: ›Schon gut, tue er seine Schuldigkeit – ich bin Mann!‹ Als man ihm die Hände band, sprach er: ›Die Füße auch, aber geschwinde!‹ Man zog ihn mittels einer Maschine zum Galgen hinauf, und seine letzten Worte waren: ›Ich scheiße auf die Welt und euren Kaiser!‹ Wie er diese alle Umstehenden empörenden Worten zum zweiten Male wiederholen wollte, stieß ihm der Henker das Genick ab.

Soweit also dieser genaue Bericht über die Hinrichtung des Grafen Severin von Jaroszinski – nach dem, wie gesagt, was unsere erwähnte Witwe hier im Hause ausgestreut hat und nicht müde wird zu erzählen.

Was mich betrifft, so besteht meine ›Strafe‹ für etwaige Vergehen – weniger schwer, versteht sich – in einer Sammlung von Stücken für das Pianoforte, welche der Haslinger demnächst zu drucken gedenkt. Im übrigen reise ich übermorgen, den 2. September mit dem Jenger und der Eilpost nach Graz, einer freundlichen Einladung der gnädigen Frau Pachler folgend...«

———— ❧ ————

O Traurigkeit, o Herzeleid: da hab ich doch dreißig Jahr alt werden müssen, um zu erfahr'n, daß's einen solchen Wein gibt wie den Schilcher – dreimal zehn verlorne Jahre!

Pfui, Anselm, pfui – hätt'st' mir net eher sagen können, daß bei euch in Grätz ein solcher Göttertropfen wächst, du schlechter Freund, der'st bist?! Ich hätte auf der Stell die nächste Eilpost g'nommen und wär hergefahr'n!

Schau nur, schau: wie er im Glase karfunkelt, wenn ich ihn

gegen's Licht halt – wie flüssiges Feuer... und ist so leicht dabei, als wär's das reinste Quellwasser. Das heiß ich Leben!

Wissen'S, lieber Herr Doktor Pachler, trotz der so freundlich anerbotenen Einladung Ihrer gnädigen Frau hat mir der gute Jenger ordentlich zureden müssen, daß ich mitgefahren bin nach Grätz – weil ich doch gar net g'wußt hab, wie ich so viel Güte verdien', und ob ich je etwas entgegen zu bieten imstande sein würde. Und jetzt ist's gerade umgekehrt: So wohl befind ich mich hier und in Ihrer lieben Gesellschaft, daß mich gar nix zurückzieht nach Wien, wo alles so leer an Herzlichkeit und Offenheit is, an wirklichen Gedanken, an vernünftigen Worten und besonders an geistreichen Taten.

Manchmal denk ich, es war vielleicht ein arger Fehler, daß ich nicht doch schon früher fortgegangen bin aus Wien – ins Steirische, nach Ungarn oder sonst wohin –, um mir mein eignes Leben einzurichten; daß ich immer g'meint hab, ich könnt nur in der Hauptstadt etwas werden.

Man weiß nicht recht in Wien: ist man g'scheit oder dumm?, so viel wird dort durcheinander geplaudert, und zu einer innigen Fröhlichkeit (wie hier) gelangt man selten oder nie. 's ist zwar möglich, daß ich selbst viel schuld daran bin mit meiner langsamen Art zu erwarmen; aber's ist in Wien halt auch was andres als in Grätz, wo man die ungekünstelte und offene Art, mit- und nebeneinander zu sein, gleich schon erkennt und spürt.

No, wer weiß – vielleicht liegt's ja auch einzig und allein am Schilcher, daß ich mein', es wär'n seit langer Zeit die vergnügtesten Tage, die ich hier verleb'!

Und wenn's erst nach den Sachen ging, die ich geschrieben hab, seitdem ich hier bin...

Es war mir auch ausgesprochen wertvoll, daß Sie, lieber Herr Doktor, mich mit dem Herrn Josef Andreas Kienreich zusamm' bracht haben: Er hat tatsächlich zwei von meinen Liedern angekauft für seinen Verlag. Von mir als auswärtigem Ehrenmitgliede des hiesigen Musikvereins, hat er g'sagt – einem so hochgefeierten Tonsetzer der Residenz, dessen geistvolle Werke selbst das ferne Ausland kenne und bewundere –, wär's ihm ein ganz besonderes

Vergnügen – etcetera, etcetera. Wortwörtlich dasselbe, was letzten Sonnabend auf dem Konzertprogramm und zwei Tag' vorher in der *Grazer Zeitung* stand!

Was glauben'S: ob er wohl meinen Namen je zuvor gehört g'habt hat, der gute Kienreich? So »hochgefeiert« und berühmt, wie mich der Ausschuß des hiesigen Musikvereines annonciert hat, bin ich ja schließlich nicht einmal in Wien! (Aber psst – sagen'S ihm nix, wenn'S ihn wieder einmal treffen.)

Meinen'S übrigens, daß er auch an Tänzen Interesse hätt': an Deutschen, Ländlern, Walzern und derlei? Weil, nämlich da könnt' ich ihm so viele von beischaffen, daß er bis an sein Lebensend nix andres drucken braucht! Warten'S, ich spiel Eahna welche...

G'fall'n's Eahna?

Das tät mich auch wundern, daß Sie die schon kennten: Sie sind so frisch, daß kaum die Tinte trocken is! Vorgestern auf d'Nacht hab ich sie gemacht – nach unsrer kleinen »Schubertiade«, wie der Anselm und der Jenger es (nach alter Sitte unsrer Wiener Freunde) genannt haben.

Ach ja, und etwas muß ich Ihnen noch beichten, lieber Herr Doktor: In dem Zimmer, wo Sie und Ihre Frau mir so freundlich Herberge gewähren, hab ich am Nachtkastel ein kleines Büchel mit Herderschen Übersetzungen aus dem Englischen gefunden – und wie ich gestern abend meine Tasche ausräum', liegt es drinnen; ich hab's wohl in Gedanken eingepackt und möcht's Ihnen rasch wiedergeben, bevor ich drauf vergeß. Wenn's übrigens a paar Blattel Rastralpapier drin finden, stört's Eahna hoffentlich nicht: Das eine Gedicht hat mir so schaurig-schön zugelacht, daß ich net anders hab können, als ein Lied draus machen.

— ❦ —

Marie Leopoldine Pachler an Johann Baptist Jenger: »... und bitte, vergessen Sie nicht, Freund Schubert zu grüßen und ihn unbedingt an das vierhändige Klavierstück zu erinnern, das er mir fest versprochen hat, und welches ich mit unser'm kleinen

> *Faust (der ja trotz seiner acht Jahre schon ein recht*
> *braver Pianist ist) meinem lieben Gatten zu seinem*
> *bevorstehenden Namensfeste am 4. November vor-*
> *tragen möchte.«*

—— 🙰 ——

Was meinst', Jenger: das geht wohl n i c h t, dies alte *Scherzo*, oder? Ich hab mir 'denkt, wenn ich es arrangieren würde auf vier Hände – meinst' net, daß das ginge, zur Not…?

Es ist ja bloß von wegen diesem Kopfweh, diesem vermaledeiten – diesem ständigen Bohren und Klopfen hinter der Stirn; seit Tagen geht das schon – eigentlich seit Wochen: seit wir zurück sind aus Graz. Ich sag's dir – Wien bekommt mir nicht! Ich kann gar keinen klaren Gedanken mehr fassen – mir fällt nix ein.

Aber ich hab's doch nun einmal versprochen, und bevor ich der gnäd'gen Frau und ihrem Buam irgendein'n Dreck schick', wär's doch besser, ich nehm' was Altes und schreib's um, net wahr?

Hier, schau amal – das zweite *Scherzo*: Wäre d a s etwas, vielleicht?

Nein-nein, du hast ja recht, Jenger – hast ja recht… 's ist überhaupt gar net so leicht, dergleichen Sachen zu schreiben, die für ein Kind passen und ei'm Erwachsenen doch a u c h gefallen könn'n. Da hab ich mir was Schönes eingehandelt! Aber keine Sorge: ich werd' sie schon nicht enttäuschen, unsre liebe Grazer Gastherrin und Hausfrau.

Das Bändchen mit den Leitnerschen Gedichten, das wo sie mir geschenkt hat, die Frau Pachler, ist übrigens wirklich ganz reizend. Seit dem *Drang in die Ferne*, was der Johann Schickh damals bei mir für seine *Kunst- und Mode-Zeitschrift* bestellt g'habt hat, hab ich schon oft gedacht, ich müßt mal a n d e r e s von diesem Leitner kennenlern'n. Stell dir vor: ich hab's auf einen Satz durchgelesen, das Büchel – so gut hat mir's gefallen! Und ich denk, ich werd bestimmt ein paar Sachen daraus zu Vorlagen für Lieder nehmen – ich mein', sobald mein Verstand wieder beisamm' ist und mir wieder was einfallt…

Also, die beiden *Scherzi* geh'n nicht, meinst'? No, dann wird's wohl doch darauf hinausgehn, daß ich was Neues schreiben muß – nur was? Nur was...

So etwas wie ein Ländler wär nicht schlecht, vielleicht... es darf ja net zu lang und net zu schwer sein, daß der Faust Pachler es auch spielen kann; ein Ländler, ein Walzer – oder ein Deutscher, oder so etwas...

Oder nein: ein Marsch! Das is es, Jenger – ein kleiner Marsch, hm?

Wenn nur der Schädel nicht so weh tät'...

Aber warte – wart'... ich hab's gleich; so... 's braucht ja auch net lang sein, oder...? Acht, plus noch zweimal acht Takte für die *Marcia*... und dasselbe fürs *Trio*... so... und das *Secondo* leicht genug, daß der kleine Pachler's quasi *prima vista* spielen kann... so!

Geschafft!

Aber ob's ihm auch gefällt, dem Buam...?

Egal – so ist es, und so bleibt's. Zumal ich zu was anderem beim besten Will'n nicht in der Lage bin, mit diesem Druck im Kopf. Was denkst du, Jenger – geht's so?

No, also.

»Hiermit überschicke ich Euer Gnaden das vierhändige Stück für den kleinen Faust. Ich fürchte, seinen Beifall nicht zu erhalten, indem ich mich für dergleichen Kompositionen eben nicht sehr geschaffen fühle. Ich hoffe, daß sich Euer Gnaden besser befinden als ich, da mir meine gewöhnlichen Kopfschmerzen schon wieder zusetzen. Doktor Karl bitte ich meinen herzlichsten Glückwunsch zu seinem Namensfeste abzustatten. Übrigens verharre ich mit aller Hochachtung Ihr ergebenster Franz Schubert.«

———— ❧ ————

»Dem Wohlgeborenen Fräulein Nanette von Hönig zu eigenen Händen. Es fällt mir schwer, Sie benachrichtigen zu müssen, daß ich heute abend nicht das Vergnügen haben kann, in Ihrer Gesellschaft zu sein. Ich bin krank, und zwar von der Art, daß ich für jede Gesellschaft gänzlich untauglich bin. Mit der nochmaligen

Versicherung, daß es mir außerordentlich leid tut, Ihnen nicht zu Diensten zu sein können, verbleibe ich Ihr ergebenster Franz Schubert. Wien, den 15. Oktober...«

Seit zwei Tagen liegt er da, der Brief – und ich hab nicht einmal die Kraft gehabt, ihn fortzuschicken: So weit ist's schon mit mir gekommen.

»Von d e r Art krank« bin ich, daß ich's nicht einmal mehr schaff', den Anstand zu bewahr'n und mich beizeiten abzumelden, wenn's nicht geht! Wenn ich denn überhaupt je wieder auf die Beine komm'...

Ah, ja – und das Schreiben an den Neumann ist a u c h noch nicht weg: »Wien, den 16. Oktober Achtzehn-Siebenazwanz'g...«

Den 16. Oktober – auf den Tag genau dreizehn Jahre, von einer Messe zur andern: dreizehn Jahre, daß in der Lichtentaler Kirche meine e r s t e Messe aufgeführt worden ist... Mein Gott, wenn ich denk, was alles gewesen ist seitdem – und wie all das, was ich mir damals wohl erwartet, erhofft und erträumt haben mag, in Rauch und Nebel aufgegangen ist!

Aber war es denn etwa m e i n e Schuld?

Hab i c h denn irgendwas versäumt, verspielt, vertan von dem, was damals hätte werden könn'n?

Ich bin ja doch den geraden Weg gegangen, so schwer und mühsam er mir auch gewesen ist, oft – gerad'wegs auf jenes vage, ferne Ziel hin, das mir freilich damals, nach der Messe, schon zum Greifen nahe schien, naiv und unerfahren, wie ich war.

Hätt' e r mir doch helfen sollen! Mich führ'n, auf daß ich nicht strauchle; auf daß mein Fuß an keinen Stein stoße, wie's in der Bibel geschrieben steht!

Auch wenn ich nie ein tiefgläub'ger Mensch gewesen bin – übrigens, wer ist das schon? –, hab ich doch wenigstens auch nie geheuchelt: wie der Ferdinand und wie so viele andre, die mit ihrem »Glauben« nur berechnen und politisier'n.

Aber hab ich ihm nicht t r o t z d e m gut und sogar besser noch gedient als all die Bonzen und Pfaffen, die ihre gefalteten Pfoten ins Weihwasser tauchen – so wie der Wolf die seinigen mit Mehl bestäubt und Kreide frißt, damit die Geißlein ihm um so sicherer zufallen!? Von einer Messe zur andern bin ich gerade soviel Christ wie jeder andre – wenn nicht mehr!

»Dem Wohlgeborenen Herrn Johann Philipp Neumann, Professor der Physik am Polytechnischen Institute, allhier. Wien, den 16. Oktober Achtzehn-Sieben'zwanzig. Geehrtester Herr Professor! Ich habe die hundert Gulden Wiener Währung, welche Sie mir für die Komposition der Meßgesänge schickten, richtig empfangen, und wünsche nur, daß selbe Komposition den gemachten Erwartungen entsprechen möge. Mit aller Hochachtung, Ihr ergebenster Franz Schubert.«

———— ∿ ————

Das kaiserlich-königliche Zentrale Bücherrevisionsamt erteilt dem ersten Teil der Winterreise *das »Excudatur«, die Zensurfreigabe.*

*I*mmer träum' ich, daß ich geh'... daß ich wandere – jede Nacht, immer...

Einen Weg, eine Straße entlang – durch winterverschneite Dörfer – über frühlingsblühende Felder – Berge hinauf, in Täler hinunter – an Sommerbächen entlang – immer nur gehn, wandern und gehn – ziellos...

Und jedenfalls immer allein.

Manchmal aber, des Nachts – manchmal träum' ich, ich hätt' mich verirrt; wär im Herbstnebel von der Straße abgekommen und irgendwo hingeraten, wo ich noch nie zuvor g'wesen bin.

Und die mir begegnen, schaun mich nicht an – laufen vorüber, als wenn's mich nicht sähen und hörten: stumm, ihrem eigenen Weg nach...

Ich red sie an, aber sie hör'n nicht.

Rufe, aber's kommt keiner...

Weine, schreie, flehe sie an, stehnzubleiben, stell mich ihnen in den Weg – aber sie gehn einfach weiter, ohne Wort oder Blick: an mir vorbei – durch mich hindurch fast...

Und plötzlich is' keiner mehr da, und ich steh' ganz allein – so endlos, so unsäglich und grenzenlos allein, wie man's im richtigen

Leben gar nicht sein könnte – so allein, daß ich denk, 's gäb' auf der
ganzen, weiten Welt keinen einzigen anderen Menschen mehr außer
mir: dem einzigen, letzten, von allen verlass'nen, verlorenen Menschen!

Ich, der einzig Wache unter den Schläfern – dabei ist's gerade
umgekehrt: I c h schlafe und träum', und die anderen... oder doch
nicht?

Wenn einer sich im Traum alleine glaubt – und wacht auf, und ist
es w i r k l i c h !?

Oder träumt, er sei gestorben – und...

Wie kalt es ist.

Wie sich die Bilder in- und umeinander drehn – daß ich, wenn ich
die Augen schließe, mehr und klarer seh, als wenn ich offenen Auges
um mich herum schau'.

Und daß die Bilder i n mir so viel schöner sind und tiefer
klingen – so freundlich, hell und warm –, daß ich am liebsten gar
nimmer wieder die Augen aufschlagen möchte; weil dann der Traum
zerspringt und platzt wie ein Seifenblase, und man jählings zurückfällt in eine Wirklichkeit, die unwirtlicher und kälter ist als die ver-
schneitesten Felsenhöh'n, verlassener und öder als die einsamste,
feindseligste Wüste!

D a s ist doch der Irrweg, und nichts anderes!

Soll ich denn werden oder sein wie jene – die Schweigenden, an
mir Vorübereilenden in meinem Traum? Blind, stumm, taub, und
ohne jede Spur von Fühlen oder Wissen um die Welt? So eine leere
Nebel- oder Schattengestalt?

O nein, dann doch lieber alleine wandern: versteckt, verstoßen,
menschenscheu und ruhelos – allein, aber b e w u ß t !

Bloß: für wen, frag ich – für w e n ...?

Für die Raben, Krähen und Hunde.

Auch so ein Traum, der immer wiederkehrt: die Hübschlerin –
die von damals –, wie's draußen vor der Stadt an einer Mauer hockt,
einen schwarzblauen Federhut keck auf das kornblonde Haar gesetzt... mir von ferne zublinzt, den grellrot geschminkten Mund lachend aufgerissen, ein Tuch um die Schultern, die Schenkel schon
weit gespreizt und zuckend in brünstiger Erwartung, daß ich über

und in sie komm'. Und ich lauf – lauf, was ich kann, und kann gar
nicht schnell genug bei ihr sein – spür jubelnd, wie mir das Blut
pocht: in den Schläfen, und zwischen den Beinen... und wie ich endlich – endlich! – bei ihr bin, da fliegt der Federhut als ein Rabe auf
von ihrem kahlen Schädel, dem ein gottloser Spötter einen Bast-
wisch aufgestülpt hat; und was ich von weitem für ihr blinzendes
Auge hielt, sind wimmelnde Larven und Würmer in einer leeren
Höhle... Die Lippen – grellrot geschminkt! – hängen als blutige
Fleischfetzen herab, ihr Schultertuch löst sich auf in einen Krähen-
schwarm, und die gespreizten, zuckenden Schenkel sind zwei wilde,
streunende Hunde, die sich um ihre Knochen raufen. Nur in mir
pocht es weiter, das Blut – in mir allein... sirrt und summt – wie die
Fliegen, die von dem Kadaver aufschwirr'n.

Und ich stehe da – und lache! Lache, daß mir die Tränen über die
Wangen laufen, daß die ganze Welt widerhallt von meinem glücklichen, befreiten, mutigen Lachen!

Ja, ich bin s e l b e r ein Gott, weil i c h noch da bin und d i e da
nicht mehr; und weil ich mir in meinen Liedern meine Welt nach
m e i n e m Bild erschaff – eine Sonnenwelt: freundlich, hell und
warm, in der das Alleinsein Lohn ist und nicht Strafe – Glück und
nicht dieses tiefe, nachtdunkle Leid.

So träum' ich manchmal...

Und daß ich – immer noch lachend – mich umwend' und geh'...
daß ich weiterwandere, ziellos – nur weiter... jede Nacht, immer...
und jedenfalls immer – allein.

———— ❧ ————

*F*räulein Nanette – Gott-sei-Lob-und-Dank, daß ich Sie daheim
antreff'! Is er noch da?!

Wer? No, wer schon: dieser Tenorist, dieser dänische, der wo gestern... schwedische? Auch gut – von mir aus schwedische! Der Sänger jedenfalls, der sich gestern bei Ihnen hat hören lassen – wie hat
er noch gleich g'heißen?

Isaak Albert Berg, ja... dieser Herr Berg, also: Is er noch
da?

Wieso »erst amal beruhigen«: Ich bin doch ruhig – die Ruhe
selbst, gewissermaßen.

Ich benehm' mich wie ein eifersücht'ger Liebhaber – und was ich
mir überhaupt erlaube, von Ihnen zu denken...?

Ach so, na freilich: Wenn er noch da wäre, hieße das natürlich,
daß er über Nacht bei Ihn' geblieben wäre – Gott bewahre, daß ich
so etwas gedacht hätt'!

Aber ich seh schon, Sie woll'n Ihren Spaß mit mir haben; da is
wohl am besten, ich fang noch amal von vorne an – also: Hiermit
erlaube ich mir, Sie, verehrtes, wohlgebornes Fräulein Nanette, er-
gebenst und untertänigst um Auskunft über den Verbleib des Herrn
Tenoristen Berg zu bitten, welchselben ich gestern abend die
Ehre gehabt habe bei Ihnen singen zu hören. Is er noch da oder
nicht?!

Nach Baden ist er – und kommt erst morgen auf d'Nacht zurück?! Himmel, was mach ich denn da: Jetzt brauch ich ihn, jetzt
sofort!

Wozu, fragen'S? No, dazu, daß er mir für ein'n Tag oder zwei
die Liedernoten herleiht, die er gestern z'letzt gesungen hat.

Die schwedischen Nationallieder – genau diese mein' ich!

Die liegen hier – hier bei Ihnen?! Oh, dann bin ich gerettet,
mein liebes – liebstes Fräulein Nanette: Das vergess' ich Ihnen
nie!!

Wieso – Sie wissen gar nicht, ob Sie's mir so einfach herleih'n
dürfen...?

Aber ich will's doch net stehlen, dem Herrn Berg seine Lieder –
bloß a Kopie will ich mir nehmen davon, weil's mir gar so gut
gefallen haben!

Nein, bis morgen hat das eben keine Zeit. Das eine Lied vor
allem – das von der sinkenden Sonne – will mir seit gestern nimmer
aus dem Kopf: Gerad diese Melodie wär's, die ich für mein Trio
brauchen könnte...

So... so, das wär's: *Se solen sjunker* – »Die Sonne sinkt...« Von Herzen meinen Dank, liebes Fräulein Nanette – und keine Angst, nicht
wahr? Ich bin mir ganz gewiß, der Isaak Berg wird nix dagegen

haben, daß ich mir heut schon – ohne ihn vorher zu fragen – dieses
Lied kopiert hab.

Eine vorzügliche Tenorstimme übrigens, Ihr schwedischer Gast.
Wenn Sie's erlauben (und zumal, wenn er morgen abend wieder etwas singt, bei Ihnen), werd ich gern noch amal vorsprechen und ihn
nachträglich um sein Eiverständnis bitten – respektive, wenn Ihnen
das lieber ist, ihm erklär'n, daß ich Sie mit vorgehaltener Pistole –
auf Leben und Tod, gewissermaßen – zur Herausgabe der Noten
gezwungen hab!

Nur eines bitt ich Sie: Sagen'S den andern – dem Sonnleithner,
dem Spaun, dem Schober oder wer sonst wieder da sein wird, morgen –, sagen'S denen noch nix vom Trio. Der einz'ge, der was weiß
davon, ist bis jetzt der Herr Schuppanzigh, der's nämlich für eines
seiner Abonnementskonzerte im Dezember quasi bestellt hat bei
mir. Deswegen war's mir auch so dringend mit dem Lied – weil ich
doch sehn muß, daß ich vorankomm' mit dera Komposition.

Und ganz verteufelt gut muß es werden, das Trio: Wo doch der
Schuppanzigh meint – und der Herr Schindler hat mir das auch gesagt –, daß jetzt, wo der Beethoven nimmer lebt, i c h sein recht-
mäßiger Nachfolger auf dem Gebiet der Kammermusik wäre. No,
was die Länge angeht, steck ich den Meister wohl sogar noch in die
Tasch'n: Der erste Satz allein von meinem Trio is so lang, daß gut und
gern ein ganzes Opus vom Herrn Beethoven drin Platz hätt!

Fürs erste also leben'S wohl, liebes Fräulein Nanette – und nochmals meinen tiefsten Dank. Auf morgen!

———— ❦ ————

> Wiener Zeitung: »*Bei Tobias Haslinger Musik-
> verleger in Wien, am Graben, im Hause der ersten
> Österr. Spar-Kasse Nr. 572, ist neu erschienen:* Im-
> promptu *pour le Pianoforte seul, par Franç. Schu-
> bert.*«

Was sagst': ein Virtuose? Aus m i r hätt' auch ein Virtuose
werden könn'n? Geh, so a Schmarr'n!

So einer wie der Nandl Ries, hm? Wie der Tomaschek oder der
Worzischek? Oder meinst' gar, einer von dena Berühmtheiten wie

der Herz, der Hummel oder der Moscheles, die überall herum-
reisen? So ein parfümierter und g'schniegelter Lackl, wo die Damen
und Damsellen gleich vor lauter Begeisterung in Ohnmacht fall'n,
wenn's nur den Namen hören?

Gestern in Moskau oder Petersburg, heut in Wien oder Prag,
morgen in Paris oder London oder was weiß ich wo – von einer Eilpost zur nächsten jedenfalls, bis sie am End gar nimmer wissen, wo's
gerade sind, wenn's des Morgens aufwachen.

Und die Konzerte: Gewiß hocken in jedem tausend Leute oder
mehr, von denen ebenso gewiß a jeder – no, sagen wir: zehn Gulden
'zahlt hat, bloß um hernach sagen zu können, er sei »adabei g'west«,
wie dieser oder jener Virtuose sich produziert habe. Dabei is, was er
'kriegt hat für sein Geld, ja doch bloß Talmigold gewesen: billiger,
nur auf den Effekt bedachter Tand. Brillant glitzerndes Blendwerk
mit nix, rein g a r nix dahinter. Taschenspielertricks und Kunststückchen, die eher in ein'n Zirkus als in den Konzertsaal passen.
Und so ein Virtuose, meinst', hätt' auch aus mir werden könn'n?

Selbst wenn'st recht hätt'st: für d e n Ruhm tät ich mich
bedanken!

F r e i l i c h ist auch so etwas wie d a s hier gar net leicht zu
spielen – brauchst' bloß den Haslinger oder sonst einen von den
ehrenwerten Kunsthändlern hier am Ort zu fragen, die alleweil
lamentieren, daß ich nix schreib, was fürs Pianoforte nicht so
schwierig wär', und daß ich dem merkantilen Aspekt meiner Kompositionen doch bitt' schön ebensoviel Augenmerk schenken sollte
wie dem künstlerischen.

Net leicht zu spielen – aber eben ganz und gar nicht »virtuos«:
Es macht nix her, verstehst'? Man kann nicht »glänzen« damit, kann
sich nicht »zeigen«, keinen »Effekt machen«; zugleich ist's aber
doch so schwer, daß man's nicht einfach *prima vista* spielen kann.
Kurzum: es ist zu tief, um flach zu sein, wenn'st weißt, was ich
mein'…

Oder hier, nimm das *Andante*: zweimal *Allabreve* das Metrum,
und in Ges-Dur – mit sechs B's. Wie ich es dem Haslinger bring',
schaut der mich bloß mitleidig an – wer das denn spielen sollte, halten zu Gnaden?! Wenn überhaupt – und auch dann, das könne ich

ihm glauben, sei's bloße Freundlichkeit von ihm, bei der er letztlich draufzahlen würde – wenn also überhaupt eine Veröffentlichung in Frage käme, dann nur, wenn ich das Stück nach G-Dur und in ganze Takte umschreiben täte!

»Den Teufel werd ich tun!« sag ich; so oder gar nicht könnt er's haben – und wenn's ihm nicht gefällt, würd ich mir halt ein'n anderen Verleger suchen!

Drauf er: Ich solle doch ein Einsehn haben; er lebe schließlich davon, daß er die Werke, die er drucke, auch verkaufe, und überhaupt sei der Markt für derlei Sachen derzeit denkbar ungünstig...

»So oder gar nicht!« sag ich noch einmal – worauf er endlich nachgibt, der Haslinger; allerdings nicht, ohne mir erneut seine so große und selbstlose »Freundlichkeit« vor Augen zu halten, da's ja doch ein sicherer Verlust sei, wenn er derlei unbequemes, unverkäufliches Zeug für seinen Verlag akquiriere. Mir wären fast die Tränen gekommen vor Mitleid!

Ach ja, ob ich übrigens schon über einen Titel nachgedacht hätt'...?

»No, ja«, sag ich – »vier Stücke für das Pianoforte allein.« Weil, eine Sonate wär's ja nicht...

»Ta-ta-ta!« sagt er, der Haslinger: Da sehe man wieder mal, daß die Herren Komponisten nix vom Geschäft verstünden – wo doch ein guter Titel schon der halbe Erfolg wär'. Das Opus 6 vom Leopold Czapek zum Beispiel, das der Mechetti letztes Jahr herausgebracht hätte, wär musikalisch gewiß nicht mit meinen Stücken zu vergleichen, habe aber allein durch seine Bezeichnung *Impromptu brillant* ein weites Publikum interessiert. Ob ich meine Stücke nicht auch...?

Was hätt ich tun soll'n: Nachdem ich ihm das Ges-Dur abgerungen hatte, hab ich h i e r halt nachgeben müssen. »*Impromptus pour le pianoforte seul*« also.

1828

7. Abendunterhaltung der Gesellschaft der Musik-freunde: »4. Gute Nacht, aus dem Liederkreise: Die Winterreise, von W. Müller, in Musik gesetzt von F. Schubert, vorg. von H. Tietze.«

W as stierst' mich so an?
Geh, dreh dich fort – ich mag's net, wenn du mich so anstierst.
Pack dich, hab ich gesagt!

Wie'st überhaupt wieder ausschaust: als ob dich einer auf der Gassen aufgelesen hätt'... Kein Wunder, daß mit so ei'm wie dir keiner was zu tun haben will.

Und stinken tust', daß ei'm schlecht werden könnt'. Hast' dich wieder rumgetrieben, hm? Die ganze Nacht mit deinen Kumpanen im Beisel gehockt, gesoffen und schwadroniert? Dabei solltest' im Bett geblieben sein, mit deinem Husten.

Und am End hat dich der Schober wieder mitgeschleppt zu einer Gassendirn', gib's zu – zu so einer, wo'st schon um dreißig Kreuzer dein Glück machst. Als ob'st mit der einen nicht »glücklich« g'nug gewesen wärst, die dich ins Spital gebracht hat!

»Die Liebe liebt das Wandern« – auf den Totenacker wirst' wandern, wenn'st weiter so machst!

Hast' die Gesichter gesehn, als aus war? Als ob ihnen der Leibhaftige begegnet wär! Ganz bang wär's ihnen geworden beim Zuhören... so düster und grauslich – ob ich denn nix Lustiges hätt'...?

Was Lustiges! So einer wie ich weiß von keiner lustigen Musik!

Lach net! Willst' mich am End auspfeifen? Gerad d u !

Dabei haben's nur erst das eine gehört...

Ein Zyklus schauerlicher Lieder – bittere Medizin; aber 's wird einem ja doch nicht wohler davon, daß man sich's von der Seele schreibt.

Und die drinnen im Warmen hocken, begreifen's halt nicht, wie einem draußen zumute ist: »Servus, Franzl – wie geht's denn immer? Was schaust' denn so düster? Komm, setz dich und nimm dir ein Glas – das wird dich schon auftau'n. Hast' wieder ein paar neue Lieder für uns?«

Ja-ja, ich weiß – sie meinen's nicht bös; keiner meint's bös, wenn er einem das Messer im Leibe herumdreht.

Da schau, jetzt heulst' wieder Rotz und Wasser! Da halten dich alle immer für einen stumpfen Gesellen, den nichts angreift, und sobald's fort sind, heulst' los.

Geh, hör doch auf, du Wurschtel – weswegen weinst' denn?

Hör auf, sag ich: Ich pfeif auf dein Mitleid!

Ich brauch's net, verstanden? Von keinem, und von d i r schon gar net!

's ist alles nur, weil diese Lieder mich mehr angegriffen haben, als das je bei anderen Liedern der Fall war...

Ob er keine Widmung auf den Umschlag setzen soll, hat mich der Haslinger gefragt. Der hätt sich schön bedankt, dem ich d i e Lieder hätte widmen woll'n, meinst' nicht? Keinem ha'ms gefallen, als ich sie ihnen damals beim Schober vorgesungen hab, k e i n e m – nicht mal dem Spaun und dem Vogl, die mich doch mit am besten kennen.

Aber m i r gefallen's – sogar mehr als alle, die ich je gemacht hab, und euch werden sie auch noch gefallen... wenn ich erst dahin bin. Wird eh nimmer lang dauern: Ein paar Wochen wie die letzten, und wir könn' unser Ränzel schnüren.

Ja-ja, hast schon recht gehört: W i r hab ich gesagt!

Was hast' denn 'glaubt? Ich ging' alleine meinen Weg, und du könnt'st fein zurückbleiben und weiter marodieren? Nichts da: du kommst mit! Bis in den Tod, Bruder, bis in den Tod...

Und grins' net!

Schau lieber zu, daß't dich besser aufführst – sonst is gleich g a n z aus, und eher als't meinst!

Oder willst' am End gerad das: daß es recht schnell geht mit uns beiden und daß wir fortkommen, eh noch der Winter vorbei ist?

Hast ja vielleicht sogar recht...

Weißt' was? D i r werd ich's widmen – dir ganz allein! Bist ja sowieso der einzige, der's begreift.

Oder begreifst am Ende nicht mal d u , was't mit diesen Liedern angerichtet hast?

Natürlich d u – wer denn sonst?

Tu nicht so scheinheilig: D u warst es doch, der mir's eingeflüstert hat! D e i n e Lieder sind's, d e i n e Schmerzen in d e i n e r Brust, d e i n e »heißen Tränen«, die »Eis und Schnee durchdringen«, d i c h ha'm's hinausgetrieben! Laß mich aus – ich will damit nix zu tun haben.

Hast' nicht gehört – du sollst dich fortscher'n! Ich hab nix mehr zu schaffen mit dir! Bist gerad so ein Verführer wie der Schober...

Ein Narr war ich, daß ich mich drauf eingelassen hab, in deine Haut zu schlüpfen! Und jetzt steck ich fest und kann nimmer heraus... muß singen, wann und wie's d i r gefällt... und immer nur diese schauerlichen Lieder... diese Lieder... bis in den Tod...

Alle Bilder fließen dahin, a l l e – ihres genauso wie meins. Man guckt in den Spiegel und erkennt sich selber nicht mehr. Ich schau' aus – die reinste Leichenmiene.

Mußt' halt a bisserl besser achtgeben auf dich, mein Lieber: Wer solche Lieder schreibt, steht eh mit einem Fuß schon drüben; und wenn'st mit der ständigen Lumperei nicht aufhörst, ziehst bald den andern nach!

's wär doch schad um dich, meinst' nicht?

Wer sollt' denn dann die schönen Lieder machen, die dir alleweil im Kopfe herumgehn?

———— ❧ ————

Wiener Zeitung: *»Bei Tobias Haslinger, Musikverleger in Wien, ist erschienen und zu haben:* Winterreise, *von Wilhelm Müller, in Musik gesetzt für eine Singstimme mit Begleitung des Pianoforte von Franz Schubert. 89stes Werk. Preis 3 fl. K.M.«*

»*D*ieser Kreis von Gesängen, von welchem dem kunstliebenden Publikum hiermit die erste Abteilung vorgelegt wird und dessen zweite Hälfte baldmöglichst folgen soll, ist das jüngste Geistesprodukt eines durch seine zahlreichen Gesangbehandlungen mit Recht geschätzten Tonsetzers, der hier neuerdings beweiset, was er vorzugsweise in dieser Gattung vermöge. Jeder Dichter darf sich Glück wünschen, der von seinem Komponisten so verstanden, mit ebenso warmem Gefühl als kühner Phantasie aufgefaßt, ja durch der Töne Allgewalt der tote Buchstabe erst ins rege Leben gerufen wird. Die Verlagshandlung darf sich schmeicheln, bei einer so werten Gabe auch ihrerseits rücksichtlich der äußerlichen wohlgefälligen Ausstattung nichts versäumt zu haben.«

Na, da schau her – er hat sich ja richtig Mühe gegeben, der Haslinger: eine halbe Spalte gleich, und meinen Namen so groß als wie seinen eigenen. Er hat wohl Angst, daß ihm keiner die Lieder abkaufen möcht' und daß er am End drauf sitzen bleibt!

»Mit warmem Gefühl aufgefaßt«: Das braucht's wohl auch, wenn's an der großen Donaubrücke Eisrinnen melden und einem bei sieben oder mehr Grad unter Null die Nasenspitze abfriert, sobald man sie vor die Türe streckt.

Aber's Gefühl kann noch so warm sein – wenn's in einem drinnen so trüb ausschaut wie draußen und einem die Eisblumen am Herzen statt am Fenster blühn, dann hilft's alles nix – dann friert einem sogar die »kühne Phantasie« ein, und man bringt nichts andres mehr zustand als ein paar Akkorde, in denen der Frost klirrt – bis dann doch plötzlich ein Lied draus wird.

»Jeder Dichter darf sich Glück wünschen, der von seinem Komponisten so verstanden wird« – wenn er's denn erfährt! Dem Weber als »dem Meister des deutschen Gesanges« hat er seine Gedichte gewidmet, der Müller; hat wohl gehofft, der würd ein paar davon mit seinen Noten schmücken...

Je nun, wie hätt er auch wissen sollen, daß es da in Wien einen Franz Schubert gibt, dem seine Verse gerad mitten ins Herz hinein gefahren sind, als wenn er sie nur für ihn geschrieben hätte. Und als ich ihm die Lieder schicken wollt', war er schon tot... im dreiunddreißigsten Jahr – so geht's; aber wer weiß schon, wie weit man selbst es bringt.

Am End bleibt ja doch jeder allein: Der eine schreibt Gedichte,

der andere macht ein Lied draus, ein dritter singt's – und die zuhör'n, staunen, wie »durch der Töne Allgewalt der tote Buchstabe
erst ins rege Leben gerufen wird«.

Ach, meine Lieder, meine Lieder! Was wohl bleiben wird davon?
Vielleicht wehn's allesamt fort wie Schnee vom Dache, wenn ich mal
nicht mehr da bin...

Merkwürdige Sachen passieren einem: Wie ich neulich mit dem
Bauernfeld aus'm *Schloß Eisenstadt* komm – 's mag schon nach Mitternacht gewesen sein, und man konnt' vor lauter Schneeflocken-
Treiben kaum die Hand vor den Augen sehn –, steht plötzlich ein
Mann vor uns: so an die zwei Kopf größer als ich, klapperdürr wie
ein Gerippe und von oben bis unten – Zylinder, Tuchmantel, Pantalons und Schuhe – in tiefstes Schwarz gekleidet. (Oder jedenfalls
kam's uns so vor, weil die nächste Latern' zu weit weg stand.)

Ob die Herren wohl die Freundlichkeit haben und ihm be-
hülflich sein wollten, er sei fremd in der Stadt und habe sich leider
verirrt.

Wohin er denn wolle?, fragt ihn der Bauernfeld; drauf der
Fremde: »Zum Winter«.

Im ersten Moment dacht ich, er will einen Narr'n aus uns machen, wie wir da so im dicksten Schnee stehn und frieren. Aber der
Bauernfeld hat ganz höflich geantwortet, es wär nicht weit, und der
Herr könne sich uns gerne anschließen, wenn's ihm recht sei; wir
hätten gewissermaßen denselben Weg, denn das Haus »Zum Winter« läg gleich neben dem »Zum blauen Igel«, wo der Herr hier
wohne – und deutet dabei auf mich –, den er sowieso nach Haus
begleiten wollte. (Alle Tag, wenn ich aus der Türe tret, seh ich das
Haus »Zum Winter« vor mir, aber in dem Augenblick war's mir glatt
entfallen!)

Der Fremde lupft also seinen Zylinder, bedankt sich, und wir
stapfen zu dritt los; schweigend, versteht sich – bis der Unbekannte
mit einemmal vor sich hin pfeift.

Ich steh' auf der Stelle still, als hätt mich der Schlag getroffen.
Auch der Bauernfeld hat's bemerkt und fragt den Mann – so ganz
en passant allerdings –, was das denn für ein Stück sei, das er da
pfeife?

Ja, das wisse er leider auch nicht, erwidert der Schwarze; als er heut morgen aus dem Haus gekommen sei, hätt' irgendwo ein Fenster aufgestanden, und dahinter hätte wer Klavier gespielt – eben dies Stück, das ihm seither nicht mehr aus dem Kopf gegangen wär. Es sei auch wohl Gesang dabei gewesen, aber die Worte hätt er leider aus der Ferne nicht verstehen können.

Na, der Bauernfeld hat nicht lang gefackelt und den Herrn darüber aufgeklärt, daß er die Ehre habe, ihm hierselbst den berühmten Compositeur Franz Schubert vorzustell'n, welcher bekanntermaßen die Gewohnheit habe, allmorgendlich auf dem Pianoforte seine schönsten Lieder zu spielen und zu singen – so wie jenes, welches der Herr zufällig gehört habe.

Darüber waren wir bis vor das Haus »Zum Winter« gelangt, wo sich der Herr herzlich bei uns bedankte und von uns Abschied nahm. Übrigens habe er es versäumt, sich vorzustellen: August von Trautvetter, königlich-preußischer Hauptmann außer Dienst; er sei vor zwei Tagen erst mit seiner Familie aus Breslau kommend in Wien eingetroffen, um hier (von wo seine Frau gebürtig sei) seinen Alterssitz zu nehmen. Und es sei ihm ein ganz besonderes Vergnügen, den Komponisten eines so herrlichen Liedes persönlich kennengelernt zu haben – und zudem auf so ungewöhnlich zufällige Weise. Oh, und ich möge doch bitte die Freundlichkeit haben und ihn unbedingt auf die Subskriptionsliste meines nächsten Konzertes setzen. (Meines n ä c h s t e n Konzertes – das dann freilich auch das e r s t e wär, das ich je gegeben hab!)

Nun, mag er mir derweil weiter zuhör'n, wenn ich am off'nen Fenster meine Lieder spiel'...

———— ❦ ————

Uraufführung der Fantasie C-Dur für Violine und Klavier durch den Geiger Josef Slawjk und den Pianisten Karl Maria von Bocklet.

Da, siehg'st es – wieder zweie, die aufstehn und fortlaufen! Und da vorn die beiden tuscheln auch schon – der Herr in dem pucefarbenen Frack und seine Dame... so, die nächsten!

Ah, und der Nachbar schaut auch verstohlen nach der Uhr... und geht gleich mit – recht so! Na, servus – weißt', wer das is? Der Skribifax vom *Sammler*! Mit ei'm Gesicht, als hätt er eine verdorbene Auster geschluckt.

Auch gut – weiß ich wenigstens, was er schreiben wird: »Die Fantasie des Herrn Franz Schubert dehnte sich etwas zu lang über die Zeit aus, die der Wiener den geistigen Genüssen widmen will. Der Saal wurde allmählich leerer, und Referent gesteht, daß auch er von dem Ausgang dieses Musikstückes nichts zu sagen weiß.« So macht man sich Freunde!

Zum Teufel, was treibt er denn bloß, der Slawjk?! Dreht und würgt an seiner vermaledeiten Geige herum – als ob's an i h r läge, daß ihm das Publikum fortrennt!

Weißt', wer mir am meisten leid tut? Der Bocklet: hat sich die Finger wund geübt an meiner *Fantasie*, der Ärmste – und nun...

Mit wem red't er denn da?

Sag mal, is das nicht der Korrespondent von der Leipziger *Allgemeinen Musik-Zeitung* – ich seh's nicht genau...?

Natürlich ist er's – noch einer meiner lieben, guten Freunde, und alleweil meiner Musik wohlgesinnt: »Eine neue Fantasie für Pianoforte und Violine, von Franz Schubert, wollte keineswegs ansprechen. Man könnte darüber füglich das Urteil fällen, der beliebte Tonsetzer habe sich hier geradezu verkomponiert.« Freilich: immer ist es der Müller in Schuld, wenn kein Wind weht!

Na, Slawjk – was is jetzt: Sind ihm wohl immer noch zuviel Leute im Saal!

Hörst', wie sie scharren? A Wunder, daß keiner pfeift...

Ah, wer sagt's denn – noch einer, dem's langt!

»Habe die Ehre...« Der Kontorist vom Artaria; womit wohl feststehn dürfte, welcher Verlag meine Fantasie n i c h t drucken wird.

Ich sag's dir, wenn ich nicht der Komponist wär – ich würd jetzt a u c h lieber im nächstbesten Beisel hocken als hier im Landhaussaal.

Warum steht er denn auf, der Bocklet...?

Red't mit dem Slawjk... der schüttelt den Kopf... was schaun's denn zu mir 'nüber?

»Weitermachen! Egal wie, aber spielt's zu Ende!«
Pffh – na, immerhin! Jetzt scheint's ja doch noch was zu wer-
den…
Alsdann, bring' mer's hinter uns!

——— ❧ ———

Was sagst' – in der Leipziger *Allgemeinen Musikalischen*? Und
gleich über mehrere Seiten? Und durchweg l o b e n d ? Zeig
her…
»… die neuesten Hefte Lieder und mehr oder weniger ausge-
führte Gesänge des genannten, seit einiger Zeit überall nicht wenig
geschätzten und beliebten Komponisten; und mehrere Stücke in
denselben gehören offenbar zu seinen vorzüglichsten.« Holla, das
klingt ja wirklich…
»Was in diesen Blättern und dann auch in anderen von Herrn
Schuberts Gesängen gerühmt oder getadelt worden: das ist auch in
diesen zu rühmen oder zu tadeln…« Ah! da kommt's! Meine »über-
triebnen und bizarren Harmonien«, woll'n wir wetten?, »… doch
mit dem Unterschiede, daß man jetzt zum erstern mehr, zum zweiten weniger Gelegenheit findet als früher, und das ist schon selbst
wieder ein Ruhm.« Hmm…
»Fassen wir jene Urteile, wie sie ausgesprochen worden sind und
sich hier von neuem bestätigen, in ihrem Wesentlichen zusammen…
Herr Schubert weiß Gedichte zu wählen, die wirklich gut… ist fähig,
aus jedem das herauszuhören, was für die Empfindung und mithin
für die Musik darin vorherrscht… meist einfache Melodie, und seine
Begleitung, die aber sehr selten bloße Begleitung ist… Eigentümlichkeit der Erfindung und Ausführung, tüchtige Kenntnis…«
Da, aber jetzt – horch zu: »Dagegen greift er öfters und zuweilen
weit über die Gattung hinaus, oder auch über das, was in dem einzelnen Stück mit Recht auszuführen gewesen wäre; künstelt gern an
den Harmonien, um neu und pikant zu sein.« Also diesmal »neu und
pikant«, wo's beim letztenmal »übertrieben, bizarr« und »ungenießbar« war – auch gut! »Und liebt es über die Maßen, in der Klavier-
partie viele Noten zu machen, über- oder nacheinander.«

Und das nennst du „durchweg lobend"?! Na, danke!

»Dieses Getadelte ist zwar durchaus nicht gleichgültig, doch gehört es zu dem, wovon ein junger Künstler, wenn er denkt und freundlichen Rat beachtet, nach und nach immer mehr zurückkömmt, besonders da es meistens nur angenommen ist von der Zeit, die jetzt überall auf ein Äußerstes hinaus will, und von irgendeinem Vorbilde, das dies mit Geist geübt und und Aufsehen damit gemacht hat.«

Nichts hab ich »angenommen« – gar nix! Weder »von der Zeit« noch »von irgendeinem Vorbilde«!

Ich brauch nix davon, verstanden?

Der Herr Franz Schubert schreibt seine eig'ne Musik, und von der kommt er nimmer mehr zurück!

Da, hör dir das an: »Dem Gedicht *Das Heimweh* liegt, passend und wirksam, in der Melodie, noch mehr aber in der ausgebreiteten, überall obligaten Begleitung, eine Anspielung auf den Emmentaler Schweizerreigen zugrunde.« Hast' je so ein' Blödsinn gehört?

Oder hier, über die Lieder vom Seidl: »Die Gedichte sind artig; für die musikalische Komposition muß man ihnen aber wünschen, daß sie über das, was sie sagen, nicht so viele Worte machten; Herr Schubert hat alles Gedehnte und Monotone vermieden, soweit es unter diesen Umständen möglich war; doch müssen Sänger und Pianist viel Mannigfaltigkeit in ihren Vortrag legen, wenn es nicht einigermaßen hindurchklingen soll.« Ei was, Herr Rezensent – ich hätt gedacht, ein Vortrag müßte i m m e r mannigfaltig sein, »wenn es nicht so einigermaßen einfältig hindurchklingen soll« wie durch Ihr Geschmiere!

»*Das Zügenglöcklein*, was wohl provinziell eine kleine Abendglocke bedeutet, die gezogen, nicht getreten wird« – nicht einmal d a s hat er verstanden: Eine *Sterbe*glocke ist es, die man da klingen hört! Und weißt', wie er das nennt? »Ein allerliebstes Stück«!

O ja, eine »durchweg lobende« Besprechung – mit der Rut'n gleich daneben, um draufzuhau'n! Und so verständig! Nix hat er verstanden, der Herr Rezensent – rein gar nix!

Und außerdem: singen sollen's meine Lieder – singen! Und nicht so viel Worte darum machen.

—— ⚬✧⚬ ——

*E*ine große Neuigkeit, sagst'?
So, so, du heirat'st also.
Sehr lieb, gebildet und hübsch; freilich, was anderes hätt ich von dir auch nicht erwartet.
Die Fanny Roner, ah ja.
Na, was schaust' denn so verwundert drein wie a Mondkalb – hast' gedacht, ich wüßte das alles noch nicht, weil'st doch ach so ein großes Geheimnis drum gemacht hast? Ja-ha, mein Lieber: Wenn der Clodi sich neulich abend beim Bogner nicht verplaudert hätte...!
Weißt' was: Ich bin zwar traurig darüber, daß't uns nun verlorengehen wirst, aber du hast ja recht, und außerdem hast' eine gute Wahl getroffen. Ich freu mich für dich!
Und obwohl ich eigentlich auf deine Braut bös sein sollte, daß sie dich uns entführt, möcht ich ihr a u c h eine Freude machen. Wenn'st sie also einlädst (und meinetwegen auch von den anderen, wen'st magst), dann bring' ich den Bocklet, den Schuppanzigh und den Linke mit, und wir machen a bisserl Musik für euch.
Bei der Gelegenheit könn' wir gleich auch den »Klepperställen« Lebewohl sagen; 's wird ja dann wohl das letzte Mal sein, daß wir da z'samm'kommen. Alles hat einmal a End.
Wenn ich denk, wie viele Abende und Nächte wir da verredet und verpunscht, vermusiziert und vertanzt haben...
A propos vertanzt: Gerad hab ich was in der Zeitung gesehn – wart einmal... »Lotterielose... großer Ball... Drei Cotillons mit neun Trios und Coda... *Kaltenleutgeber-Walzer* mit Coda, Sechs Walzer in A, *Valses animées avec Coda, Valses sensibles*... Stielers Handatlas... Neuer Atlas der ganzen Welt...« (Auch net schlecht, wenn'st deine Hochzeitsreise planen willst! Aber das war's nicht...) »Handbuch der Geographie und Statistik... kleine Geographie... *Krähwinkler Tänze*... Sechs neue Original *Karnevalswalzer*, Zwölf Brillante *Damenwalzer*...« Nix als Tänze in der Ballsaison! »Sechs

Walzer samt Introduktion und Coda, Vierundzwanzig Original
Linzer Ländler... Der beliebte ganz originelle Prager Galopp...«
Ah, da war's: »Bei Tobias Haslinger: *Vermählungswalzer* für das
Jahr 1828 von Joseph Lanner«. Gerade das Richtige für so aan Bräu-
tigam wie dich, meinst' nicht? Und wenn's dieselben sind, die der
Lanner mit sei'm Orchester derzeit im Café Rebhuhn spielt...
Na, egal! Auf alle Fälle hab i c h auch noch ein paar Ländler auf
vier Hände, die'st noch nicht kennst, glaub ich.
Also abgemacht, ja? Du sorgst für die Einladungen und ich für
die Musik!

———— 🙟 ————

*»Schubertiade« bei Josef von Spaun, zu Ehren sei-
ner Braut Franziska Roner von Ehrenwerth.*

So wird's wohl alleweil bleiben: Die andern heiraten, und ich spiel
ihnen zum Tanz auf.
»Da, schaut's euch unsern ›Schwammerl‹ an, wie er am Klavier
hockt und sei' Walzer spielt – der macht's richtig: Läßt sich von
keiner net einfangen und lebt, wie's ihm g'fallt!«
Wie's ihm g'fallt – was wißt denn ihr...
Freilich, der Spaun geht bald ins einundvierzigste Jahr, und die
Fanny Roner ist schon zweiunddreißig; am End ist' auch für mich
noch nicht zu spät? Nur wüßt ich keine, die so einen wie mich würd'
haben woll'n: kein Amt, kein Geld, kein Titel... keine Zukunft. Der
»Schwammerl« halt.
Und über drei Tag werd ich einadreiß'g.
Wie ging noch das Silvestergedicht vom Bauernfeld:

»Es rollen die immer kreisenden Jahre
hinunter, hinunter – du hältst sie nicht!
Sie bauen die Wiege, sie zimmern die Bahre,
sie hüllen in Dunkel, sie zünden das Licht;
dem einen zur Freude, dem andern zur Klage
drängen und wechseln die flüchtigen Tage.«

Aber's war doch ein schöner Abend – wer weiß, wie viel' einem noch vergönnt sind.

Und das neue Trio hat alle entzückt.

———— ✥ ————

> *10. Abendunterhaltung der Gesellschaft der Musikfreunde: »2. Ellens Gesang, Gedicht aus Walter Scotts Fräulein vom See, in Musik gesetzt von F. Schubert, vorgetr. von Fräulein Josephi.«*

*J*a, sing' nur, sing': »Wir woll'n uns still dem Schicksal beugen« – sind immerzu lustig und hauen tüchtig auf, auch wenn's einem schwindelt und das Blut zum Kopfe treibt; man hat schließlich nicht alle Tage Geburtstag!

Wo bleiben die Gratulanten?

Feine Gesellschaft – ziehn ein Gesicht, als ob's eine Leich' zu Grabe tragen müßten!

Aber mir geht's doch g u t ! Konzert, Souper, Ball, Trinkerei bis in die Nacht um zwei oder dreie – alles sehr lustig, und also mach ich auch alles mit! Ihr werd't schon sehn: noch einmal einunddreißig Jahr, und's heißt:

»Weißt' noch, damals? Anno Achtzwanz'g? Als 'mer – stets mit der Mode sam'mer g'gangen – den *Kettenbrücken-Walzer* und den *Galop à la Giraffe* getanzt ha'm? A guat's Jahr war's – weißt' noch?

Und all die schönen, die herrlichen Lieder! Und war's net eben dies Jahr, als 'mer zum Spaun seiner Hochzeit den musikalischen Braten g'spuit und g'sunga ha'm, den der Schober und der ›Schwammerl‹ ausg'kocht hatten?

He-he, der Schober – wie mer'n immer aufgezogen ha'm mit der Ariette aus dem Zauberspiel vom Raimund: ›Serviteur! Ich bin ein großer Dichtersmann, das sieht mir jeder Narr gleich an‹ – weißt' noch?

Alles sehr lustig! A guat's Jahr – so eins kommt nimmer mehr...«

Ihr werd't schon sehn: 's wird ein gutes Jahr gewesen sein. Auf mein und unser aller Wohl also, und daß's uns recht lang recht gut ergehen möge!

Gerad wie dem Musikus, von dem ich g'lesen hab, daß er – achtzig Jahr alt – im Allgemeinen Krankenhause an der Entkräftung verstorben ist. Das möcht wohl angehn, daß ich a u c h so alt werde: als
Musikus und g'sund, wie ich bin!
Was gibt's denn da den Kopf zu schütteln?
G u t geht's mir, sag ich – so gut wie lang nicht mehr!
Nur daß ich eben jetzt a bisserl müd' bin vom vielen Feiern… wie
lang' nicht mehr. Aber ihr werd't seh'n: Wenn ich erst ein Stündchen
oder zwei geschlafen hab'… da hinten in das Kister'l leg' ich mich…
's wird schon passen… und jetzt laßt's mich, ja? Ein Stündchen,
nur dies eine Mal… dies eine… letzte… Mal… ihr werd't schon
seh'n…

——— ⚘ ———

*E*ine Ehr'? Wieso eine Ehr', wo ich doch so berühmt bin – da:
»Seiner Wohlgeboren Herrn Franz Schubert, b e r ü h m t e r
Tonsetzer in Wien« – und die Post hat gleich g'wußt, für wen er is,
der Brief!
»Euer Wohlgeboren sind uns bereits durch Ihre vortrefflich ge-
arbeitete Kompositionen seit mehreren Jahren bekannt, und wir
hegten auch schon früher den Wunsch, von Ihren Arbeiten für unseren Verlag zu akquirieren…« Und jetzt paß auf, horch genau zu:
»… wenn wir nicht mit den Werken Opus 121, 122, 123, 124, 125,
126, 127, 128 & 131 des seligen Beethoven, worunter manche sehr
starke Opus, zu lange Beschäftigung für unsere Arbeiter gehabt
hätten.«
Verstehst'? Jetzt! Erst jetzt, wo der Beethoven tot ist – jetzt kommen's auf m i c h ! »Wir sind nun so frei, Sie um einige Werke für unsern Verlag zu ersuchen. Klavierwerke oder Gesänge für eine oder
mehrere Stimmen mit oder ohne Pianobegleitung werden uns stets
willkommen sein. Das Honorar belieben Sie zu bestimmen, was wir
Ihnen in Wien bei H. Franck & Compagnie werden auszahlen
lassen.«
Was meinst': sechzig Gulden Konventionsmünze für jedes
Opus? Oder ob ich um achtzig fragen kann – wo sie's doch auch in

Frankreich verkaufen woll'n...? Na, hier: »Bemerken müssen wir
Ihnen, daß wir auch ein Etablissement in Paris besitzen, wo wir auch
jedesmal Ihre Kompositionen bekannt machen. Wenn Sie mehreres
vorrätig haben und wollten uns davon ein Verzeichnis senden, so
wird uns dieses auch sehr angenehm sein. Mit Hochachtung zeichnen B. Schotts Söhne.«

Freilich ist es eine Ehre – hast ja recht. Freu'n müßt ich mich!
Stolz sein sollt' ich, daß sie mich fragen! Aber warum j e t z t erst?
Warum nicht schon früher, wenn ihnen doch meine »vortrefflich gearbeiteten Kompositionen seit mehreren Jahren bekannt« g'wesen
sind? Wenn's »schon früher den Wunsch gehegt« haben, etwas von
mir zu drucken?

Versteh doch: Es kommt zu spät – j e t z t kommt es zu spät!

Nu', egal: »Euer Wohlgeboren! Ich fühlte mich durch Ihr Schreiben vom 9. Februar sehr geehrt und trete mit Vergnügen mit einer
so soliden Kunsthandlung, welche ganz geeignet ist, meine Werke
im Auslande mehr zu verbreiten, in nähere Verbindung. Vorrätige
Kompositionen besitze ich folgende:

a) Trio für Pianoforte, Violine und Violoncelle, welches mit vielem
   Beifall hier produziert wurde.

b) Zwei Streichquartette (G-Dur und d-Moll).

c) Vier *Impromptus* fürs Pianoforte allein, welches jedes einzeln
   oder alle vier zusammen erscheinen können.

d) *Fantaisie* fürs Pianoforte zu vier Händen, der Comtesse Karoline Esterházy dediziert.

e) *Fantaisie* für Pianoforte und Violine.

f) Gesänge für eine Stimme mit Begleitung des Piano, Gedichte
   von Schiller, Goethe, Klopstock, etc. etc. und Seidl, Schober,
   Leitner, Schulze etc. etc.

g) Vierstimmige Chöre für Männerstimmen wie auch für Weiber-
   stimmen mit Begleitung des Piano, zwei davon mit einer Solo-
   stimme, Gedichte von Grillparzer und Seidl.

h) Ein fünfstimmiger Gesang für Männerstimmen. Gedicht von
   Schober.

i) *Schlachtgesang* von Klopstock, Doppelchor für acht Männerstimmen.

k) Komisches Terzett, *Der Hochzeitsbraten* von Schober, für Sopran, Tenor und Baß, welches mit Beifall aufgeführt wurde.

Dies das Verzeichnis meiner fertigen Kompositionen außer drei Opern, einer Messe und einer Sinfonie. Diese letztern Kompositionen zeige ich nur darum an, damit Sie mit meinem Streben nach dem Höchsten in der Kunst bekannt sind« – und sehr wohl wissend, daß es sie – mit Verlaub – einen schönen Dreck schert, die Wohlgeborenen Herren B. Schotts Söhne in Mainz und Paris, ob der »berühmte Tonsetzer Schubert« Opern, Messen und Sinfonien fabriziert: Wen interessiert denn schon das »Höchste in der Kunst«? Keinen!

Und, bitt' schön, für wen hält er sich eigentlich, der Herr Schubert? Für einen neuen Mozart vielleicht? Für einen zweiten Rossini? Oder gar für den seligen Beethoven?

Tänze soll er uns bringen, der Herr Schubert – Tänze und Lieder!

Aber natürlich, Euer Wohlgeboren – Ihr untertänigster Diener!

»Wenn Sie nun von obigem Verzeichnis etwas für Ihren Verlag wünschen, so überlasse ich Ihnen solches gegen billiges Honorar mit Vergnügen. Mit aller Achtung, Franz Schubert.«

Aber 's wird ihnen ja sowieso nicht gefallen.

Die *Impromptus* zum Beispiel: nicht brillant genug, aber trotzdem zu schwer, zu viele B's und Kreuze, zu lang, zu wirr, für Frankreich und überhaupt für unseren Verlag nicht recht geeignet…

»Wenn Sie gelegentlich etwas minder Schweres und doch Brillantes, auch in einer leichteren Tonart, komponieren, belieben Sie dieses uns ohne weiteres zuzusenden.«

Siehg'st, und dafür ist es j e t z t eben zu spät, daß ich mich noch ändern könnt'.

— ❧ —

» *U* nd Mirjam, die Prophetin, Aarons Schwester, nahm eine Pauke in ihre Hand, und alle Weiber folgten ihr nach hinaus mit Pauken im Reigen. Und Mirjam sang ihnen vor: Singet dem

Herrn, denn er ist hoch erhaben! Rosse und Reiter hat er ins Meer
gestürzt!«

Vier... sechs, sieben... zehn, elf, zwölf – zwölf Strophen!

Ja, ist er denn narrisch, der Grillparzer?! Eine Kantate sollt er
mir machen, eine k l e i n e Kantate wie das *Ständchen* – aber
doch kein Opernbüchel! Und über zehn Tag' ist schon das
Konzert...

Wie stellt er sich das denn vor?! Selbst wenn ich Tag und Nacht
schreiben tät' – 's wären doch wenigstens zwei Dutzend Seiten, die
ja dann auch erst noch kopiert wer'n müßten, und das Fräulein Pepi
und ihre Schwestern und die Herren vom Musikverein müßten's
probiern: 's geht nicht! Beim besten Willen geht's nicht! Da hätt ich
ja gleich könn' den *Lobgesang* nehmen, wie er im Alten Testament
steht... *Mirjams Siegesgesang...*

»Aus Ägypten vor dem Volke,
Wie der Hirt, den Stab zur Hut,
Zogst du her, dein Stab die Wolke,
Und dein Aug des Feuers Glut.«

Schön ist das...

»Und das Meer hört deine Stimme,
Tut sich auf dem Zug, wird Land...«

Sehr schön – und so ganz und gar musikalisch: Man liest es, und
schon komm' einem die Noten dazu in' Kopf...

Nu, was – es hilft ja nix; probier'n mer's halt...

Ach, pfui – für so einen Text ist es doch ein armseliges Ding, so ein
Pianoforte!

Pauken bräucht' man – Pauken und Tschinellen; und Hörner-
lärmen für das Heer des Pharaos, wie's da steht; und Streicher für
die Wogen des Meeres. »Säuseln, Wehen, Murmeln, Dröhnen,
horch, Sturm!« – ein ganzes Orchester müßt es sein, um solch ein
Crescendo!

Nur daß es dann eben d o c h eine Oper werden würd' und keine
Kantate...

Und außerdem gibt's die ja schon, die Oper; die täten mir schön
was erzählen, die Wiener, wenn ich's wagen würde, mich mit dem
Moses vom Rossini messen zu woll'n! Wo's obendrein wirklich ein
schönes Werk is, der *Moses* – und s o ein Finale, wenn's das ganze
ägyptische Heer verschlingt...

Ja, daß der Grillparzer mir ein Libretto schreiben täte, das wär
schon etwas. Mit dem *Graf von Gleichen* wird's ja wohl doch nix
werden – ganz abgesehn davon, daß die Zensur den Text vom
Bauernfeld nicht hat passieren lassen.

Ah, immer dieselben alten Träumereien – Singspiele! Opern! Als
ob ich nicht schon oft genug damit auf die Nas'n gefall'n wär'. Aber
ist es denn m e i n e Schuld, daß ich immer nur Büchel zum Vertonen
g'habt hab, die nichts wert waren?

Nu, immer schön alles eins nach dem anderen: jetzt erst einmal
den *Siegesgesang* – mit Klavier; vielleicht schaff ich's ja doch noch bis
zu meinem Konzert. Und wenn nicht (oder überhaupt): Dann setz'
mer hernach das Pianoforte als Partitur für Orchester.

Und dann – aber e r s t d a n n – kann ich den Grillparzer immer
noch fragen, ob er mir ein Libretto schreiben möcht'... wenn ich
dann noch da sein werde.

— ❦ —

Was bleiben wird: Opern, Lieder und Chöre, Messen, Tänze
und Sonaten, Trios, Quartette und Sinfonien...

Vieles – und viel G u t e s darunter, denk ich; selbst jenen zum
Trotz, die meinen, ich hätt' bloß Lieder und Ländler machen sollen,
statt meine Ideen auf Sachen zu verschwenden, die nix taugen, die
meiner Natur zuwiderstehn.

Was wissen denn d i e von meiner Natur!?

Ich hab's mir nicht ausgesucht, schließlich... Sucht sich ein Ap-
felbaum denn aus, ob er Äpfel trägt? Oder ein Vogel, ob er s o pfeift
oder lieber anders? Also! Als ob ich je meiner Natur Gewalt angetan
hätte...

Und Verschwendung? Ja, freilich: all das, was nie zu End gekommen ist – mag sein, daß ich d a r a n meine Zeit und Kraft vergeudet hab. Nur, daß man's halt vorher nicht wissen kann, ob's nachher gerät: eine Melodie, eine zweite, ein Akkord und noch einer, hier Thema, dort Begleitung – alles bewegt sich, spielt mit- und umeinander, fügt sich zusammen und strebt wieder fort, verändert sich, nimmt Form und Gestalt an, wächst…

Jeder Schritt, den man tut, führt ja doch immer irgendwo hin.

Form und Gestalt: eine Sonate?

Ein *Allegro* oder ein *Andante*?

Ein Lied?

Pianoforte?

Oder Orchester?

Streicher, Bläser?

Eine Sinfonie?

Das ist es ja eben, daß es immer s o und nicht anders gerät, weil's doch anders gar nicht sein k a n n : Wie der Baum, der ganz und gar – von der Wurzel bis zum letzten Zweig und Blatt – schon drinnen steckt im Samenkorn. Und wenn nicht j e d e s aufgeht, blüht und Frucht trägt – erzwingen kann man's nun einmal nicht.

Nur eines nicht: aufhören, stehenbleiben.

Wandern muß man, immerzu wandern – egal, woher oder wohin, ob Lust oder Last; wer stehenbleibt, stirbt. Schritt vor Schritt, Ton an Ton, Takt auf Takt – bis die Welt um einen herum versinkt.

Jedesmal, wenn ich ein Werk fertig gehabt hab, hat mich die Angst gepackt, daß es das letzte gewesen sein könnte, die Angst vor der eisigen Stille und Leere des Todes; bloß keine Pause lassen – gleich ein neues! Bloß nicht innehalten, nicht stehenbleiben… selbst auf die Gefahr hin, daß man im Kreis, in der eignen Spur zurück oder sonstwie in die Irre ginge.

Aber nun geht's halt nimmer.

Ein paar Schritte noch – ein paar Takte Musik –, und ich leg ihn fort, meinen Wanderstab. So müde bin ich, so unendlich müde…

Was also bleiben wird?

Fragen wir anders: Was s o l l bleiben?

Wenn ein gewaltiges Feuer käme und alles verbrennen wollte, das ich hab': um w a s wär es mir leid? W a s würd' ich mit letzter Kraft versuchen, den Flammen zu entreißen?

Nichts... nichts wohl.

Mag alles lodern und zu Asche werden – was kümmert's mich am End. Soll'n andre kommen und nachgraben, ob sie etwas finden: die Brüder, der Vater, die Freunde. Und mögen sie dann ruhig den Kopf schütteln über diesen Narren, der's nicht besser verstand; wie einer, der mit dem Fingerhut das Meer ausschöpfen wollte...

Was bleiben wird?

Was bleibt, ist ja doch immer nur ein Bild, ein Schatten, ein Traum – eine vage, rasch verwehte Spur, wie Rauch vor dem Wind.

———— ❧ ————

»*E*inladung zu dem Privatkonzerte, welches Franz Schubert am 26. März, abends sieben Uhr, im Lokale des österreichischen Musikvereins unter den Tuchlauben No. 558 zu geben die Ehre haben wird.

Vorkommende Stücke

1. Erster Satz eines neuen Streichquartetts, vorgetragen von den Herren Böhm, Holz, Weiß und Linke.

2. Gesänge mit Begleitung des Pianoforte, vorgetragen von Herrn Vogl, k.k. pensionierten Hofopernsänger.

   a *Der Kreuzzug* von Leitner

   b *Die Sterne* von demselben

   c *Der Wanderer an den Mond* von Seidl

   d *Fragment aus dem Aeschylus*

3. *Ständchen* von Grillparzer, Sopransolo und Chor, vorgetragen von Fräulein Josefine Fröhlich und den Schülerinnen des Konservatoriums.

4. Neues Trio für das Pianoforte, Violin und Violoncelle, vorgetragen von den Herren Karl Maria von Bocklet, Böhm und Linke.

5. *Auf dem Strome* von Rellstab, Gesang mit Begleitung des Horns und Pianoforte, vorgetragen von den Herren Tietze und Lewy dem Jüngern.
6. *Die Allmacht*, von Ladislaus Pyrker, Gesang mit Begleitung des Pianoforte, vorgetragen von Herrn Vogl.
7. *Schlachtgesang* von Klopstock, Doppelchor für Männerstimmen.
Sämtliche Musikstücke sind von der Komposition des Konzertgebers.
Eintrittskarten zu fl. 3 W.W. sind in den Kunsthandlungen der Herren Haslinger, Diabelli und Leidesdorf zu haben.«

———— ⚒ ————

*F*rühling... In der *Schnecke* ham's schon die Tisch und Stühle 'nausgestellt, daß man im Garten sitzen kann; nur in meiner Musik ist und bleibt's alleweil Winter...

Nu was – jeder wie er eben kann, nicht wahr? Und wem's net g'fällt, der soll sich halt woanders umschau'n.

Kompromisse – lang genug, daß ich Kompromisse g'macht hab: diesem und jenem zum Gefallen, aber mir selbst zum Hohn. Schluß muß damit sein, ein für allemal! Was ich noch zu sagen hab, sag ich so, wie's m i r paßt: Die Leut' woll'n schließlich was von m i r – net umgekehrt!

Gerad wie der Lorenz muß ich's machen, wenn der im Beisel keine Lust hat, ei'm was zu bringen: Hollá, Bedienung...

»Net mein Tisch, der Herr...«

Ich hätt gern etwas „leicht Faßliches", bitt schön!

»Is aus.«

Oh, schade; aber gibt's denn noch etwas von jenen Werken, „die, ohne Ihrer Eigentümlichkeit etwas zu vergeben, doch nicht zu schwer aufzufassen sind"...?

»Naa, nix mehr – is auch aus.«

Aber hier auf der Menükarte steht doch...

»Die Kart'n is von gestern und gilt heut nimmer.«

Tjaa... was haben Sie denn überhaupt noch, das „minder schwer"

wär, aber „doch brillant und auch in einer leichteren Tonart kom-
poniert"...?
»Gar nix dergleichen. Da müssen'S Eahna schon ein anderes Eta-
blissement suchen.«
Ja, Himmelherrgottsakrament noch einmal – kann ich nun bei
Ihnen was zu essen bekommen oder nicht?!
»Freilich könn'S – wo's doch a Caféhaus is...«
Und was?
»No, des hier hätt ich noch: *Allegro assai* in es-Moll...«
Ja, sind'S denn narrisch – es-Moll! Das sind ja sechs B's!
»Und weder „leicht faßlich" noch „brillant" – bedaure. Soll ich's
trotzdem bringen...?«
Und g a r nichts anderes also...?
»Gar nix.«
Nun, dann also – meinetwegen.

Gerad so müßt ich's machen: damit die Leut nach der Kunst
geh'n, und nicht die Kunst nach den Leut' – wenn's net égal zu spät
is, um noch was zu richten. Wo schon der Schober und die andern
nur mehr sehn und hör'n, was sie sehn und hör'n w o l l e n – wie
sollte da ein ganz und gar Fremder wohl den rechten Sinn auf-
bringen...?
Na, ich bin jedenfalls heilfroh, daß ich heut' n i c h t mit auf die
Landpartie 'gangen bin, die's arrangiert haben; soll'n sie ruhig mal
ein bißchen unter sich bleiben, die Freunde.
Außerdem frier' ich eh schon den ganzen Tag – als ob ich Fieber
hätt'; da wär's ein schöner Leichtsinn, wenn ich mitg'fahren wär:
der offene Wagen – man échauffiert sich, schwitzt, trinkt – pous-
siert mit den Weibern... (weiß der Teufel übrigens, wo der Schober die immer aufgreift) – red't über alles und nix und vertut seine
Zeit.
Auch d a m i t muß ein für allemal Schluß sein! Ist sowieso
nur eine Frage der Zeit, daß die Gesellschaft förmlich suspendiert
wird: Sie frißt sich selbst. Wenn nicht ein jeder Angst hätt', e r
könnt's sein, der ihr ein Grab und Ruh' verschafft, wär's längst
gescheh'n.

Auch bloß ein Kompromiß, daß man so tut, als wär der alte heil'ge Eifer immer noch am Werk: Man geht nach Haus und schämt sich fast, dabeig'wesen zu sein.

Aus – aus is, sag ich!

Wie denn: sechs B's sind z u v i e l ? Dann gibt's im nächsten Stück gleich noch eins drauf, damit ihr's lernt, daß Schluß is mit der Spaßerei! Dann mach'mer halt ein Trio in as-Moll – allein, um euch zu trotzen!

—— ⚘ ——

Na, was sagst', Bauernfeld – hab ich dir zuviel versprochen g'habt?! Ich schwör's dir: So einen wie den Paganini gibt's kein zweitesmal auf Erden!

Schon diese hagere, dämonische Gestalt, wenn er auf die Bühne kommt – ganz in Schwarz, wie a Satanas! Und hast' die unglaublichen Kratzfüße gesehn, die er macht? Wie eine an Drähten gezogene Puppe, ohne's Gesicht zu verziehn! Ob er das spielt oder ob er wirklich so is, was meinst'...?

Und diese Doppelgriffe im *Cantabile* vom Kreutzer-Konzert: daß das überhaupt einer spielen kann, und dann noch so gestochen und rein! Ich hab gemeint, einen Engel darin singen zu hör'n – gerad wie in dem *Adagio* aus sei'm eignen Konzert, das er neulich gemacht hat.

Und gleich nach dem Paradies – die Hölle: diese infernalischen Variationen über Süßmayrs *Hexen*; ka Wunder, daß die Leute meinen, er stünd' mit dem Teufel im Bunde, der Paganini!

Jessas, Bauernfeld, wenn d e r einmal was von m i r spielen täte...!

Hast' übrigens den Slawjk gesehn, wie blaß der geworden is? Wenn ich e r wär, tät' ich meine Geig'n nie wieder antatschen, ich sag's dir – wenn ich's net gleich verbrennen täte!

Ach, hör schon endlich auf mit den fünf läppischen Gulden – dummes Zeug! F ü n f z i g Gulden wär's mir wert gewesen, daß du den Paganini erlebst! Ich hab ihn ja schon einmal gehört und mich geärgert, daß't net dabei warst! Ich sag dir – so ein Kerl kommt nicht

wieder! Und wo ich jetzt (von mei'm Konzert her) Geld hab wie
Häckerling – man lebt nur einmal, gelt? 's nächste Mal bist halt d u
dran, das Entrée zu zahl'n – sofern du je mit deiner Stückeschrei-
berei aan Kreuzer verdienst, versteht sich!

Was anderes, mein Lieber: Hast' noch Lust, auf ein Stündchen
oder so zum Lachner mitzugehn? Er hat in seinem Gartenzimmer
hinterm Invalidenhaus ein paar Flaschen Tokajer stehn, die dringend
darauf warten, von uns geleert zu werden; der Schwind wird auch
dabei sein, denk ich.

Nu, freilich dem Paganini zu Ehren – aber nicht nur.

Da bist s c h o n neugierig, was? Aber sag' erst, wie's steht –
kommst' mit?

Fein! Dann wirst nämlich etwas zu hören kriegen, was ich selbst –
und du weißt ja, daß ich so etwas nicht leichthin sage –, was ich also
selbst für vielleicht das Beste halte, das ich seit langem gemacht hab:
eine Fantasie fürs Pianoforte zu vier Händen. Seit Jänner sitz ich
darüber, und obwohl ich sie Probst und Schott schon im Feber avisiert hab, hat's geschlagene vier Monate gebraucht, bis sie fertig war;
eine teuflische Quälerei, sag ich dir!

Aber für sie, verstehst'? Für s i e mußt' es ja doch ganz etwas Besonderes werden – damit sie weiß, die Comtesse Karoline, was sie
mir ist: der ferne Stern meines Lebens – meiner Liebe...

Warum ich ihr noch nie etwas gewidmet hätte, hat sie mich einmal gefragt; so ganz naiv und unschuldig, weißt'? Als ob sie nichts
wüßte.

»Wozu?« hab ich gesagt – »wozu sollte ich gerade I h n e n etwas
widmen? Wo Ihnen ja ohnehin alles gewidmet ist, was ich schreib' –
alles!«

Ein Narr bin ich, find'st nicht? Die Comtesse Esterházy von
Galántha und der »Schwammerl« – pfui Teufel, wer daran zu denken
wagt, wie?

Aber ich, i c h denk' halt dran – alle Tag und alle Nächte denk'
ich dran – daran und an nix anderes! Wälz' mich schlaflos im Bett
herum und denke an s i e ...

Na, du wirst sie ja gleich hören, meine Fantasie; der Lachner und
ich woll'n sie heut ein erstesmal durchfingern.

Aber kein Wort, hörst'? Braucht keiner zu wissen, was ich dir gesagt hab – das über die Comtesse. 's wissen eh schon zu viele davon.

Und außerdem steckt alles in der Musik – alles...

——— ❦ ———

> *Großes Zöglingskonzert des Konservatoriums:*
> *»9. Der 23te Psalm, ein Vokalchor mit Pianoforte-Begleitung von Herrn Fr. Schubert, von den Schülerinnen der dritten Abteilung der Gesangsschule vorgetragen.«*

*M*ich?!
M i c h hat er nicht beschützt – er nicht, und kein anderer auch nicht! Und mein »schmachtendes Gemüt« hat auch keiner je gelabt: Hab alleweil trocknes Gras fressen müssen, statt auf »grüner Weide zu lagern«, und mit den »stillen Bächen« war's auch nix: Entweder bin ich an trübe Tümpel geraten, aus den's einen zu trinken graust, oder es war'n reißende Flüsse. Solang ich denken kann, hat's mir an allem gemangelt, an a l l e m ...

Übrigens, ich klag' ja nicht – ich stelle bloß fest; *sine ira et studio,* wie man so sagt. Ich wäge ab, zähle, rechne zusammen – Gewinn und Verlust, Haben und Soll – und komme also zu dem Schluß, daß es nicht hinlangt; daß ich irgendwann und -wo (weiß der Teufel, warum) von dem »gerechten Steige« abgekommen sein muß.

Psalmweisheiten – es sind ja doch immer die a n d e r e n Schafe, die gut im Futter stehn!

Den Schober, der's mit einer Hübschlerin nach der andern getrieben hat, d e n hat er beschützt, er oder sonst wer – aber mich nicht.

Furcht hab ich trotzdem keine, »im Todesschatten-Tal«; 's kann eh nur besser sein, was mich danach erwartet...

Und gerade meine Kirchensachen wär'n doch mit so viel »tiefer Empfindung« geschrieben? Was die schon wissen, die so daherreden! Die neue Messe zum Exempel: eine Skriptur des Herrn Regenschori Leitermayer für seine Dreifaltigkeitskirche im Alser-

grund, nichts weiter; aus Freundschaft – weil er doch gerad wie ich
selbst ein Schüler vom alten Holzer g'wesen is, der Leitermayer-
Michel; und weil er halt weiß, daß ich's brauchen kann...

Kyrie eleison: hundert Gulden wenigstens – mit tiefer Empfindung der elenden und gottverdammten Notwendigkeit, am Leben
zu bleiben, solang's noch irgendwie geht. Und noch, n o c h geht
es – irgendwie... selbst wenn einem der schale Geschmack des Blutes schon auf der Zunge liegt: süß und schwer, als hätt' man einen
Klumpen Blei im Mund, den man weder ausspei'n noch herunter-
schlucken kann.

Für den, der stirbt, mein Lieber, läuft die Zeit rückwärts: Die
Ewigkeit hat schon längst begonnen und ist – so steht zu hoffen –
bald vorbei. Die »guten Hirten« lassen einen eh nur so lange grasen,
bis man reif ist für den Schlachthof...

Am Ende des »gerechten Steiges« steht der Tod, »zu seines
Namens Ruhm«: *Gloria in excelsis!*

Wie gesagt: ich stelle lediglich fest. Keine Klagen – jetzt nicht
mehr. Wir wer'n ja sehn, wer recht behält am Ende – er oder ich:
Gloria in excelsis oder *Gloria »in extremis«.*

Abwägen, zählen, rechnen – zu verlieren hab ich eh nix mehr.

Und wenn ich meine Messe in die Waagschale lege, dann sicher nicht, um meinen Frieden zu machen: furchtlos bis zuletzt –
beschützt oder nicht.

Mein »Schwanengesang« wird jedenfalls ein anderer sein...

———— ✳ ————

Jessas, was is' denn...?!
Schober – du bist's... Ich muß wohl eingeschlafen sein; wie
spät is' denn...?

Naa, es geht schon – laß nur; ich bin eh wach jetzt. Weißt', in der
Nacht hab ich in letzter Zeit immer solche Blutwallungen, daß ich
gar nicht zur Ruh komm': Stundenlang schmeiß' ich mich hin und
her, zerwühl' mein Bett und krieg dabei natürlich kein Auge zu –
da muß ich den Schlaf halt am Tage nachhol'n, wenn mir meine
gewöhnlichen Kopfschmerzen nicht gerad wieder zusetzen.

Was meinst': ob ich den Doktor Rinna bitte, daß er mir was auf-
schreibt zum Schlafen? Wobei – manchmal denk' ich, 's wird sowieso nix mehr mit mir: Die Krankheit steckt nun einmal drinnen
und frißt und nagt an mei'm Lebensnerv – wie eine Feld- oder Wühl-
maus, die sich an einer Wurzel gütlich tut.

Von der »wahren, aufwärts strebenden Kraft«, von der's neulich
à propos meines Geigen-Rondeaus geschrieben haben, ist jedenfalls
derzeit herzlich wenig zu spür'n, find'st' nicht?

's war gut übrigens, daß't mich geweckt hast – wegen dem Rondo
für den Artaria, weißt'? 's is schon eine halbe Ewigkeit her, daß er
mich drum gebeten hat, ihm etwas *à quatre mains* zu machen – angenehm, leicht faßlich, gefällig und nicht zu schwer: gerad so wie
alles, was ich schreib', siehg'st es.

Nu, und wie ich gestern auf ein' Sprung beim alten Sonnleithner
war, um ihm und dem Poldi zur Erhebung in den Adel zu gratu-
lier'n – treff' ich dort den Artaria: Kompliment, wie geht's, man
sieht Sie ja gar nimmer – das übliche halt; ach ja, und was denn mit
dem bestellten und versproch'nen Rondo auf vier Hände wäre?

Na, was hätt ich sagen soll'n – daß ich noch gar nicht angefangen
hab? Ich hab's ihm definitiv für nächste Woche avisiert.

Nächste Woche – sicher, sicher... Ist schließlich keine gar so
große Sache, so ein Rondo. Mit der Messe für den Leitermayer is
es freilich was anderes: Das braucht schon seine Zeit – m e h r Zeit
vielleicht, als...

Schwarze Gedanken – schlechte Medizin; ich mach mich selber
noch verrückt. Wer sagt denn, daß es d a h i n kommt, net wahr? Die
reinste Hypochondrie: Nur weil der Mozart mit s e i'm Requiem
nicht mehr fertig geworden ist, heißt das noch lange nicht, daß m i r
und m e i n e r Messe dasselbe Schicksal blüht. Aberglaube! Wenn
ich erst d a m i t anfang', kann ich mich gleich verlorengeben.

Wahrscheinlich ist es nur die dumpfe, stickichte Luft in der Stadt.
Miasmen, die aus dem Kanal oder sonst woher aufsteigen – kein
Wunder, daß man Fieber kriegt: Der Gesündeste würd' krank dabei. Die Kopfschmerzen, die Blutwallungen, die Schlaflosigkeit –
für all das gibt's eine ganz normale, ganz harmlose Erklärung, das
wett' ich.

Die... bewußte Krankheit?

Weg.

Geheilt.

Einbildung, daß sie noch da wär'.

Und eines Morgens wacht man auf, ist tot – und meint immer noch, man hätte sich alles bloß eingebildet...

———— ❦ ————

Nix da, nix da – ich kehr' nirgends mehr ein; weder ein noch aus, übrigens: ich hab jetzt schon aan Rausch wie lang nit mehr! Ich mess... ich muß doch an meine Messe... an meine Messe z'ruck!

Geht's, diese halt- und sinnlose Sauferei is doch gerad'zu unchristlich – schämt's ihr euch denn nicht? Obwohl der Wein, de'mer g'soffen ha'm, so famos war, daß man hätt mein' können, der liebe Gott persönlich hätt ihn ausg'schenkt!

Nur daß er jetzt in mein' Füßen und Beinen steckt, der Wein – so schwer, daß ich mein', ich käm' gar nimmer von der Stelle.

He, rennt's doch net so! Wartet's auf mich, mich muß... ich muß mich gerad ein Momentl hinhocken – da auf den Stein hin... hab einen Dorn im Schuch... auf den Stein hier... auf den –

Hffft! Im Dreck...

Pfui, dasss... dasss nich' nett von euch, mir einfach den Stein wegzustoßen, gerad'wegs unterm Hintern weg...

Nich'...? Ihr habt's ihn n i c h ' weggestoßen – ich hätt mich bloß danebengesetzt...? Geht's, und das soll ich euch glauben?! Am End behauptet's ihr noch, ich sei berauscht! Beschwipst! B'soffen!

He-he, bin ich ja auch!

Geht's, steht doch net so herum – helft's mir lieber auf die Beine... So... so geht's.

Der Dorn...? Was für'n Dorn denn – Unsinn...

Sagt's mal, da hinten – seh ich das richtig, daß da hinten a Beisel leucht'...?

Weil nämlich, auf den Schreck tät ich gern noch ein Glasl oder zwei...

Nu, freilich hab ich g'sagt gehabt, ich wollt' nimmer – aber das war halt v o r h e r , bevor ich mich in'n Dreck gesetzt g'habt hab; ich werd' doch wohl noch das Recht haben, mei' Meinung zu ändern?!

Ja-ja-ja, die Messe: soll's halt warten, die Messe.

Außerdem, ich werd euch was sagen: *in unum Deum*, die Unsterblichkeit und das alles – da glaub ich sowieso nich' dran: *Non credo*, sag ich – N o n   c r e d o !

> »Nun, o Unsterblichkeit, bist du ganz mein!
> Du strahlst mir, durch die Binde meiner Augen,
> Mit Glanz der tausendfachen Sonne zu!
> Es wachsen Flügel mir an beiden Schultern,
> Durch stille Ätherräume schwingt mein Geist;
> Und wie ein Schiff, vom Hauch des Winds entführt,
> Die muntre Hafenstadt versinken sieht,
> So geht mir dämmernd alles Leben unter:
> Jetzt unterscheid ich Farben noch und Formen,
> Und jetzt liegt Nebel alles unter mir.«

Da seht ihr's: So berauscht bin ich noch lang nit, daß ich nich' noch den Monolog vom *Prinzen vom Homburg* retizier'n… rezizier'n könnte, den wo mer gestern beim Schober ausgelesen haben! Herrlich war's, hm? Ich freu mich schon drauf, wenn's nächste Woche an's *Käthchen von Heilbronn* geht…

Ein Jammer, daß er nicht hat mitkomm' woll'n, der Schober – das wär fei n o c h lustiger gewesen als mit euch, wegen der Weiber: Mit den Weibern kann's nämlich keiner so wie der Schober, das könnt's ihr mir glauben! In ganz Wien gibt's keine Grabennymphe, die er noch nich' g'habt hat…

Obgleich, so gesehn – wegen der Weiber – so gesehn is vielleicht gut, daß er n i c h t hat mitgehn woll'n, sonst wär's womöglich wieder dahin 'kommen…

Egal – Prost auf die Abwesenden: auf Schober zuerst – auf den besten Freund, den i' hab…!

Jessas, jetzt bin ich w i r k l i c h beschwipst, scheint mir: »So geht

mir dämmernd alles Leben unter«... Freunde, auf die Erkenntnis
hin – trink'mer gleich n o c h a Glasl: auf den Kleist:

»Jetzt unterscheid ich Farben noch und Formen,
Und jetzt liegt Nebel alles unter mir.«

Und was die Messe angeht: »Gelobt sei, der da kommt im Namen
des Herrn – Wirts!« Das nämlich is eine Religion, auf die ich mich
versteh'!

———— ⚶ ————

Wiener Zeitung: »*Bei M. J. Leidesdorf, Kunst-
und Musikalienhändler, in Wien, Kärntnerstraße
Nr. 941, ist soeben neu erschienen, und zu ha-
ben:* Momens musicales *pour le Pianoforte, par
Fr. Schubert. Œuvre 94. Zwei Hefte, jedes 36 kr.
K.M.«*

*M*omens musicales – »Musikalische Augenblicke« hieß' es wohl
in Deutsch. Nun ja, man geht halt mit der Mode, und die will's
heute wieder gern französisch haben.

Vor fünfzehn Jahren noch wär's (wegen der Allianz gegen den
Napoleon) geradezu eine vaterlandsverräterische Schand' gewesen,
wenn einer statt »Großer Sonaten fürs Klavier« eine *Grande Sonate
pour le pianoforte* hätte schreiben und drucken wollen – wo's heute
immer nur *cahier* statt »Heft« heißt, *œuvre* statt »Werk« und *prix*
statt »Preis«; und natürlich nicht »von Franz Schubert«, sondern
composé par François Schubert. Und wer's nicht versteht, der mag in
»Mozin's neuem vollständigem Wörterbuch der Deutschen und
Französischen Sprache« nachschlagen, »so eben in der Carl Ge-
rold'schen Buchhandlung angekommen und zu haben; nach den
neuesten und besten Quellen über Sprache, Künste und Wissen-
schaften, enthaltend die Erklärung aller Wörter, die Aussprache
der schwierigen, eine Auswahl erläuternder Beispiele, die haupt-
sächlichsten sinnverwandten Wörter beider Sprachen«, etcetera,
etcetera.

Freilich, die W ö r t e r zu erklär'n ist leicht – aber die M u s i k ? D i e nämlich geht n i c h t mit der Mode!

Obgleich ich gar net übel find', was sich der Leidesdorf da aus-gedacht hat: *Momens musicales*. Es sind ja wirklich Sachen, die ich aus dem Augenblick heraus gemacht hab – damals, vor... wie lang ist das jetzt her? No, reichlich vier, wenn nicht fünf Jahre werden's sein.

Musikalische Augenblicke, festgehalten für alle Zeit; ein Blick in den Spiegel, aus dem ein fremdes, fremd g e w o r d e n e s Gesicht zurückschaut: »Verweile doch«...?

Besser nicht. Was war, ist gewesen – aus und vorbei; bloß keine Sehnsucht nach Vergangenem, die ei'm das Herz zerfrißt. Augen-blicke sind nicht für ewige Dauer berechnet – weder die schönen noch die häßlichen –, und das ist gut so. Gerad wer verweilen will, vergeht: Alles andere ist Selbstbetrug. Wie sagt der Graf im *Käth-chen von Heilbronn*? »Das Maß, womit die Seele auf dem Markt der Welt die Dinge mißt, ist falsch.«

———— ❧ ————

*U*nendlichkeit – ts-ts-ts, was für ein großes Wort! »Unendlich« groß, gewissermaßen: Da muß man fei Obacht geben, daß man sich nit verläuft da herinnen – wo ihr doch schon einige Müh g'habt habt, hier im Brauhausgarten unsern Tisch zu finden!

Nu ja, 's sind halt ein Privileg der Jugend, diese großen Worte. Der Bauernfeld, der Enk und vor allem unsre beiden Hartmanns hier mit ihren nicht einmal zwanzig Lenzen: ihr dürft nicht nur – ihr m ü ß t Unendlichkeit auf eure Fahnen schreiben – stimmt's nicht, Schober? Wir beiden »Alten« hingegen, die wir noch aus dem vorigen Saeculum stammen – wir dürfen uns mit weniger zufrieden geben. Ihr werd't schon noch früh genug merken, daß man sich aus so einer Unendlichkeit bisweilen ängstlich zurückwünscht in ein Kämmerlein.

Carpe diem! Wer hat das gesagt, Bauernfeld – Horaz, nicht wahr...? Genau, Horaz. Oder wie's bei Goethe steht: »Benutze red-lich deine Zeit! Willst was begreifen, such's nicht weit.« Deswegen

hat schon manch einer vor lauter Unendlichkeitsstreben das nächst-
liegende Glück übersehn.

Da staunt's, wie? Hättet ihr nicht geglaubt, he?, daß in euerm
»Schwammerl« solch ein tiefgründiger Philosoph steckt?

Is aber so. Man kann ja schließlich nit alleweil a Künstler sein.
Schaut's her, das Krügel Bier hier – das is meine Philosophie: *carpe
diem!* Daß ich mit euch treuen Freunden heut und jetzt und hier im
Brauhausgarten hock' und mir's Bier schmecken laß – das nenn' ich
redlich meine Zeit benutzt. Prosit – auf das irdische Glück.

Und auf die Liebe, versteht sich, die zu diesem Glück gerad so
notwendig is wie... wie... i' hab's: so notwendig wie a Pferdl zu ei'm
Fiaker. Weil, 's muß ja doch einer da sein, der zieht, nicht wahr?
Hüah...!

Was soll das heißen: ich tät' heut so komisches Zeug daherred'n?
Wo mich doch der Thaddäus Weigl just gestern noch gefragt hat, ob
ich ihm nicht einmal was Komisches schreiben könnte!

Was K o m i s c h e s , habt's ihr verstanden?

Also lacht gefälligst: Ha! Ha! Ha! Lachen sollt ihr! Der Schubert
soll komisch sein – also ist er's!

Komm, Schober, zeig's ihnen, wie's geht – d u hast doch noch
immer über mich lachen können, so ein lustiger Geselle wie ich
bin...

Was schaut's ihr mich denn alle so an, he? Wie wenn ich ein
Mondkalb wär oder so etwas...

Bauernfeld – du als Komödiendichter: Sag ihnen doch, daß man
zu lachen hat, wenn's lustig ist!

Weißt' noch, Schober? Wie'st gelacht hast – damals, als ich dir
erzählt hab, was mir deine Hübschlerin »geschenkt« hat? Das
w a r aber auch einmal lustig – gerad mir! Ich lach' heut noch drüber...

Egal – ich seh schon, 's amüsiert euch net. Ist euch nicht groß,
nicht »unendlich« genug, was?

Oh, da fällt mir übrigens noch eines dieser großen Worte ein:
Ewigkeit.

Auch schön, oder nicht? Auch etwas für die Jugend – hm,
Schober? Wo doch u n s r e »Ewigkeit« schon bald herum is...

Noch einmal Prosit also: auf das irdische Glück und auf die Liebe – auf die e w i g e Liebe!
Ja, wenn's das gäbe, nicht wahr: ewige Liebe... Die hätte, wenn's sie gäbe, ganz gewiß Unendlichkeit verdient.
Ich hingegen bin – ihr könnt's mir glauben – des öft'ren froh, daß alles e n d l i c h ist; weil, so wenigstens kann ich sicher sein, daß auch die Quälerei ein Ende haben wird, einmal.
Nur eines kann man halt nicht: davonlaufen.
Außerdem: Flucht – wohin? Doch höchstens in den Widerspruch, daß man immer da sein Glück vermutet, wo man n i c h t ist.

———— 🙰 ————

V ieles verliert sich, so vieles. Zerrinnt zwischen den Tagen wie Sandkörner in einem Uhrglas, verdunstet wie Regen.
Was bleibt, wenn der Sturm durch die Blätter fegt? Melodien und Akkorde, aufgelöst in einzelne Töne: zersplittert und zerfasert wie Worte und Sätze, von denen nichts geblieben ist als Buchstaben und Silben; verblichene Zeichen, die keiner mehr zu lesen oder zu deuten versteht. Erinnerungen und Bilder, die mit einem sterben... Was als sprudelnder, silberhell rauschender Lebensquell beginnt, mündet ein in die dunklen, trüben, stagnierenden Wasser des Todes – versickert, vergeht, »ehe der Geist verglüht«...
Dabei ist es doch meist kein »Verglühen«, sondern ein langsames, mähliches Verlöschen; eine schleichende Kälte, die von den Fingern und Zehenspitzen in einen hineinkriecht, um Tag für Tag, Zentimeter für Zentimeter ein Stückchen weiter vorzudringen. So sanft und vorsichtig, daß man's kaum spürt, wie man immer mehr erstarrt und abstirbt! Gestern noch die ersten Knospen des Frühlings – heute schon Herbst!
Verwelkte Blüten, dahingesunkene Hoffnung – und immer dasselbe Erstaunen, dasselbe Bedauern; als ob nicht unterm satten Grün des sommerlichen Blattwerks schon das Herbstgerippe kahler Zweige durchscheinen würde, die mit dürren Fingern ihr *Memento mori* in den Himmel schreiben. Wie man ja auch den Totenschädel

ahnt, selbst wenn sich noch die Haut darüber spannt – siehg'st es nicht? Aber keiner schaut hin.

Man möcht gar nicht glauben, daß August ist, so kalt ist heut. Oder ist es in mir drinnen, daß ich so frier'...?

Gerad so kalt ist mir beim Schindler gewesen, als ich mit ihm die Papiere durchgeblättert hab', die der Beethoven ihm hinterlassen g'habt hat – grabeskalt...

Was d a s sei?

Lyrische Dichtungen, die dem großen Meister eingesandt worden wär'n, hinsichtlich einer eventuellen Vertonung.

Darunter eine Sammlung von vielleicht zwanzig Nummern, einige davon am Rand mit Strichen und Kreuzeln versehn: ah ja, diese... von einem gewissen Rellstab, Ludwig Rellstab; Redakteur der Berliner *Vossischen Zeitung* und deren Musikreferent. Die angekreuzelten Gedichte habe der Herr Beethoven wohl zu eigener Komposition ausgewählt und bezeichnet, wozu er aber nicht mehr gekommen sei.

Ob ich die Sammlung wohl mitnehmen dürfe...?

Freilich. Er – Schindler – habe keinerlei Verwendung dafür.

So viele verstreute, verlorene Blätter... d i e s e wenigstens sollen bleiben!

Wie arme, vertrocknete Blüten – zwischen zwei Buchseiten gepreßt als Erinnerung an etwas längst und für immer Vergangenes; oder war's etwas, was ich nie gehabt habe...?

Zerronnen, verdunstet, verflogen...

Wenn die schleichende Kälte erst das Herz erreicht und's zu Eis erstarrt haben wird, hat auch das rastlose Sehnen ein Ende.

Alles versinkt in Nacht – nur meine Lieder bleiben: ein flüsterndes Rauschen im Mondlicht, die Klage einer Nachtigall, ein ferner, silberner, endlos tönender Klang...

———— ❧ ————

Ah, schau an – die Anzeige meiner *Refrainlieder*: »Schon lange hegte das Publikum den Wunsch, aus der Feder dieses genialen Liederdichters einmal eine Komposition heiteren, komischen

Inhalts zu erhalten. Diesem Wunsche kam Herr Schubert durch gegenwärtige vier Lieder, welche teils echt komisch sind, teils den Charakter der Naivität und des Humors an sich tragen, auf eine überraschende Weise entgegen.«

So-so, nun schreibt er also komische Lieder, der Herr Schubert – heitere, echt komische, naive, humorvolle Lieder.

Ist es am End vorbei mit seinem Weltschmerz?

Hat er's endlich eingesehn, daß die Leut l a c h e n woll'n und nicht l e i d e n?

Oder – ist es nur eine Grimasse: eine Maske, hinter der sich ewig derselbe Schmerz verbirgt, ewig die Tränen fließen...?

's braucht ja bloß einer die Lieder zu sehn, an denen ich j e t z t gerad schreib' – dann wüßte er, wie's um meinen Humor bestellt ist.

Aber sie wissen's ja nicht – w o l l e n ' s nicht wissen. Weder der Bauernfeld noch der Spaun, noch sonst einer – nicht einmal der Schober; der g e r a d nicht! Für ihn und die andern bin ich doch nix als ein gar lustiger Gesell, allzeit zu Späßen aufgelegt; ein prächtiger Kumpan, mit dem man abends im Beisel hock'n und diskutier'n kann und der sich obendrein nie lang bitten läßt, ans Pianoforte zu gehn und zum Tanz aufzuspiel'n wie sonst keiner. Ein ebenso rares Tier wie die Giraffe, die's in Schönbrunn herzeigen, daß das Volk vor Staunen's Maul nimmer zukriegt. Fragt denn auch nur einer, wie's d r i n n e n aussieht in so ei'm Geschöpf?!

Ach, fliehen können vor all dem – in die Welt hinausziehn, in die Fremde, die Heimat vergessen...

Haß? Ein hartes Wort.

Hingegen: die Freunde zu verlassen, das wär noch das leichteste. Sie würden's vielleicht nicht einmal merken...

Was anderes ist denn das Leben als ein ständiges Abschiednehmen – ein Zurück- und Hinter-sich-Lassen... Und merkwürdig: je weiter man voranschreitet, desto leichter wird's, sich von allem und jedem zu lösen. 's sind ja eh nur Schatten und Phantome, von denen man sich trennt: als träte man heraus aus der Nacht in die w i r k l i c h e Welt – in die Welt der Gedanken und Erinnerungen, die man immer und überallhin mit sich trägt. (Obwohl's ja oft gerade d i e sind, vor denen man sich wünschen würde flieh'n zu können.)

Und nun also w i e d e r ein *Abschied*: nicht der letzte – n o c h nicht! –, aber eben auch längst nicht mehr der erste.

Wirklich, man gewöhnt sich – 's wird mit jedem Male leichter.

Vom Mayrhofer gab's auch einen – einen *Abschied* mit meiner Musik dazu: »Nach einer Wallfahrtsarie bearbeitet«.

Pilger des Lebens – oder Spazier- und Müßiggänger?

Fragt sich.

Wanderer jedenfalls, der stetig einem Ziele zustrebt, das er selbst nicht ahnt…

Guter, alter Mayrhofer: wie fremd sind wir einander geworden – und waren doch wie zwei Früchte desselben Baums. Nur daß halt im Sturm des Lebens die eine hinunterfiel, während die andere droben am Zweige blieb und der Fallenden ein klagevolles Lebewohl nachschickte – insgeheim froh womöglich, daß sie endlich allein war und ihre Ruhe hatte!

Was meinst', Waldl: Wer von uns beiden ist wohl der eine, und wer der andere…?

Auch ein Abschied: »Scheiden, meiden was man liebt…«

Nur – wo keine Liebe mehr ist, betrübt's auch das Herz nicht mehr: Das Ade, das ich euch h e u t e geb', klingt fröhlich; den Triumph, euch zum Abschied ein t r a u r i g e s Lied zu bescheren, werd't ihr nicht haben!

———— ❦ ————

N a, so was – der Gahy! Daß't dich überhaupt zu mir traust, du treuloser Gesell: Wo hast' denn gesteckt, vorgestern auf d'Nacht, he? 's war doch als sicher ausgemacht, daß't mitkommst zum *Rebhuhn*, oder irr' ich mich? Der Schwind war da, der Bauernfeld, die beiden Hartmann's, Hörwarter, Enk – nur d u nicht!

Vergessen? Na, warte – das merk ich mir! Und ich dacht schon, du kommst, um auf Knien um Verzeihung zu bitten, daß't deinen Freund so schändlich hast sitzen lassen…

Eine Besprechung meiner Sonate in der *Kunst-Zeitschrift*, sagst'...?

Naa, keine Ahnung – nix hab ich gelesen. Und welcher Sonate denn überhaupt: 's ist doch seit Jahr und Tag keine erschienen von mir?

Die für den Erzherzog Rudolph, die wo der Pennauer im Jänner Sechsazwanz'g als *Première Grande Sonate* gedruckt hat? Und die ham's j e t z t rezensiert, sagst'?! Jessas, Gahy – wo soll das noch hinführ'n, wenn's in Wien die neuen Werke schon nach zwa'a-halb Jahr'n besprechen: Wer soll denn da noch mitkomm', frag ich dich!

No, freilich intressiert's mich – zeig her.

Ah, so kurz nur... »Der beliebte Romanzenkompositeur legt in diesem Werke dem Publikum eine Komposition vor, deren ernster Stil sich sowohl im Anfange als in der ganzen Ausführung recht imposant ausspricht. So wie Herr Schubert sich in seinen Liedern als tüchtiger Kenner der Harmonie zeigt und seine Melodien durch eine schöne Folie der Akkorde zu würzen versteht...« Na, wenigstens einer, dem's zu schmecken scheint – wo die meisten meine »Akkord-würze« als zu scharf empfinden. »... so zeigt er sich hier in einer fast martialischen Stimmung, in welcher ein wohlgewählter Harmonie-wechsel das marschartige Mittelthema in vielfältigen Veränderungen begleitet.«

Da siehg'st es wieder mal, wie die Meinungen auseinandergehn: D e r hier find't meine Harmonien »wohlgewählt«, während ei'm anderen just dieselben Harmonien »etwas wunderlich und nicht ohne Exzentrizitäten« scheinen – wenn'st dich noch an den Artikel erinnerst, der seinerzeit über die Sonat'n in der Leipziger *Allgemei-nen* stand.

Und weißt' noch, wie der Schober fast mit'm Spaun in Streit ge-raten wär, weil er g'meint hat, der erste Satz wär viel zu lang und höchstens auszuhalten, wenn er als flottes *Allegro* gespielt würd', statt als ruhiges *Moderato*? »Das moderate Tempo paßt sehr gut für den Gang der Ideen, und der Tonsetzer bleibt konsequent in dem einmal aufgefaßten männlichen Charakter.« Was immer er damit hat sagen woll'n, der Herr Rezensent...

Hier – in den Noten steckt noch der Artikel, der damals in der
Leipziger *Allgemeinen Musikalischen Zeitung* erschienen ist, gleich
nachdem die Sonate heraus war:»Es führen jetzt viele Musikstücke
den Namen Fantasie, an denen die Phantasie sehr wenigen oder gar
keinen Anteil hat und die man nur so tauft, weil der Name gut klingt
und weil das Geisteskind – wie wild Wasser nach allen Seiten aus-
laufend – in keine gesetzliche Form sich hat fügen wollen. Hier
führt, einmal umgekehrt, ein Musikstück den Namen Sonate, an
dem die Phantasie ganz offenbar den größten und entschiedensten
Anteil hat.« Und daß ich mich »in den abgesteckten Grenzen der
Sonate so frei und eigen, so keck und mitunter auch so sonderbar
bewegen« tät, daß das Werk »wohl nur mit den größesten und frei-
esten Sonaten Beethovens verglichen werden kann«. Wenn ich dagegen d a s hier les', bin ich fast froh, daß's nicht eher erschienen
is...

»Das *Andante poco moto* ist sehr gelungen; die in die Mittel-
stimme verlegte Melodie bietet zu sehr angenehmen und interes-
santen Umkehrungen Gelegenheit und wird vom Tonsetzer mit
großer Mannigfaltigkeit durchgeführt. Dieser Satz ist brillant, ohne
gerade schwer zu sein, und fordert viel Ausdruck.«

A Schmarr'n – als ob es etwas gäb' in der Musik, was n i c h t »viel
Ausdruck« fordern würde.

Und »ohne gerade schwer zu sein«? Daß »diese Sonate, um
nach Wunsch vorgetragen zu werden, nicht sowohl ein virtuosen-
mäßiges Spiel verlangt, als vielmehr ein ausgearbeitetes, ungefähr wie die größten Sonaten von Beethoven«, stand in der *Allgemeinen*!

Oder hier, hast' das über den dritten Satz gelesen: »Das feurige
Scherzo erhält durch das sanftere Trio erst seine rechte Bedeutung.
Beide sind wohlgelungen.« Na, Gahy, was sagst' – ist er nicht ein
außergewöhnlicher Kopf, der Rezensent?

Der außergewöhnlichste S c h w a c h - und H o h l kopf, der mir
untergekommen ist seit langem! Ein Ignorant, der sich von Gemeinplatz zu Gemeinplatz fortschreibt! »Das *Allegro vivace* ist sehr
schön gearbeitet, und die großen, durch Ober-, Mittel- und Unter-
stimme laufenden Figuren zeigen den schönen Erfindungsgeist des

Herrn Franz Schubert. Bei recht lebhaftem Vortrage macht dieses Finale eine brillante Wirkung. Die ganze Sonate zeigt keine gekünstelten Schwierigkeiten und gibt dem denkenden Spieler viel Gelegenheit, seinen Vortrag zu zeigen.«
No ja – ist ja doch wohl als ein Lob gemeint, das Ganze.
Komm, Gahy – tu' mir die Freude und spiel mir's Finale nochmal vor, ja? Schon um mich mit deinem Fortbleiben vorgestern zu versöhnen.

———— ⚬⚬⚬ ————

Also, dem Herrn Salomon Sulzer seinen *Psalmus hebraicus* für die Synagoge in der Seitenstettengasse, den wo's diesen oder nächsten Freitag singen woll'n – und gleich hernach den Reilschen Chor, den ich dem Leitermayer-Michel für die Glockenweihe kommenden Dienstag versprochen hab; und die Messe muß ich auch noch fertigmachen...
Da sage noch mal wer, ich hätte keine Religion – wo ich doch heuer zwei'n zugleich mit meiner Kunst zu Diensten bin! Ja-ja, wartet's nur ab: Demnächst geh ich noch hin und werd ein Dutzend Choräle schreiben, für die Protestanten – sechs nach der Augsburger und sechs nach helvetischer Konfession, damit es seine Ordnung hat. Und wenn ich schon dabei bin: warum nicht auch noch so ein Stückerl, wie's bei dera Türken und Mahometanern gesungen wird? Falls ich dann noch amal a Mess'n schreib, wird's im *Credo* halt eben net *in unum Deum* heißen, sondern *in totos Deos* – an Jehova, Allah, Gott... oder auch – wie war das beim Cooper in dem *Letzten der Mohikaner*, den wo ich gerad ausgelesen hab? Ich glaube: »Manitou«, wenn ich mich recht entsinn'; also an d e n auch, meinethalben. Und »le-olam Adonay« – auch d i e s e n natürlich nicht zu vergessen, den »ewiglich Erhabenen«: alle oder keinen!
Ich werd ja sehn, vor wessen Thron ich einmal treten werd, dort droben, und wie Seine Allerhöchste himmlische Majestät angered't zu werden wünscht. Und wenn ich – je nachdem – gleich das passende Stückerl präsentieren kann, das ich drunten *ad maiorem* des

Betreffenden *gloriam* komponiert hab', wird's sicher nicht mein
Schade sein.

   Das wäre überhaupt ein Spaß: daß man dort droben anlangt,
eines schönen Tags, und nicht e i n Gott säße da, alleinig und allmächtig, auf seinem Throne, sondern es gäb zehne, hundert, Tausende davon, was weiß ich – so viele eben, wie's hier unten Reli-
gionen hat.

   Alles streng geordnet, versteht sich: A jeder hätt sein
eignes Zimmer, seine eignen, nur ihm unterstellten Himmels-Die-
ner, -Kanzlisten, -Schreiber, -Kämmerer, -Hofräte und so fort, sowie – Zuweisung nach sorgfältiger, himmelsamtlicher Prüfung der
Berechtigung – seine beiden eigenen, allein den Seelen s e i n e s
Glaubens vorbehaltenen Räumlichkeiten: für die einen im Paradies-
garten, für die andern in der Höllenschlucht.

   Was das für ein Gerenne und Gesuche wär, bis einer erst mal d e n
Gott gefunden hätt', der für ihn zuständig ist!

   »Griechisch-katholisch?   Bedaure,   hier   ist   griechisch-nicht-
uniert. Versuchen Sie's mal nebenan...«

   »Unitarier? Was wollen'S dann, bitt' schön, bei den armenischen
Christen?«

   »Besuchszeiten nur von neun bis zwölf.«

   »Sie sind heut schon der sechste Israelit, der sich zu uns verirrt!
Wie soll denn da einer seine Arbeit tun, wenn'S ständig gestört werden, frag ich Sie?«

   »Wen wollen'S sprechen, den Herrn Jesus? No, freitags ist er immer bei sei'm Vater und tarockt – da müssen'S sich schon am Montag noch einmal herbemüh'n...«

   »Protestant? Daß ich nicht lache! Gehn'S fort, sag ich, bevor ich
Sie zum Teufel jag: Mit euch helvetischem Häretikerg'socks woll'n
wir Augsburger nix zu tun haben!«

   Und gerad wie hier gäb's Formulare, Stempel, Signaturen und gerad dasselbe Schranzentum, dieselben Eifersüchteleien und Intrigen – nix besser wär's als hier herunten, nur daß es eben wirklich
e w i g dauern würd', bis einer seinen Paß bekäm'.

   Ich will nicht lästern – Gott bewahre! –, nur... nur daß mir der
Glaube halt im Lauf der Jahre ebenso abhanden 'kommen is wie die
Hoffnung und die Liebe.

Und wirklich, an m i r hat's net gelegen – i c h hätt' schon gern an diesen dreien festhalten woll'n; s i e waren es, die m i c h ha'm sitzen lassen. Und außerdem, wer weiß: vielleicht bin ich am End dem lieben Gott mit meinen Zweifeln näher als so mancher andere, der meint, ihm könnt's im Glauben keiner nachtun...?

Nu, immerhin ist noch so viel davon zurückgeblieben, daß ich – ohne mir was zu vergeben – ein geistliches Lied für den *Philomelen*-Almanach vom Diabelli draus hab' machen können.

Und für den Leitermayer-Chor wird's auch genügen, denk ich: »*Glaube, Hoffnung und Liebe*. Zur Weihe der neuen Glocke an der Kirche zur allerheiligsten Dreifaltigkeit in der Alservorstadt im Jahre Achtzehn-achtundzwanzig, am 2. September, gedichtet von Friedrich Reil, und als Chor mit Begleitung des Pianoforte oder der Harmonie in Musik gesetzt von Franz Schubert manu propria.«

Gesprungen war's, die Glock'n – und ist jetzt umgegossen worden. Wenn man doch Menschen auch so einfach »umgießen« könnte, wenn ihre Seele irgendwo gerissen oder geborsten is...

Kaum dreizehn, vierzehn Grad hat's, und immer wolkicht is', und trüb und windig – der Herbst kommt heuer früh, scheint's. Hoffentlich verregnet's dem Herrn Regenschori nächste Woche nicht die Prozession, wenn's die Glock'n hin zur Kirche tragen – wo doch der Chor im Frei'n gesungen werden soll.

Na, immerhin – dieses wär geschafft; bleibt noch die Messe.

So oder so – ich werd mir's Himmelreich am Ende d o c h noch verdienen!

———— 🙢 ————

U hh, 's arme Köpferl... War das aber auch wieder eine Lumperei, gestern! Wie ging das noch: Erst hab ich mit'm Schober beim Wanner in der *Eichen* g'hockt, auf zwei Viertel – oder war'n's dreie...? Egal. Dann sam'mer zum Wichtl ins Komödiengassel, wo's literweis Bier gab, dann noch auf ein paar Gläser Grog zum Corras ins *Zinshaus*, dann... dann... eh, was d a n n war, weiß der Teufel! Jedenfalls bin ich nicht vor halber drei im Bett gewesen. Geh,

Franzl – wenn'st so weitermachst, wird's noch ein schlimmes Ende nehm' mit dir!

Das einz'ge, was mich tröstet, is', daß den anderen kaum besser sein wird, jetzt – und schon gar nicht den beiden Hartmanns in ihrer Eilpost-Kutsch'n nach Linz: Jeden Stoß und Stein wer'n's spür'n, als wenn ihnen Wackersteine im Hirnkastel hin und her kollern täten – ich weiß ja, wie's ist!

No, was – es war ja schließlich i h r Abschied aus Wien, de'mer alle z'samm' gefeiert haben: Da wer'n's das bissel Kopfweh schon ertragen müssen. Zwei brave Burschen, der Franz und der Louis – wer weiß, wann man sich wiedersieht...

Ah, wie mir der Schädel brummt:»Ich unglücksel'ger Schubert!« Ausflüchte, alles.

Bei m i r liegt's eben nicht am Weine, daß ich so elend bin, so unendlich elend; und daß sich alles dreht um mich, sobald ich nur aufsteh' und drei Schritte tu'; und daß mir das Blut zum Kopfe wallt...

Miasmen, wie der Doktor Rinna meint?

Die schlechte, stickicht-ungesunde Luft hier in der Stadt, durch die es heuer im August so viele Wassersucht- und Lungentote gäb' wie schon lang nicht mehr?

Ich glaub's fei net, daß es d a s is bei mir.

Genausowenig wie die roten Flecken – dunkel purpurn – im ganzen Gesicht und am Hals:»Da schaut's euch bloß unsern Bertl an – rot wie ein Paradiesapfel, kaum daß er eine Frau'nsperson sieht!« Bloß Schober, dieser Narr, hat wieder nix gemerkt!

Aber was die Poesie betrifft, da hat er ja doch eine sichere Hand, der Schober – da merkt er immer g l e i c h , ob einer etwas taugt oder nicht. Wie dieser Heinrich Heine aus Hamburg mit seinem *Buch der Lieder*: So etwas Schönes, durch und durch Musikalisches hab ich lang nimmer gelesen. Schlichte Verse, doch voller Witz und Gemütlichkeit, und so tief anrührend, daß mit oft beim bloßen Lesen schon das Wasser in den Augen g'standen is. Und merkwürdig: Helles und Dunkles, Hoffnung und Verzweiflung, Glück und Trauer liegen bei ihm, scheint's, gerad so nahe beieinander wie bei mir. *Reisebilder* – Heimkehr... So viel Wahres, Empfundenes, wie darinnen ist, muß er ein lebenskluger, weitgereister Mann sein, dieser Heine.

Was hat der Hartmann gesagt: Er sei ein Freigeist, der Dichter? Ein unverbesserlicher Bonapartist und notorischer Umstürzler? Soll er – wer solche Verse schreibt, steht ü b e r aller Politik!

Und wieder einmal »Sturm und Ebb' und Flut«! Daß ausgerechnet i c h, der ich noch nie das Meer gesehen hab, ein'n solchen Zug zum Wasser in mir spür': als läge dort ein Glück, das ich hier – in der Stadt und am Land – mein Leben lang vergebens gesucht habe: Freiheit und Liebe...

»Ich schaue mit Sehnen ins Blaue der Wellen und grüße den hellen, gespiegelten Strahl«: die ewige Sehnsucht nach dem verlorenen Paradies...»Und meinen, schon drüben zu sein.« Als ob's mit der Sehnsucht »drüben« eine Ende hätt!

Außerdem: wo, »drüben«?

Und wenn nix is, »drüben«?

Oder wenn alles nur wieder von vorn losgeht und man wieder auf ein »später« oder »drüben« vertröstet wird?

Na, ich werd's ja wissen – bald...

Übermorgen geht's erst einmal hinaus zum Ferdinand, in die Neu-Wiedener Vorstadt – wegen der besseren Luft, die mir der Doktor Rinna anempfohlen hat. Wie lang ich dort heraußen bleiben soll, hat er nicht gesagt; nicht mehr als zwei oder drei Monate, denk ich doch...? Jedenfalls laß ich alle Papiere hier beim Schober in der Musikkammer; spätestens zum Winter komm ich ja gewiß wieder in die Stadt zurück – w e n n ich zurückkomm'.

Ja, eben – w e n n : So müd, wie ich bin, weiß ich ja nicht einmal, ob meine Kraft fürs H i n k o m m e n ausreicht!

Und wie ich ausschau': gestern »rot wie ein Paradiesapfel« – heut kalkweiß wie... wie ein Bahrtuch. Ich kenn' mich ja selber nimmer wieder, wenn ich in den Spiegel blick!

Ach, gern – so gern hätt' ich ja doch wenigstens einmal das Meer gesehn, bevor... bevor... das weit hinaus im Abendschein erglänzende Meer... das Meer – aus lauter Tränen...

— ❧ —

Noch e i n m a l ? Warum... 's ist ja eh alles gesagt und getan, oder
doch f a s t alles; und um den kleinen Rest, der bliebe – fad und
schal wie abgestand'nes Bier –, um den lohnt's wirklich nicht die
Müh. Sollen a n d e r e zusehn – i c h hab mein'n Teil getan.
Oder red ich mich bloß 'raus, am End?
Die Kraft reicht ja nicht einmal mehr hin, aus dem Schatten
heraus ins Licht zu treten.
Und wie groß er ist! Ein gewaltiger, rotglühender Schatten, der
alles, was er bedeckt, versengt und in Asche kehrt!
Ich hätt' gemeint, jetzt – wo e r nimmer da ist – ließe sich endlich wieder in freier Luft der Atem leicht heben; statt dessen scheint
er immer noch weiter zu wachsen: olympisch – riesenhaft und göt-
tergleich. So weit das Ohr und Auge reichen – nur er, er und immer
wieder er! Wohin ich mich auch wende, überall erwartet mich schon
seine massige Gestalt – den Kopf leicht zwischen die Schultern gezogen, die Hände hinterm Rücken verschränkt, das pockennarbige,
schlecht barbierte Kinn und die fest geschlossenen Lippen etwas
vorgestülpt, gleichsam spöttisch:»Wahrlich, in dem Schubert wohnt
mein göttlicher Funke!«

Hinter jedem Takt, jeder Note lugt er hervor mit seiner schwarzen, von Silberfäden durchzogenen Löwenmähne, wie blau ange-
laufener Stahl – Funken sprühend, seine »göttliche Funken«!

Wie schwer mir seine Hand auf der Schulter liegt – zentner-
schwer, daß ich den Arm gar nicht rühren kann: wie in einen eisernen Stock eingeschraubt.

Und ich spür seinen Atem im Nacken – hör' seine Stimme, wie
er mir zuraunt:»Er wird noch viel Aufsehen machen in der Welt, der
Schubert; wahrlich, in dem wohnt mein göttlicher Funke...«

Selbst wenn ich in den Spiegel schau', ist er es, der zurückblickt
aus seinen kalten, graublauen Augen – der mir seinen Willen auf-
zwingt, noch aus dem Grab heraus.

Freiheit?

Die Freiheit, seinen eigenen Schatten zu werfen – bloß: vor welchem Licht, wo alles rings herum in s e i n e m Dunkel liegt?

Bin ich denn fort aus des eignen Vaters Haus, nur um jetzt und
immer eines and'ren Vaters Sohn zu sein?!

Nein.

Nein, h i e r liegt Beethoven n i c h t ; draußen vor der Währinger Linie liegt er, auf dem Kirchhof – tot und begraben: Ich weiß es doch, ich hab ihn schließlich selber hinbegleitet.

Sein Schatten? Mag sein... so wie man in der Abenddämmerung manchmal vor einem gräßlichen Gespenst erschrickt, das sich im Näherkommen bloß als eine alte, graue Weide erweist, die ihre dürren Äste in den Himmel reckt.

Der Atem, die Stimme? Das Säuseln des Windes in dürren Blättern.

Der Blick? Ein Nebelstreif, so wie die Hand, die ich auf meiner Schulter zu spüren glaube.

Was einem halt die Krankheit so vorgaukelt...

Mes hommages, Meister Erlkönig, aber Eure Spiele locken mich nicht! Das güldne Gewand Eurer Mutter ist ein Lumpenwisch, Eure Töchter sind häßlich wie die Nacht, und tanzen und singen kann ich selber wohl besser als Ihr!

In dieser Kunst zumindest bin ich k e i n e s Vaters Sohn – d i e s hier ist etwas anderes: etwas Neues, Fremdes, noch nie Gesagtes und Getanes! Kein schaler Rest in einem Glas März- oder Bluzerbier, das der da draußen vor der Währinger Linie mir zurückgelassen hätte... (Auch darin hab ich mich geirrt, übrigens: daß er – der Beethoven – dem Schindler gesagt hätte, »in dem Schubert« wohne »wahrlich *sein* göttlicher Funke«; »*ein* göttlicher Funke« hat er gesagt; wenn er's nicht sogar ganz erfunden hat, der Anton Schindler – was ihm durchaus ähnlich säh'!) Egal: da jedenfalls, wo ich steh, da steht k e i n e r sonst!

Wie: es wär' doch gar nicht möglich, nach i h m eine Sonate fürs Pianoforte – und auch noch eine in c-Moll! – zu machen, die n i c h t in jeder Phrase nur ein schwaches Echo dessen wär, was der »göttliche Olympier« in gleicher Form bereits geschaffen?

Geh, was verstehst denn d u : als wenn's nur e i n e Wahrheit gäbe!

Er ist t o t , sag ich – ein für allemal tot und begraben – und seine Wahrheit mit ihm!

Hier, schau's dir an: Dies ist nicht s e i n Werk, sondern m e i n ' s !

In jedem Takt, in jeder Note wirst du m i c h finden und nicht i h n !

Oh doch, und o b ' s die Mühe lohnt! So sehr, daß ich's noch einmal, zweimal, dreimal wagen will, nach ihm (und g e g e n ihn, wenn'st willst) Sonaten aufs Papier zu setzen – solang sie reicht, die Kraft...

———— ✳ ————

» S onate Eins« – so weit, im Reinen. Nach w i e vielen Nächten, die ich fast nicht geschlafen hab...? Egal.

Besser s o außerdem als diese hohlwangichten Alptraumgespenster... ksch-ksch – fort mit euch, schleicht euch!

E i n e zumindest wäre vom Herzen geschafft – eine von dreien... (denn es müssen doch drei werden – unbedingt wenigstens drei...)

Wenn nur der Ferdinand net andauernd hereinkäm' mit seinem: »Bruder, was schreibst' denn schon wieder? Ausruh'n sollst', hat der Dokter gesagt!«

Der Dokter! Ist gesund, liegt in sei'm Bett und schnarcht, der Dokter – gerad so wie du und alle Gerechten: jedem sei'n Teil!

Wenn'st es genau wissen willst: Ich schreib, weil ich a Geld brauch – d e s w e g e n schreib ich. A Geld, damit ich fortkomm' von hier – fort von dir und dei'm Mitleid, das alles nur schlimmer macht! Von dir und deiner kleinen, geordneten Welt, in die ich net paß – die so eng und so klamm und so duster ist, daß mir's die Kehle abschnürt!

Was soll's: ich versprech dir, ich werd mich schon ausruhn – lange genug noch –, wenn ich erst fertig bin.

Also laß mich, sekkier mich net – schlaf! Träum dir was!

Wenn ich denk' – ich hätt gar nicht erst herkommen soll'n. Bloß um hier zu krepier'n...? Pfui Teufel!

Aber noch nicht – n o c h   n i c h t !

Auch i c h träume mir manches, was ich nicht habe: mit offenen Augen!

»Sonata Zwei«.

———— ✳ ————

So wäre meine Adresse nun also: Vorstadt Neue Wieden, Firmiansgasse (welches die neu eröffnete Gasse beim erzbischöflichen Stadel ist) Nummer 694, im Johann Kiffmannschen Hause »Zur Stadt Ronsberg«, im zweiten Stock rechts; das Kabinett nach der Straß'n hin, bei meinem Bruder Ferdinand.

Vorübergehend, nur vorübergehend.

Und nur auf die dringende ärztliche Empfehlung des Herrn Doktor Rinna von Sarenbach hin, der meint, die Stadtluft wär das reinste Gift für mich.

In der Inneren Wiener Stadt sei nämlich die Atmosphäre immer mit so vielen mephitischen Dünsten geschwängert, daß jeder Ansteckungsstoff sich auf das schnellste zu verbreiten pflege und man wohl nicht einmal imstande sei, einen Anteil dieser ohnehin schon verdorbenen Luft einzuatmen, welcher nicht kurz vorher ein oder mehrere Mal in der Lunge irgendeines andern Menschen oder Tieres gewesen und phlogistisiert worden wäre. Man wisse ja, was daraus folge: Nicht allein die Lungensucht (die offenbar ein Gemeingut oder vielmehr ein Gemein*übel* aller großen Städte sei), sondern auch die häufig vorkommenden und nicht selten vernachlässigten oder übel behandelten Katarrhe und Lungenentzündungen; ferner Bluthusten, Zehr- und Wechselfieber, Gicht, Hypochondrie, Masern, zurückgetretene Hautausschläge, Engbrüstigkeit, Skropheln, Bleich- und Wassersuchten… ach, und ja, natürlich auch die Lustseuche: ein typisches Übel der Städte, nicht wahr, denn wo sonst gäb's dergestalt Ausschweifungen fleischlicher Art? Wobei noch hinzu komme, daß der übermäßige Gebrauch des zur Heilung dieser Krankheit erforderlichen Quecksilbers oftmals neue Schädlichkeiten nach sich ziehe. Mit einem Worte: in der Stadt sei ich schutz- und wehrlos all jenen unserm physischen Wohl nicht sehr gedeihlichen Momenten ausgesetzt, welche auf eine direkte oder indirekte Weise das jugendliche Leben, das in mir pulsiere, gleichsam zurückdrängen, verkümmern oder zu ersticken drohen – als da sind feuchte Wohnungen, stagnierende Luft, Nahrungslosigkeit, großer Säfteverlust, deprimierende Leidenschaften, plötzliche Temperaturveränderungen und vor allem das rauhe, unbeständige Klima Wiens. Wohingegen hier heraußen

in der Vorstadt alles das nur in deutlich geringerem Maße zu finden
sei.
»Also, haben'S mich verstanden, Schubert: fort mit Eahna! Weg
aus Wien! Je eher Sie zu Ihrem Bruder auf die Neue Wieden ziehen,
desto besser; Sie wer'n schon sehn, wie schnell's Eahna besser sein
wird, dort heraußen...«
Als ob die Leute hier n i c h t sterben täten: »Dem Herrn Johann
Peter Silbert, Professor der Französischen Sprache in dem k.k. polytechnischen Institute, seine Tochter Antonia, alt fünfzehn Jahr, auf
der Wieden Nr. 177, an der Lungensucht...«
Abendbilder, Himmelsfunken – wie lange ist das her, daß ich die
beiden Gedichte vom Silbert in Musik gesetzt hab': acht Jahr'?
Zehne? Und nun ist ihm also sei' Tochter weggestorben – so-so...
Und doch ist er ein kluger Kopf, der Herr Doktor Rinna. Ein
guter Arzt, ganz ohne jeden Zweifel. Und auch sein Rat, für einige
Zeit aus der Stadt heraus zu ziehen...
Wenn's heuer wenigstens mit der Reise nach Grätz was werden
würd', wohin die Madame Pachler mich so gütig eingeladen hat:
D o r t könnt ich mich gewiß erholen. Nur, solang die erwartete
Verbesserung meiner Finanzen ausbleibt, is eben gar net dran zu
denken.
Hingegen, wenn ich h i e r bleib'...
Je nun, er hat ja nicht wissen könn'n, der Herr Doktor Rinna, daß
in des Bruders Wohnung die Wände nicht nur feucht, sondern regelrecht n a ß sind, weil das Kiffmannsche Haus doch gerad erst
fertig g'worden und der Ferdinand der erste Mieter is.
Und daß meine Kammer – obgleich sie auf die Gasse geht – so
dunkel is, daß ich mich selbst zur Mittagszeit des Kerzenscheins
darin bedienen muß.
Und daß es in den bald zwei Wochen, die ich hier beim Bruder
leb', nicht etwa besser 'worden is mit mir und meiner Gesundheit,
sondern eher schlechter – sehr viel schlechter.
So schlecht, daß ich nicht einmal weiß, ob das hier nicht meine
l e t z t e Adresse sein wird...

———

»*A*us Lüttich wird unter dem 8. September gemeldet: Gestern war der feierliche Tag, an welchem Grétrys Herz hier anlangte. Die Reise der Kommissarien, welche diesen teuren Überrest des großen Komponisten von Paris geholt haben, glich einem Triumphzuge. Die Bewohner der nahe liegenden Dörfer strömten nach der Landstraße. Bei seiner Ankunft wurde das Herz auf einem Wagen nach dem Grétry-Platze gebracht. Zöglinge der Musikschule bekränzten den Sockel des Behältnisses, welches die Urne einschließen soll, mit Lorbeerkronen. Die Grétry-Gesellschaft gab ein großes Konzert; das Orchester bestand aus dreihundert Musikern.«

Das also bleibt: ein »teurer Überrest«, aus einer Leiche geschnitten – ein Herz in einer Urne in einem Behältnis auf einem Platz in einer Stadt... Lorbeerkronen, einen feierlichen Tag lang – morgen vertrocknet und vergessen: »Die Schubert-Gesellschaft gab ein großes Konzert...«

Ist es das wert?

Wird es das – wert g e w e s e n sein...?

Ich weiß es nicht, ich weiß es wirklich nicht. Nur, daß es mir von Satz zu Satz schwerer wird, weiß ich.

Wie eine geschlagene Armee im Winter auf dem Rückzug: Wer zu schwach, zu schwer verwundet ist, den lassen's eben liegen; kein Wagen, der einen im Triumphzuge nach Hause bringt...

Nicht einmal d a s mehr: Ländler, Deutsche, Walzer, Menuette. Ich greif' danach – und faß ins Leere.

Was will ich denn noch?!

Die drei Sonaten – gut.

Und das Quintett.

Und dann...?

Eine Dreivierteltakt-Komödie: Das Herz gehört in die Urne, daß es endlich a Ruh gibt: »Die Abgeordneten legten das ihnen anvertraute Gut in die Hände des Bürgermeisters; einer derselben hielt eine angemessene Rede.«

Lächerlich! Ich schreib und schreib – wie einer, der ertrinkt und immer schneller, immer wilder mit den Armen schlägt, je tiefer's ihn hinabzieht.

»Die Bewohner der nahe liegenden Dörfer strömen herbei« – und glotzen: »Guckt mal, der da, der im Wasser – siehg'st...?« Und hernach im Triumphzuge auf den Platz, die Leiche.

———— 🙖 ————

Geh, laß mich, Ferdl – laß mich noch a bissel liegen und dösen, ja? Ist doch Sonntag – was soll ich denn aufstehn. Komm her, hock dich zu mir aufs Bett und erzähl mir was; so... Was sagst': ich hätt ein'n heißen Kopf? Unsinn! 's scheint dir sicher bloß so, weil dei' Hände so kalt sind. Naa-naa, sorg dich net, Bruder: 's geht schon, 's geht; nur müd bin ich halt. Kein Wunder übrigens, nach dem gestrigen Abend.

No, erst bin ich – wie jeden Samstagnachmittag – so ab halber vier, viere im Caféhaus beim Bogner gesessen, in der Singerstraße. Recht gemütlich war's, wie immer; der Schwind und der Schober war'n auch da und lassen grüßen.

Der Bauernfeld nicht, nein; der Arme ist für ein paar Wochen aufs Land, nachdem sein *Brautwerber* – sein erstes Lustspiel, weißt', das wo letzthin am Burgtheater Premiere g'habt hat – von der Kritik so arg gezupft und gezaust worden ist, daß der Bauernfeld am End selber gemeint hat, es sei ein Unsinn und er ein ausgemachter Esel. Dem Schwind und mir hat's zwar gefallen, das Stück – ganz außerordentlich sogar und keineswegs bloß aus Freundschaft zum Dichter; aber über vier Aufführungen is es trotzdem nicht 'nausgekommen. Na, wie's eben geht: die Kunst is das eine, der Erfolg das andre; und daß beide zusamm'komm', sieht man nur selten.

Also, bis um so gegen Sechse war ich beim Bogner – höchst sparsam und solide, übrigens: eine Melange, zwei Pfeifen und ein halb' Dutzend Kipferl! –, und hernach bin ich über'n Stock-im-Eisen und den Graben hinüber zum Kohlmarkt, zum Doktor Menz. Der Baptist Jenger nämlich hat seit Erstem des Monats bei ihm Quartier genommen (als Grätzer Landsmann, sozusagen), und seither hat der Menz schon mehrfach vorgehabt, genau so eine »Schubertiad'« bei sich zu machen wie die, von denen ihm der Jenger allweil vorschwärmt – was nun also gestern auf d'Nacht stattgefunden hat.

Wieviel wer'n dagewesen sein – zwanzig, fünfazwanzig Leute all's in allem? Eine recht vergnügliche Gesellschaft, jedenfalls. Der Baron Schönstein (den ich ja, wie'st weißt, immer sehr gern singen höre) hat zwei Handvoll Lieder von mir vorgetragen, und ich selbst hab a bisserl was aus meinen neuesten Sonaten g'spielt.

Schad bloß, daß er mir nicht eher als am Donnerstag Bescheid gegeben hat, der Jenger – sonst hätt's vielleicht gelangt, daß man das Quintett in C hätt' machen können.

Das Quintett in C, ja...

Merkwürdig, Bruder – aber in den vier Wochen, die ich hier heraußen bei dir wohn', hab ich so viel komponiert wie lang nimmer: drei Sonaten fürs Pianoforte allein, die Lieder von Rellstab und von dem Heinrich Heine aus Hamburg, und jetzt eben das Quintett, das wo eins der größten und längsten Sachen is, die ich jemals gemacht hab. Wenn ich's überschlage, dürfte alles zusamm' so um die fünftausend Takte sein – fünftausend Takte Musik in vier Wochen!

Wie ein Fieber – ein gleichermaßen schreckliches und wundersames Fieber: eine Mischung aus Schmerz und Lust – ich weiß nicht, wie ich's dir beschreiben soll...

Wenn du den Atem anhältst, weißt du – zehn Sekunden lang, fünfzehn, zwanzig –, und dann pocht dir das Blut im Kopf, und vor den Augen flimmern schwarz-rot leuchtende Punkte und Sterne; alles dreht sich, und du denkst, 's geht nimmer – der Schädel müßt' dir platzen, wenn'st auch nur eine Sekunde länger nicht atmest – und t r o t z d e m machst du weiter, als ob'st gar nicht wieder aufhören könntest mit dem Atemanhalten: n o c h eine Sekunde, und n o c h eine, und n o c h eine... Kennst' das Gefühl, Ferdl – verstehst', was ich mein'?

Oft komm ich gar nicht so schnell mit dem Schreiben nach, wie mir die Einfälle zufliegen, weißt'? So daß ich fast Angst hab, die Feder aus der Hand zu legen, obgleich ich schon ein'n richtigen Krampf hab, manchmal: Als dürft ich gar nicht wieder aufhören, weil ich sonst – weil ich ja vielleicht gar keine Zeit mehr hab, das alles noch hinzuschreiben...

Was man sich für ein'n Schmarr'n zusammenphantasiert, bisweilen!

Wenn ich dir doch s a g ', daß mir gutgeht. Sogar der Jenger
meint, ich hätt' bedeutend bess're Miene; ach, und der Ignaz Menz
(der wo schließlich Doktor der Medizin is) hat mir zugeraten,
für weitere Besserung eine kleine Wanderung zu tun – einen Aus-
flug von zwei, drei Tagen. Was sich übrigens prächtig fügt, da ich
schon lange Lust hab, einmal das Eisenstädter Grab vom Joseph
Haydn zu besuchen. Wie wär's, Bruder: hätt'st' nicht Lust, mit-
zutun?
Nächsten Freitag, hab ich 'denkt – wenn die Witterung nicht
gänzlich ungünstig ist.
Ach, wieder einmal nach Ungarn...!
Auch mit dem Baron Schönstein hab ich gestern noch geschwelgt
in gemeinsamen Erinnerungen an Zséliz. Meine Schülerin – die
Comtesse Karoline – soll sich ganz wunderbar entwickelt haben,
ganz wunderbar...
Tja, Bruder, das Ungarische liegt mir halt im Blut – und in der
Musik!

———— 🙶 ————

» **V** on Wien. An die Kunsthandlung Schott's Söhne in Mainz.
Euer Wohlgeboren! Da es schon so lange ist, daß ich von
Ihnen kein Schreiben erhielt, und ich sehr zu wissen wünschte, ob
Sie die von mir überschickten Kompositionen – nämlich die vier
Impromptus für Pianoforte und den fünfstimmigen Männergesang
Mondenschein, welche ich Ihnen durch Haslinger sendete – richtig erhalten haben, so ersuche ich Sie um gefällige Antwort
hierüber. Auch wünschte ich besonders, daß selbe Kompositionen
sobald als möglich erschienen« – damit ich auch sobald als möglich das ausgemachte Honorar bekomm', das ich verteufelt nötig
hab.
Was glauben's denn wohl, die »Schotten«, weshalb ich ihn'n die
b e i d e n Sachen z'samm' für einen Spottpreis von nur sechzig Gulden Konvention gelassen hab? Doch bloß, weil ich es b r a u c h ',
das Geld! Und das, obwohl's alleine von den *Impromptus* – in
zwei Heften zu je 45 Kreuzern, nehm ich an – so viel Profit haben

wer'n, daß sie bequem das Doppelte an Honorar hätten verkraften
können...
Immerhin scheinen's ja int'ressiert zu sein, künftig noch mehr
von mir zu machen: »Sobald wir die von Ihnen beschriebenen Werke
im Drucke beendigt haben, so werden wir auch so frei sein, wieder
etwas ander's von Ihnen zu begehren.«
Ob ich schon anfrag' wegen neuer Sachen?
Wohl besser nicht – sonst merken's nur, wie dringend es mir ist
damit, und drücken das Honorar n o c h weiter.
»In Erwartung einer baldigen und erfreulichen Antwort – mit
aller Achtung – Franz Schubert.«
Wolkengrauer Himmel und kaum sechzehn Grad – da wird's
wohl morgen nix sein mit der Wanderung nach Eisenstadt...
Und von Probst wegen dem Trio auch noch keine Antwort –
nachdem er mir im Juli geschrieben hat, es sei »sogleich in Arbeit ge-
nommen worden« und könne »binnen sechs Wochen zirka fertig
sein«!
Ich b r a u c h e doch das Geld!
Noch einen Brief also: »Von Wien. An den Kunsthändler Herrn
Probst in Leipzig. Euer Wohlgeboren! Ich frage mich an, wann denn
endlich das Trio erscheint? Sollten Sie das Opus noch nicht haben? Es ist das Opus 100. Ich erwarte das Erscheinen desselben mit
Sehnsucht.«
Wer weiß denn, ob ich's noch erleben werde...
»Ich habe unter andern drei Sonaten fürs Pianoforte allein kom-
poniert, welche ich Hummel dedizieren möchte. Auch habe ich
mehrere Lieder von Heine aus Hamburg gesetzt, welche hier außer-
ordentlich gefielen, und endlich ein Quintett für zwei Violinen, eine
Viola und zwei Violoncello verfertigt. Die Sonaten habe ich an meh-
reren Orten mit vielem Beifall gespielt, das Quintett aber wird dieser
Tage erst probiert.«
So weit is schon, daß ich Komödie spielen muß, um meine Sachen
zu plazieren! Egal: wenn's auch nicht stimmt – solang es nur den
Probst oder sonst einen dahin bringen möchte, etwas davon zu
drucken.
»Wenn Ihnen vielleicht etwas von diesen Kompositionen kon-

veniert, so lassen Sie es wissen – mit aller Achtung gezeichneten –
Franz Schubert.«

———— ❦ ————

Anfang Oktober 1828: Gemeinsam mit seinem
Bruder Ferdinand und zwei Freunden unter-
nimmt Schubert eine dreitägige Fußwanderung zu
Joseph Haydns Grab in Eisenstadt.

———— ❦ ————

Nun wär also der Schwind auch fort – nach München. Hat ihn
die Netti Hönig endlich doch dahin 'kriegt, daß er weggeht aus
Wien, ihr Bräutigam. Ganz unser kleiner Cherubin: folgsam wie ein
Hündchen! »*Non più andrai d'intorno girando*«: keine verlumper-
ten Abende mit den Freunden im Beisel mehr, keine nachtlangen
Gespräche bei Pfeife und Wein, keine Tänze, Sonaten und Lieder –
nur noch das ernsthafte akademische Studium.
    Ob wir uns je wiedersehn werden…?
    Dabei nimmt sie ihn am Ende ja d o c h nicht, die Netti – da
wett' ich für; hat ja oft genug gesagt, daß er ihr net fromm genug
wär'.
    Ach Moritz, Moritz – wenn'st wüßtest, wie du ihm fehlst, dei-
nem »dicken, alleweil lustigen ›Schwammerl‹«, der wohl immer
noch dick, aber gar nimmer lustig is! Wir war'n doch miteinander
die glücklichsten Menschen auf der ganzen Welt – der Spaun, der
Schober, der Bauernfeld, du und ich; und jetzt bist' einfach fort –
und ich… krepier hier allein, hier heraußen beim Bruder.
    Bei meinem so lieben, so besorgten Bruder, der jedesmal, wenn
er fragt, wie's mir geht, so betrübt das Gesicht verzieht – nicht, weil
er Angst hätte, daß es s c h l e c h t mit mir stünde, sondern daß ich
womöglich net rechtzeitig (oder gar nimmer) fertig werd' mit dera
Kirchensachen, die ich für ihn schreib'!
    Brauchst keine Angst haben, Bruder – kriegst' sie schon, deine
Noten! Hab's doch noch immer geschafft, oder? Auch diesmal,
wirst' sehn… und wenn es das letzte wär, was ich dir tu'!

Und von mir aus kannst' auch wieder sagen, d u hätt'st es komponiert – ich schenk's dir, hörst'? Wirst noch berühmt wer'n, am End. Ich brauch keine Lorbeeren mehr – und da, wo ich hingeh', schon g a r nicht...

Das einzige is, daß ich (genau wie der Schwind) vielleicht net f r o m m genug bin für derlei Sachen – was meinst'? Wo ich doch nicht (wie du) alle Tag meine Hände falte, die Augen zum Himmel verdreh und dem lieben Gott in den Ohren lieg:»Vernimm mein Schreien, mein König und mein Gott; denn ich will, mein Herr, vor dir beten«? Glaubst' net, daß er drauf scheißt, dein lieber Gott, wenn so einer wie i c h daherkommt? Nein?

Dann nimm's mit – da! Nimm's und geh, und werd' selig damit!

Und laß mich in Frieden.

Ob der Ferdinand weiß, wie er weitergeht, der Psalm?»Der Ruhmredige besteht nicht vor deinen Augen, o Herr – den Lügner bringst du um.« Den Bruder, der freilich wieder um des eignen, eitlen Ruhmes willen allen vorlügen wird, e r hätt es komponiert, das Offertorium.»Denn in seinem Munde ist nichts Gewisses, sein Inwendiges ist Herzeleid, sein Rachen ist ein offenes Grab, mit seiner Zunge heuchelt er.«

Und ist ja doch – mit all seinem Falsch und seiner eklen, selbstgerechten, pharisäerhaften Gottgefälligkeit – mein innigster, mit jeder Faser meiner Seele verbundener Freund. So oft und heftig wir gestritten haben miteinander, unser ganzes Leben lang, war er – der Nandl – letzten Endes doch vielleicht der einzige, der mich w i r k l i c h hat verstehen könn'n.

Ob er mich je beneidet hat, der Bruder?

Ob er (mit seiner zwar soliden, aber etwas schwerfälligen und einfallslosen Musikalität) mich je verflucht hat dafür, daß m i r die schönsten Melodien so zufliegen, als wär's nix?

Mein ewig unerreichtes Vor- und Spiegelbild: So wie der Ferdinand hätt' der Vater immer gewollt, daß ich a u c h werde – gehorsamer Sohn, kaisertreu und gottesfürchtig (in dieser Reihenfolge); bescheid'ner Biedersinn und gehörige Sobrietät in allem. Moral!!

Sauf' net!
Hur' net herum!
Politisier' net!
Halt' Ordnung und Anstand!
Leih' nix!
Bete!
Arbeite!
Gib dich zufrieden!
Bete und arbeite!
Mach' mir keine Schand!
Alles umsonst...
Ha'm mich »im Namen des Vaters und des Bruders« net ändern könn' und könn' mich net halten: Ich zieh meinen Hut: »Im Namen des (meinethalben ›heiligen‹) Geistes«, habedjehre – und geh'...

———— ❦ ————

*I*gnaz! Und Carl – auch du! No, das heiß' ich eine schöne Überraschung, die der Ferdinand da arrangiert hat – und auch noch hier im *Roten Kreuz*, unserm alten Familienlokal!
Obwohl... ich hab mir schon was 'denkt, wie mir der Nandl heut – in aller schlecht gespielten Unschuld – sagt, er habe heraußen am Himmelpfortgrund etwas zu besorgen, und ob ich nicht Lust hätte, mitzukomm'. Ein Familientreffen also unter uns Schubert-Brüdern – so-so, d a s war's! Oder erwartet ihr am End auch den Vater noch?
Nun, wenn nicht, ist das Quartetto ja komplett – ein Prosit also darauf!
Puhh, Teufel – welche Wirtschaft; der Michel Weigert fälscht sein'n Wein wohl immer noch, wie's scheint.
Na, macht nix, macht nix – ihr ahnt ja gar nicht, w i e ich mich freu'!
Und außerdem – wer weiß, ob's nicht das letztemal is, daß mer hier so gemütlich beisammen sitzen; ich mein', man weiß ja n i e, was kommt – wieviel Zeit einem noch bleibt...

Was meinst', Carl – ich säh ein wenig matt und spitzig aus? Das täuscht, Bruder, das täuscht; das kommt nur, weil'st mich so lang nimmer g'sehn hast – stimmt's net, Ignaz?

Nein, wirklich: seit ich heraußen beim Nandl auf der Neuen Wieden wohn', geht's besser – bedeutend besser mit mir. Was't übrigens schon daran siehst, daß ich komponiere wie ein Gott – wie nie zuvor in meinem Leben! Ein Quintett und drei große Sonaten fürs Pianoforte zuletzt, die wohl beim Probst in Leipzig oder bei Schott in Mainz und Paris herauskomm' werden; no ja, inzwischen bin ich halt auch über Wien hinaus kein Unbekannter mehr – könnt's ruhig dem Vater sagen, wenn er fragt.

Ach ja, und für die Madame Milder in Berlin hab ich noch eine Kammerarie fertigg'macht, die's *expresse* bei mir bestellt g'habt hat – ein recht brillantes, ziemlich umfängliches Solo mit Klavier und Klarinette, das einigen Effekt machen dürfte. Nein-nein, ich denk, ich werd schon wieder g'sund werden, mit der Zeit...

Geht's, dieser Fisch – hat eurer auch so einen Beigeschmack?

Hier, Nandl – kost' amal... spürst' nix? Komisch...

Mir ekelt's so gewaltig, daß ich keinen Bissen mehr herunterkrieg'; gerad so, als wenn ich Gift genommen hätt'...

———— ✺ ————

Dienstag, 4. November 1828: Erste und einzige Unterrichtssitzung bei Simon Sechter, bei dem sich Schubert zum Fugenstudium angemeldet hat.

———— ✺ ————

» *L*ieber Schober! Ich bin krank. Ich habe schon elf Tage nichts gegessen und nichts getrunken und wandle matt und schwankend von Sessel zu Bett und zurück. Rinna behandelt mich. Wenn ich auch was genieße, so muß ich es gleich wieder von mir geben.

Sei also so gut, mir in dieser verzweiflungsvollen Lage durch Lektüre zu Hülfe zu kommen. Von Cooper habe ich gelesen: den *Letzten der Mohikaner*, den *Spion*, den *Lotsen* und die *Ansiedler*.

Solltest Du vielleicht noch was von ihm haben, so beschwöre ich Dich, mir solches bei der Frau von Bogner im Kaffeehaus zu depositieren. Mein Bruder, die Gewissenhaftigkeit selbst, wird solches am gewissenhaftesten mir überbringen. Oder auch etwas anderes.

Dein Freund Schubert.«

Nachtrag I

Sterbeprotokoll der Pfarre St. Josef in Margareten: »Den 19ten Novemb., Wieden No. 694: Der Franz Schubert, Tonkünstler und Kompositeur, ledig, 32, Nervenfieber, erhielt bloß die letzte Ölung.«

— ᙬ —

Nachtrag II

» G estern Mittwoch nachmittag um 3 Uhr entschlummerte zu
einem besseren Leben mein innigstgeliebter Sohn Franz
Schubert, Tonkünstler und Kompositeur, nach einer kurzen Krankheit und dem Empfang der heiligen Sterbe-Sakramente, im 32. Jahre
seines Alters.

Zugleich haben ich und meine Familie unseren verehrlichen
Freunden und Bekannten hiermit anzuzeigen, daß der Leichnam
des Verblichenen Freitag den 21. d. M. nachmittags um halb 3 Uhr,
von dem Hause Nro. 694 auf der Neu-Wieden in der neugebauten
Gasse nächst dem sogenannten Bischof-Stadel in die Pfarrkirche
zum heiligen Josef in Margareten getragen und daselbst eingesegnet
werde.

Wien, am 20. November 1828.
Franz Schubert
Schullehrer in der Roßau.«

— ⚘ —

Nachtrag III

» *L* iebwertester Herr Vater!
Sehr viele äußern den Wunsch, daß der Leichnam unseres guten Franz im Währinger Gottesacker begraben werde. Unter diesen vielen bin besonders auch ich, weil ich durch Franzen selbst dazu veranlaßt zu sein glaube. Denn am Abende vor seinem Tode noch sagte er bei halber Besinnung zu mir: ›Ich beschwöre Dich, mich in mein Zimmer zu schaffen, nicht da in diesem Winkel unter der Erde zu lassen; verdiene ich denn keinen Platz über der Erde?‹

Ich antwortete ihm: ›Lieber Franz, sei ruhig, glaube doch Deinem Bruder Ferdinand, dem Du immer geglaubt hast, und der Dich so sehr liebt. Du bist in dem Zimmer, in dem Du bisher immer warst, und liegst in Deinem Bette!‹

Und Franz sagte: ›Nein, ist nicht wahr, hier liegt Beethoven nicht.‹

Sollte dies nicht ein Fingerzeig seines innersten Wunsches sein, an der Seite Beethovens, den er so sehr verehrte, zu ruhen?! –«

Nachtrag IV

Quittung: »Über dreißig Gulden Konventions-Münze, welche für einen einfachen Platz auf dem hiesigen Pfarrfriedhofe zur Ruhestätte des H. Franz Schubert, Tonkünstler und Kompositeur, an die Pfarr-Kirche sind gezahlt worden.
Währing, denn 22ten November 1828.
Johann Hayek, Pfarrer.«

— ❧ —

Zu den Quellen

Da es sich bei dem vorliegenden Buch um keine wissenschaftliche Arbeit handelt, habe ich auf einen Anhang mit bibliographischem Nachweis der verschiedenen Zitate und eine vollständige Bibliographie der verwendeten Quellen verzichtet. Stellvertretend seien hier jene fünf Veröffentlichungen genannt, die ich für dieses Buch am häufigsten zu Rate gezogen habe:

Oesterreichisch-kaiserliche privilegierte Wiener Zeitung. Wien (Edle von Gehlen'sche Erben) 1808–28

Otto Erich Deutsch (Hg.), *Schubert – Die Dokumente seines Lebens.* Kassel (Bärenreiter) 1964

Otto Erich Deutsch (Hg.), *Schubert – Die Erinnerungen seiner Freunde.* Wiesbaden (Breitkopf & Härtel) 1983

Carl Nödl (Hg.), *Das unromantische Biedermeier. Eine Chronik in Zeitdokumenten 1795–1857.* Wien (Brüder Hollinek) 1987

Carl Nödl (Hg.), *Die k.k. Haupt- und Residenzstadt Wien und das Kaiserreich Österreich 1800–1850. Fakten, Listen, Tabellen, Statistiken.* Wien (Brüder Hollinek) 1990

M. St.
Steinfurt / Quesnoy-le-Montant
Juli 1996

Register

Es werden auch solche Werke aufgeführt, die im Text des Buches nur mittelbar angesprochen wurden.

Inhalt

Im Dorfe
7